GÉOGRAPHIE

DU

DÉPARTEMENT DU RHÔNE

MACON, PROTAT FRÈRES, IMPRIMEURS.

371581

GÉOGRAPHIE

DU

DÉPARTEMENT DU RHÔNE

PAR

F.-A. VARNET

Instituteur, Ancien Élève de l'École normale du Rhône

AVEC UNE PRÉFACE

DE

M. A. VACHEZ

Membre de l'Académie des sciences, belles-lettres et arts de Lyon

OUVRAGE ORNÉ DE 24 ARMOIRIES, DE 4 CARTES EN NOIR
ET DE 19 CARTES HORS TEXTE

« La connaissance de l'histoire de sa ville natale, ses origines et les illustrations qu'elle a fournies ne peut que développer les sentiments du patriotisme local, qu'il est si désirable à notre époque d'entretenir et d'exalter. »
(*Délibération du Conseil Général du Rhône du 18 avril 1896.*)

LYON
CHEZ TOUS LES LIBRAIRES

RÉPUBLIQUE FRANÇAISE

PRÉFECTURE DU RHÔNE

CONSEIL GÉNÉRAL DU RHÔNE

Extrait du procès-verbal de la séance du 30 avril 1897.

M. DE VEYSSIÈRES, *rapporteur* :

MESSIEURS,

M. Varnet, instituteur à Charly, adresse au Conseil général une demande de subvention et de souscription pour la « Géographie du département du Rhône » qu'il se propose de faire éditer.
Votre Commission générale a apprécié à sa valeur l'œuvre de M. Varnet, œuvre très utile pour les instituteurs et les institutrices du département, qui trouveront dans ce livre tous les matériaux, dont ils pourront avoir besoin dans leurs leçons de géographie, sur le département du Rhône. En conséquence, j'ai l'honneur de vous proposer de voter une subvention de 500 francs, pour permettre à M. Varnet d'éditer son ouvrage, et une souscription à cent exemplaires lorsque la publication en sera faite.
Ces conclusions sont adoptées.

Pour expédition conforme :

Le Conseiller de Préfecture délégué,
Signé : PAIN.

EXTRAIT DU PROCÈS-VERBAL

de la Conférence pédagogique des Instituteurs de Lyon

(22 novembre 1894)

Un de nos collègues, M. Varnet, de Charly, a écrit un énorme volume sur la géographie du département du Rhône.

Chaque commune a sa monographie faisant connaître son importance agricole ou industrielle. Des armoiries, des cartes s'ajoutent au texte.

Ce livre renferme une mine de renseignements statistiques récents et fort bien groupés.

Que M. Varnet se fasse éditer, les communes intéressées souscriront à son œuvre, et nous en achèterons un exemplaire pour la Bibliothèque pédagogique, afin de montrer à tous de quelle somme de travail est capable un modeste instituteur.

Le rapporteur,
G. AVEYRON.
Directeur de l'École annexée
à l'École Normale d'Instituteurs.

PRÉFACE

L'ouvrage que l'auteur présente aujourd'hui au public, sous un titre trop modeste, est, à la fois, un livre de géographie, d'histoire et de statistique.

Et à ces divers points de vue, il sera consulté et étudié avec profit, par l'homme mûr, aussi bien que par les jeunes élèves des écoles primaires.

C'est ainsi que l'auteur étudie d'abord notre département dans son ensemble, puis dans ses subdivisions cantonales et communales, en nous faisant connaître sa situation, l'aspect extérieur de son territoire, la nature du sol, ses montagnes, ses cours d'eau, en un mot tout ce qui se rattache plus particulièrement à l'enseignement de la géographie proprement dite.

Puis, comme la géographie veut être éclairée par l'histoire, il remonte dans le passé jusqu'aux temps les plus reculés, pour étudier les destinées de notre pays, à toutes les époques, en nous rappelant les principaux événements qui forment nos annales. C'est ainsi qu'il nous apprend aussi dans quelles circonscriptions administratives ou judiciaires était comprise autrefois chaque commune, comment a été formé notre département, au moyen d'éléments empruntés tout à la fois au Lyonnais, au Forez, au Beaujolais, et même au Mâconnais, et comment aussi ont été créées, en même temps, les divisions administratives ou judiciaires actuelles.

Et comme complément à ces recherches historiques, et pour donner encore plus d'intérêt à son sujet, il s'est entouré des renseignements les plus certains, fournis par l'érudition moderne, pour rappeler les souvenirs qui s'attachent à nos plus humbles villages, et retrouver les noms des personnages dont ils ont été souvent le berceau.

Ce plan était déjà bien vaste. Et pourtant il ne pouvait répondre suffisamment aux exigences de nos idées modernes. Après l'étude de la géographie et de l'histoire, il fallait encore aborder celle de la statistique, et l'auteur n'y a pas manqué. Il ne s'est pas contenté de nous faire connaître seulement la population de chaque commune et l'étendue de son territoire, il nous fait encore un tableau complet de nos voies de communication, des produits du sol, de ceux de l'industrie et des diverses branches de notre commerce local, c'est-à-dire de tout ce qui constitue la vie propre d'un pays et assure sa prospérité.

Ainsi compris et ainsi traité, ce travail ne pouvait manquer d'offrir une réelle utilité et le plus grand intérêt. Aussi, le Conseil général du Rhône l'a-t-il reconnu, dès le premier jour, en accordant à l'auteur une haute récompense, qui l'honore et recommande son livre à l'attention sympathique des habitants de notre département.

A. VACHEZ
de l'Académie de Lyon.

AVANT-PROPOS

A la suite de l'Exposition universelle de 1889, un de mes collègues parisiens publia une brochure dans laquelle le passage suivant fut pour moi une inspiration :

« Combien de communes ont une histoire qui mériterait
« d'être révélée et comme la collection de ces monographies
« formerait, dans chaque département, un excellent livre de
« lecture courante pour les jeunes écoliers !

« Peut-être néglige-t-on un peu trop aujourd'hui cette
« étude des événements locaux, qui, mieux connus, donne-
« raient à l'enfant une plus juste idée de la valeur de son
« village et de ses ancêtres.

« On se plaint de la dépopulation croissante des cam-
« pagnes, dont les habitants émigrent vers les villes. Com-
« ment s'étonner d'un tel mouvement, alors qu'on ne fait
« rien ou presque rien pour retenir au pays natal ceux qui
« songeraient moins à le quitter, s'ils en connaissaient mieux
« l'histoire et les ressources de toute nature ?

« Aujourd'hui la ville attire la jeunesse par ses plaisirs
« faciles et malsains. C'est ici que devrait apparaître le rôle
« de l'instituteur, enseignant aux petits enfants tout ce que
« la simple vie des champs révèle de bon et d'ignoré, cher-
« chant à faire renaître, parmi les jeunes, ces usages locaux

« dont s'accommodaient admirablement nos pères et dans
« lesquels ils trouvaient plaisir et santé ! »

Le plan étant donné, je me mis à l'œuvre.

Grâce aux communications très intéressantes que m'ont faites mes aimables collègues ; grâce aux conseils éclairés qu'a bien voulu me donner M. Vachez, membre de l'Académie de Lyon, ce modeste ouvrage a été commencé.

La partie historique des communes, corrigée et mise à jour, a été puisée, avec la bienveillante autorisation de M. Mougin-Rusand, dans l'Annuaire administratif de Lyon et du département du Rhône, qui renferme des notices sur chacune de nos communes rurales, dont les éléments ont été empruntés soit au *Voyage dans les départements de la France* par Lavallée et Brion, soit au *Guide pittoresque du voyageur en France*, soit à l'*Album du Lyonnais*, publié par Boitel, soit à la *France par cantons*, de M. Théodore Ogier (Département du Rhône), soit à la *Géographie du département du Rhône*, par Joanne et à l'*Itinéraire de la France*, par le même, soit enfin aux Notices publiées par Cochard sur les cantons de Saint-Symphorien-sur-Coise, de Condrieu et de Beaujeu, et par M. A. Vachez, sur l'ancienne baronnie de Riverie. Ajoutons, en outre, la *Revue du Lyonnais*, recueil trop peu connu et dans lequel l'histoire de Lyon et du Lyonnais a été écrite au jour le jour, depuis cinquante ans ; l'*Histoire du Beaujolais*, par M. de la Roche de la Carelle, la *Notice sur Villefranche*, par Henri D. (Fleury Durieu), etc.

Quant aux renseignements statistiques, ils ont été puisés dans les documents officiels.

Le cadre que je me suis imposé ne comportant pas l'étude

de la ville de Lyon, je me suis peu étendu sur cette partie qui a été traitée de main de maître par M. Bleton, dans un ouvrage qui m'a servi de guide, avec la Notice de M. Belot sur le Lyonnais et divers guides et annuaires de Lyon et du département, et je suis heureux d'exprimer ici publiquement ma reconnaissance à mes collègues qui m'ont fourni des documents, aux auteurs et éditeurs qui ont bien voulu me guider ou m'autoriser à faire de nombreux emprunts dans les ouvrages ci-dessus mentionnés.

Mon modeste travail n'est donc, et ne pouvait être une œuvre originale : tout mon mérite, si mérite il y a, ayant consisté à coordonner les divers matériaux dont je disposais, pour en former un tout.

En récompense de mes peines, je m'estimerais trop heureux si je pouvais contribuer à faire aimer aux laborieux habitants de nos campagnes les champs fortunés qui les ont vu naître et où ils pourront vivre heureux, libres et indépendants, s'ils savent résister aux attraits trompeurs des grandes villes.

DÉPARTEMENT DU RHÔNE

DESCRIPTION — ADMINISTRATION

Lyonnais. — L'ancien Lyonnais formait l'un des 32 gouvernements de la France, et comprenait le Lyonnais proprement dit, le Franc-Lyonnais, le Beaujolais et le Forez.

Limites. — Le Lyonnais était limité : à l'ouest, par les monts du Forez et de la Madeleine ; à l'est, par la Saône et le Rhône ; au nord, par la Bourgogne, et au sud, par le Vivarais.

Départements formés. — Par la loi du 4 mars 1790, les anciens Forez, Lyonnais et Beaujolais formèrent le département de Rhône-et-Loire, et en exécution du décret du 29 brumaire an II, l'ancien Forez fut distrait de cette circonscription. Cette distraction forma les deux départements du Rhône et de la Loire.

Situation du département du Rhône. — Le département du Rhône est situé par 45° 27' et 46° 17' de latitude nord, par 1° 55' et 2° 32' de longitude orientale du méridien de Paris.

Limites. — Le département a pour limites : au nord et au nord-ouest, le département de Saône-et-Loire ; à l'est, ceux de l'Ain et de l'Isère ; au sud et à l'ouest, celui de la Loire.

Dimensions. Population. — Le département du Rhône a une surface totale cadastrée de 285.916 hectares 30 ares 31 centiares, et 272.453 hectares 84 ares 36 centiares imposables. Sa plus grande longueur, du nord au sud, est d'environ 95 kilomètres ; sa plus grande largeur, de l'est à l'ouest, n'est que de 41 kilomètres. Son pourtour est de 375 kilomètres. C'est le plus petit département français après celui de la Seine, et cependant il renferme 839.329 habitants. Sous le rapport de la population il occupe le quatrième rang.

Relief du sol. — Ce département est très montagneux. Ses montagnes font partie de la grande ligne de partage des eaux ; elles s'abaissent à l'est du côté des plaines fertiles du Rhône et de la Saône. Les principaux monts sont, au sud, les monts du Lyonnais (roches cristallines primordiales : granit, gneiss, micaschiste) ayant pour points culminants le Crêt de Saint-André (937 mètres) et le Pilon (918 mètres) se terminent par le massif du Mont-d'Or (calcaires jurassiques), à l'ouest de Lyon, dont l'altitude ne dépasse pas 612 mètres. Le massif de Tarare (porphyres, schistes ardoisiers) est couronné par le mont Boussièvre, sur le département de la Loire. Les monts du Beaujolais, ayant pour cimes les plus élevées le Saint-Rigaud (1012 mètres) et son voisin, le Mont-Monné (1000 mètres).

Climat. — Les vallées du Rhône et de la Saône sont exposées à de brusques variations de température : le vent froid vient des sommets glacés du mont Blanc et du Jura, et le vent chaud de la Méditerranée verse des pluies tièdes ; le vent de l'ouest, qui vient de l'Atlantique, amène bien souvent des tempêtes de pluie ou de grêle.

Le département du Rhône appartient au climat rhodanien. Les brouillards sont fréquents dans la vallée du Rhône et de la Saône, mais c'est à Lyon qu'ils sont le plus épais. Dans cette ville, la température moyenne est de 11 degrés.

Pendant l'année, il tombe à Lyon et dans la vallée du Rhône et de la Saône 78 centimètres d'eau ; dans les monts du Lyonnais, entre le Gier et la Brevenne, un mètre, et 81 centimètres sur le reste du département. Pour la France, la moyenne est de 77 centimètres.

Condrieu, au sud, a déjà le climat méridional, et Monsols, au nord, a de la neige de novembre en avril.

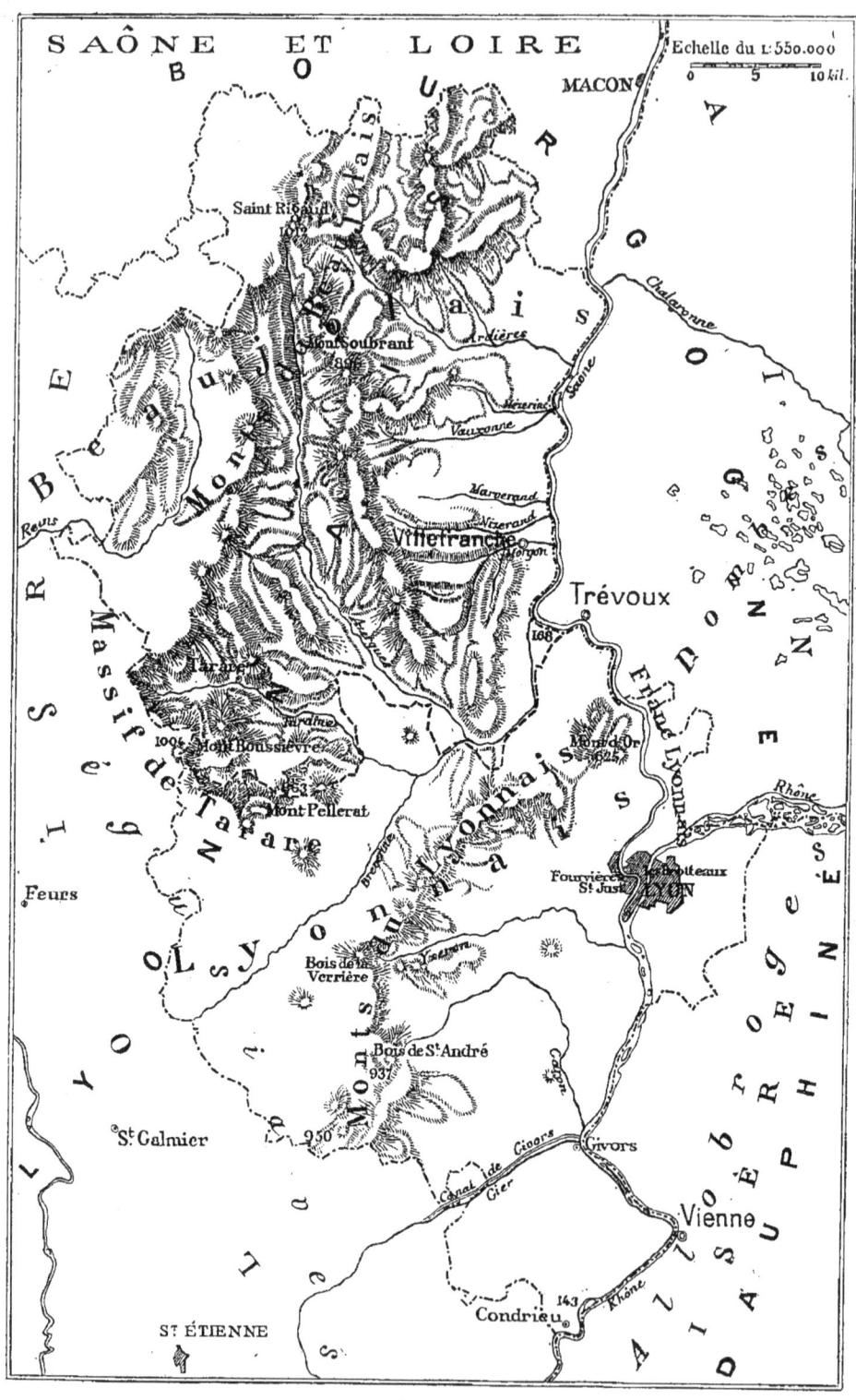

CARTE PHYSIQUE DU DÉPARTEMENT DU RHÔNE.

HYDROGRAPHIE. — Le Rhône prend sa source en Suisse, il traverse le lac de Genève et sépare le département de l'Ain de ceux de la Haute-Savoie, de la Savoie et de l'Isère. Après avoir arrosé une faible partie du département du Rhône, il se réunit à la Saône entre la commune de Lyon et celle de La Mulatière.

En arrivant dans le département, ce fleuve a la direction de l'est à l'ouest; arrivé à Lyon, le coteau de La Croix-Rousse lui fait prendre celle du nord au sud. Il arrose alors Lyon et Saint-Fons, sur la rive gauche ; La Mulatière, Oullins, Pierre-Bénite, Irigny, Vernaison, Millery, Givors, Loire, Saint-Romain-en-Gal, Sainte-Colombe, en face de Vienne (Isère) ; Saint-Cyr-sur-Rhône, Ampuis, Tupin-Semons et Condrieu, sur la rive droite.

Le Rhône a alors 140 mètres d'altitude ; il en avait 173 à son arrivée dans le département à Vaulx-en-Velin, commune qu'il arrose ainsi que Villeurbanne avant d'entrer à Lyon.

La Saône a de 150 à 200 mètres de largeur au moment où elle sépare le département du Rhône de celui de l'Ain. Dans les 60 kilomètres que comprend son parcours dans le département du Rhône, sa pente est à peine de 7 mètres.

Elle passe près de Belleville, Saint-Georges-de-Reneins, Villefranche, Anse, après avoir parcouru une vallée riche, riante et féconde : « De Villefranche à Anse la plus belle lieue de France, » dit le proverbe. Elle arrose ensuite le pied du Mont-d'Or, Neuville, Albigny, Couzon, Rochetaillée, Fontaines-Saint-Martin.

De chaque côté sont des habitations somptueuses, d'industrieuses usines ou d'agréables villas.

On arrive ainsi jusqu'à l'Ile-Barbe, au pied du coteau de Caluire et du Mont-d'Or, où elle ne tarde pas à rentrer à Lyon. Là, elle est resserrée par deux magnifiques lignes de quais.

Les affluents de la Saône, dans le département du Rhône, sont :

L'Ardières, originaire des Ardillats, arrose Beaujeu et arrive dans la Saône après un parcours de 19 kilomètres.

Le Morgon, venant de Chatoux, arrose Cogny, Lacenas,

Chervinges, Gleizé et Villefranche. Son parcours est de 9 kilomètres.

L'Azergues, ayant deux branches à son origine, l'une sur le territoire de Chenelette, l'autre sur celui de Poule, dont le confluent se trouve à Lamure, passe par Chenelette, Chessy, reçoit la Brevenne sur le territoire de Châtillon et verse ses eaux dans la Saône, à Anse, après un parcours de 29 kilomètres.

La Brevenne naît dans les montagnes de Maringes (Loire) et de Viricelles, et baigne, dans le département du Rhône, Meys, Sainte-Foy-l'Argentière, Souzy, Sain-Bel; reçoit à L'Arbresle la Turdine qui arrose Tarare et Pontcharra, puis se jette dans l'Azergues, à Châtillon, après un parcours de 31 kilomètres.

Outre la Saône, le Rhône a pour affluents dans le département :

L'Yzeron, qui prend sa source dans la commune de ce nom, arrose Francheville et se jette dans le Rhône, à Oullins, après avoir parcouru 28 kilomètres.

Le Garon, qui a sa naissance entre Yzeron et Thurins, traverse Soucieu-en-Jarez et Brignais, reçoit le Mornantet, qui arrose Mornant, et entre dans le Rhône, entre Grigny et Givors, après un parcours de 19 kilomètres.

Le Gier a sa source au mont Pilat, il baigne Saint-Chamond et Rive-de-Gier (Loire), alimente le canal de Givors et s'unit au Rhône, près de cette dernière ville, après un parcours de 27 kilomètres.

Les affluents de la Loire qui coulent dans le département du Rhône sont :

La Coise, qui a sa source à Sainte-Catherine-sur-Riverie, arrose Saint-Symphorien-sur-Coise et passe dans la Loire où elle arrose Saint-Galmier.

La Thoranche a sa naissance près de Saint-Laurent-de-Chamousset.

La Loise naît à Villechenève et se jette dans la Loire à Feurs.

Le Reins vient du mont Pinay. Il reçoit la rivière d'Amplepuis et la Trambouze qui arrose la commune de ce nom et celle de Thizy.

Le Sornin sort près de la source de l'Azergues.

Le canal de Givors, entre Givors et Grand'-Croix, a une longueur de 20 kilomètres 300 mètres. Il a été concédé, en 1788, pour la partie comprise entre le Rhône et Rive-de-Gier, et, en 1831, en amont de cette dernière ville.

Le rachat de la concession a été approuvé par une loi portant la date du 16 août 1886. Cette voie navigable est actuellement en état de navigabilité entre le Rhône et la 32ᵉ écluse, c'est-à-dire sur une longueur de 16 kilomètres 573 mètres.

Le peu d'importance du trafic du canal n'encourage guère les ingénieurs à proposer de nouveaux travaux.

Les seuls étangs situés dans le département du Rhône sont ceux de Montagny.

VOIES DE COMMUNICATION. — Plusieurs voies romaines traversaient les provinces du Lyonnais et du Beaujolais, nous ne citerons que celles de Saint-Bonnet-le-Froid et de Saint-Jean-d'Ardières.

Aujourd'hui quatre routes nationales prennent naissance dans le département du Rhône et deux le traversent.

Le parcours de ces diverses voies sur son territoire est de 227 kilomètres.

ROUTES NATIONALES :

N° 6, de Paris à Chambéry 56 (km.) ;
N° 7, de Paris à Antibes (57 km.) ;
N° 83, de Lyon à Strasbourg (6 km.) ;
N° 86, de Lyon à Beaucaire (31 km.) ;
N° 88, de Lyon à Toulouse (31 km.) ;
N° 89, de Lyon à Bordeaux (46 km.).

Les chemins vicinaux de grande communication sont entretenus dans le département sur une longueur de 1.225 kilomètres.

CHEMINS DE GRANDE COMMUNICATION :

N° 1, de Lyon à Saint-Trivier (14 km.) ;
N° 2, de Givors à Chazelles (41 km.) ;

N° 3, de la gare de L'Arbresle au Pont-des-Mines (7 km.);
N° 4, de Saint-Symphorien à Tarare (27 km.);
N° 5, de Monsols à Charolles (17 km.);
N° 6, des Brotteaux à Décines (12 km.);
N° 7, de Charbonnières à Feurs (49 km.);
N° 8, d'Anse au Pont-Saint-Bernard (2 km.);
N° 9, du Pont-de-Thoissey à Roanne (66 km.);
N° 10, d'Amplepuis à La Clayette (28 km.);
N° 11, de Duerne à Chazelles (9 km.);
N° 12, de Lyon à Feyzin (2 km. de classés);
N° 13, des Ponts-Tarrets à Roanne (32 km.);
N° 14, de Tarare à Violay (7 km.);
N° 15, de Vienne à Rive-de-Gier (40 km.);
N° 16, de Neuville à Chazay (8 km.);
N° 17, de Trembly au Port Jean-Gras (14 km.);
N° 18, de Belleville à Tramayes (40 km.);
N° 19, de Chessy à Saint-Étienne (35 km.);
N° 20, de Saint-Cyr-le-Chatoux à Port-Rivière (36 km.);
N° 21, de Vaise à Saint-Cyr-au-Mont-d'Or (8 km.);
N° 22, de Monsols à Cluny (11 km.);
N° 23, de Lamure à Saint-Mamert (23 km.);
N° 24, de Lyon à Panissières (30 km.);
N° 25, d'Yzeron à Sainte-Foy-l'Argentière (13 km.);
N° 26, de Beaujeu à Mâcon (17 km.);
N° 27, de Pontcharra à Villechenève (12 km.);
N° 28, de Rive-de-Gier à Chavanay (10 km.);
N° 29, de la Guillotière à Crémieu (7 km.);
N° 30, de Lozanne à Rive-de-Gier (32 km);
N° 31, de Villefranche à Ternand (18 km.);
N° 32, de la gare de Romanèche à Ouroux (19 km.);
N° 33, de Pontcharra à Bessenay (17 km.);
N° 34, de Givors à Duerne (23 km.);
N° 35, de Villefranche à Vaux (15 km.).

Le département du Rhône ne possède plus de routes départementales ; elles ont été déclassées en 1887. Leurs numéros ont été bissés dans la nomenclature des chemins de grande communication :

N° 1 *bis*, de Duerne à Saint-Étienne (11 km.) ;
N° 2   de Lyon à Trévoux (18 km.) ;
N° 3   d'Anse à Montbrison (47 km.) ;
N° 4   de la Saône à la Loire (36 km.) ;
N° 5   de Frans à Roanne (68 km.) ;
N° 6   de Villefranche à Feurs (37 km.) ;
N° 7   de Lyon à Charolles (45 km.) ;
N° 8   de Tarare à Chauffailles (35 km.) ;
N° 9   de Lyon à Crémieu (7 km.) ;
N° 10   de Lyon à La Mulatière (3 km.) ;
N° 11   du Pont Lafayette au département de l'Isère (4 km.) ;
N° 12   de Lyon à Heyrieux (10 km.) ;
N° 13   de Villefranche à Rive-de-Gier (43 km.) ;
N° 14   de L'Arbresle à Neuville (26 km.) ;
N° 15   de Beauregard à La Clayette (61 km.) ;
N° 16   de Craponne à Saint-Symphorien (33 km.) ;
N° 17   de Lyon à Givors (18 km.) ;
N° 18   de Lyon à Montplaisir.

La route départementale N° 15, de la Loire, longueur 2.757 mètres, fait suite à une annexe du chemin de grande communication N° 5 *bis*, du Rhône.

Les chemins vicinaux d'intérêt commun parcourent le département sur une longueur de 844 kilomètres.

CHEMINS D'INTÉRÊT COMMUN :

N° 1, de Vaise à Neuville (13 (km.) ;
N° 2, de Propières à Saint-Christophe (15 km.) ;
N° 3, de Saint-Just à L'Étoile d'Alaï (4 km.) ;
N° 4, du Pont de Thoissey à la gare de Romanèche (4 km.) ;

N° 5, de la Cité-Lafayette à Vaulx-en-Velin (5 km.) ;
N° 6, de Ronno à Cours (20 km.) ;
N° 7, de La Guillotière à Marennes (7 km.) ;
N° 8, de Thizy à Charlieu (3 km.) ;
N° 9, de Givors à La Clochetière (13 km.) ;
N° 10, de Ronno au col des Cassettes (8 km.) ;
N° 11, de Brignais à Thurins (9 km.) ;
N° 12, de Tarare à Lamure (35 km.) ;
N° 13, de Mornant à Riverie (14 km.) ;
N° 14, de Ranchal à Charlieu (12 km.) ;
N° 15, de Limonest à Collonges (9 km.) ;
N° 16, de Matour à Chauffailles (7 km.) ;
N° 17, de La Maison-Blanche à La Giraudière (16 km.) ;
N° 18, de La Jardinière à Juliénas (25 km.) ;
N° 19, de Bonnand à Vaugneray (11 km.) ;
N° 20, de Dorieux à Villefranche (16 km.) ;
N° 21, de Vernaison aux Sept-Chemins (6 km.) ;
N° 22, de Jullié à Tramayes (11 km.) ;
N° 23, de La Tour à Neuville (21 km.) ;
N° 24, de Saint-Mamert à La Grange-du-Bois (16 km.) ;
N° 25, de Saint-Irénée à Malataverne (12 km.) ;
N° 26, de L'Arbresle à Villefranche (13 km.) ;
N° 27, de Vaise à Lozanne (15 km.) ;
N° 28, de Beaujeu à Villié-Morgon (6 km.) ;
N° 29, de Tarare à Saint-Cyr-de-Valorges (9 km.) ;
N° 30, d'Anse à Theizé (6 km.) ;
N° 31, de Virigneux à Bessenay (30 km.) ;
N° 32, de Valsonne à Chamelet (12 km.) ;
N° 33, de Givors à Saint-Laurent-d'Agny (10 km.) ;
N° 34, de Villefranche à Cogny (12 km.) ;
N° 35, de Fontaines-sur-Saône au marais des Échets (6 km.) ;
N° 36, de Villié-Morgon à Vauxrenard (10 km.) ;
N° 37, de Trévoux à La Thibaudière (5 km.) ;
N° 38, de Vaux à Claveisolles (13 km.) ;
N° 39, de La Croix-des-Ormes à Couzon (5 km.) ;

N° 40, d'Amplepuis à La Fontaine (5 km.);
N° 41, de Sain-Bel à Saint-Julien-sur-Bibost (9 km.);
N° 42, de Tarare à Ternand (20 km.);
N° 43, de La Maison-Rat à La Croix-Forest (7 km.);
N° 44, de Thizy à Grandris (21 km.);
N° 45, de Villeurbanne à Vénissieux (7 km.);
N° 46, de Pouilly à Saint-Laurent (11 km.);
N° 47, de Saint-Martin à Saint-Étienne (19 km.);
N° 48, de Chamelet à Ronno (11 km.);
N° 49, du Point-du-Jour à Sainte-Consorce (8 km.);
N° 50, de la gare des Chères à Charnay (11 km.);
N° 51, de Saint-Laurent à Panissières (11 km.);
N° 52, de Liergues à Blaceret (12 km.);
N° 53, de Givors à Trèves (16 km.);
N° 54, de Saint-Nizier aux Quatre-Vents (9 km.);
N° 55, de Saint-Laurent au Bâtard (4 km.);
N° 56, de Pepy à Dième (6 km.);
N° 57, de Vaugneray à Lozanne (20 km.);
N° 58, de Saint-Vincent au Cergne par La Bûche (14 km.);
N° 59, de Saint-Symphorien à Meys (11 km.);
N° 60, de Villefranche à Saint-Fons (2 km.);
N° 61, de Montrottier à Saint-Forgeux (6 km.);
N° 62, de Lamure à Vaux (16 km.);
N° 63, de Riverie à Saint-André (4 km.);
N° 64, de Saint-Étienne à Belleville (9 km.);
N° 65, de Fontaines-sur-Saône à Sathonay (647 m.);
N° 66, de Ville à Allières (15 km.);
N° 67, de Saint-Genis à Givors (10 km.);
N° 68, de La Croisette à Dorieux (11 km.);
N° 69, de Lancié au col de Truges (9 km.);
N° 70, des Ponts-Tarrets au Saule d'Oingt (9 km.);
N° 71, de Duerne à Saint-Symphorien (7 km.);
N° 72, de Grézieu à Sainte-Foy-l'Argentière (9 km.);
N° 73, de Thurins à Yzeron (7 km.);
N° 74, d'Odenas à Belleville (7 km.);

N° 75, des Ponts-Tarrets à la gare de Saint-Romain (5 km.);
N° 76, de Pizay à Morgon (3 km.);
N° 77, de Marchampt à Vaux (6 km.);
N° 78, de Tassin à Craponne;
N° 79, de Duerne à La Giraudière;
N° 80, de Montoux à Albigny;
N° 81, de Saint-Cyr à Limonest;
N° 82, de Saint-Genis à Irigny;
N° 83, de Parilly à Cusset;
N° 84......................
N° 85, de Tarare à Saint-Clément (10 km.).

CHEMINS DE FER

La Compagnie des chemins de fer P.-L.-M. possède dans le département les lignes suivantes :
1° de Paris à Lyon (55 km.);
2° de Lyon à Marseille (9 km.);
3° de Belleville à Beaujeu (13 km.);
4° de Roanne à Lyon par Tarare (54 km.);
5° de Roanne à Lyon par Saint-Étienne (31 km.);
6° de Lyon-Saint-Paul à Montbrison (52 km.);
7° de Lyon à Genève (8 km.);
8° de Lyon-Saint-Clair à Collonges (5 km.);
9° de Lyon à Grenoble (5 km.);
10° de Givors à Chasse (3 km.);
11° de Givors à Lavoulte (25 km.);
12° de Lyon à La Croix-Rousse (0 km. 500);
13° de Lyon-Croix-Rousse à Sathonay (6 km.);
14° de Lozanne à Paray-le-Monial.
Le service des chemins de fer d'intérêt général ne comprend que la ligne de Lyon-Saint-Clair à Sathonay.

CHEMINS DE FER D'INTÉRÊT LOCAL

1° Lignes en exploitation :

1° de Lyon à Saint-Genis-d'Aoste (93 km., dont 7 dans le Rhône) ;
2° de Sathonay à Trévoux (19 km., dont 8 dans le Rhône) ;
3° de Saint-Victor à Cours (13 km., dont 10 dans le Rhône) ;
4° de Lyon au faubourg Saint-Just ;
5° de Lyon-Saint-Just à Vaugneray et à Mornant (31 km.) ;
6° de la place Croix-Paquet au boulevard de La Croix-Rousse ;
7° Raccordement des deux gares de La Demi-Lune.

2° Lignes dont la concession est en instance :

1° de Villefranche à Tarare, et de Villefranche à Beaujeu et à Monsols ;
2° de Lyon-Croix-Rousse à Saint-Étienne ;
3° de Saint-Symphorien-sur-Coise au réseau de F.-O.-L. ;
4° d'Amplepuis à Saint-Vincent-de-Reins ;
5° de Lyon-Saint-Paul à Fourvière et Loyasse ;
6° Funiculaire de Lyon-Saint-Jean à Fourvière.

TRAMWAYS. — Tramways en exploitation :
I. Lignes exploitées par la Compagnie des Omnibus et Tramways de Lyon :
1° Réseau de la ville de Lyon, 11 lignes et 2 annexes (56 km.) ;
2° Tramway à traction mécanique de Lyon à Saint-Fons et à Vénissieux.
II. Chemin de fer routier de Thizy (Rhône) à Cours.
III. Lignes concédées à la Compagnie Lyonnaise de tramways et de chemins de fer à voie étroite. Le réseau, d'une longueur totale de 11 km., comprend : 1° la ligne des Cordeliers à Bron ; 2° l'embranchement des Cordeliers au cimetière de La Guillotière.

IV. Tramway à vapeur de Lyon à Neuville.
V. Tramway de Lyon à Sainte-Foy-lès-Lyon.
VI. Tramway d'Oullins à Saint-Genis-Laval.
VII. Tramway à traction mécanique de Lyon à Villeurbanne-Cusset, avec embranchement de la place de la Bascule à la place Croix-Luizet.
VIII. Embranchement, suivant le cours Henri, à la ligne de tramway à traction mécanique du pont Lafayette à l'asile de Bron.
IX. Tramway à traction électrique de Lyon, quai de Vaise, au bourg d'Écully.
X. Tramway à traction électrique du pont d'Écully à La Demi-Lune et aux Trois-Renards (commune de Tassin-la-Demi-Lune).
XI. Tramway à traction électrique de Lyon, quai de Vaise à Saint-Cyr-au-Mont-d'Or.
XII. Tramway à traction électrique de Lyon, quai de Vaise, à Champagne.
XIII. Tramway à traction électrique du boulevard de la Croix-Rousse à Caluire.
XIV. Tramway à traction électrique entre le pont de Belleville-sur-Saône et la gare P.-L.-M. de Belleville.
XV. Tramway à traction électrique de Lyon-Saint-Just au Point-du-Jour et à Francheville.
XVI. Tramway à traction mécanique de Lyon à La Côte-Saint-André.
XVII. Tramway à traction électrique entre la gare de Viricelles-Chazelles (Ligne P.-L.-M.) et Saint-Symphorien-sur-Coise.

CADASTRE. — Les opérations cadastrales ont été commencées dans le département du Rhône en 1808, et ont été terminées en 1830.

La propriété est très morcelée, surtout aux environs de Lyon et de Villefranche, où se trouvent beaucoup de maisons bourgeoises.

PRODUCTIONS. — Le département du Rhône, bien que n'étant

pas livré à la grande culture, n'en est pas moins un des plus variés par ses produits.

Les fruits, les fromages, les œufs y ont une finesse exquise. Les volailles, le gibier et le poisson y abondent. On y recueille du vin, des fourrages naturels et artificiels, des céréales, des légumes, etc.

Les coteaux vinicoles les plus estimés, de la rive droite de la Saône depuis le Mont-d'Or jusqu'à la limite de Saône-et-Loire, sont ceux de Pommiers, Saint-Étienne, La Chassagne, Fleurie, Juliénas, etc. Les vignobles marquants, occupant le revers oriental des collines sur la rive droite du Rhône, s'étendent aux territoires de Sainte-Foy, Saint-Genis-Laval, Charly, Millery, Ampuis et Condrieu.

Il y a des carrières de pierres de construction à Couzon, Dardilly, Limonest, Anse, Saint-Germain, etc. ; du marbre isabelle près de Bully ; de beaux granits dans la montagne d'Yzeron, à Montagny, à Chassagny, à Saint-Andéol-le-Château, etc. ; des minerais de cuivre à Sain-Bel, Sourcieux et Chessy ; des mines de houille exploitées à Sainte-Foy-l'Argentière ; du porphyre dans la montagne de Tarare ; du marbre noir ou bleu foncé aux environs de Thizy ; de l'anthracite à Amplepuis ; du plomb argentifère dans le canton de Monsols ; du manganèse à Saint-Julien et à Légny ; de la baryte à Vaugneray, etc., etc. Les marrons dits de Lyon se récoltent dans le canton de Pélussin (Loire).

INDUSTRIE. — L'industrie dominante du département consiste dans le tissage des étoffes de soie et de coton. A lui seul, Lyon possède plus de 30.000 métiers et le reste du département 40.000, qui sont mis en mouvement par plus de 150.000 ouvriers en soie ou canuts. L'industrie de la métallurgie égalera bientôt la renommée des soieries ; cette industrie a toujours eu une importance dans la région, et son extension depuis une trentaine d'années est devenue considérable : fonderies de Givors, tréfileries, etc. Il y a aussi des fabriques de produits chimiques, des verreries, des tanneries, etc.

COMMERCE. — Le principal commerce du département est celui

des étoffes de soie, qui ont une réputation universelle. Les grandes entreprises du siècle ont utilisé un matériel métallurgique lyonnais. Tarare et Thizy fabriquent des peluches, des mousselines, des cotonnades. Les vins, la charcuterie lyonnaise, les fromages sont aussi la source de commerce très actif.

Race. — La race, dans le département, est composée d'éléments divers qui ont peu à peu absorbé l'élément indigène primitif; elle résulte du mélange des sangs gaulois, grec, allobroge, romain, sarrasin, germain, florentin et italien.

Chacun de ces sangs a concouru à la formation du type lyonnais qui jouit, en général, d'une constitution robuste. Le tempérament sanguin y prédomine, surtout dans les populations agricoles.

Mœurs. — Les mœurs sont, en général, bienveillantes; les populations y sont intelligentes, énergiques, entreprenantes, actives et prédisposées au sentiment et à la pratique de l'art. Malgré sa situation industrielle, le département du Rhône est un de ceux qui fournissent le plus faible contingent de criminalité.

Langue. — Le dialecte populaire parlé dans les campagnes du Lyonnais dérive de la langue romane modifiée. Il est imagé et vif, et s'associe à beaucoup de mots d'origine grecque, italienne, gauloise, et à des termes venant du français, mais rentrant dans la catégorie des locutions vicieuses.

Division administrative. — Le département du Rhône est divisé en deux arrondissements : celui de Lyon et celui de Villefranche, et en 29 cantons, dont 8 pour la ville de Lyon, 11 pour le reste de l'arrondissement et 10 pour celui de Villefranche, et en 268 communes, dont 134 pour la première circonscription et autant pour la deuxième.

Le Préfet du Rhône a sous son autorité le sous-préfet de Villefranche, deux secrétaires généraux et quatre conseillers de Préfecture.

Le département du Rhône ressortit : à la XIVe région militaire (Grenoble) pour les cantons de Givors, Saint-Genis-Laval, Villeurbanne et les Ier, IIe, IIIe et VIe arrondissements municipaux de

Lyon, à la VIIe région militaire (Besançon) pour le reste du département ; à la Cour d'appel de Lyon, à la 14e légion de gendarmerie (Lyon) ; à la 16e inspection des ponts et chaussées ; à l'arrondissement minéralogique du centre (Saint-Étienne) ; à la 10e région agricole ; au XVIIe arrondissement forestier (Mâcon).

Diocèse de Lyon. — Le département de la Loire et celui du Rhône, moins le canton de Villeurbanne, qui fait partie du diocèse de Grenoble, forment le diocèse de Lyon et de Vienne. L'Archevêque prend le titre de « Primat des Gaules ». Il a pour suffragants les évêques d'Autun, de Langres, de Dijon, de Saint-Claude et de Grenoble.

L'Église de Lyon, primatie, métropole et diocèse, est une des plus anciennes Églises des Gaules. On comptait cinq provinces ecclésiastiques dans la Gaule Lyonnaise. Le siège métropolitain de la première de ces provinces a toujours été à Lyon ;

Celui de la seconde Lyonnaise était à Rouen ;
Celui de la troisième Lyonnaise était à Tours ;
Celui de la quatrième Lyonnaise était à Sens ;
Celui de la cinquième Lyonnaise était à Besançon.

Sceau du Chapitre de Lyon.

La primatie de l'Église de Lyon (son archevêque avait le titre de « Primat de France »), s'étendait, avant la Révolution, sur les quatre archevêchés de Lyon, Tours, Sens et Paris (démembrement de Sens en 1622).

Sa métropole sur les six évêchés d'Autun, de Chalon-sur-Saône, Dijon, Mâcon, Langres et Saint-Claude.

Son diocèse comprenait 852 paroisses et annexes sous 20 archiprêtrés :

1º *Archiprêtré d'Ambournay*, 30 cures : Ambérieu, Ambournay, Benonce, Clézieu, Groslée, Saint-Jean-le-Vieux, Saint-

Jérome, Jujurieux, Sainte-Julie, Lagnieu, Lantenay, Leymen, Lhuis, Loyette, Marchamp, Saint-Maurice-en-Remens, Montagneux, Poncins, Saint-Rambert, Seiblonnaz, Serrières-de-Briord, Saint-Sorlin, Torcieux, Vaux, Villebois, Vulbas, etc.

Et 15 annexes : L'Abergement-lès-Varay, Saint-Denis, Ambutrix, Blanas, Château-Gaillard, Châtillon-de-Corneille, Corbier, Saint-Denis-de-Chosson, Douvres, Nivolet, Proulieu, Rigneux-le-Désert, Souclin, Yzenave.

2º *Archiprêtré d'Anse*, 45 cures et 9 annexes.
3º — de *L'Arbresle*, 27 cures et 11 annexes.
4º — de *Courzieu*, 36 cures et 7 annexes.
5º — des *Dombes*, 64 cures et 10 annexes.
6º — de *Meyzieu*, 28 cures.
7º — de *Mornant*, 40 cures, 13 annexes.
8º — de *Suburbes*, 22 cures, 5 annexes.

L'historique des Communes renferme le nom des cures énumérées ci-dessus, à l'exception de celles des Dombes qui sont à l'historique du canton de Neuville ; de Meyzieu qui sont reproduites à Villeurbanne, et des Suburbes dont fait mention l'histoire de l'église Saint-Nizier de Lyon.

9º *Archiprêtré de Bagé*, 37 cures : Bagé-la-Ville, Bagé-le-Châtel, Bantange, Béruiziat, Boissey, Brienne, La Chapelle-Naude, La Chapelle-Thècle, Chavanes-sur-Reyssouze, Chevroux, Courtes, Crottet, Curciat, Dongalon, Saint-Cyr-sur-Menthon, Darmartin, Saint-Étienne-sur-Reyssouze, Saint-Jean-sur-Veyle, Jouvençon, Ménetreuil, Montpont, Saint-Nizier-le-Bouchoux, Pont-de-Vaux, Rancy, Sermoyer, Servignat, Sornay, Saint-Trivier, Feillens, La Geneste, Gerrevod, Boz, Saint-Jean-sur-Reyssouze.

Et 3 annexes : Arbigny, Sainte-Bénigne, etc.

10º *Archiprêtré de Bourg*, 25 cures : Attignat, Bény, Bourg, Burdignes, Confrancon, Craz, Montrevel, Curtafon, Saint-Denis-de-Ceyzériat, Saint-Didier-d'Oussiat, Dompseure, Saint-Étienne-les-Bois, Etré, Foissiat, Jayat, Saint-Julien-sur-Reyssouze, Les Cherroux, Malafretaz, Manziat, Marsonnaz, Saint-Martin-le-Châtel, Perronaz, Polliat, Viriat, etc.

Et 2 annexes : Fleuriat, etc.

11° *Archiprêtré de Chalamont*, 44 cures : Balan, Beynost, Belignieux, La Boisse, Bressolaz, Chalamont, Chatenay-les-Dombes, Châtillon-la Palud, Saint-Christophe (Bourg), Cordieu, Cran, Sainte-Croix, Dagneux, Dompierre-de-Chalaronne, Saint-Éloi, Farament, Jallieu, Saint-Jean-de-Nyort-les-Gourdans, Saint-Martin-de-Chalamont, Saint-Maurice-de-Beynost, Saint-Maurice-de-Gourdans, Meximieux, Miribel, Mollon-sur-Ain, N.-D. de Montluel, Saint-Barthélemy-de-Montluel, Saint-Étienne-de-Montluel, Saint-Nizier-le-Désert, Péroge, Le Plantai, Priay, Rignieux-le-Franc, Romanèche-la-Saussaye, Ronzuel, Samans, Thil, Tramoyé, Versailleux, Villieu, Villars, Villette, Villieu, etc.

Et 8 annexes : Bublanne, Charonoz, Loyes, Saint-Marcel, etc.

12° *Archiprêtré de Saint-Étienne*, 40 cures : Saint-Andéol-la-Valla, Saint-Bonnet-les-Oules, Le Bouthon, Chambœuf, Chambon, Chatelus, Saint-Chamond, Chevrières, Saint-Christo-en-Jarez, Cuzieu, Saint-Denis-sur-Coise, Saint-Étienne, Farnay, Firminy, La Fouillouse, Saint-Galmier, Saint-Genest-Lerpt, Saint-Genest-de-Malifaux, Grammont, Saint-Héand, Saint-Jean-Bonnefonds, Saint-Julien-en-Jarez, Saint-Just-en-Doizieu, Saint-Just-sur-Loire, Saint-Just-les-Velay, Saint-Martin-en-Coailleux, Saint-Médard, N.-D. de Sorbiers, Pavesin, Saint-Paul-en-Cornillon, Saint-Paul-en-Jarez, Saint-Priest-de-Furans, Rivas, Rochetaillée, Saint-Romain-les-Atheux, La Tour-en-Jarez, Vauche, Saint-Victor-sur-Loire, Villars, etc.

Et 11 annexes : Andrézieux, Aveizieux, Chazeaux, Fontanès, Juriou, Izieux, Planfoi, Tarantaize, etc.

13° *Archiprêtré de Montbrison*, 67 cures : Sainte-Agathe, Bard, Boën, Boisset-lès-Montrond, Saint-Bonnet-de-Courreaux, Saint-Bonnet-le-Château, Bonson, Chalain-d'Izoure, Chalain-le-Comtal, Chalmazel, Chambéon, Chambles, Champs, Chandieu, Châtelneuf, Chazelles-sur-Ladvieu, Chenereilles, Craintillieu, Saint-Cyprien, Estivareilles, Feurs, Saint-Georges-sur-Couzan, Saint-Georges-de-Hauteville, Gumières, L'Hôpital-le-Grand,

Saint-Jean-de-Soleymieux, Saint-Just-en-Bas, Ladvieu, Saint-Laurent-la-Conche, Saint-Laurent-en-Solore, Lerigneux, Lezigneux, Luriec, Magnieu-Hauterive, Saint-Marcelin, Marcilly-le-Châtel, Marclop, Marcoux, Marols, Saint-Maurice-en-Gourgois, Meylieu, Moingt, Montbrison, Montverdun, Mornand, Saint-Nizier-de-Formas, Palognieu, Saint-Paul-d'Yzore, Périgneux, Poncins, Pralong, Précieu, Saint-Priest-en-Rousset, Saint-Rambert, Roche, Rochefort, Saint-Romain-le-Puy, Sail-sous-Couzan, Sauvain, Sury-le-Comtal, Saint-Thomas-la-Garde, La Tourette, Trelins, Verrières, Unias, etc.

Et 9 annexes : Boisset-lès-Saint-Priest, La Bouteresse, La Celle de Lorme, Escotay, Grézieu-le-Fromental, Montrond, etc.

14° *Archiprêtré de Morestel*, 24 cures : Amblagnieu, Arandon, La Balme, Sainte-Colombe-la-Brosse, Carizieux, Charette, Courtenay, Dolomieux, Essertines-en-Chatelneuf, Sermérieu, Mépieu, Morestel, Parmilleu, Passins, Optevoz, Soleymieu, Trept, Saint-Victor, etc.

Et 2 annexes : Sissieux, Vertrieux.

15° *Archiprêtré de Nantua*, 9 cures : Saint-Alban, Cerdon, Étables, Leyssard, Malliac, Saint-Martin-du-Fresne, Nantua, Vieux-d'Yzenave, Volognia.

Et 10 annexes : La Balme-Sappel, La Bastie, Chale, Cizod, Mirigniat, Mortarey, Neyrolles, Peyria-et-Gyria, Port, Serrières-sur-Ain, Solonniat.

16° *Archiprêtré de Néronde*, 23 cures : Balbigny, Bussières, Chambost-Longessaigne, Civen, Sainte-Colombe, Cottance, Croizel, Saint-Cyr-de-Valorges, Épercieu, Essertines-en-Donzy, Jas, Saint-Just-la-Pendue, Saint-Marcel-les-Félines, Néronde, Panissières, Saint-Paul-d'Épercieu, Piney, Pouilly-lès-Feurs, Rozier, Salvizinet, Villechenève, Violey, etc.

Et 10 annexes : Affoux, Sainte-Agathe, Montchal, etc.

17° *Archiprêtré de Pommiers*, 32 cures : Allieu, Amions, Arthun, Bussy, Albieu, Cervières, Chambas-la-Madeleine, Champoly, Cleppé, Saint-Didier-sur-Rochefort, Saint-Étienne-le-Molard, Sainte-Foy-lès-Villedieu, Saint-Georges-de-Baroille,

Saint-Germain-Laval, Grezoles, Saint-Jean-la-Vestre, Saint-Julien d'Odes, Saint-Julien-la-Vestre, Juré, Saint-Just-en-Chevalet, Saint-Marcel-d'Urfé, Saint-Martin-la-Sauveté, Mizérieu, Veaulieu, Nervieu, Pommiers, Saint-Priest-la-Prugne, Saint-Romain-sur-Urfé, Saint-Sixte, Souternon, Saint-Sulpice-en-Bussy, Verrières, Villedieu, Urfé.

Et 5 annexes : Cezay, Lavalla, Olme, Saint-Priest-la-Vestre, Les Salles, Saint-Thurin.

18° *Archiprêtré de Roanne*, 47 cures : Ambierle, Amplepluis, Saint-André-d'Apchon, Arcon, Briennon, Bully-en-Roannais, Cheré, Chirassimont, Commelle, Cordelle, Cremaux, Saint-Cyr-de-Favières, Dansé, Saint-Forgeux-l'Espinasse, Fourneaux, Saint-Germain-l'Espinasse, Saint-Haon-le-Châtel, Saint-Haon-le-Vieux, Saint-Jodard, Saint-Léger-en-Roannais, Lentigny, Luré, Mably, Saint-Martin-de-Boissy, Saint-Maurice-sur-Loire, Mélay, Sainte-Marguerite-de-Naux, Noailly-en-Roannais, Neulize, Ouches, Parigny, Saint-Paul-de-Vezelin, Saint-Folgue, Pouilly-en-Roannais, Saint-Priest-la-Roche, Renaison, Riorges, Saint-Rirand, Roanne, Saint-Romain-la-Motte, Les Sauvages, Saint-Sulpice-les-Villerets, Saint-Symphorien-de-Lay, Vendranges, Villemontois, Villerest, etc.

Et 4 annexes : Les Forges, Lay, Marchezal, etc.

19° *Archiprêtré de Sandran*, 37 cures : Saint-André-de-Corcy, Saint-André-le-Bouchoux, Saint-André-le-Pannoux, Biziac, Boulignieux, Buellas, Chanos, Chatenay, La Chapelle-du-Châtelard, Châtillon-les-Dombes, Chaveyriat, Saint-Christophe, Condeyssiat, Saint-Cyr-près-Sandran, Saint-Georges-de-Renom, Saint-Germain, Saint-Julien-sur-Veyle, Longchamp, Luponnas, Marlieu, Meyzériat, Montfalcon, Monthieu, Montracol, Neuville-les-Dames, Saint-Paul-de-Varax, Perouze, Romans-Farrery, Sandran, Serva, Sullignat, Vandeins, Vonnas.

Et une annexe : Montenay.

20° *Archiprêtré de Treffort*, 18 cures, Bohas, Certines, Ceyzériat, Coran, Cusiat-lès-Revermont, Druillat, Hautecour, Saint-Martin-du-Mont, Meyriat, Neuville-sur-Ain, Oussiat, Romanèche-la-Montagne, Tossiat, La Tranchère, Treffort, Villereversure, etc.

Et 4 annexes : Pont-d'Ain, etc.

Sept abbayes d'hommes : Ainay, Ambronay, Belleville, Lachassagne, Saint-Rambert-en-Bugey, Valbenoîte et Savigny.

Cinq abbayes de filles : Saint-Pierre, La Déserte et Chazeaux, à Lyon; La Bénissons-Dieu, en Lyonnais; Boulieu, en Forez.

Services divers. — Le département du Rhône possède un Conseil d'hygiène et de salubrité, une administration des forêts, un service d'architecture départementale et un d'architecture des édifices diocésains, un conseil départemental des bâtiments civils, un service de sûreté, des établissements de répression, un dépôt de mendicité à Albigny, un asile départemental d'aliénés à Bron, une inspection du travail dans l'industrie, un service d'inspection de la pharmacie, un service d'enfants assistés et de la protection du premier âge, une inspection des eaux minérales du Rhône, une commission départementale de météorologie, 8 comices agricoles et plusieurs sociétés d'agriculture, d'horticulture et de viticulture, plusieurs caisses d'épargne, etc., etc., et environ 500 sociétés de secours mutuels.

Instruction publique. — Le ressort de l'Académie de Lyon comprend les départements du Rhône, de l'Ain, de la Loire et de Saône-et-Loire.

Il y a dans le département du Rhône 657 écoles primaires publiques formant 1.337 classes :

553 écoles primaires privées comprenant 1.516 classes.

Et 179 écoles maternelles ayant 278 classes.

Les écoles primaires publiques se répartissent ainsi :

315 écoles spéciales aux garçons;
296   —   —   aux filles;
 24   —   mixtes dirigées par un instituteur;
 22   —   —   par une institutrice.

Les écoles primaires privées comprennent :

177 écoles spéciales aux garçons;
349   —   —   aux filles;

1 école mixte dirigée par un instituteur ;
26 — — dirigées par une institutrice.

Il y avait, au 1ᵉʳ octobre 1894, 246 pensionnats primaires autorisés par le Conseil départemental, savoir :

5 Pensionnats tenus par un instituteur public ;
40 — — par une institutrice publique ;
42 — — par un instituteur privé ;
159 — — par une institutrice privée.

Les écoles primaires publiques laïques ont été fréquentées pendant la même année par 27.983 garçons et 16.555 filles.

Les écoles primaires publiques congréganistes ont été fréquentées par 7.996 filles.

Les écoles primaires privées laïques ont été fréquentées par 2.027 garçons et 2.230 filles.

Les écoles primaires privées congréganistes ont été fréquentées par 15.505 garçons et 20.806 filles.

Les écoles maternelles publiques ont été fréquentées par 5.859 garçons et 5.360 filles.

Les écoles maternelles privées ont été fréquentées par 4.652 garçons et 4.891 filles.

En 1893-94, on comptait :
339 instituteurs titulaires, directeurs ou chargés de la direction d'une école ;
219 instituteurs adjoints titulaires ;
120 — — stagiaires ;
9 — — suppléants ;
14 — — sous les drapeaux ;
318 institutrices titulaires, directrices ou chargées de la direction d'une école ;
211 institutrices adjointes titulaires ;
160 — — stagiaires ;
8 — — suppléantes.

On comptait dans l'enseignement privé :
174 directeurs, 379 directrices, 382 adjoints, 721 adjointes.

Il y a à Lyon deux Écoles normales primaires qui ont pour

mission de former les maîtres et les maîtresses de l'enseignement primaire.

Les classes sont visitées par cinq inspecteurs primaires : deux pour la ville de Lyon, un pour la circonscription de Lyon-Rural, un pour celle de Villefranche et un pour celle de Tarare.

Justice. — Lyon est le siège d'une Cour d'appel, dont le ressort comprend les départements du Rhône, de l'Ain et de la Loire. Il y a un tribunal de première instance et un tribunal de commerce à Lyon et à Villefranche, et un tribunal de commerce seulement à Tarare.

Villes. — Le département du Rhône renferme les villes suivantes : Lyon, Villefranche, Anse, Beaujeu, Belleville, Brignais, Condrieu, Neuville, Saint-Symphorien-sur-Coise, Tarare, Givors, L'Arbresle et Thizy.

Les seules villes qui possèdent des octrois sont celles de Lyon, Givors, Tarare, Thizy et Villefranche.

Bourgs. — Les agglomérations suivantes ont le titre de bourgs : Amplepluis, Le Bois-d'Oingt, Chamelet, Châtillon-d'Azergues, Chazay-d'Azergues, Chenelette, Lamure-sur-Azergues, Montrottier, Monsols, Oingt, Poule, Propières, Saint-Andéol-le-Château, Sainte-Colombe-lès-Vienne, Saint-Georges-de-Reneins, Saint-Genis-Laval, Saint-Nizier-d'Azergues, Saint-Rambert-l'Ile-Barbe.

HISTOIRE

Les premiers ancêtres des Lyonnais furent les Ségusiaves, de la race des Celtes.

A cette époque, s'élevait, sur la pente de la colline de Saint-Sébastien, le bourg de Condate.

Les Ségusiaves étaient pasteurs. Ils adoraient Sylvain, dieu des bois, les fées, les nymphes des sources, Ségesta, déesse des fleurs et des récoltes, et Briso, déesse des songes.

Les prêtres gaulois s'appelaient les druides.

Les bateliers de la Saône et du Rhône adoraient Teutatès, guide des navigateurs et dieu de l'intelligence.

Les Ségusiaves savaient extraire l'or du sable de leurs rivières. Les mines d'argent de l'Argentière étaient alors exploitées, mais on ignore si celles de cuivre de Chessy et de Sain-Bel étaient déjà ouvertes.

Ce peuple fut le premier que les Romains rencontrèrent à l'ouest de leur province lorsqu'ils traversèrent le Rhône pour entrer dans la Gaule Chevelue.

Au moment où Vercingétorix leva l'étendard de la Liberté en Gaule contre l'illustre Jules César, les Ségusiaves soutinrent peu le patriote.

En 43 avant Jésus-Christ, une colonne romaine chassée de Vienne par les Allobroges fonda la ville de Lyon.

Après la mort de César, les triumvirs se partagèrent les provinces romaines. La Gaule échut à Marc-Antoine qui fit distribuer des terres à ses soldats sur les collines situées de Lyon à Albigny et à Collonges.

Sous Auguste, Lyon devint la capitale de la Lyonnaise formée de l'ancienne Celtique.

En l'an 10 avant Jésus-Christ, le terrain compris entre le Rhône et la Saône devint commun aux provinces de Lyonnaise, d'Aquitaine et de Belgique. Ce fut à cette époque que fut élevé un temple à Auguste et à Rome sur le territoire du Condate, qui ne faisait pas partie de la colonie.

Sous l'empereur Galba, le siège du gouvernement de la province fut transféré à Vienne qui devint la capitale de la Viennoise.

Sous les Antonins, l'histoire du Lyonnais se confond avec celle de Lyon.

La religion chrétienne fut prêchée dans notre pays, au milieu du deuxième siècle, par saint Pothin, et une phalange de Lyonnais scellèrent leur foi de leur sang en l'an 177.

L'empereur Septime-Sévère voulant renverser Albin, une bataille se livra entre les deux compétiteurs : Septime-Sévère fut d'abord vaincu; vainqueur à son tour, il fit passer son cheval sur le corps d'Albin puis brûla et démolit une partie de la ville de Lyon.

En 212, Caracalla donna le titre de citoyens romains à tous les habitants de l'Empire.

En 284, sous Dioclétien, et en 375, sous Gratien, la province Lyonnaise fut subdivisée en trois, avec Lyon, Tours et Sens pour capitales.

Dans la première moitié du ve siècle, le Lyonnais n'était pas encore soumis aux Burgondes; mais dans la seconde moitié, ce peuple, conduit par Gondicaire, occupa tout le pays entre le Rhône, la Durance et le lac de Zurich.

Chilpéric, petit-fils du vainqueur, régna sur les Lyonnais; puis son frère Gondebaud l'ayant assassiné avec sa femme, celui-ci devint seul roi de Bourgogne. Ce souverain publia des lois qui accordaient aux Lyonnais les mêmes droits que les Bourguignons (501).

Il fit placer sa nièce Clotilde, qu'il avait rendue orpheline, au couvent de Saint-Michel, à Lyon. Cette princesse se maria plus tard à Clovis, qui vainquit Gondebaud à la bataille de Dijon.

Les fils de ce dernier subirent la vengeance des fils de Clovis de diverses manières.

A la suite d'une expédition dans laquelle se livra la bataille de Vézeronce (524), la Bourgogne fut réunie au domaine mérovingien, et le Lyonnais échut à Childebert, qui créa l'Hôtel-Dieu de Lyon. Plus tard, cette province tomba sous la domination de Gontran, roi d'Orléans et de Bourgogne.

Les Lombards ravagèrent le Lyonnais au vi^e siècle, et les Arabes au viiie.

Après la bataille de Poitiers (732), la Bourgogne fut livrée aux soldats de Charles-Martel, qui s'étaient signalés dans ce combat célèbre.

Charlemagne eut la gloire de relever les ruines faites par cette soldatesque, de créer des écoles et de favoriser les savants. Parmi ceux-ci, il faut citer Leydrade, archevêque de Lyon, qui créa des écoles, fonda l'abbaye de Savigny, releva de ses ruines celle de l'Ile-Barbe, et restaura plusieurs églises de la ville de Lyon.

Le successeur de Leydrade fut Agobard, célèbre par son libéralisme. Il combattit les superstitions et notamment la croyance aux sorciers et aux charlatans, très en faveur dans le Lyonnais, et s'opposa à l'établissement du duel comme moyen de justice et au démembrement de l'empire de Louis le Débonnaire.

Au traité de Verdun (843), le Lyonnais et Lyon furent donnés à Charles le Chauve; mais le bourg situé entre le Rhône et la Saône dépendait de l'empire de Lothaire.

Les archevêques et le clergé de Lyon étant restés fidèles au pouvoir impérial rattachèrent la cité et l'immense diocèse à la Lotharingie.

En 870, Charles le Chauve s'empara de Lyon et du Lyonnais, et remplaça l'ancien gouverneur du pays par l'ambitieux Bozon, qui, après la tenue d'un synode à Mantaille, fut proclamé roi de Bourgogne cisjurane, le 15 octobre 879. Il fut sacré à Lyon, d'où il fut chassé par la suite. Son fils prit plus tard la couronne impériale.

La Bourgogne cisjurane et la Bourgogne transjurane formèrent alors le royaume d'Arles.

En 1033, ce royaume tomba au pouvoir des princes allemands; mais les comtes lyonnais ne reconnurent jamais cette violation du traité de Verdun.

En 944, les Hongrois ravagèrent le Lyonnais et ruinèrent l'abbaye de Savigny qui fut relevée, avec le monastère d'Ainay, par l'archevêque Amblard.

En 920, apparaît la première dynastie des sires de Beaujeu, laquelle s'éteignit en 1265.

L'édit de Kiersy-sur-Oise accorda aux comtes lyonnais l'hérédité de leur charge; ils restèrent toujours fidèles aux rois de France.

Les archevêques ayant été chassés par les comtes de Lyon, les empereurs d'Allemagne, défenseurs du parti épiscopal, restèrent victorieux, et les comtes de Lyon se retirèrent dans le Forez.

En 1107, la maison d'Albon fonda la deuxième dynastie des comtes de Lyonnais.

Vers l'année 1140, l'abbaye de Savigny après avoir été saccagée fut de nouveau relevée de ses ruines.

En 1184, les chanoines de Lyon se firent donner le titre de Comtes de Lyon par Frédéric Barberousse, et se partagèrent les châteaux du Lyonnais. Ils établirent leur forteresse à Saint-Just.

En 1312, le Lyonnais fut réuni à la couronne.

En 1348, la peste noire ravagea le Lyonnais, et en 1360 les troupes mercenaires licenciées après la bataille de Poitiers mirent cette province à sac.

Deux ans après, le 2 avril 1362, les Tard-Venus gagnèrent sur les troupes royales la bataille de Brignais où tombèrent un grand nombre de nobles chevaliers.

Louis II de Bourbon acquit le Beaujolais et la Dombes en 1400 ; en 1466, le Beaujolais fut séparé du Lyonnais.

Jacques Cœur mit en exploitation les mines de cuivre du Lyonnais et en échangea les produits avec l'Orient.

Les biens du connétable de Bourbon ayant été confisqués après sa trahison (1523), le Lyonnais, le Beaujolais, le Forez et la Dombes entrèrent dans le domaine direct du roi, et formèrent un gouvernement militaire. Ces biens passèrent plus tard par héritage à la maison d'Orléans.

De 1612 à la Révolution, la famille des Villeroy, dont deux membres occupèrent le siège primatial de l'Église de Lyon, gouverna le Lyonnais.

En 1789, le Lyonnais nomma 16 députés, dont 4 pour le clergé, 4 pour la noblesse et 8 pour le tiers état ; le Beaujolais en nomma 3.

Le 30 mai 1790 eut lieu au Grand-Camp la Fête de la Fédération.

Au moment de la division de la France en départements, la

province du Lyonnais forma le département de Rhône-et-Loire qui nommait 15 députés.

Lors de la Constitution civile du clergé, les biens de l'Église furent confisqués et les anciennes divisions ecclésiastiques changées.

Entre tous les crimes commis à cette sombre époque, il convient de citer l'assassinat de Guillin-Dumontet, seigneur de Poleymieux (26 juin 1791).

Après le siège de Lyon (1793), le département de Rhône-et-Loire fut divisé, et forma les deux départements du Rhône et de la Loire.

A partir de cette époque, l'histoire de notre département est intimement liée à celle de Lyon.

Pendant l'année terrible, Lyon et le département du Rhône payèrent largement leur tribut à la patrie envahie.

Les Lyonnais versèrent héroïquement leur sang sur les champs de bataille de Nuits (18 décembre 1870), de Paris et des bords de la Loire. Ils eurent l'insigne honneur de participer à la défense de la ville de Belfort, ce dernier lambeau de la patriotique Alsace, qui, avec sa sœur la Lorraine, attend stoïquement le jour où le drapeau tricolore sera porté glorieusement de l'autre côté des Vosges par les Enfants de la France !...

ARRONDISSEMENT DE LYON

L'arrondissement de Lyon est borné : au nord, par celui de Villefranche; à l'est, par ceux de Trévoux (Ain) et de Vienne (Isère); au sud-ouest, par celui de Saint-Étienne (Loire), et à l'ouest, par celui de Montbrison (Loire).

Il a une population de 673.600 habitants et une superficie de 134.036 hectares. Il comprend 19 cantons (dont 8 pour la ville de Lyon) et 134 communes.

Le Lyonnais, le Beaujolais et le Forez formèrent, en 1790, le département de Rhône-et-Loire, administré par 10 directeurs et 36 conseillers. Chacun des districts ou arrondissements avait aussi son directoire et son assemblée.

Les tribunaux de la sénéchaussée et du présidial furent remplacés par un tribunal de district et un tribunal de département qui tous deux siégeaient à Lyon.

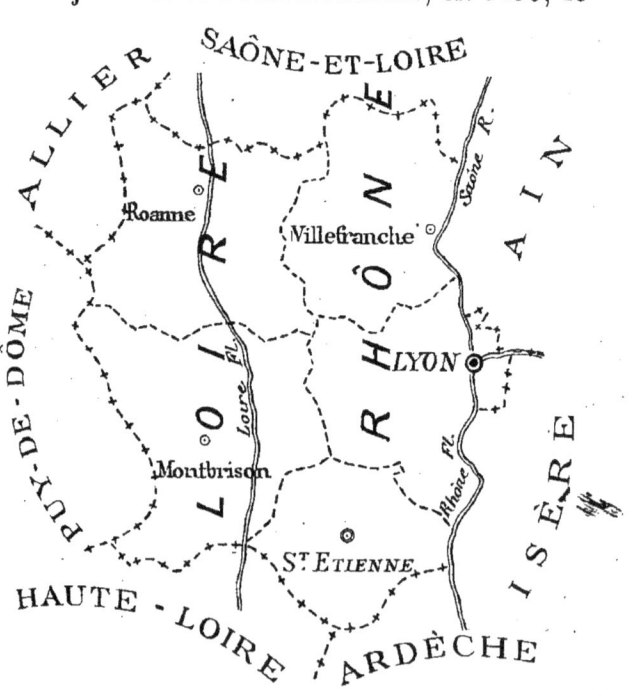

Département de Rhône-et-Loire.

Tous les magistrats étaient élus au suffrage à deux degrés.

Après le siège de Lyon, le département de Rhône-et-Loire fut divisé en département du Rhône, avec Lyon pour chef-lieu, et

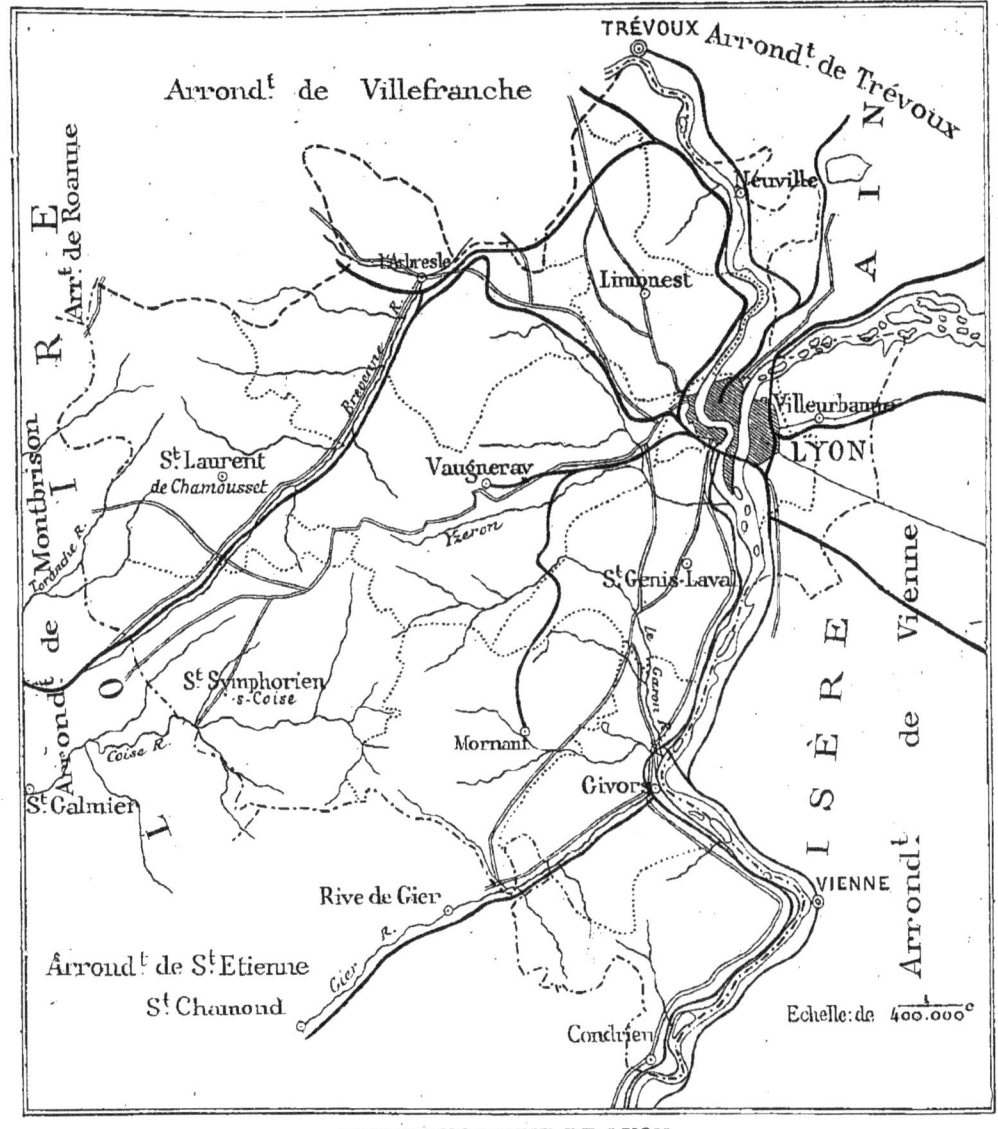

ARRONDISSEMENT DE LYON

en département de la Loire, avec Montbrison pour chef-lieu; mais pour punir la cité lyonnaise de sa révolte, on enleva le riche canton de Rive-de-Gier à l'arrondissement de Lyon.

L'arrondissement chef-lieu comprend la majeure partie des paroisses du Lyonnais. Cette province s'étendait sur les territoires de : Albigny, Ambérieu, Ambierle, Ampuis, Ancy, Saint-Andéol-le-Château, Saint-André-la-Côte, Anse, Saint-Appolinaire, L'Arbresle, Aveize, Bagnols, Bessenay, Bibost, Le Bois-d'Oingt, Saint-Bonnet-de-Cray, Saint-Bonnet-des-Quarts, Brussieu, Le Breuil, Brignais, Brindas, Brullioles, Bully, Cellieu, Chagnon, Chandon, Changy, La Chapelle, La Chapelle-en-Vaudragon, Chaponost, Charbonnières, Charlieu, Charly, Charnay, La Chassagne, Chassagny, Chasselay, Châteauneuf-Dargoire, Châteauvieux, Châtillon-d'Azergues, Chavanay, Saint-Chamond, Chazay-d'Azergues, les Chèrez, Chessy, Chevinay, Chuyer, Civrieux, Saint-Clément-de-Valsonne, Saint-Clément-les-Places, Sainte-Colombe-lès-Vienne, Collonges, Condrieu, Sainte-Consorce, Courzieu, Couzon, Coise, Craponne, Croix-Rousse, Cuinzié, Curis, Saint-Cyprien-sur-Anse, Saint-Cyr-au-Mont-d'Or, Dardilly, Dareizé, Dargoire, Saint-Denis-de-Cabanne, Saint-Didier-au-Mont-d'Or, Saint-Didier-sous-Riverie, Doizieu, Dommartin, Duerne, Échalas, Écully, Éveux, Farnay, Le Fenoyl, Fleurieux, près l'Arbresle; Saint-Forgeux, Sainte-Foy-l'Argentière, Sainte-Foy-lès-Lyon, Francheville, Frontenas, Saint-Genis-l'Argentière, Saint-Genis-Laval, Saint-Genis-les-Ollières, Saint-Genis-Terrenoire, Saint-Germain-sur-l'Arbresle, Saint-Germain-au-Mont-d'Or, Givors, Grézieu-le-Marché, Grézieu-la-Varenne, Grigny, La Guillotière, Les Halles, Haute-Rivoire, Les Hayes, Saint-Hilaire, Jarnioux, Saint-Jean-de-Chaussan, Saint-Jean-de-Touslas, Saint-Jean-de-Thurigneux, Saint-Jean-des-Vignes, Jonzié, Irigny, Saint-Julien-sur-Bibost, Saint-Julien-en-Jarez, Juriue, Larajasse, L'Aubépin, Saint-Laurent-d'Agny, Saint-Laurent-de-Chamousset, Saint-Laurent-d'Oingt, Légny, Lentilly, Lerny, Liergues, Limonest, Lissieu, Loire, Longes, Longessaigne, Saint-Loup, Lozanne, Lucenay, Maizilly, Marchampt, Marcilly-d'Azergues, Marcy-sur-Anse, Marcy-les-Loups, Saint-Martin-en-Coaillieux, Saint-Martin-de-Cornas, Saint-Martin-en-Haut, Saint-Martin-la-Plaine, Saint-Maurice-sur-Dargoire, Messimy, Saint-Michel-sous-Condrieu, Millery, Moiré, Montagny, Montromand, Montrottier, Morancé, Mornant, Naconne, Saint-Nizier-sur-Charlieu, Nuelles, Oingt, Les Olmes, Orliénas, Oullins, Pavezin, Saint-Paul-en-Jarez, Sainte-Paule, Saint-Pierre-la-Noaille, Saint-Pierre-la-Palud, Poleymieux, Pollionnay, Pomeys, Pontcharra, Pouilly-le-Monial, Quincieux, Saint-Rambert, Régny, Rive-de-Gier, Riverie, Rochefort, Saint-Romain-au-Mont-d'Or, Saint-Romain-en-Gal, Saint-Romain-en-Gier, Saint-Romain-en-Jarez, Saint-Romain-de-Popey, Rontalon, Sail-le-Château, Mornand, Sain-Bel, Sarcey, Saint-Sorlin, Savigny, Soucieu-en-Jarez, Sourcieux-sur-l'Arbresle, Souzy-l'Argentière, Saint-Symphorien-le-Château, Taluyers, Tarare, Tartaras, Tassin, Ternand, Thurins, La Tour-de-Salvagny, Trèves, Tupin-et-Semons, Vaise, Valsonne, Vaugneray, Saint-Laurent-de-Vaux, Saint-Vérand, Vernaison, Villars, Villechenève, Ville-sur-Jarnioux, Saint-Vincent-d'Agny, Vourles, Yguerande, Yzeron.

Le Franc-Lyonnais comprenait en outre les paroisses de Saint-Bernard, Caluire, Civrieux, Cuire, Saint-Didier-de-Froment, Fleurieu, Fontaines, Genay, Neuville, Riottier et Rochetaillée.

L'arrondissement de Lyon s'étend encore sur quelques paroisses du Dauphiné formant l'actuel canton de Villeurbanne et sur quelques autres du Beaujolais.

La loi du 24 août 1790 multiplia dans une abusive mesure les justices de paix. En voici la nomenclature pour l'arrondissement de Lyon : cantons de Saint-Genis-Laval (7 communes), de Chasselay (10 communes), de Condrieu (4 communes), de Givors et Bans (6 communes), de L'Arbresle (13 communes), de Millery (8 communes), de Mornant (12 communes), de Sainte-Colombe (5 communes), de Neuville (9 communes), de Saint-Cyr-au-Mont-d'Or (7 communes), de Saint-Laurent-de-Chamousset (9 communes), de Saint-Symphorien-sur-Coise (8 communes), de Vaugneray (10 communes), d'Yzeron (8 communes), de Bessenay (7 communes).

En exécution de la loi du 8 pluviôse an IX (28 janvier 1801), et par suite de l'arrêté des Consuls du 15 brumaire an X (6 novembre 1801), les justices de paix de l'arrondissement de Lyon furent réduites à 16, dont 6 pour la ville chef-lieu. Ce qui existe à peu près aujourd'hui.

Sous l'Empire et la Restauration, il y avait à Lyon le préfet du département et le sous-préfet de l'arrondissement de Lyon, qui, sous la Révolution, résidait à Genis-le-Patriote (Saint-Genis-Laval).

La loi du 22 juin 1854 créa le canton de Villeurbanne, qui fut distrait du département de l'Isère; mais au point de vue religieux, cette partie de l'arrondissement est encore rattachée au diocèse de Grenoble.

VILLE DE LYON

(HUIT CANTONS)

Lyon, seconde ville de la République, est bornée : au nord, par les communes de Caluire-et-Cuire et Saint-Rambert-l'Ile-Barbe ; à l'est, par celles de Villeurbanne et de Bron ; au sud, par celle de Saint-Fons ; à l'ouest, par Oullins, La Mulatière, Sainte-Foy-lès-Lyon, Tassin-la-Demi-Lune, Écully et Saint-Didier-au-Mont-d'Or.

Cette ville, arrosée par le Rhône et la Saône, est à une altitude variant de 165 à 310 mètres. Sa population est de 466.767 habitants logés dans 17.695 maisons renfermant 143.201 ménages, et sa superficie est de 4.384 hectares.

Les historiens ne s'accordent pas sur l'antiquité de Lyon ; les uns en font remonter l'origine à plusieurs siècles avant notre ère et en attribuent la fondation à une colonie de Grecs venus du midi de la Gaule ; d'autres, rejetant ce fait comme une fiction, considèrent Plancus comme le véritable fondateur.

Selon cette dernière opinion qui est appuyée sur des monuments historiques, c'est sur l'ordre du Sénat, et pour recueillir les Viennois chassés de chez eux par les Allobroges, que le général romain aurait fondé Lyon, 41 ans avant Jésus-Christ.

La ville fut d'abord bâtie sur le coteau de Fourvière et de Saint-Just, et reçut le nom de Lugdunum, auquel les savants se sont évertués à trouver une origine.

Ce nom se changea dans la suite en celui de Lion.

Lyon prit un accroissement rapide et vraiment prodigieux sous la protection des Romains, qui y élevèrent des monuments somptueux.

Agrippa en fit le centre de quatre grandes voies qui traversaient toutes les Gaules ; des aqueducs furent construits à grands frais pour amener les eaux de sources du Mont-Pilat, de l'Orgeole et du Mont-d'Or, sur la colline de Fourvière où était la ville.

C'est sur cette colline qu'était situé le palais dont les maîtres du monde faisaient leur demeure pendant leurs fréquents séjours à Lyon.

Le plus long, comme le plus heureux de ces séjours, fut celui d'Auguste, qui combla la cité de bienfaits, lui conféra le titre de Métropole des Gaules et la dota d'une Académie ou Athénée.

Un temple fut élevé à sa mémoire par son successeur dans le voisinage, sinon sur l'emplacement de l'actuelle église Saint-Polycarpe.

Lyon donna le jour à Germanicus, à Caracalla et à Claude. Ce dernier, de municipe qu'elle était, éleva la ville au rang de colonie romaine.

Tout semblait contribuer à sa grandeur et à sa prospérité quand un incendie dont on n'a jamais pu savoir la cause, mais dont on a trouvé de nombreuses traces, la détruisit de fond en comble, dans une nuit, cent ans après sa fondation.

Relevée de ses cendres par Néron, Sévère la ruina de nouveau et passa les habitants au fil de l'épée pour les punir d'avoir embrassé le parti d'Albin, son compétiteur à l'Empire.

Le christianisme se répandit alors partout. Lyon, opprimé, embrassa avec enthousiasme la loi nouvelle, à laquelle il fournit son contingent de martyrs.

Arraché bientôt à la domination romaine, il passa successivement sous celle des Burgundes, des Empereurs d'Allemagne, des rois de Provence, des comtes de Forez et de ses propres archevêques. Ceux-ci régnèrent longtemps sur la ville en véritables souverains.

A l'époque de l'affranchissement des Communes, les bourgeois lyonnais secouèrent le joug de leurs prélats, avec le secours des rois de France. En se rangeant sous la bannière de ces nouveaux maîtres, ils exigèrent, en retour, des privilèges et des franchises qu'ils obtinrent facilement, et qui leur furent maintenus, non sans altération, jusqu'en 1789.

Au nombre de ces privilèges était celui de s'administrer, de se garder eux-mêmes et de ne recevoir jamais garnison royale.

Lyon, ville de commerce, ne pouvait que gagner à se régir par ses propres citoyens, aussi l'industrie y prit-elle un grand développement, à l'ombre du gouvernement municipal.

Aux XIIIe et XIVe siècles, les plus riches négociants italiens fuyant leur patrie en proie aux dissensions civiles accoururent dans une cité où l'on trouvait la paix, la sécurité et l'indépendance.

Dès lors, la prospérité commerciale de Lyon ne fit que s'accroître, les manufactures lyonnaises et surtout la chapellerie et la fabrique des étoffes de soie, d'or et d'argent, n'avaient point de rivales dans le monde.

L'exportation de tous ces produits était la source de fortunes colossales qui permettaient aux négociants roturiers d'éclipser le luxe des plus nobles gentilshommes et de venir en aide aux rois de France dans les grandes crises financières.

Les arts, les sciences et les belles-lettres marchaient du même pas.

Dès les premiers temps de l'imprimerie, cet art fut cultivé avec beaucoup de distinction dans la ville de Lyon. Plusieurs de ses imprimeurs sont célèbres, autant par leur grand savoir que par la correction des éditions dont ils enrichirent la librairie française.

A l'époque de la Renaissance, on vit éclore parmi les Lyonnais des célébrités de tous genres : des poètes, des artistes, des historiens, etc. Pour servir de centre commun aux goûts littéraires et scientifiques qui se développaient sans cesse dans la province, une Académie des Sciences et Belles-Lettres fut créée à Lyon en 1700.

Jusqu'à la Révolution, la ville se maintint dans un état prospère.

A cette époque, des troubles continuels la déchirèrent, un siège qu'elle soutint avec courage, mais imprudemment, contre la Convention, et la vengeance nationale qui le suivit détruisirent ses édifices et décimèrent ses citoyens. Ses manufactures devinrent désertes, ses négociants s'enfuirent, emportant leurs fortunes et leurs industries à l'étranger. Sa population, qui était de 150.000 âmes avant 1789, descendit à 98.000. Lyon resta dans cette situation désespérée jusqu'au Consulat.

A ce moment, le commerce reprit son activité, l'industrie reparut et la confiance se rétablit peu à peu.

La période de l'Empire ne présenta aucun fait particulier.

La Terreur désola de nouveau Lyon pendant les premières années de la Restauration ; le sang de plusieurs victimes, entre autres celui de l'infortuné Mouton-Duvernet, fut versé pour satisfaire de vieilles rancunes politiques.

Les années 1831 et 1834 furent signalées à Lyon par des émeutes célèbres.

La République de 1848 fut acclamée à Lyon avec joie.

A la suite des inondations de 1856, on reconstruisit les quais ; les vieux quartiers furent assainis et la ville entière fut métamorphosée.

La Guillotière et Les Brotteaux, nouvellement réunis à la ville de Lyon (1852), acquirent un accroissement considérable : le parc de la Tête-d'Or fut créé, des eaux potables furent amenées dans la ville, des boulevards et de larges rues sillonnèrent la ville dans tous les sens et dans toutes les directions.

Les améliorations se sont continuées de nos jours : le pont Morand, le pont Lafayette et le pont du Midi sur le Rhône ont été reconstruits dans des proportions hardies, inconnues dans nos pays. La rue du Président-Carnot a été créée à travers l'ancien quartier Grôlée, et a amené le soleil et la lumière dans cette partie de la ville longtemps déshéritée.

En 1870, Lyon proclama la République avant Paris et fit des sacrifices patriotiques pour armer des défenseurs à la Patrie.

En 1871, il y eut une petite insurrection à La Guillotière, et l'année suivante s'ouvrit au Parc de la Tête-d'Or une Exposition universelle, l'aînée de celle de 1894.

Le 25 octobre 1893, Lyon eut l'insigne honneur de recevoir, dans d'inoubliables fêtes, les envoyés du Czar, notre puissant et pacifique allié.

Le 24 juin suivant, au milieu des fêtes données à Lyon à l'occasion de l'Exposition universelle, l'infortuné président Carnot fut poignardé par un misérable sans patrie, et, à minuit, il expirait à la Préfecture.

Lyon est divisé en six arrondissements ou mairies, et en huit cantons, plus la partie urbaine du canton de Villeurbanne.

Le Ier arrondissement comprend, entre le Rhône et la Saône, toute la partie nord de la ville de Lyon, depuis les limites de La Croix-Rousse (de la montée Bonafous à la montée Hoche) jusques et y compris le côté nord de la place d'Albon, de la rue des Bouquetiers, de la place Saint-Nizier, de la rue Fromagerie, de la rue Neuve, le côté ouest de la rue de la Bourse et le côté nord de la rue Bât-d'Argent.

A cet arrondissement correspond le 3e canton.

Cette division renferme les monuments suivants :

L'Hôtel de Ville, construit par Simon-Maupin, de 1646 à 1655, restauré par Desjardins. A remarquer, dans la salle des Pas-

Perdus, les groupes du Rhône et de la Saône ; dans l'intérieur, des fresques de Blanchet, etc. Dans ce palais sont installés les bureaux de la Mairie centrale.

En face, sur la place des Terreaux est la fontaine les Sources et les Fleuves allant à l'Océan, de Bartholdi, qui a été inaugurée à l'occasion de la Fête Nationale du 22 septembre 1892.

Le Palais des Beaux-Arts ou Palais Saint-Pierre, construit en 1667, renferme les Musées. C'était autrefois une abbaye constituée sous un pied tout féodal. Ses immenses propriétés étaient autant de fiefs assujettis à toutes les taxes, surtaxes, redevances et corvées usitées au moyen âge. Elle dominait comme suzeraine sur les seigneurs de la Tour-du-Pin et sur les comtes de Savoie. Les religieuses n'y étaient admises que sur la preuve formelle de leur noblesse. On en a compté un assez grand nombre qui appartenaient aux maisons souveraines de France et de Lorraine, ainsi que de Savoie. Aussi, pour marque de tant de grandeurs, l'abbesse prenait-elle le titre de : « Abbesse par la grâce de Dieu. » Elle nommait aux cures de Arandon, Charpieux, Chassieu, Dolomieu, Guérins, Saint-Jean-des-Vignes, Marlieu, Miépiliat, Monthieu, Morancé, Myonnais, Saint-Priest, Souclin, Vénissieux, Saint-Victor, Villebois, Trept.

L'église Saint-Pierre a un portail remontant au XIe siècle, mais la nef n'a été construite qu'au XIIIe.

Le Grand-Théâtre a été construit par Chenavard et Pollet, de 1827 à 1830.

L'église Saint-Vincent, ancien couvent d'Augustins, fut commencée en 1759. Le portail a été achevé de nos jours.

A côté est l'École La Martinière de garçons, créée le 29 novembre 1834. Elle occupe le cloître du couvent précité et est due à la munificence du major Martin pour sa ville natale. La Martinière des filles, située rue Royale, n'a été instituée que depuis quelques années.

L'église Saint-Polycarpe a été construite en 1760 sur les plans de Loyer.

L'église du Bon-Pasteur, édifiée sur les plans de Tisseur, est toute moderne.

L'église Saint-Bruno dépendait, avant la Révolution, d'un couvent de Chartreux. Elle fut commencée en 1690. Le portail est achevé seulement depuis quelques années.

On remarque encore les groupes scolaires de la place Morel, de la rue Neyret, etc., l'École normale d'Institutrices, l'ancien Jardin des Plantes, établi dans l'ancienne abbaye de la Déserte. Sur la place Sathonay, où se trouvait le monastère, s'élève la statue de Jacquard.

Sur la place Croix-Pâquet s'édifient les bâtiments d'une École primaire supérieure de Filles.

En face du pont Morand, sur la place Tolozan, se dresse l'élégante statue du Maréchal Suchet, duc d'Albuféra.

Le IIe arrondissement comprend toute la partie méridionale de la ville de Lyon, depuis et y compris le côté sud de la place d'Albon, de la rue des Bouquetiers, de la place Saint-Nizier, de la rue de la Fromagerie, de la rue Neuve, le côté est de la rue de la Bourse et le côté sud de la rue Bât-d'Argent, jusqu'au confluent des deux fleuves.

Cet arrondissement comprend le 1er canton (Perrache) et le 2e canton (Bourse), limités par la rue de la Barre, la place Bellecour et la rue du même nom.

Le 1er canton renferme :

L'église Sainte-Blandine, de construction moderne, d'après le style du XIIIe siècle.

L'arsenal, dont la construction est antérieure à la Révolution.

Les prisons de Saint-Paul et de Saint-Joseph, la gare de Perrache.

En face, sur la place Carnot, est le monument élevé à la Gloire de la République.

La Manufacture Nationale des Tabacs.

L'église d'Ainay, construite vers le commencement du VIe siècle. Démolie, elle fut rebâtie à la fin du XIe. C'était le siège d'une abbaye célèbre.

Le Chapitre d'Ainay possédait d'immenses richesses. Outre Cuire et plusieurs autres villages qui lui appartenaient, ses propriétés s'étendaient entre les deux fleuves, depuis l'église, autrefois bornée par le confluent, jusqu'au côté nord de la place Bellecour.

En 1503, Bayard, dont l'oncle Théodore du Terrail, était abbé d'Ainay, y mesura ses forces, dans un tournoi, avec le sire de Vaudrey.

L'Abbé d'Ainay nommait aux cures de : Arbuissonnas, Bancins, Saint-Bonnet-de-Mure, Chagnon, Chambœuf, Charly, Chasselay, Chavanay, Chazay-d'Azergues, Civrieux, Sainte-Colombe, Colombier et Sanxieu, Saint-Cyr, près Sandran, Dammartin, Dompierre-de-Chalaronne, Estivareilles, Grenay, Grigny, Jarnioux, L'Aubépin, Saint-Laurent-de-Mure, Marcilly-d'Azergues, Massieux, Messimy, Orliénas, Saint-Ossonnet, Pont-de-Veyle, Thil, La Tourette, Vaise, Veauche, Vernaison, Ville-sur-Jarnioux, Villié, Yzeron.

L'église Saint-François-de-Sales date du xviie siècle. Elle a été achevée depuis la Révolution dans le style de la Renaissance.

L'Hôpital Militaire fondé en 1831, dans les bâtiments de la Douane.

L'Hospice de la Charité dont la fondation remonte en 1531. Sa chapelle date de 1617 ; elle renferme les cendres du cardinal Richelieu, frère du célèbre ministre de Louis XIII.

Sur la magnifique place Bellecour s'élève l'admirable statue équestre de Louis XIV, chef-d'œuvre de Lemot, sculpteur lyonnais.

La synagogue, l'Hôtel du Gouverneur, ancienne résidence des sires de Varissan.

Sur la place Ampère s'élève la statue du savant mathématicien et physicien lyonnais portant ce nom (1775-1836), inaugurée en 1888 par le président Carnot.

A citer encore quelques groupes scolaires, notamment celui de la rue d'Auvergne, où est installée une école primaire supérieure de filles.

Dans le 2e canton on remarque :

L'Hôtel-Dieu, fondé au vɪᵉ siècle par la femme du roi Childebert. Il renferme 1.200 lits. Dans la cour est le monument de la fille adoptive de Young (1736), qui lui consacra ses « Nuits ». L'année dernière a été achevée la façade de la rue de la Barre où est installé provisoirement le bureau central des Télégraphes.

Le théâtre des Célestins, détruit par un incendie en 1871, reconstruit en 1875; il fut encore incendié en 1880, puis reconstruit sur les plans de l'architecte André, qui l'avait élevé cinq ans auparavant.

Place des Jacobins se trouve la coquette fontaine monumentale construite d'après les plans du même architecte. On y remarque les statues de Ph. Delorme, de Gérard, d'Audran, d'Hippolyte Flandrin et de Coyzevox.

L'église Saint-Bonaventure date du commencement du xvᵉ siècle. En 1834, beaucoup d'insurgés furent massacrés dans son intérieur.

L'église Saint-Nizier fut construite dans le xvᵉ siècle, et son portail, œuvre de Philibert Delorme, date de 1535 à 1541. La crypte, très ancienne, fut la première église de Lyon. Elle a été restaurée au xvɪᵉ siècle.

Le Chapitre de Saint-Nizier nommait aux cures de : Chavagneux, Sainte-Croix, Cartafon, Saint-Didier-sur-Chalaronne, Fontaines, Saint-Forgeux, Genas, Saint-Georges-sur-Couzan, Givors, Millery, Roanne, Saint-Sauvain, Sermoyer.

Le Chantre du Chapitre de Saint-Nizier était archiprêtre-né de la Ville et des Suburbes. Cet Archiprêtré comprenait 22 cures : Albigny, Collonges, Sainte-Consorce, Couzon, Cuire, Saint-Cyr-au-Mont-d'Or, Dommartin, Écully, Sainte-Foy-lès-Lyon, Francheville, Saint-Genis-les-Ollières, Saint-Germain-au-Mont-d'Or, Grézieu-la-Varenne, La Guillotière, Limonest, Poleymieux, Saint-Rambert, Saint-Romain-au-Mont-d'Or, Tassin, Vaise, Villeurbanne, Dardilly, Saint-Didier-au-Mont-d'Or.

Et 5 annexes : Caluire, Charbonnières, Craponne, Curis, Marcy-les-Loups.

Dans le voisinage de l'église Saint-Nizier était, avant la Révolution, le monastère de La Platière, dont le prieur nommait aux cures de Saint-André-de-Corcy, Condeyssiat et Vaulx-en-Velin.

Il y avait aussi, dans le même rayon, le Séminaire de Saint-Charles, sous la direction duquel étaient les Petites-Écoles. Il était seigneur de Montverdun et nommait aux cures de Sainte-Agathe, Chambas, La Madeleine, Saint-Denis-sur-Coise, Saint-Martin-de-Boissy.

Le Lycée Ampère, monument sans style, fut construit en 1607. La chapelle date de 1617 et fut élevée sur les plans du P. Martel-Ange. Dans les bâtiments du Lycée est installée la Grande bibliothèque de la Ville qui renferme 150.000 volumes.

Dans le voisinage est la Halle couverte des Cordeliers, et le palais de la Bourse et du Commerce, monument d'une remarquable élégance, construit de 1860 à 1865, sur les plans de l'architecte Dardel. C'est à la sortie d'un banquet donné dans ce palais à l'occasion de l'Exposition universelle lyonnaise, le 24 juin 1894, et où M. Carnot avait invité tous les Français à l'union et à la concorde, qu'il fut frappé à mort par le couteau de l'infâme Caserio, anarchiste italien. C'est d'une voix unanime qu'on rendit hommage aux vertus civiques et à toute la vie de travail et de droiture du regretté Président.

Le IIIe arrondissement municipal correspond au 8e canton et a pour circonscription la partie sud de l'ancienne commune de La Guillotière, limitée au nord par le cours Lafayette.

Les principaux monuments contenus dans ce canton sont :

L'Hôtel de la Préfecture, œuvre de Louvier, où sont installés les services de l'administration départementale, a été inauguré en 1889.

Le deuxième temple de l'Église réformée.

L'église de l'Immaculée-Conception, de style roman, œuvre de Bossan, est encore inachevée, ainsi que celle de Saint-André (style du XIIIe siècle).

L'église Saint-Louis n'a aucun caractère architectural.

La caserne de la Part-Dieu date du second Empire.

La Faculté de Médecine et de Pharmacie, un modèle du genre, a été construite par M. Hirsch, architecte de la ville.

La Faculté des Sciences, l'École de santé Militaire, l'Hôpital homéopathique Saint-Luc, un grand nombre de groupes scolaires.

Au square Raspail on remarque le buste du grand médecin populaire et celui du capitaine Thiers, un des héros du siège de Belfort (1893).

Au square Lafayette s'élève la statue du botaniste Bernard de Jussieu (1894).

Le IIIe arrondissement est mis en communication avec le centre de la ville par le pont Lafayette, inauguré en 1890, et par celui du Midi (Rhône), œuvre de Clavenad, inauguré l'année suivante :

Le IVe arrondissement municipal a pour circonscription toute l'ancienne commune de la Croix-Rousse.

Depuis le décret du 17 juillet 1867, le 4e canton a les mêmes limites que le IVe arrondissement.

Ce quartier faisait autrefois partie du Franc-Lyonnais.

Parmi ses rares monuments, nous citerons seulement ses groupes scolaires, l'École Normale d'Instituteurs.

La Mairie et l'Hôpital de la Croix-Rousse édifiés sous l'Empire.

L'église Saint-Denis paraît remonter au XVIIe siècle.

Le Ve arrondissement municipal comprend dans sa circonscription toute l'ancienne commune de Vaise et toute la partie ouest de la ville de Lyon, située sur la rive droite de la Saône.

Il est divisé en deux cantons : le 5e (Vaise) et le 6e (Métropole), séparés par une ligne droite tirée de l'Homme-de-la-Roche (quai Pierre-Scize, n° 60) jusqu'à la commune de Sainte-Foy, par le chemin de Montauban, la montée de la Sara, le chemin du Bas-de-Loyasse, la place de Trion, la rue de la Favorite, la ruelle des Pommières jusqu'au chemin du Pont-d'Alaï.

Dans le 5ᵉ canton on remarque :

L'École Vétérinaire qui fut fondée par un Lyonnais, Bourgelat, le 1ᵉʳ janvier 1762. Dans la cour d'honneur de cet établissement se trouve la statue du fondateur. C'est la première école de ce genre créée en France. Elle n'occupe les bâtiments de l'Observance que depuis le commencement du siècle. Elle reçoit 150 élèves.

Tout à côté se trouve la Chapelle de l'Observance.

L'église de Saint-Pierre-ès-Liens, édifice roman, avec de belles sculptures.

Les gares de Vaise, de Gorge-de-Loup et quelques édifices scolaires.

Le 6ᵉ canton comprend l'ancien Lyon, aussi est-il riche en monuments de tous genres; parmi eux citons :

La statue de l'Homme de la Roche (Jean Cléberg), qui date d'une quarantaine d'années.

Le couvent des Carmes déchaussés, aujourd'hui converti en école. Avant la Révolution, cet ordre nommait aux cures d'Anthon, de La Balme, de Janeyriat, de Jons, de Sainte-Julie, de Pusignan, de Soleymieu, de Vertrieu et de La Villette.

L'église Saint-Paul remonte aux xiiᵉ et xvᵉ siècles, tour gothique moderne. Le Chapitre de cette église nommait autrefois aux cures de Châtillon-d'Azergues, Crottet, Dagnieux, Saint-Didier-sous-Riverie, Saint-Georges-de-Reneins, Saint-Lager, Saint-Martin-de-Miribel, Nervieux, Odenas, Saint-Paul-de-Varax, Rignieux-le-Franc, Riverie, Ronzuel, Toussieux, Saint-Trivier, Versailleux, Villars, Collonges, et était seigneur des paroisses d'Ancy et de Larajasse.

En face de l'église Saint-Paul est la statue de l'illustre Gerson.

L'ancien séminaire de Saint-Lazare nommait aux cures de Chassagny et de Mornant. Cet établissement est aujourd'hui occupé par le pensionnat des Frères de la Doctrine chrétienne.

L'église réformée fut élevée en 1749 sur les dessins de Soufflot. Le Change ou la Bourse se tint dans cet édifice jusqu'à la

Révolution. Ce n'est qu'en 1803 qu'il reçut l'affectation actuelle.

Le Palais de Justice fut construit sur les plans de l'architecte Baltard. La première pierre en fut posée le 28 juillet 1835.

L'église Primatiale de Saint-Jean date des XIIe et XVe siècles. Dans l'une des tours est une cloche fondue en 1662 et pesant 10.000 kilogr. On remarque dans l'intérieur l'horloge astronomique restaurée en 1894 et la Chapelle des Bourbons datant du XVIe siècle.

Au sud de Saint-Jean est la manécanterie construite, dit-on, sous Charlemagne.

Le Chapitre de Saint-Jean était des plus considérés parmi le clergé de France. Ses membres, au nombre de 32, portaient le titre de Comtes de Lyon et faisaient preuve de 32 quartiers de noblesse. Les rois de France en étaient les premiers chanoines.

Le Chapitre nommait aux cures de : Albigny, Allieu, Saint-Andéol-la-Valla, Saint-Andéol-le-Château, Saint-André-la-Côte, Anse, Ars, Beauregard, Saint-Bonnet-Coureaux, Saint-Bonnet-les-Oules, Bouligny, Brindas, Cellieu, Challeins, Chambéon, Champolly, Charbonnières, Charnay, Châtillon-les-Dombes, Chéré, Civrieux, Commelle, Condrieu, Couzon, Saint-Cyprien, Saint-Cyr-au-Mont-d'Or, Saint-Cyr-les-Vignes, Saint-Éloi, Saint-Étienne-les-Bois, Sainte-Euphémie, Farnay, Sainte-Foy-lès-Lyon, Sainte-Foy-l'Argentière, Frans, Genay, Saint-Genest-Lerpt, Saint-Genis-l'Argentière, Saint-Genis-Laval, Saint-Genis-les-Ollières, Saint-Genis-Terrenoire, Saint-Germain-au-Mont-d'Or, Grammont, Saint-Héand, L'Hôpital-le-Grand, Jassans, Saint-Jean-Bonnefonds, Saint-Jean-de-Thurigneux, Saint-Jean-la-Vestre, Saint-Julien-d'Odes, Saint-Laurent-la-Conche, Lentilly, Lentigny, Lucenay, Saint-Marcellin, Marcoux, Saint-Martin-en-Haut, Saint-Martin-Lestra, Saint-Martin-la-Plaine, Saint-Martin-la-Sauveté, Saint-Maurice-en-Gourgois, Mizérieux, Montromand, Nervieux, N.-D.-de-Sorbiers, Parcieux, Saint-Paul-en-Jarez, Percieux-sur-Saint-Trivier, Périgneux, Poleymieux, Polliat, Poncins, Saint-Priest-la-Vestre, Rancé,

Reyrieux, Rive-de-Gier, Rontalon, Civrieux, Saint-Sixte, Soucieu-en-Jarez, Souternon, Saint-Sulpice-en-Bussy, Saint-Symphorien-d'Hiat, Tassin, Saint-Thurin, Vandranges, Vaugneray, Verrières, Villars, Villemontois, Unias.

Le Chapitre de Lyon avait une juridiction séculière haute, moyenne et basse qui s'étendait dans le cloître de son église, et celle de Fourvière, et dans les terres qui dépendaient du Comté : Albigny, Anse, Lucenay, Saint-Cyprien-et-Ambérieu, Balant, Brindas et Messimy, Charnay et Bayère, Chateauneuf-Dargoire, Collonges et Saint-Rambert, Condrieu, Couzon, Doizieu, Écully, Genay, Civrieux et Saint-Jean-de-Thurigneux, Givors et Bans, Lentilly et La Tour-de-Salvagny, l'Ile-Barbe, Caluire et Le Vernay, Rive-de-Gier, Rochefort, Saint-Martin-en-Haut et Duerne, Rochetaillée, Fontaines et Fleurieu, Saint-Andéol-le-Château, Saint-Cyr et Saint-Didier-au-Mont-d'Or, Sainte-Foy-lès-Lyon, Saint-Genis-Laval, Saint-Genis-les-Ollières, Saint-Genis-Terrenoire, Saint-Germain-au-Mont-d'Or, Saint-Martin-la-Plaine, Saint-Paul-en-Jarez et Farnay, son annexe; Saint-Symphorien-le-Château, Soucieu, Tassin, Thurins, Vaugneray, Villemontois.

L'archevêque de Lyon était collateur des cures de : L'Abergement, Ambérieu-en-Lyonnais, Arcon, Attignat, Beynost, Bercins, Bohas, Le Bois-d'Oingt, Sainte-Colombe-de-la-Brosse, Chalain-d'Yzaure, Chalmazal, Chambost-sur-Chamelet, Chamelet, Chaneins, Chanos, Chatenay, Chirassimont, Saint-Christophe, Clementia, Coran, Corcelles, Coise, Cuet-lès-Montrevels, Saint-Cyprien-sur-Anse, Dardilly, Denicé, Décines, Duerne, Foissiat, Fourneaux, Francheville, Saint-Genis-de-Malifaux, La Guillotière, Jallieu, Jas, Saint-Jean-d'Ardières, Saint-Jean-de-Nyort-les-Gourdans, Illiat, Saint-Jodard, Irigny, Saint-Julien-sur-Veyle, Saint-Just-en-Doizieu, Saint-Just-la-Pendue, Saint-Just-les-Velay, Légny, Les Cheroux, Limonest, Lissieu, Machezal, Malafretaz, Marboz, Maringes, Saint-Maurice-de-Beynost, Saint-Maurice-sur-Dargoire, Meyriat, Meys, Mézériat, Saint-Romain-de-Miribel, Mogneneins, Neulize, Passins, Peirieux, Peyriat-et-Cypria, Peyzieu, Pommiers, Saint-Rambert, Rillieux, Rochefort, Rochetaillée, Saint-Romain-les-Atheux, Saint-Romain-sous-Urfé, Saint-Romain-au-Mont-d'Or, Samans, Sathonay, Les Sauvages, Taponas, Ternand, Thoissey, Thurins, Toussieux, Pollieu, Tramoyé, Valeilles, Saint-Laurent-de-Vaux, Saint-Victor-sur-Loire, Villeurbanne, Viriat, Vologniat, Vonnas, Urfé.

A côté de la Primatiale était l'église Sainte-Croix, qui datait du VIIe siècle. Elle fut démolie avec l'église Saint-Étienne au moment de la Révolution.

Le Grand-Custode, qui était curé de Sainte-Croix, nommait aux cures de Bâgé-la-Ville, Bessenay, Courtes, Saint-Étienne-sur-Reyssouze.

L'église Saint-Georges, nouvelle construction, dans le style du XVe siècle.

En face est un des plus beaux groupes scolaires de la ville, où est installé le Musée Pédagogique.

L'église Saint-Just fut construite en 1761.

L'ancien Chapitre de Saint-Just nommait aux cures de : Saint-Appolinaire, Saint-Barthélemy-Lestra, Brignais, Carizieux, La Chapelle-en-Vaudragon, Chenereilles, Saint-Clément-de-Valsonne, Sainte-Consorce, Dargoire, Écully, Saint-Galmier, Grenouilleu, Grézieu-la-Varenne, Chaussan, Saint-Just-en-Bas, Saint-Just-d'Arey, Létra, Luriec, Marchampt, Marols, Myons, Quincieux, Solaize, Valsonne, Villars, Vourles.

Le Chapitre de Saint-Just avait une juridiction appelée Justice du Glaive. Elle s'étendait sur tous ceux qui composaient l'Église. Le Chapitre avait aussi une justice séculière haute, moyenne et basse qui renfermait les paroisses de Saint-Just et de Saint-Irénée, le mandement et territoire de Fourvière ; elle s'étendait encore sur les paroisses circonvoisines et sur les terres dépendantes du Chapitre de Saint-Just : Brignais, Vourles, Beaunand et dépendances, Grézieu-la-Varenne, Sainte-Consorce et dépendances, Valsonne, Sainte-Appolinaire et dépendances.

Le Grand Séminaire, sous le vocable de Saint-Irénée, a été

F.-A. VARNET. — *Géographie du Rhône.*

transporté, sous le second Empire, de la place Croix-Pâquet à Saint-Just.

Avant la Révolution, le Séminaire nommait aux cures de : Chambon, Chandieu, Essertines-en-Chatelneuf, Firmigny, Saint-Laurent-d'Agny, Saint-Paul-en-Cornillon.

A Saint-Irénée, il y a trois choses distinctes : la crypte des Martyrs, l'église et le calvaire. La crypte remonte au IIe siècle et l'église au Ve. Au moment de l'invasion des Barbares, elle fut ruinée. Le baron des Adrets la ruina de nouveau en 1562. Le calvaire ne date que de 1816. Le Prieur de Saint-Irénée nommait aux cures de Bussières, Chaponost, Parmilleux et Rivas.

Fourvière ne fut primitivement qu'une petite chapelle dédiée à N.-D. du Bon-Conseil. En 1476, Louis XI dota ce sanctuaire d'une châtellenie de 25 villages. En 1552, cette chapelle tomba entre les mains des protestants. Un vitrail rappelle le célèbre vœu des échevins lyonnais qui mirent (1643) leur cité sous la protection de Marie. Le 19 avril 1805, le pape Pie VII y officia en personne et donna sa bénédiction à la ville de la terrasse de la propriété Caille.

Cette chapelle étant devenue insuffisante, une nouvelle et magnifique église du style byzantin a été élevée (1872) à côté, d'après les plans de l'architecte Bossan. Elle a été inaugurée le 16 juin 1896.

Avant la Révolution, le chapitre de Fourvière nommait à la cure de Griège.

Dans le voisinage de Fourvière a été élevée (1893) une tour imitant la Tour Eiffel, mais de proportions plus modestes. Cette construction domine le jardin du célèbre passage Gay où l'on retrouve des ruines gallo-romanes.

Au midi de la chapelle est l'Ancien Observatoire.

L'Hospice de l'Antiquaille est bâti sur l'emplacement du palais des Empereurs romains, qui vit naître les Germanicus, les Claude, les Caracalla.

Le VIe arrondissement municipal a pour circonscription

la partie nord de La Guillotière, limitée au sud par le cours Lafayette.

A cet arrondissement correspond le 7e canton.

Sur son territoire on remarque :

Le Monument des Enfants du Rhône, œuvre du sculpteur Pagny, inauguré le 30 octobre 1887, à l'entrée du magnifique et admirable parc de la Tête-d'Or.

L'église anglicane ; les églises de la Rédemption et de Saint-Joseph encore inachevées.

Le temple maçonnique, le Musée Guimet, consacré par notre savant compatriote à des objets rapportés de l'Extrême-Orient, est aujourd'hui vide. Ses riches collections ont été transportées à Paris.

L'église Saint-Pothin, œuvre de Crépet, a été construite sur le modèle de N.-D. de Lorette.

L'église conventuelle des Dominicains, avec de magnifiques vitraux, a été bâtie sur les dessins de M. Bresson, architecte.

Le Monument élevé à la mémoire des victimes du siège de Lyon date de 1814. Il fut construit sur les dessins de l'architecte Cochet.

La plus remarquable promenade de Lyon est le beau parc de la Tête-d'Or qui couvre une superficie de 112 hectares. Il renferme un Jardin botanique, des serres contenant une magnifique collection de plantes exotiques, un parc anglais, des prairies, un lac peuplé d'oiseaux aquatiques, une riche volière et une assez belle collection d'animaux.

Les Expositions universelles de 1872 et de 1894 furent installées sur les terrains du Parc.

Le VIe arrondissement est mis en communication avec le centre de la ville par deux magnifiques ponts métalliques : le pont Morand et le pont Lafayette. Ils ont environ vingt mètres de largeur et ont été construits : le premier par les usines du Creusot, le second par la compagnie Fives-Lille. Leur inauguration a eu lieu en 1891.

Outre la fabrication des soieries pour laquelle Lyon occupe le premier rang, l'ancienne métropole des Gaules forme un vaste centre métallurgique dont la réputation égalera bientôt la réputation de ses soieries.

Lyon a encore d'actives fabriques de produits chimiques, des chapelleries renommées, des teintureries sans égales, des charcuteries connues du monde entier, des ateliers pour la fabrication des machines, des fonderies ; l'industrie des bronzes d'église est aussi très active, etc., etc.

L'enseignement supérieur est donné à Lyon dans quatre Facultés de l'État : Lettres, Sciences, Droit et Médecine.

Cette ville a encore une École Vétérinaire, une École de Santé militaire, une École Nationale des Beaux-Arts, une succursale du Conservatoire national de Musique.

Pour l'enseignement secondaire il y a un Lycée de Garçons (Lycée Ampère), qui a une succursale à Saint-Rambert, et un Lycée de Jeunes Filles.

A l'École Normale d'Instituteurs, à l'École Normale d'Institutrices, à La Martinière des garçons, à celle des filles, dans six écoles primaires supérieures, dont trois de garçons et trois de filles, et deux cours complémentaires comprenant trois années d'études, on donne l'enseignement primaire supérieur.

Les écoles primaires sont divisées en deux inspections : La première circonscription (rive droite du Rhône) comprend : 61 écoles primaires publiques, contenant 218 classes ; 160 écoles primaires privées, contenant 455 classes, et 50 écoles maternelles publiques et privées, contenant 86 classes. La deuxième circonscription (rive gauche du Rhône) comprend : 53 écoles primaires publiques, contenant 216 classes ; 86 écoles primaires privées, contenant 240 classes, et 37 écoles maternelles publiques et privées contenant 70 classes.

Lyon possède encore quatre Facultés libres : Lettres, Sciences, Droit, Théologie, et une École supérieure de commerce, une École centrale industrielle ; quatre établissements d'études classiques : l'Institution des Chartreux, l'institution des Minimes, le Petit Séminaire de Saint-Jean, l'institution Saint-Thomasd'Aquin, à Oullins; un établissement d'études commerciales, dirigé par les Frères des Écoles chrétiennes; deux institutions pour les sourds-muets et une pour les aveugles; une école tenue par la Société d'Instruction primaire; de nombreux cours municipaux de langues vivantes et de dessin; plus de 150 cours pour les adultes, dirigés par la Société d'Enseignement professionnel.

Au point de vue de la Défense, Lyon forme un immense camp retranché destiné à arrêter l'ennemi qui s'aventurerait soit dans la vallée du Rhône, soit dans celle de la Saône.

Les 34 paroisses de Lyon sont réparties entre 8 archiprêtrés.

Les armes de Lyon sont : De gueules, au lion d'argent tenant dans sa patte dextre une épée haute du même, au chef d'azur à trois fleurs de lis d'or.

CANTON DE VILLEURBANNE

Le canton de Villeurbanne a été créé par la loi du 22 juin 1854; il comprend les communes de Villeurbanne, Bron, Saint-Fons, Vaulx-en-Velin, Vénissieux et le territoire de la ville de Lyon en dehors des fortifications de la rive gauche du Rhône.

Il a une population de 78.369 habitants, dont 33.247 pour la partie rurale et 45.122 pour la partie urbaine. La superficie de la première n'est plus que de 6.801 hectares, la commune de Villeurbanne ayant cédé à la ville de Lyon, en 1894, une partie du parc de la Tête-d'Or représentant une surface de 66 hectares.

La partie rurale a pour limites : au nord, le Rhône, qui sépare le canton de Villeurbanne de ceux de Neuville (Rhône) et de Montluel (Ain); à l'ouest, la partie urbaine du canton appartenant à la ville de Lyon; à l'est, le canton de Meyzieu (Isère), et au sud, celui de Saint-Symphorien-d'Ozon (Isère).

Avant sa réunion au département du Rhône, en 1854, le canton de Villeurbanne dépendait, pour la partie rurale, de la justice de paix de Meyzieu, arrondissement de Vienne, département de l'Isère.

Cette circonscription faisait autrefois partie du Dauphiné, élection et bailliage de Vienne, du ressort du Parlement du Dauphiné.

Il ne rentre pas dans notre cadre de donner ici une histoire complète du Dauphiné, disons seulement que les premiers habitants qui occupèrent le pays qui nous intéresse en ce moment étaient les vaillants Allobroges, qui, à plusieurs reprises, portèrent leurs armes victorieuses en Italie. Mais, par un triste retour des choses d'ici-bas, ceux qui avaient fait trembler les Romains furent à leur tour obligés de défendre leur indépendance contre le peuple-roi.

Leur pays, conquis de 125 à 121 avant notre ère, fut incorporé à la Narbonnaise. Malgré leur défaite, ils n'en avaient pas moins conservé leur fierté, et un de leurs chefs s'écria un jour en plein Sénat : « Romains, nous ne sommes pas tellement vaincus que nous ne puissions exercer longtemps encore votre vertu. »

Armoiries du Dauphiné.

Leurs réclamations n'ayant pas été admises, ils reprirent de nouveau les armes, furent d'abord vainqueurs, puis enfin vaincus, et leur pays annexé à la République romaine.

Après bien des vicissitudes, les Burgundes firent la conquête de l'ancienne Allobrogie, qui fut réunie au royaume des Francs en 524, après la bataille de Vézeronce.

De nouveaux hôtes s'emparèrent du pays : les Sarrasins, qui n'abandonnèrent leur conquête qu'après la bataille de Poitiers.

Au traité de Verdun (843), la terre des Allobroges échut à

l'empereur Lothaire; mais les véritables maîtres du sol étaient les seigneurs, qui ensanglantèrent le pays par leurs luttes homicides.

C'est à cette époque (1084) que saint Bruno fonda le monastère de la Grande-Chartreuse.

Un des maîtres de l'ancienne province viennoise, Guigues IV, ayant adopté un dauphin dans ses armoiries, on donna à ses descendants le nom de Dauphins de Viennois.

Plusieurs fois, la dynastie des Dauphins faillit s'éteindre; mais l'héritière de Guigues VII ayant épousé l'héritier de la baronnie de La Tour-du-Pin, les deux maisons n'en formèrent plus qu'une, qui devint très puissante et qui étendit sa domination au loin.

En 1319, Guigues VIII épousa la fille de Philippe le Long. Quarante ans plus tard, Humbert II céda le Dauphiné à la France qui n'eut pas de plus fidèles sujets que ses habitants, ainsi que notre histoire nationale en fait foi.

Au point de vue religieux, les huit paroisses de ce canton forment l'archiprêtré de Villeurbanne, diocèse de Grenoble.

Autrefois, Villeurbanne dépendait de l'archiprêtré des Suburbes, et Bron, Vaulx-en-Velin et Vénissieux (Saint-Fons n'existant pas encore), de celui de Meyzieu. Cet archiprêtré embrassait 28 cures : Anthon, Saint-Bonnet-de-Mure, Bron, Charpieu, Chassieux, Chavagneux, Colombier et Sanxieux, Décines, Heyrieux, Feyzin, Genas, Grenay, Janeyriat, Jonage, Jons, Saint-Laurent-de-Mure, Meyzieu, Myons, Saint-Bonnet, Saint-Pierre-de-Chandieu, Saint-Priest, Puzignan-et-Bourg-de-la-Valla, Solaize, Saint-Symphorien-d'Ozon, Saint-Thomas-de-Chandieu, Toussieu, Vaulx-en-Velin, Vénissieux et Villette.

Le canton de Villeurbanne est compris dans la vaste plaine du Dauphiné, qui commence sur la rive gauche du Rhône pour finir dans la partie montagneuse du département de l'Isère. Son altitude varie entre 170 et 221 mètres.

Industrie : fabriques de produits chimiques à Saint-Fons, à Vaulx-en-Velin et à Villeurbanne ; teintureries, savons, bougies, passementeries, cuirs et peaux dans la commune chef-lieu de canton.

Productions agricoles : céréales, prairies artificielles, fruits, lait, etc.

Ce canton fait partie du comice agricole de Lyon et du comice agricole cantonal de Villeurbanne.

Ses écoles sont visitées par l'Inspecteur primaire de Lyon-rural. Au point de vue militaire, il dépend du 14e corps d'armée, et fait partie de la 9e circonscription électorale.

Les armes de Villeurbanne sont : De gueules à une villa d'argent sur une terrasse du même, surmontée d'un dauphin et d'un lion affrontés d'or.

Le canton de Villeurbanne renferme une population un peu cosmopolite, à cause de ses usines, mais très active.

VILLEURBANNE

Village, chef-lieu de canton, à 5 kilomètres de Lyon, 21.714 habitants, station du chemin de fer de Lyon à Saint-Genis-d'Aoste. Superficie 1.452 hectares.

Cette commune est bornée : au nord, par le Rhône qui la sépare de celles de Caluire et Cuire (Rhône), et de Rillieux (Ain); à l'est, par celle de Vaulx-en-Velin; au sud-ouest, par celles de Bron et de Lyon; à l'ouest, par cette dernière ville.

Avant la Révolution, paroisse en Dauphiné, archiprêtré des Suburbes, élection et bailliage de Vienne. L'archevêque de Lyon était collateur de la cure.

Cette paroisse dépendait du marquisat de Vaulx. Il y avait sur son territoire le fief de La Ferrandière, appartenant à M. Riverieulx, seigneur de Chambost, et celui de Bonneterre, dont la maison de Champfort faisait partie.

François-Nicolas Cochard, auteur d'un grand nombre d'ouvrages sur le Lyonnais, est né à Villeurbanne le 20 janvier 1763. Il a consacré à ce village une notice historique.

L'hippodrome de la Société des Courses de Lyon et celui de la

Société hippique de Bonneterre sont sur le territoire de Villeurbanne ainsi que le Champ de manœuvre et de tir de la garnison de Lyon, dénommé le Grand-Camp. Il comprend la caserne de la Doua occupée par deux escadrons de cavalerie.

Teintureries, cuirs et peaux de chèvre, produits chimiques, vernis, savons, tissages mécaniques de la soie, tirage d'or, mèches pour bougies et pour mines, passementeries, tulles, apprêts d'étoffes, filatures de laine, etc.

Cette commune est traversée par les chemins de grande communication N°s 6, 9 *bis*, 11 *bis*, 29, et par les chemins d'intérêt commun N°s 5 et 45, ainsi que par la ligne de l'Est de Lyon, qui y a une station.

Foires : les 15 février et 15 novembre. Marché : lundi, mercredi, vendredi et samedi, et à la Cité-Lafayette : les mardi, jeudi et dimanche.

BRON

Village à 4 kilomètres de Villeurbanne et à 8 de Lyon, 2.655 habitants, 1.014 hectares.

Cette commune est limitée : au nord, par Vaulx-en-Velin et Villeurbanne ; à l'est, par Chassieux ; au sud, par Vénissieux (Rhône), et Saint-Priest (Isère) ; à l'ouest, par Lyon.

Autrefois village et paroisse en Dauphiné, archiprêtré de Meyzieu, élection de Vienne, du ressort du Parlement du Dauphiné. Le Chapitre de Sainte-Chapelle de Chambéry nommait à la cure. La dame était, au siècle dernier, la comtesse de l'Aube-de-Saint-Jean.

Naguère, une grande partie de la population ouvrière de Lyon se rendait chaque année à Saint-Denis-de-Bron, le jour de la fête de ce village, qui a lieu dans les premiers jours d'octobre. Cette promenade était caractérisée par les quolibets et les injures que les passants s'adressaient mutuellement.

Ce fut au retour de cette fête que, le 11 octobre 1711, plus de 200 personnes périrent étouffées sur le pont de La Guillotière.

Cet usage, qui rappelait les anciennes Dionysiaques, a été aboli en 1816.

Il y a, dans la commune de Bron, l'asile départemental d'aliénés du département du Rhône et les forts de Lessignas et de Parilly.

Son altitude ne dépasse pas 212 mètres.

Cette commune, qui est vivifiée par la route nationale N° 6, par les chemins de grande communication N°s 12 bis et 29, et par le chemin d'intérêt commun N° 45, produit des céréales, des produits maraîchers, des prairies, etc.

Foires : 6 et 28 janvier, 10 octobre et 6 décembre.

SAINT-FONS

Ce village a été distrait de la commune de Vénissieux par la loi du 26 mars 1888. Il a une population de 4.160 habitants, une superficie de 628 hectares et est à 8 kilomètres de Villeurbanne et à 7 de Lyon.

Commune limitée : au nord, par Lyon ; à l'est, par Vénissieux ; au sud, par Feyzin (Isère) ; à l'ouest, par Lyon, Pierre-Bénite.

Quelques historiens, dit M. de Terrebasse, veulent que le nom de Saint-Fons (San-Fons) soit demeuré à cette plaine en mémoire de la sanglante bataille qui fut livrée par Septime-Sévère à son compétiteur Albin, sous les murs de Lyon ; mais les textes latins se prêtent mal à cette supposition. Plusieurs documents du moyen âge nous apprennent que Saint-Fons (*Centum Fontibus*) doit son nom aux nombreuses sources jaillissant sur son territoire.

L'altitude de cette commune varie entre 163 et 171 mètres. Son territoire est traversé par la route nationale N° 7, par le chemin de grande communication N° 12, ainsi que par la ligne de Lyon à Marseille, qui y a une station.

Industrie très active de produits chimiques.

Productions agricoles : cultures maraîchères pour l'alimentation de Lyon.

Marché le mardi.

VAULX-EN-VELIN

Village à 5 kilomètres de Villeurbanne et à 9 de Lyon, 1.314 habitants, 2.160 hectares.

Cette commune est limitée : au nord, par le Rhône, qui la sépare de celles de Miribel, de Neyron et de Rilleux (Ain); à l'est, par celle de Décines (Isère); au sud, par celle de Bron; à l'ouest, par celle de Villeurbanne.

Avant la Révolution, paroisse en Dauphiné, avec le titre de marquisat, archiprêtré de Meyzieu, justice du lieu, élection du ressort du bailliage de Vienne. Le prieur de la Platière nommait à la cure.

Cette terre fut érigée en marquisat avant l'an 1600. Il y avait, sur le territoire de Vaulx-en-Velin, deux fiefs : celui de la Ville, ayant appartenu à Mme de Ville, dame de Villeurbanne, et celui de Biffard, à M. de Rachez.

Cette commune, traversée par les chemins de grande communication N°s 6, 9 bis et 29, et par le chemin d'intérêt commun N° 5, est arrosée par le Rhône, qui la limite au nord, et par la Rise. Son altitude ne dépasse pas 183 mètres.

Productions agricoles : fruits, céréales, légumes, lait, prairies.

Industries : Distillerie, fabrique de noir animal, tuileries, etc.

Foires : 15 janvier et 15 septembre.

VÉNISSIEUX.

Village à 7 kilomètres de Villeurbanne et à 9 de Lyon, sur la ligne de chemin de fer de Lyon à Grenoble, 3.394 habitants, 1.547 hectares.

Vénissieux est confiné : au nord, par les communes de Lyon et de Bron; à l'est, par celles de Saint-Priest et de Corbas (Isère); au sud, par celle de Feyzin (Isère), et à l'ouest, par celle de Saint-Fons et la ville de Lyon.

Au siècle dernier, paroisse en Dauphiné, archiprêtré de Meyzieu, élection et justice de Vienne, du ressort du Parlement du Dauphiné. L'abbesse de Saint-Pierre de Lyon était dame du clocher et nommait à la cure; le seigneur de la terre était M. de Chaponnay.

Cette commune, dont l'altitude ne dépasse pas 221 mètres, produit des céréales et des légumes pour l'approvisionnement de Lyon; elle est située sur la ligne de Lyon à Grenoble, qui y possède une station. Les autres voies de communication sont le chemin de grande communication N° 12 *bis* et les chemins d'intérêt commun N°s 7 et 45.

Foires : 22 janvier, le samedi après le Jeudi-gras, 8 juin, 18 novembre, 17 décembre. Marché le jeudi.

COMMUNES	POPULATION MUNICIPALE			POPULATION comptée à part	POPULATION totale	SUPERFICIE	RECETTES ordinaires	DÉPENSES ordinaires	PRODUIT des centimes	VALEUR du centime	CENTIMES pour dépenses ordinaires et extraordinaires			MONTANT de la Dette	REVENUS du Bureau de Bienfaisance	PERCEPTIONS	POSTES ET TÉLÉGRAPHES	ÉLECTEURS
	Agglomérée	Éparse	Totale								Nombre total	Dont extraordinaires	Durée des impositions extraordinaires					
Bron.........	262	875	1.137	1.528	2.666	1.014	10.919	10.859	7.209	95,64	74	19	1913	18.067	1.009	Villeurbanne	Villeurbanne	470
Saint-Fons....	3.183	961	4.144	16	4.160	628	30.872	30.871	20.290	311,78	66	17	1922	11.333		id.	P	980
Vaulx-en-Velin	1.045	220	1.265	49	1.314	2.160	19.092	13.365	8.330	141,11	58	40	1917	89.438	1.073	id.	Villeurbanne	420
Vénissieux....	1.877	1.435	3.312	82	3.394	1.547	28.781	23.820	13.748	237,01	58	21	1928	12.761	1.248	id.	P-T	850
Villeurbanne..	19.108	551	19.659	2.055	21.714	1.452	122.009	122.080	77.393	1.570,62	51	23	1917	347.127	6.593	id.	P-T	8.400
Lyon (partie rurale des 3e et 6e arrondissements)	3.726	40.048	43.774	1.348	45.122													
	29.201	44.090	73.291	5.078	78.369	6.801	206.763	201.005	126.968	2.356,16	307			475.726	9.923			

| COMMUNES | Distance. | | FÊTES PATRONALES. | Notaires. | PERSONNEL médical. | | | | État civil. | Caisse des Écoles. | Fondation de la bibliothèque. | ÉCOLES publiques. | | | ÉCOLES privées. | | Personnel ecclésiastique. |
	de Lyon	de Villeurbanne			Médecins.	Pharmaciens.	Sages-Femmes.	Vétérinaires.				Garçons (classes).	Filles (classes).	Mixtes. Maternelles (classes).	Garçons.	Filles.	
Villeurbanne (Maisons-Neuves)....	5		Nativité de la Vierge.						1621	1	1884	2	2	2	2	3	✠ 8
(Les Charpennes)....			Sainte-Madeleine.								1883	4	4	2	3	3	3
(La Cité)........				1	8	8	6	1			1883	2	2	1	2	2	
(Cusset)...........			Saint-Julien.								1884	1	1			2	
(Les Brosses).......														1			
Bron.................	8	4	Saint-Denis.		3	1			1642		1884	1	1			1	
Vaulx-en-Velin.........	9	5	Assomption.				1		1639	1	1883	2	1			1	1
Vénissieux...........	9	7	Saint-Germain.	1		1	2	1	1646	1	1882	3	1	1		1	2
Id. (Moulin-à-Vent)......			Saint-Jean-de-Dieu.								1883	1	1			1	1
Saint-Fons...........	7	8	Notre-Dame.		1	2	2		1888	1	1882	4	2		1	2	2
Lyon (Banlieue).........					4	8	6										

CANTON DE NEUVILLE-SUR-SAÔNE

Le canton de Neuville-sur-Saône est limité : à l'est, par ceux de Montluel et de Trévoux (Ain), la Saône entre deux; au nord-ouest, par le canton d'Anse ; à l'ouest, par celui de Limonest, et au sud, par celui de Villeurbanne et par la ville de Lyon.

Cette circonscription a une population de 21.905 habitants et une superficie de 7.441 hectares.

Elle a été formée du Lyonnais pour les communes d'Albigny, Couzon, Curis, Poleymieux, Quincieux, Saint-Germain-au-Mont-d'Or, Saint-Romain-au-Mont-d'Or, et du Franc-Lyonnais pour celles de Caluire-et-Cuire, (conjointement avec la Bresse), Fleurieu-sur-Saône, Fontaines-sur-Saône, Neuville, Rochetaillée.

Le Franc-Lyonnais, et plus anciennement le Petit-Franc-Lyonnais, lorsque la province, à cause des privilèges et franchises de la ville capitale et des habitants, portait le nom de Franc-Lyonnais, n'était précisément qu'une langue de terre qui s'étendait depuis le village de Riottier, le long de la rive gauche de la Saône jusqu'aux deux portes de Lyon nommées : de la Croix-Rousse et d'Alincourt, et qui était coupée par Trévoux et son territoire, au-dessous de la source du ruisseau de Froment ou Formant, jusqu'à son confluent, en tirant une ligne droite de cette source à la Saône. Elle avait environ deux lieues et demie de longueur et une lieue de largeur, la Bresse et la Dombes la confinant au levant et au nord, la ville de Lyon la confinant au midi, et la Saône au couchant.

Les treize Marches ou Massages, c'est-à-dire les treize petites villes, bourgs, villages ou hameaux qui composaient le Franc-Lyonnais étaient, en sortant de Lyon : Cuire, dit La Croix-Rousse ; Caluire, Fontaines, Rochetaillée, Fleurieu, Neuville, Genay, Bernoud, Civrieux, Saint-Jean-de-Thurigneu, et au delà du territoire de Trévoux, de l'autre côté du ruisseau de Formant, Saint-Bernard, Riottier et Saint-Didier.

De ces Marches, il n'y en avait que trois qui étaient entièrement du Franc-Lyonnais, celles de Fontaines, Genay et Saint-Bernard ; les autres n'y avaient qu'une moitié, un tiers, un quart de leurs territoires ; le surplus était dans la Dombes ou dans la Bresse, en sorte que de toutes ces paroisses on aurait eu peine à en former quatre telles que celles du Lyonnais.

Il paraîtrait qu'autrefois Genay en était la capitale, puis ce fut Neuville, ville murée, érigée en marquisat en faveur de la maison de Villeroy.

Il serait très difficile de marquer précisément l'époque où cette petite contrée s'est donnée à la France. Tout ce qu'on apprend de ses titres publics est : qu'originairement démembrée de la Bresse et de la Dombes, qui appartenaient à l'Empire, elle se soutint quelque temps dans une sorte d'indépendance qu'autorisaient sa situation frontière et le voisinage de différents souverains plus ou moins puissants dont elle se trouvait entourée ; qu'en 1398, elle se mit sous la sauvegarde des comtes de Savoie, comme Vicaires de l'Empire ; que, pour ce droit de garde et de protection, ses habitants s'obligèrent de payer une redevance annuelle de cent livres de cire, avec la clause expresse que la redevance ne pourrait pas être augmentée dans la suite, sous le prétexte de l'augmentation des feux et des familles, et qu'en 1426 Amédée, duc de Savoie, voulant recouvrer les comtés de Valentinois et de Diois, ses syndics lui firent présent de deux cents florins d'or, pour lui marquer leur attachement, mais que l'on inséra dans les Lettres, qui en furent dressées de part et d'autre, que c'était un don purement gratuit et qu'il était accepté sans conséquence ni préjudice pour leurs libertés et franchises.

Elle se trouvait donc encore sous la protection des ducs de Savoie, en leur qualité de Vicaires de l'Empire, plus de cent ans après que nos rois furent rentrés dans la pleine souveraineté de Lyon et de son territoire. On peut avancer néanmoins, sans trop donner aux conjectures, que cinquante ans après ce dernier traité et longtemps avant la fin du xve siècle, ses habitants se jetèrent dans les bras des rois de France; soit qu'ils y fussent forcés par quelque vexation des ducs de Savoie, par quelque entreprise pour les réunir à la Bresse et les remettre dans leur première sujétion; soit qu'ils y fussent déterminés par la seule raison de leur situation qui les exposait aux incursions et aux ravages de tous les partis et qui demandaient la protection du plus fort et du plus puissant; soit enfin que la France les ait reçus en échange de leurs anciens souverains ou protecteurs, comme cela est dit dans l'arrêt du Parlement de Paris du 22 décembre 1525. Quoi qu'il en soit, il résulte de ce titre qu'ils jouissaient d'un état tranquille à l'ombre du trône des prédécesseurs de François Ier, ce qui peut remonter à Louis XI, lorsque ce prince s'empara de la Bourgogne, et que, resserrant la Bresse de presque tous côtés, il ne voulut pas sans doute laisser en des mains ennemies ou au premier occupant un petit pays qui venait jusqu'aux portes d'une ville aussi importante que Lyon.

Ce fut à cette époque que ce pays prit le nom de Petit-Franc-Lyonnais, pour le distinguer de la province dont il commençait à faire partie.

Quoique le traité originaire ne paraisse pas, on ne saurait douter, suivant les titres postérieurs et multipliés, qu'il n'eût pour base ces trois conditions principales : l'une, que le pays ne changerait point de qualité et qu'il serait à perpétuité regardé comme pays étranger; en conséquence de quoi les habitants payeraient le droit de traite foraine pour toutes les marchandises et denrées qu'ils tireraient de Lyon et du Lyonnais; l'autre, que ses habitants seraient affranchis de toutes tailles, subsides et impositions généralement quelconques; la troisième, que pour reconnaître la protection de la France ils payeraient volontairement de huit ans en huit ans une somme de trois mille livres par forme de don gratuit. Privilèges et franchises perpétuellement enviés et attaqués, mais entretenus jusqu'à la Révolution, avec de légers changements qu'ont occasionné les seules circonstances de quelques temps difficiles.

L'Église de Lyon possédait en seigneurie et domaine la plus grande partie du territoire.

Lors de la création des cantons, les communes de Neuville, Albigny, Couzon-au-Mont-d'Or, Curis, Fleurieu-sur-Saône, Fontaines, Cailloux-sur-Fontaines, Saint-Romain-au-Mont-d'Or, Rochetaillée dépendaient du canton de Neuville; Caluire-et-Cuire, de celui de Saint-Cyr; Poleymieux, Quincieux et Saint-Germain-au-Mont-d'Or, de celui de Chasselay.

Au point de vue religieux, l'archiprêtré de Neuville comprend 16 paroisses. Avant 1790, celles de Curis, Caluire-et-Cuire, Couzon, Poleymieux, Saint-Germain-au-Mont-d'Or et Saint-Romain-au-Mont-d'Or faisaient partie de celui des Suburbes; Fleurieu-sur-Saône, Fontaines-sur-Saône, Neuville, Rochetaillée, de celui des Dombes, et Quincieux, de celui d'Anse.

L'archiprêtré des Dombes comprenait 64 cures : L'Abergement, Agnereins, Ambérieux-en-Dombes, Amareins, Saint-André-d'Uria, Ars, Baneins, Beauregard, Bereins, Saint-Bernard, Bussigne, Cesseins, Chaleins, Chaneins, Civrieux, Clementia, Cormoranche, Cruzelles, Saint-Didier-de-Froment, Saint-Didier-de-Chalaronne, Dompierre-de-Chalaronne, Saint-Étienne-sur-Chalaronne, Sainte-Euphémie, Farain, Fleurieu, Fleurieu, près Châtillon; Fontaines, Frans, Francheleins, Garnerans, Genay, Saint-Genis-sur-Menthon, Grenouilleu, Griège, Guérein, Jassans, Saint-Jean-de-Thurigneux, Illiat, Lent, Lurcy, Saint-Martin, Massieux, Mépiliat, Messimy, Mizérie, Mogneneins, Monceaux, Montanay, Montmerle, Myonnais, Nérone, Neuville, Sainte-Olive, Parcieux, Peirieux, Percieux-sur-Trivier, Peyzieux, Pont-de-Veyle, Rancé, Reyrieux, Riottier, Rochetaillée, Sathonay, Savigneux, Saint-Symphorien-d'Illiat, Thoissey, Toussieux, Trévoux, Saint-Trivier, Valins, Villeneuve.

Et 10 annexes : Blanchères, Champteins, Juys, Rillieu, Pollieu, etc.

Ce canton est situé sur le massif du Mont-d'Or et dans la vallée de la Saône; il est arrosé par cette rivière et par quelques petits ruisselets. Son altitude varie entre 165 mètres et 616 mètres (Mont-Verdun).

Il comprend, sur la rive gauche de la Saône, les communes de Neuville-sur-Saône, Fleurieu-sur-Saône, Rochetaillée, Fontaines-Saint-Martin, Fontaines-sur-Saône, Cailloux-sur-Fontaines, Caluire-et-Cuire, et sur la rive droite, Quincieux, Saint-Germain-au-Mont-d'Or, Poleymieux, Curis, Albigny, Couzon-au-Mont-d'Or et Saint-Romain-au-Mont-d'Or.

Industries : belles carrières de pierres en exploitation à Couzon; fabrique de bleu d'outre-mer à Fleurieu-sur-Saône; impressions sur étoffes, tissage, tréfilerie, plomberie, à Neuville, etc.

Productions agricoles : vins, fruits, légumes, fromages, dits du Mont-d'Or; luzerne, foin, pommes de terre, bois, cerises, lait, etc.

Au point de vue militaire, le canton de Neuville appartient au 7e corps d'armée. Il ressortit au tribunal de commerce de Lyon, fait partie du comice agricole de Lyon, de l'inspection primaire des écoles de Villefranche, de la 8e circonscription électorale.

Les armes de Vimy-Neuville sont : D'Azur au chevron d'or, accompagné de trois croix ancrées du même.

Le canton de Neuville, compris en grande partie dans la délicieuse vallée de la Saône, est très agréable en été, à cause des nombreuses villas qu'il renferme.

NEUVILLE-SUR-SAÔNE

Chef-lieu de canton à 17 kilomètres de Lyon, Neuville a une superficie de 540 hectares et une population de 3.214 habitants, et est limitrophe : au nord, avec Genay (Ain) ; à l'est, avec cette commune et Montanay (Ain) ; au sud, avec Fleurieu ; à l'ouest, avec la Saône, qui la sépare des communes de Saint-Germain-au-Mont-d'Or, Curis et Albigny.

Avant la Révolution, petite ville en Franc-Lyonnais, archiprêtré de Dombes, du ressort de la sénéchaussée de Lyon. C'était un marquisat en toute justice, qui s'étendait sur quelques paroisses de la Bresse et quelques autres du Franc-Lyonnais. Le seigneur du lieu, la maréchale-duchesse de Luxembourg, marquise de Neuville, nommait à la cure et aux deux prébendes.

Neuville était la capitale du Franc-Lyonnais et s'appelait autrefois Vimy.

En 1443, sous le règne de Charles VII, Vimy fut saccagée par les Écorcheurs, qui démolirent son église et y commirent toutes sortes d'atrocités. Chassés par les troupes du duc de Savoie, elle n'en eut pas moins à souffrir de leurs brigandages et, quand elle fut délivrée, il n'y restait que des ruines.

L'archevêque de Lyon, Camille de Neuville, substitua en 1666 son nom de famille à celui de Vimy et construisit l'église, dont l'intérieur est remarquable. Sa façade est sur le modèle du Grand-Hôtel-Dieu de Lyon.

Le P. J. de Bussières a fait une description de Neuville, écrite en latin, et qui a été insérée dans la seconde partie de *Miscellanea poetica*.

On possède dans les Archives du département du Rhône un factum d'Antoine de Thelis de Valorge, abbé de l'Ile-Barbe, très injurieux à la mémoire de Camille de Neufville. Ce prélat avait acheté le pré du Poulet, en Beaujolais, près de Villefranche, sur le bord de la Saône, et l'avait échangé contre la terre de Vimy, qui appartenait à l'abbé de l'Ile-Barbe, échange dans lequel il y aurait eu, au préjudice de cette abbaye, lésion d'outre moitié.

Le dernier possesseur du parc de Neuville, Armand-Louis de Gontaud, duc de Lauzun, périt à Paris, le 31 décembre 1793.

Sous la Révolution, Neuville-l'Archevêque s'appelait Marat-sur-Saône et était le chef-lieu d'un canton comprenant seulement les communes de Marat-sur-Saône, Albigny, Couzon, Curis, Fleurieu-sur-Saône, Brutus-la-Fontaine, Cailloux-la-Montagne, Romain-Libre, Rochetaillée-sur-Saône.

La commune de Neuville, baignée par la Saône, a une altitude variant entre 165 et 380 mètres. Ses principales voies de communication sont, outre la voie ferrée de Lyon à Trévoux qui y a une station, les chemins de grande communication N°s 2 *bis*, 14 *bis* et 16, et ceux d'intérêt commun N°s 1 et 23.

Industrie : impressions.

Foires : vendredi avant le 2 février, vendredi avant le 25 mars, 1er mai, vendredi avant le 24 juin, vendredi avant le 8 septembre, vendredi avant le 1er novembre, vendredi après le 8 décembre. Marchés tous les vendredis et dimanches de l'année.

ALBIGNY

Village à 2 kilomètres de Neuville et à 16 de Lyon, population 1.205 habitants, surface 257 hectares, sur la rive droite de la Saône.

Cette commune est limitée : à l'est, par la Saône, qui la sépare de celles de Neuville et de Fleurieu; au sud, par celle de Couzon; à l'ouest, par celle de Curis.

Sous l'ancien régime, paroisse et seigneurie dans le Lyonnais, archiprêtré des Suburbes, élection et du ressort de la sénéchaussée de Lyon; les comtes de Lyon en étaient seigneurs et nommaient à la cure.

Le nom de cette commune lui vient, dit-on, d'Albin, compétiteur de Septime-Sévère, et c'est, suivant quelques auteurs, dans le voisinage de cette commune que se décida le sort de l'Empire romain. On y a retrouvé, en effet, des débris d'armures et de médailles de cette époque. Pareils vestiges ont été trouvés dans les environs du domaine du Mont-Tribloud (Ain), à l'est de Neuville; près de Tournus, sur la rive droite de la Saône, sur le plateau de Sathonay, à Saint-Fons, où d'autres historiens placent aussi le théâtre de cette bataille.

C'est dans ce village que se trouve aujourd'hui le Dépôt de Mendicité du département du Rhône. L'enclos dans lequel il a été établi avait appartenu au célèbre médecin Rast-Maupas, de l'Académie de Lyon, aïeul maternel de M. Lombard de Buffières.

Albigny est baigné par la Saône, et son altitude ne dépasse pas 352 mètres.

Productions agricoles : vins, fruits, légumes, fromages, dits du Mont-d'Or.

Cette commune est traversée par la voie ferrée de Paris à Lyon, par le chemin de grande communication N° 14 *bis* et par les chemins d'intérêt commun N°s 1 et 23.

CAILLOUX-SUR-FONTAINES

Village à 8 kilomètres de Neuville et à 14 de Lyon, 728 habitants, 826 hectares.

Cette commune est limitée : au nord, par celle de Montanay (Ain); à l'est, par celle de Saint-Maurice (Ain); au sud-est, par celle de Sathonay; au sud-ouest, par Fontaines-Saint-Martin; à l'ouest, par Fleurieu et Montanay.

L'église paroissiale, aux armes des ducs de Savoie, appartient à l'architecture romane du XIIe siècle. Dans une des chapelles, sont les tombeaux des Fay de Sathonay et des Fargues. On y remarque aussi un ancien bas-relief représentant la Nativité de la Vierge. Jean-Baptiste Christophe, ancien curé de cette paroisse, est l'auteur d'une histoire de la Papauté pendant le xiv° siècle.

En 1793, ce village prit le nom de Cailloux-la-Montagne.

Cette commune, arrosée par le ruisseau des Échets, a une altitude variant de 248 mètres à 306 mètres.

Les chemins de grande communication N° 1 et d'intérêt commun N° 35 traversent la commune.

CALUIRE-ET-CUIRE

Deux villages réunis en une seule commune, à 10 kilomètres de Neuville et à 6 de Lyon, population 10.053 habitants, superficie 1.083 hectares, sur la rive gauche de la Saône et sur la rive droite du Rhône.

Commune limitée : au nord, par Fontaines-sur-Saône ; au nord-est, par Rillieux (Ain) ; au sud-est, par le Rhône, qui la sépare de celle de Villeurbanne ; au sud-ouest, par la ville de Lyon ; au nord-ouest, par la Saône, qui la sépare des communes de Saint-Rambert et de Collonges.

Caluire était jadis village et annexe de Saint-Rambert, partie dans le Franc-Lyonnais, partie en Bresse, archiprêtré des Suburbes, élection et sénéchaussée de Lyon. Dans cette paroisse, il y avait une prébende créée par Sault de Tavanes, alors seigneur et marquis de Miribel. Seigneur haut justicier de la partie de Bresse qui dépendait de la justice de Rillieux, La Pape, etc., Boulard de Gatelier. Seigneurs hauts justiciers de la partie en Franc-Lyonnais, les comtes de Lyon.

Cuire était village et annexe de la paroisse de Vaise, dans le Franc-Lyonnais, du ressort de la sénéchaussée de Lyon. Seigneur, Boulard de Gatelier.

En 1269, Cuire fut saccagé par les citoyens de Lyon, qui s'étaient insurgés contre les comtes de Saint-Jean.

Une des plus belles maisons de la commune de Caluire-et-

Cuire est celle dite des Brosses qu'a fait restaurer Louis-Antoine Coste, célèbre par sa bibliothèque lyonnaise, et qui a son tombeau dans le cimetière de Caluire.

Dans le hameau de Margnioles, on voyait encore, au commencement du xviiie siècle, des fourches patibulaires.

Le château de Montessuy, situé sur le territoire de Cuire, appartient aux hospices de Lyon.

Le château du Vernay, propriété départementale, a été habitée par la trop célèbre Mme de Pompadour.

Patrie de Jean-Jacques Lagrange, ancien président du Tribunal civil de Lyon, mort le 15 avril 1863, premier président de la Cour d'appel de Riom, auteur d'un Manuel de droit romain très estimé.

La commune de Caluire-et-Cuire a une altitude ne dépassant pas 280 mètres. Elle s'adonne principalement à la culture maraîchère.

Ce territoire est traversé par les chemins de grande communication N°s 1 et 2 *bis*.

La ligne de Lyon à Bourg y a trois gares, et le raccordement P.-L.-M des lignes Paris à Lyon et Lyon à Genève coupe cette commune en tréfonds.

Foires : 22 mars, 19 août, 12 novembre, 22 décembre. Marché tous les jours.

COUZON-AU-MONT-D'OR

Village à 4 kilomètres de Neuville et à 14 de Lyon, population 980 habitants, superficie 324 hectares.

Couzon est limité : au nord, par Curis et Albigny ; à l'est, par Fleurieu et Fontaines ; au sud, par Rochetaillée, et à l'ouest, par Poleymieux.

Cette commune est baignée, à l'est, par la Saône, sur laquelle il y a un pont suspendu.

Sous l'ancienne monarchie, paroisse et seigneurie dans le Lyonnais, archiprêtré des Suburbes, élection et du ressort de la sénéchaussée de Lyon. Les comtes de Lyon étaient seigneurs du lieu et nommaient à la cure.

On prétend, à Couzon, que le premier cep de vigne apporté dans les Gaules venait de l'île de Cos et fut planté sur les coteaux de ce village qui, par reconnaissance, prit le nom de Cozon.

D'après les savants, au contraire, la vigne aurait été apportée d'Italie par nos ancêtres les Gaulois.

Le vin de Couzon, aujourd'hui discrédité, a été renommé autrefois. Un ancien proverbe disait : « Il n'est bourgeois de Lyon qui n'ait une vigne à Couzon. »

C'est dans l'ancien château de Couzon qu'est né, le 7 avril 1644, le Maréchal de Villeroy (François de Neufville), que quelques biographes font naître à Lyon. On montre encore aujourd'hui la chambre où il vit le jour.

La famille Jacquard est originaire de Couzon : le vrai nom de l'inventeur est Charles; Jacquard n'est qu'un surnom.

Il y a une église superbe, de style roman, bâtie sur les plans de M. Bossan; un asile pour les condamnés libérés, un orphelinat et un pensionnat de demoiselles.

L'altitude de cette commune varie entre 162 et 490 mètres. Le climat est relativement chaud, le pays étant abrité, au nord, par des montagnes.

Le sol calcaire produit principalement de la vigne; il y a peu de céréales.

Sur le territoire de cette commune, il y a de belles carrières de pierres à bâtir, de cent mètres d'épaisseur.

Commune vivifiée par les chemins d'intérêt commun Nos 1 et 80 et par la ligne de chemin de fer P.-L.-M. qui y a une station.

Foires : 8 janvier et 15 septembre.

CURIS

Village à 2 kilomètres de Neuville et à 19 de Lyon, 393 habitants, 304 hectares.

Communes limitrophes : au nord, Neuville; à l'est, Albigny; à l'ouest, Poleymieux et Saint-Germain.

C'était autrefois une annexe de Saint-Germain-au-Mont-d'Or, en Lyonnais ; archiprêtré des Suburbes, élection et du ressort de la sénéchaussée de Lyon.

Curis était une seigneurie des d'Albon dès 1250. Au xvii° siècle, elle appartenait à M. Bay, puis à M. de Lafont ; enfin, en dernier lieu, à M. Bœuf, qui la transmit par héritage et alliance aux familles Ponchon de Saint-André, dont l'un des membres est l'auteur d'*Eulalie, ou les Quatre Ages de la Femme*, et Morand de Jouffrey.

Cette commune est arrosée par la Saône et son affluent la Thouse ; elle a une altitude variant entre 170 et 429 mètres.

Voies de communication : chemin de grande communication N° 14 *bis* et chemin d'intérêt commun N° 23. La ligne Paris-Lyon traverse la commune, mais n'y a point de station.

FLEURIEU-SUR-SAÔNE

Village à 2 kilomètres de Neuville et à 16 de Lyon, population 452 habitants, superficie 291 hectares.

Cette commune, située sur la rive gauche de la Saône, est limitée : au nord, par celles de Neuville et de Montanay (Ain); au sud-est, par Cailloux-sur-Fontaines; au sud, par Fontaines, et à l'ouest, par Albigny et Couzon.

Avant la Révolution, annexe en Franc-Lyonnais de la paroisse de Montanay-en-Bresse, archiprêtré de Dombes. Ce village dépendait de la justice de Rochetaillée et les comtes de Lyon en étaient seigneurs.

Fleurieu, arrosé, à l'ouest, par la Saône, a une altitude ne dépassant pas 288 mètres.

Productions agricoles : luzerne, froment, pommes de terre, cerises, etc.

Industrie : fabrique de bleu d'outre-mer de l'usine Guimet.

Le chemin de grande communication N° 2 *bis* et la ligne ferrée de Lyon à Trévoux traversent la commune.

FONTAINES-SAINT-MARTIN

Village à 6 kilomètres de Neuville et à 13 de Lyon, 708 habitants, 260 hectares.

Cette commune est limitée : au nord, par Fleurieu-sur-Saône ; à l'est, par Cailloux (Rhône) et Sathonay (Ain) ; au sud, par Fontaines-sur-Saône, et au couchant, par Rochetaillée.

Sous l'ancien régime, bourg et paroisse dans le Franc-Lyonnais, archiprêtré des Dombes, du ressort de la sénéchaussée de Lyon ; le chapitre de Saint-Nizier de Lyon nommait à la cure, et les seigneurs en toute justice étaient les comtes de Lyon.

Sous la Révolution, ce village prit le nom de Brutus-la-Fontaine.

Climat tempéré, altitude peu élevée (de 165 à 268 mètres).

Les voies vicinales sont les chemins de grande communication N° 2 *bis* et d'intérêt commun N° 35.

FONTAINES-SUR-SAÔNE

Village à 5 kilomètres de Neuville et à 12 de Lyon, 1.348 habitants, 246 hectares.

Communes limitrophes : au nord, Fontaines-Saint-Martin ; à l'est, Sathonay (Ain) ; au sud, Caluire-et-Cuire ; à l'ouest, la

Saône, qui sépare la commune de Fontaines-sur-Saône de celles de Collonges et de Rochetaillée.

Cette circonscription faisait autrefois partie de Fontaines-Saint-Martin, dont elle a été séparée par la loi du 25 juin 1850.

Un pont en fil de fer unit Fontaines à Collonges.

La nouvelle église a été construite sur les dessins de l'architecte Dupasquier.

C'est sur cette commune que jaillissent les eaux de Roye qu'il avait été question de conduire à Lyon, comme préférables à celles du Rhône,

Ces mêmes eaux ont été célébrées en 1633 par le P. J. Berthet, dans la strophe suivante adressée au cardinal Alphonse de Richelieu, archevêque de Lyon.

> Seu te Roei frigus amabile
> Claudit recessus et gelidum nemus,
> Vivique fontes, aut pudicis
> Antra tenent celebreta nymphis.

Camille de Neuville, archevêque de Lyon, avait fait construire dans le même hameau une maison de plaisance qui aurait appartenu ensuite aux Jésuites, puis aux Oratoriens.

Fontaines est situé sur la rive gauche de la Saône, et son altitude extrême ne dépasse pas 270 mètres.

Marché le samedi.

La ligne ferrée de Lyon à Trévoux, ainsi que les chemins de grande communication Nos 1 et 2 bis, et d'intérêt commun Nos 35 et 65, traversent la commune.

POLEYMIEUX

Village à 5 kilomètres de Neuville et à 14 de Lyon, 397 habitants, 618 hectares.

Cette commune est bornée : au nord, par Saint-Germain ; à l'est, par Curis et Couzon ; au sud, par Saint-Didier et Limonest ; à l'ouest, par Chasselay.

Avant 1789, paroisse et seigneurie et gruerie au Mont-d'Or, dans le Lyonnais, archiprêtré des Suburbes, élection et sénéchaussée de Lyon; les comtes de Lyon nommaient à la cure.

Au commencement de la Révolution, le seigneur Guillin-Dumontet, ancien capitaine de la marine royale, fut tué après une défense désespérée ; son château fut dévasté et rasé.

Une autre victime de cette époque, Jean-Jacques Ampère, ancien juge de paix à Lyon pendant le siège, fut guillotiné le 18 novembre 1793; c'était le père de l'illustre A.-M. Ampère.

Poleymieux faisait alors partie de l'éphémère canton de Chasselay.

Le fort du Mont-Verdun est situé sur cette commune. Il y a aussi un château du xve siècle.

Poleymieux est arrosé par le ruisseau le Thoux, affluent de la Saône. Son altitude s'élève de 380 à 618 mètres (Mont-Verdun).

Cette commune n'a qu'un seul grand chemin, celui d'intérêt commun N° 23. Elle produit du vin, beaucoup de foin et de bois.

QUINCIEUX

Village à 6 kilomètres de Neuville et à 23 de Lyon, population 959 habitants, superficie 1.772 hectares.

Cette commune a pour confins : au nord-est, la Saône, qui la sépare de celles de Trévoux, Parcieux, Massieux et Genay (Ain); au sud, les communes de Saint-Germain, Chasselay et les Chères; au nord-ouest, celle d'Ambérieux.

Sous l'ancienne monarchie, paroisse dans le Lyonnais, archiprêtré d'Anse, élection et sénéchaussée de Lyon. Le Chapitre de Saint-Just de Lyon nommait à la cure. Cette paroisse dépendait du comté de La Salle.

Pendant le séjour que fit à Lyon Thomas de Cantorbéry, vers 1618, le chapitre de Saint-Jean lui fit donation de la terre de la Salle, située près de ce village.

En 1425, un personnage non moins illustre, le chancelier Gerson, reçut du même Chapitre une preuve de la haute estime qu'il lui portait en lui accordant le droit de jouir, conjointement avec Giraud Marchetti, confesseur du roi, des revenus de cette même terre leur vie durant.

Cette terre fut érigée en comté par Louis XIV, en 1655, en faveur de François de Baglion, dont les descendants étaient encore seigneurs de Quincieux au moment de la Révolution. Elle appartenait, en 1802, à Jean-Baptiste James, qui fut baron de l'Empire. Il ne garda que le château, le parc et trois métairies. Possesseur d'une immense fortune, il y fit faire, par l'architecte Tibère, les plus somptueux embellissements. Et, vanité des choses de ce monde, l'éminent baron qui comptait y fixer ses jours les a terminés aux États-Unis, dans la plus affreuse misère.

Cette commune, située sur la rive droite de la Saône, est arrosée par cette rivière et quelques-uns de ses petits affluents : le Chamaux, le Rivat, la Bourchalerie.

Quincieux, qui fit un moment partie du canton de Chasselay, se trouve dans la plaine de la Saône et de l'Azergues, aussi son altitude ne dépasse pas 190 mètres, mais son climat est brumeux en hiver et au printemps, à cause du voisinage des deux rivières.

Le sol d'alluvion, calcaire et argileux produit de la vigne, du fourrage, du blé et de l'avoine, etc.

La ligne de Paris à Lyon, par la Bourgogne, et celle du Bourbonnais traversent la commune, où il y a une station, ainsi que la route nationale N° 6, les chemins de grande communication N° 14 bis et d'intérêt commun N° 37.

ROCHETAILLÉE

Village à 4 kilomètres de Neuville et à 13 de Lyon, population 346 habitants, 128 hectares.

Commune limitrophe : au nord, avec Fleurieu ; à l'est, avec

Fontaines-Saint-Martin ; au sud, avec Fontaines-sur-Saône ; à l'ouest, la Saône, qui sépare Rochetaillée de Couzon.

Avant 1789, paroisse et seigneurie dans le Franc-Lyonnais, archiprêtré des Dombes, élection et sénéchaussée de Lyon ; l'archevêque de Lyon était collateur de la cure. La seigneurie de Rochetaillée dépendait du comté de Lyon. Elle comprenait les paroisses de Rochetaillée, Fontaines et Fleurieu.

Le nom de ce village lui vient d'un rocher que fit couper Agrippa pour faciliter le cours de la Saône.

En 1376, la seigneurie de ce village fut cédée par Pierre de Villette, abbé de Saint-Rambert, au comte de Savoie.

Patrie du cardinal de Rochetaillée, mort en 1437, qui, dit-on, de simple pêcheur s'éleva aux plus hautes dignités ecclésiastiques. Il est à remarquer que dans la liste des chanoines de Saint-Jean figurent deux Étienne de Rochetaillée, reçus : le premier, en 1151, et le second, en 1302.

Rochetaillée a encore vu naître le célèbre chansonnier A. Pierre Dupont (1821-1870), l'immortel auteur des chansons *les Bœufs* (1846), *le Braconnier*, *la Mère Jeanne*, etc. En 1851, pour échapper aux recherches ordonnées contre lui, il fut obligé de se cacher. Son village natal lui a élevé une statue par souscription.

Cette commune, vivifiée par le chemin de grande commmunication N° 2 *bis*, a une gare appartenant à la ligne Lyon-Trévoux.

Produits maraîchers : céréales, prairies naturelles et artificielles.

SAINT-GERMAIN-AU-MONT-D'OR

Village à 3 kilomètres de Neuville et à 20 de Lyon, population 890 habitants, superficie 531 hectares.

Saint-Germain est limité : au nord, par Quincieux ; au nord-est, par la Saône, qui sépare cette commune de celles de Genay (Ain) et de Neuville; au sud-est, par Curis ; au sud, par Poleymieux, et à l'ouest, par Chasselay.

Avant la Révolution, paroisse, château et seigneurie dans le Lyonnais, archiprêtré des Suburbes, élection et du ressort de la sénéchaussée de Lyon ; les comtes de Lyon nommaient à la cure et étaient les seigneurs hauts justiciers de la paroisse.

Cette commune, dénommée en 1793 Mont-Hydins, faisait alors partie du canton de Chasselay.

L'altitude de Saint-Germain varie entre 168 et 305 mètres. Cette commune baignée, au nord-est, par la Saône est arrosée par cette rivière et par ses affluents, les ruisseaux de Bullion, des Gorges et de la Grand'Gorge.

Productions : vins, céréales, fourrages.

Commune traversée par les chemins de grande communication Nos 14 bis et 16 et par la ligne ferrée de Paris à Lyon, qui y possède une gare importante à cause de l'embranchement par le Bourbonnais, qui y prend naissance.

SAINT-ROMAIN-AU-MONT-D'OR

Village à 5 kilomètres de Neuville et à 11 de Lyon, population 232 habitants, superficie, 261 hectares.

Cette commune a pour limites : au nord, Couzon ; à l'est, Fontaines-sur-Saône; au sud, Collonges ; à l'ouest, Saint-Didier-au-Mont-d'Or.

Sous l'ancien régime, paroisse et seigneurie dans le Lyonnais, archiprêtré des Suburbes, élection et du ressort de la sénéchaussée de Lyon ; l'archevêque de Lyon nommait à la cure. En 1645, les protestants avaient leur temple dans cette commune. Après la révocation de l'Édit de Nantes, ce temple fut donné aux Dames de la Propagation de la Foi.

Les plus belles maisons de plaisance sont celle de M. Murard de Saint-Romain, dont les ascendants étaient seigneurs du pays, et celle dite de la Fréta, au hameau de Pelonière, qui appartint à Pierre Poivre, intendant de l'Ile-Bourbon, et dans laquelle, après de longs services rendus à la Patrie, il vint se retirer et vivre au sein de sa famille, goûtant enfin le repos qu'il avait toujours désiré. Cette villa, où l'on retrouve encore de nombreux vestiges des embellissements que l'illustre voyageur avait fait faire, appartient à Mme Senneville, née de Grigny.

Cette commune, qui s'appelait Romain-Libre sous la Révolution, est baignée, à l'est, par la Saône. Son altitude varie entre 165 et 416 mètres.

Productions agricoles : fruits, fourrages, céréales et vin.

L'industrie consiste en une fabrique de cordes, le blanchissage du lin et la confection des corsets pour dames.

La ligne ferrée Paris-Lyon traverse la commune, ainsi que les chemins d'intérêt commun N°s 1 et 39.

COMMUNES.	POPULATION MUNICIPALE.			POPULATION comptée à part.	POPULATION totale.	SUPERFICIE.	RECETTES ordinaires.	DÉPENSES ordinaires.	PRODUIT des centimes.	VALEUR du centime.	CENTIMES pour DÉPENSES ordinaires et extraordinaires.			MONTANT de la dette.	REVENUS du Bureau de bienfaisance.	PERCEPTIONS.	POSTES ET TÉLÉGRAPHES.	ÉLECTEURS.
	Agglomérés.	Épars.	Totale.								Nombre total.	Dont extraordinaires	Durée des impositions extraordinaires					
Albigny	554	14	568	637	1.205	257	4.148	4.150	3.411	54,47	62	8	1912	2.785	267	Neuville..	Neuville...	140
Cailloux-sur-F.	715		715	13	728	820	6.312	6.311	4.971	85,21	50	15	1904		1.076	Fonta.-s-S.	Fonta.-s-S.	250
Caluire-et-Cui.	8.070	965	9.035	1.018	10.053	1.083	107.910	107.708	78.284	910,97	86	18	1920	155.719	7.647	id.	P.-T.	2.430
Couzon-au-Mt.-d'Or	879		879	101	980	324	7.162	7.160	6.057	77,75	94	28	1925	12.860	2.695	id.	T. Fe.-s-S.	340
Curis	365	28	393		393	304	4.042	4.027	3.603	48,38	73	12	1906	7.008	437	Neuville..	Neuville...	140
Fleurieu-s-S...	452		452	291	3.058	3.056	2.442	60,70	48	12	1923		524	Fonta.-s-S.	Fonta.-s-S.	150
Fontaines-S-M.	690		690	18	708	260	4.909	4.921	3.028	68,93	44	5	1914	5.148	1.521	id.	id.	200
Fontaines-s-S..	1.052	236	1.381	17	1.348	246	21.486	21.486	10.530	154,80	78	10	1918	18.486	3.319	id.	P.-T.	800
Neuville-s-S...	1.684	1.181	2.865	349	3.214	540	24.307	24.305	15.486	270,76	58	40	1920	124.910	2.027	Neuville..	P.-T.	630
Poleymieux...	366	20	386	11	307	618	4.690	4.686	4.860	44,99	106	35	1912	14.595		id.	Neuville...	140
Quincieux....	467	467	934	5	959	1.772	6.266	6.262	3.292	143,51	23	4	1913	8.055	660	id.	S.-G.-M.O.	320
Rochetaillée..	295	51	346		346	198	2.575	2.520	2.515	26,02	82	16	1918	7.672	280	Fonta.-s-S.	Fonta.-s-S.	90
Saint-Germain-au-Mt-d'Or.	733	133	856	24	890	531	6.787	6.786	4.925	78,44	62	5	1897		1.816	Neuville..	P.-T.	200
Saint-Romain-au-Mt-d'Or.	184	48	232		232	261	3.313	3.311	3.919	45,46	84	28	1914	16.278	468	Fonta.-s-S.	Fonta.-s-S.	80
	16.547	3.165	19.712	2.193	21.905	7.441	206.965	216.684	147.108	2.040,29	950	226		373.415	22.737			

COMMUNES.	Distance de Lyon.	Distance de Neuville.	FÊTES patronales.	Notaires.	Médecins.	Pharmaciens.	Sages-Femmes.	Vétérinaires.	État civil.	Caisse des Écoles.	Fondation de la Bibliothèque.	Garçons (classes).	Filles (classes).	Mixtes.	Maternelles (classe).	Garçons.	Filles.	Personnel ecclésiastique.
												ÉCOLES publiques.				ÉCOLES privées.		
Neuville-sur-Saône [1]	17		Assomption.	1	3	3	2	1	1606		1884	2	2		2	2	3	✠ 3
Albigny	16	2	Nativité Notre-Dame.		1	1			1633		1863		1	1				1
Cailloux-sur-Fontaines	14	8	Assomption.						1788			1	2					2
Caluire et Cuire (Caluire [1])	6	10	Immaculée-Conception	1	2	3	1	1	1665		1863	1	2			1	1	2
id. (Cuire).			Saint-Romain.						1606		1888	1	1			2a	4b	2
id. (R. Mailly)			»										1			1		
id. (Saint-Clair)			Saint-Clair.								1864	4	3		2		3	3
id. (Clos-Bissardon)			»								1888	2	2				2	
Couzon-au-Mont-d'Or [1]	14	4	Saint-Maurice.		1	1			1589		1880	1	2			1	2c	2
Curis	19	2	Saint-Claude.						1660					1		1	1	1
Fleurieu-sur-Saône	16	3	Saint-Martin.					1	1626	1	1864	1	1					1
Fontaines-Saint-Martin	12	6	Saint-Martin.						1700	1	1866	1					2	2
Fontaines-sur-Saône	12	5	Saint-Louis.	1	2				1864		1864	2	2				1	2
Rochetaillée	13	4	Sainte-Catherine.						1697					1			1	1
Poleymieux	14	5	Saint-Victor.						1680	1	1882	1	1				1	1
Quincieux	23	6	Saint-Laurent.						1591	1	1875	2	2				1	2
Saint-Germain-au-Mont-d'Or [1]	20	3	Saint-Germain.	1					1613	1	1876	1	1				1	2
Saint-Romain-au-Mont-d'Or	11	5	Saint-Romain.						1587		1885			1			1	1

(a) 2 orphelinats, (b) dont 1 orphelinat et un ouvroir, (c) dont 1 ouvroir.
1. Il existe une école maternelle privée à Caluire, Neuville, Couzon et Saint-Germain.

CANTON DE LIMONEST

Ce canton, limité au nord-est par celui de Neuville, au sud-est par la Saône qui le sépare un moment de celui-ci, par la ville de Lyon, au sud par celui de Vaugneray, à l'ouest par ceux de L'Arbresle et d'Anse, comprend les communes de Limonest, Chasselay, Les Chères, Civrieux-d'Azergues, Collonges, Dardilly, Saint-Cyr-au-Mont-d'Or, Saint-Didier-au-Mont-d'Or, Écully, Lissieu, Marcilly-d'Azergues et Saint-Rambert-l'Ile-Barbe, a une population de 16.349 habitants et une superficie de 8.926 hectares.

Il a été entièrement formé du Lyonnais.

En 1790, les communes de Chasselay, Les Chères, Civrieux, Limonest, Lissieu et Marcilly faisaient partie de la justice de paix de Chasselay, Saint-Cyr, Saint-Didier, Saint-Rambert, Écully, Dardilly et Collonges ressortissaient à celle de Saint-Cyr.

Le canton ecclésiastique est Chasselay qui comprend 14 paroisses : Chasselay, Champagne, Les Chères, Civrieux, Collonges, Dardilly, Écully, Limonest, Lissieu, Marcilly-d'Azergues, Saint-Claude, Saint-Cyr, Saint-Didier et Saint-Rambert. Autrefois, celles de Limonest, Collonges, Dardilly, Écully, Saint-Cyr, Saint-Didier et Saint-Rambert étaient comprises dans l'archiprêtré des Suburbes, tandis que celles de Chasselay, Les Chères, Civrieux, Lissieu et Marcilly dépendaient de celui d'Anse.

Le canton de Limonest, situé sur le massif du Mont-d'Or et dans la vallée de l'Azergues, a pour altitudes extrêmes 180 et 583 mètres. Il est arrosé par l'Azergues, au nord-ouest par le ruisseau les Planches, le Sémonet, et par quelques autres petits cours d'eau, affluents de la Saône ou de l'Azergues.

Ce canton ressortit au 7ᵉ corps d'armée, au tribunal de commerce de Lyon. Il fait partie du comice agricole de Lyon, de l'inspection primaire de Lyon-rural et de la 8ᵉ circonscription électorale.

Industries : fabriques de tulle et de machines à refouler, belles carrières de pierres à bâtir, usines de chaudronnerie, etc., etc.

Produits agricoles : vins, fruits, fromages du Mont-d'Or, céréales, pommes de terres, betteraves, culture maraîchère, fourrages, pépinières d'arbres fruitiers et d'ornement, etc.

Les armes de Limonest sont : De gueules, au griffon et au lion d'argent couronnés d'or, affrontés et rampants contre une montagne d'or à trois sommets surmontant une carrière, de sable, en pointe.

Le canton de Limonest est l'un des plus agréables du département, par ses sites pittoresques très fréquentés.

LIMONEST

Village, chef-lieu de canton, à 11 kilomètres de Lyon, 946 habitants, 897 hectares.

Limonest a pour limites : au nord, Lissieu, Chasselay et Poleymieux; à l'est, cette dernière commune et Saint-Didier-au-Mont-d'Or; à l'ouest, Dardilly.

Autrefois paroisse et seigneurie dans le Lyonnais, archiprêtré des Suburbes, élection et du ressort de la sénéchaussée de Lyon; l'archevêque de Lyon était collateur de la cure, et le seigneur était en 1789 M. de Quatrefages de la Roquette. La seigneurie de Limonest comprenait une partie de la paroisse, l'autre partie dépendait de la justice de Laval.

Il y avait dans la paroisse le château de Saint-André-de-Corcy, dont la seigneurie comprenait la paroisse de Limonest et celle de Saint-Didier-au-Mont-d'Or, et le château de la Barollière qui devint, en 1755, la retraite de Maritz, célèbre mécanicien et inspecteur des fontes de l'artillerie de terre et de mer du royaume. En 1793, Châteauneuf-Randon s'installa dans ce château d'où il emporta deux canons de Maritz. Le duc d'Orléans et le maréchal Soult furent aussi les hôtes de ce château en 1831.

Les Grands Carmes de Lyon possédaient trois domaines dans cette commune.

Limonest n'a pas toujours été chef-lieu de canton : en 1790, cette commune faisait partie de celui de Chasselay. Son altitude varie de 331 à 557 mètres.

Productions agricoles : céréales et fourrages.

Industrie : belles carrières de pierres à bâtir.

Foire : 23 novembre.

Cette commune est traversée par la route nationale N° 6, et par les chemins de grande communication N° 13 bis, et d'intérêt commun N°s 15 et 23.

CHASSELAY

Bourg à 6 kilomètres de Limonest et à 17 de Lyon, chef-lieu du canton ecclésiastique de ce nom, 1.250 habitants.

Cette commune a une superficie de 1.278 hectares et est limitrophe : au nord, avec Quincieux ; à l'est, avec Saint-Germain-au-Mont-d'Or et Poleymieux ; au sud, avec Limonest ; à l'ouest, avec Lissieu et Les Chères.

Appelée autrefois le fort de Chasselay, paroisse et baronnie dans le Lyonnais, archiprêtré d'Anse, élection et du ressort de la sénéchaussée de Lyon ; l'abbé d'Ainay nommait à la cure, et le seigneur était, en 1789, M. Chasseing.

Il y avait dans la paroisse le fief de Bellescize, relevant du roi ; seigneur, le marquis de Regnault.

L'ancien fort de Chasselay appartenait autrefois aux comtes de Lyon.

On remarque encore, sur le territoire de Chasselay, les châteaux du Plantin, de Machy et de Mont-Lazin.

Des vestiges d'un ancien poste militaire, qui semblent remonter à l'époque gallo-romaine, subsistent encore sur le plateau de Montmain.

Chasselay est la patrie du général Macon, sous-gouverneur du Palais des Tuileries sous Napoléon Ier, et du charcutier Dodat, qui fit construire à Paris, sous Louis XVIII, une galerie qui porte son nom. Ce généreux citoyen a fait don à sa commune natale d'une somme de 12.000 francs, destinée à la fondation d'une école primaire, gratuite, pour les enfants pauvres.

L'ancien canton de Chasselay comprenait les communes de Chasselay, Civrieux, Dommartin, Les Chères, Limonest et Saint-André-du-Coing, Lissieu, Marcilly-d'Azergues, Poleymieux, Quincieux, Saint-Germain-au-Mont-d'Or.

Une notice historique a été publiée sur ce bourg, en 1852, par M. Morand de Jouffray, juge de paix du canton de Limonest.

La commune de Chasselay a une altitude comprise entre 196 et 483 mètres.

Productions : vins, fruits, fromages du Mont-d'Or.

Il y avait autrefois une mine de plomb.

Commune assise sur la ligne ferrée de Lyon à Tarare, sur la route nationale N° 6, et sur les chemins de grande communication N°s 13 *bis*, 14 *bis* et 16.

Foire : 28 décembre; marché le jeudi.

LES CHÈRES

Village à 7 kilomètres de Limonest et à 17 de Lyon, 599 habitants.

Cette commune a une superficie de 546 hectares, et a pour limites : au nord, Ambérieux et Quincieux ; à l'est, Chasselay ; au sud, cette dernière commune ; à l'ouest, Marcilly et Morancé.

Avant la Révolution, annexe de Chasselay, érigée en 1759, archiprêtré d'Anse, élection de Lyon ; le seigneur était, en 1789, M. Chasseing de Chasselay.

En 1793, cette commune prit le nom d'Échelles, et ressortissait au canton de Chasselay. Elle a une altitude très peu élevée qui varie entre 180 et 200 mètres. Elle est arrosée, à l'ouest, par l'Azergues, qui la sépare de Morancé. L'ancien lit de cette rivière est entièrement sur Les Chères.

Commune vivifiée par la ligne de Lyon à Roanne, qui y possède une gare, par la route nationale N° 6 et par le chemin d'intérêt commun N° 50.

Le vin, les fruits, les céréales et les fourrages sont les principales productions.

Foire : deuxième samedi de janvier.

CIVRIEUX-D'AZERGUES

Village à 7 kilomètres de Limonest et à 16 de Lyon, 424 habitants.

Civrieux a une superficie totale de 491 hectares, et est borné : au nord-ouest, par Chazay; à l'est, par Marcilly; au sud, par Dommartin; à l'ouest, par Lozanne et Chazay.

Autrefois paroisse dans le Lyonnais, archiprêtré d'Anse, élection et du ressort de la sénéchaussée de Lyon; l'abbé d'Ainay nommait à la cure, et le seigneur était M. Riverieulx de Varax.

L'église de Civrieux fut donnée à l'abbaye d'Ainay, en 1080, par l'archevêque Saint Jubin.

Cette commune faisait partie du canton de Chasselay pendant la Révolution.

L'Azergues limite, au nord-ouest, Civrieux et Chazay.

L'altitude de la commune varie entre 192 et 273 mètres.

Les principales productions sont : le vin, les fourrages, le blé, les fruits, les fromages du Mont-d'Or.

Territoire traversé par la voie ferrée de Lyon à Roanne, et par les chemins de grande communication Nos 3 bis, 14 bis et 16.

COLLONGES-AU-MONT-D'OR

Village à 8 kilomètres de Limonest et à 10 de Lyon, 1,459 habitants, 381 hectares.

Commune limitrophe : au nord-ouest, avec Saint-Romain; à l'est, avec Fontaines-sur-Saône, Caluire-et-Cuire, la Saône entre deux; à l'ouest, avec Saint-Cyr-au-Mont-d'Or.

Autrefois paroisse et seigneurie dans le Lyonnais, archiprêtré des Suburbes, élection de Lyon, justice du comté de Lyon, du ressort de la sénéchaussée de Lyon ; l'archevêque de Lyon nommait à la cure, et les seigneurs étaient les comtes de Lyon.

Une des plus belles maisons de plaisance de cette commune est celle connue sous le nom de l'Ermitage du Mont-d'Or, et que la voix publique appelle la Folie-Guillot. On y remarque de fort belles statues en marbre.

Le vin de Collonges, aujourd'hui peu estimé, l'était beaucoup dans le xvie siècle, c'est ce qu'on voit par ces vers de Philibert Girinot, le roi de la Basoche, qui le met au-dessus de celui de Millery :

« Pocula pars miscat generosaque vina propinat,
« Milleriacus ager, quæ autumno mittit aprico
« Quæque creat Colonus ager felicior illo. »

La commune de Collonges, qui fit, sous la Révolution, partie du canton de Saint-Cyr, est arrosée par la Saône ; son altitude extrême ne dépasse pas 269 mètres.

Les habitants s'adonnent spécialement à la culture maraîchère.

La seule industrie du pays est une fabrique de machines à refouler.

Commune vivifiée par la ligne Paris-Lyon et le raccordement Collonges-Saint-Clair, ainsi que par les chemins d'intérêt commun N°s 1, 15 et 39.

DARDILLY

Village à 5 kilomètres de Limonest et à 9 de Lyon, 1.108 habitants, 1.399 hectares.

Dardilly est borné : à l'est, par Limonest et Saint-Didier ; au sud-est, par Écully ; au sud, par Charbonnières ; à l'ouest, par La Tour-de-Salvagny et Dommartin.

Cette commune faisait partie, pendant la période révolutionnaire, du canton de Chasselay.

Au siècle dernier, paroisse dans le Lyonnais, archiprêtré des Suburbes, justice de Laval, élection et du ressort de la sénéchaussée de Lyon; l'archevêque de Lyon nommait à la cure, et le seigneur était M. Lacroix de Laval.

L'ancien château de Dardilly fut reconstruit par les soins de l'archevêque Renaud, au commencement du XIIIe siècle.

L'abbé Jean-Baptiste-Marie Vianney naquit à Dardilly le 8 mai 1786. Il fit successivement ses études au séminaire de Verrières et au Grand Séminaire de Lyon. Après son ordination à Grenoble, le 9 août 1815, il fut envoyé vicaire à Écully. Plus tard, il fut nommé curé d'Ars, dans la Dombes, paroisse qui faisait alors partie du diocèse de Lyon. Ce fut dans cette paroisse que son zèle et l'éclat de ses vertus lui valurent la croix de la Légion d'honneur, et lui acquirent une grande renommée de sainteté. Il mourut le 4 août 1859, au milieu du troupeau qui lui avait été confié.

L'altitude de Dardilly est comprise entre 292 et 385 mètres.

Productions agricoles : céréales, pommes de terre, betteraves, vin, fourrages.

L'industrie de Dardilly est peu importante.

Commune vivifiée par les routes nationales N°s 6 et 7, et par les chemins d'intérêt commun N°s 23 et 27.

ÉCULLY

Village à 8 kilomètres de Limonest et à 5 de Lyon, 2.964 habitants, 792 hectares.

Cette commune est limitrophe : au nord-est, par celle de Saint-Didier-au-Mont-d'Or; à l'est, par la ville de Lyon; au sud, par la commune de Tassin-la-Demi-Lune; à l'ouest, par Charbonnières; au nord-ouest, par Dardilly.

Elle ressortissait, en 1790, du canton de Saint-Cyr.

Anciennement paroisse et seigneurie dans le Lyonnais, archiprêtré des Suburbes, élection de Lyon, justice du comté de

Lyon, du ressort de la sénéchaussée de cette ville ; le Chapitre de Saint-Just de Lyon nommait à la cure, et les seigneurs étaient les comtes de Lyon.

Au mois de novembre 1270, à l'occasion des querelles entre le Chapitre et les citoyens de Lyon, l'église d'Écully, assiégée par ces derniers, fut livrée aux flammes, et tous ceux qui s'y étaient réfugiés y trouvèrent la mort.

Cochard nous apprend dans ses notes sur l'histoire de Vienne, de Chorier, qu'en 1479 le Chapitre de Saint-Just poursuivit avec chaleur et succès le sieur Pouilot, qui voulait achever de détruire ce qui subsistait encore dans la paroisse des restes d'aqueducs romains.

La pépinière départementale qui existait auparavant dans le clos des anciens cordeliers de l'Observance a été transférée, en 1847, à Écully, laquelle a été transformée en École pratique d'agriculture, par arrêté ministériel du 27 juillet 1880.

Écully possède une jolie église construite dans le style romano-byzantin.

C'est dans la villa d'Antoine-Gabriel Jars, ancien député du Rhône, qu'est décédé l'abbé Claude-Antoine Roux, secrétaire de l'Académie de Lyon, né en cette ville le 18 juin 1750.

Sont aussi morts à Écully deux peintres célèbres : Fleury-François Richard, le 14 mars 1852, et Simon Saintjean, le 3 juillet 1860.

Commune assise sur la ligne ferrée de Lyon à Montbrison, qui y possède une gare, et sur les chemins de grande communication N° 13 *bis* et d'intérêt commun N° 27.

Son altitude varie entre 225 et 305 mètres.

Ses productions sont des pépinières d'arbres fruitiers et d'ornement, et la culture maraîchère.

Industrie : fabrication du tulle.

LISSIEU

Village à 5 kilomètres de Limonest et à 16 de Lyon, 516 habitants, 565 hectares.

Communes limitrophes : au nord, les Chères ; à l'est, Chasselay ; au sud, Limonest et Dardilly ; à l'ouest, Dommartin et Marcilly.

Sous l'ancienne monarchie, paroisse dans le Lyonnais, archiprêtré d'Anse, du ressort de la sénéchaussée de Lyon ; l'archevêque de Lyon était collateur de la cure, et le seigneur était, en 1790, M. Lambert.

Lissieu possédait au moyen âge un très ancien château qui fut condamné à être démoli en 1132.

Le fief de Montfort, acquis vers le milieu du xviiie siècle par Antoine Tolozan, qui en avait pris le nom, est situé dans la commune. Son fils, Louis Tolozan de Montfort, mort à Oullins le 10 décembre 1811, fut le dernier prévôt des marchands de Lyon.

Lissieu dépendait jadis du canton de Chasselay ; son altitude la plus élevée est de 359 mètres, et sa plus basse de 272.

Principales productions : vin, blé, légumes.

On fabrique dans cette commune le fromage du Mont d'Or et celui de Saint-Marcellin, et on exploite des carrières de pierre brute et de taille.

Commune traversée par la route nationale N° 6, et par les chemins de grande communication N°s 13 *bis*, 14 *bis* et 16.

MARCILLY-D'AZERGUES

Village à 6 kilomètres de Limonest et à 17 de Lyon, 432 habitants, 422 hectares.

Marcilly est limitrophe : au nord-est, avec Les Chères ; à l'est, avec Lissieu ; au sud, avec Dommartin ; à l'ouest, avec Civrieux et Chazay.

Avant la Révolution, paroisse, château et seigneurie dans le Lyonnais, archiprêtré d'Anse, élection et du ressort de la sénéchaussée de Lyon ; l'abbé d'Ainay nommait à la cure, et le seigneur était M. Riverieulx de Varax.

Cette commune est arrosée, au nord-ouest, par l'Azergues. Son altitude est comprise entre 200 et 316 mètres.

La voie ferrée de Paris à Lyon, par le Bourbonnais, a une gare sur le territoire de cette commune, celle de Chazay-Marcilly. Le pays est encore desservi par le chemin de grande communition N° 16.

Productions : vin de Jansay.

Foire : 22 janvier.

SAINT-CYR-AU-MONT-D'OR

Village à 6 kilomètres de Limonest et à 8 de Lyon, 1.802 habitants, 847 hectares.

Cette commune a pour limites : à l'est, Saint-Romain et Collonges-au-Mont-d'Or ; au sud, Saint-Rambert ; à l'ouest, Saint-Didier-au-Mont-d'Or ; au nord, Poleymieux.

Autrefois paroisse, château et seigneurie dans le Lyonnais, archiprêtré des Suburbes, élection et du ressort de la sénéchaussée de Lyon ; les comtes de Lyon en étaient seigneurs et nommaient à la cure.

Sous la Révolution, Saint-Cyr prit le nom de Mont-Cindre, et était le chef-lieu d'une justice de paix comprenant Saint-Cyr, Caluire-et-Cuire, Collonges, Dardilly, Écully, Saint-Didier-au-Mont-d'Or et Saint-Rambert-l'Ile-Barbe.

On croit que le Mont-d'Or, ainsi nommé par les Romains, à cause de sa grande fertilité ou à cause des trésors qu'un intendant d'Auguste, nommé Licinius, y avait cachés, fut le premier terrain des Gaules, où ils plantèrent la vigne.

Ce massif se compose de trois mamelons : le Mont-d'Or, au pied duquel est situé Saint-Cyr; le Mont-Thou et le Mont-Cindre, sur lequel se trouvent un ermitage et un oratoire tapissé d'ex-voto. Cet oratoire, dédié à N.-D. de Tout-Pouvoir, a été construit dans le xve siècle. L'ermite y reste toute sa vie. Celui qui y fut installé, en 1690, ne vivait que de pain et d'eau, et il mourut presque centenaire.

Du haut du Mont-Cindre se déploie un magnifique panorama d'où les Alpes, le mont Pilat et la hauteur d'Yzeron ne paraissent que de légers monticules.

La Maison du Mont-d'Or s'est éteinte au commencement de ce siècle.

En 1859, un triple assassinat a été commis à Saint-Cyr, et l'exécution des trois coupables s'y est faite l'année suivante, en présence d'une foule immense.

Saint-Cyr a une altitude variant de 215 à 600 mètres. Cette commune est traversée par les chemins de grande communication N° 21, et d'intérêt commun N°^{s} 15 et 39.

Productions : vins et fruits, fromages dits du Mont-d'Or.

Industrie : carrières de pierres.

Foire : 23 novembre.

SAINT-DIDIER-AU-MONT-D'OR

Village à 5 kilomètres de Limonest et à 7 de Lyon.

Cette commune a une population de 2.566 habitants, et une superficie de 1.099 hectares. Elle est confinée : au nord, par Poleymieux; à l'est, par Saint-Cyr; au sud, par Saint-Rambert, Lyon et Écully; à l'ouest, par Dardilly et Limonest.

Sous l'ancienne monarchie, paroisse dans le Lyonnais, archiprêtré des Suburbes, justice du comté de Lyon. L'abbé de Savigny nommait à la cure, et les comtes de Lyon étaient les seigneurs du pays.

Une charte de 927 donne à ce village le nom de Sanctus Desiderius in villa Floriaco.

En 1381, les habitants firent fortifier leur église pour s'y réfugier en cas d'alarme.

Ancien château de Fromente, de Chantemerle, etc. C'est à la Ramillotte que Soufflot dressa les plans de l'Hôtel-Dieu et de la Loge du Change.

Le riant vallon de Rochecardon, célèbre par une visite de J.-J. Rousseau, dépend de Saint-Didier.

Saint-Fortunat est le hameau le plus important de cette commune. La chapelle dédiée à ce saint est un monument gothique du XIVe siècle. C'est un lieu de pèlerinage pour les enfants en bas âge.

Saint-Didier reçut, en 1793, le nom de Simoneau-au-Mont-d'Or, et ressortissait à la justice de paix de Saint-Cyr.

L'altitude de Saint-Didier est comprise entre 225 et 612 mètres.

Le sol argileux produit des fruits et du vin.

Industries : fromages de chèvres, carrières de pierres en construction.

La route nationale N° 6, et les chemins de grande communication N°s 13 bis et 21, et ceux d'intérêt commun N°s 15 et 23, vivifient le territoire de cette commune.

SAINT-RAMBERT-L'ILE-BARBE

Village à 8 kilomètres de Limonest et à 7 de Lyon, 2.283 habitants, 209 hectares.

Communes limitrophes : au nord et au nord-ouest, Saint-Cyr-au-Mont-d'Or, Saint-Didier-au-Mont-d'Or; à l'est, Collonges; au sud-est, Caluire-et-Cuire et Lyon.

Sous l'ancien régime, paroisse dans le Lyonnais, archiprêtré des Suburbes, élection de Lyon, justice de Collonges; l'archevêque de Lyon était collateur de la cure, et les seigneurs étaient les comtes de Lyon.

L'Ile-Barbe était autrefois une seigneurie dépendant de

l'abbaye; au moment de la Révolution, elle était réunie au comté de Lyon.

Cette île a été féconde en saints, et fort célèbre dans l'antiquité. Les Romains l'appelaient Insula-Barbara. Elle est située au nord de Lyon, au milieu de la Saône. Longue de 560 mètres, et large de 125; deux ponts la relient aux rives de la Saône, et particulièrement au village de Saint-Rambert, qui se trouve sur la rive droite.

Il paraît probable que les Romains y avaient quelque établissement dont on ignore la nature. On y voit encore une épigraphe romaine, encastrée dans un mur du XIIe siècle; plusieurs fragments antiques, réunis dans la nef de la chapelle de Notre-Dame-de-Grâce, et d'autres vestiges d'antiquités, dans les propriétés voisines.

Dès l'an 400, un monastère, placé sous l'invocation de Saint-André et des Saints-Apôtres, s'élevait sur le rocher, à l'extrémité nord de l'île. Les Wisigoths détruisirent ce monastère qui était très florissant en 725.

Charlemagne le rebâtit, le dota, et le consacra à Saint-Martin-de-Tours, et aux XIe et XIIe siècles, ce fut une des plus puissantes abbayes de France.

Mais, avec la richesse et la propriété, la règle se relâcha, et les désordres des moines bénédictins de l'Ile-Barbe obligèrent le pape Paul III à les remplacer, en 1551, par des moines séculiers.

Quelques années plus tard, en 1562, les Huguenots envahirent l'Ile, pillèrent le couvent, et incendièrent l'église et la chapelle de Notre-Dame-de-Grâce.

Ces sanctuaires furent restaurés dans les premières années du XVIIe siècle, puis l'Ile-Barbe ayant été réunie au Chapitre de Saint-Jean, le cardinal de Tencin y transporta le séminaire de Saint-Pothin.

En 1793, l'Ile-Barbe, divisée en deux lots, fut vendue, ses édifices religieux furent démolis, et des propriétés particulières les remplacèrent.

Il subsiste encore quelques restes intéressants du monastère, dont l'église, dédiée à Saint-Martin, datait du ixe siècle. La chapelle de Saint-Loup a été restaurée de nos jours. La chapelle de Notre-Dame, encore debout, présente des détails d'architecture des xiie et xiiie siècles, et un curieux clocher en pierre, à toiture pyramidale, qui date du xie siècle.

L'auteur de l'ouvrage intitulé *les Sires de Beaujeu* a consacré des pages, où il y a plus d'intérêt que de vérité, à certains épisodes sur cette abbaye.

Aujourd'hui, le délicieux séjour de l'Ile-Barbe est très recherché pendant la belle saison, et couvert, ainsi que ses environs, de jolies villas, habitées généralement par des négociants de Lyon.

Saint-Rambert possède une des plus jolies églises récentes des environs de Lyon. Le monument qu'elle remplace était une des plus anciennes églises des Gaules. Elle fut fondée par les religieux de l'Ile-Barbe, et dédiée à saint Éléazar et à saint Minerve, ensuite, en 1183, à saint Rambert.

L'ancien portail, dont l'archivolte et le tympan sont richement sculptés, sert d'entrée à la nef latérale, de gauche, de la nouvelle église. On y voit une pierre tumulaire qui forme le bassin d'une fontaine, près du lieu où était l'ancienne église ; elle porte une inscription romaine.

On remarque encore dans la commune la statue élevée par souscription, du docteur Malibran, et le Petit Lycée, succursale du Lycée Parc, où on ne reçoit les élèves que jusqu'à la classe de quatrième, placé dans un des plus beaux sites de la commune.

Sous la Révolution, Saint-Rambert-l'Ile-Barbe prit le nom de Beauvais-l'Ile-Barbe, et faisait partie du canton de Saint-Cyr.

L'altitude la plus élevée de la commune ne dépasse pas 215 mètres.

On s'adonne dans cette commune, dont le sol est partie calcaire et partie argilo-calcaire, à la culture maraîchère.

Les principales industries du pays sont : une usine de chaudronnerie, la construction d'ustensiles de pesage, la fabrication de la bière et de produits chimiques.

Fêtes baladoires : lundi de Pâques et lundi de Pentecôte.

Cette commune est assise sur la voie ferrée de Paris à Lyon, qui y possède une gare, et sur les chemins de grande communication N° 21 et d'intérêt commun N° 1.

CANTON DE LIMONEST

COMMUNES.	POPULATION MUNICIPALE.			POPULATION comptée à part.	POPULATION totale.	SUPERFICIE.	RECETTES ordinaires.	DÉPENSES ordinaires.	PRODUIT des centimes.	VALEUR du centime.	CENTIMES pour DÉPENSES ordinaires et extraordinaires.			MONTANT de la dette.	REVENUS du bureau de bienfaisance.	PERCEPTIONS.	POSTES ET TÉLÉGRAPHES.	ÉLECTEURS.
	Agglomérée.	Éparse.	Totale.								Nombre total.	Dont extraordinaires.	Durée des impositions extraordinaires.					
Chasselay	1.129	81	1.210	40	1.250	1.278	9.021	9.021	7.513	138,16	54	5	1897	855	1.868	Chasselay.	P.-T.	360
Chères (Les)	206	389	595	4	599	546	4.239	4.233	1.947	44, »	44	3	1911	1.500	186	id.	Chasselay.	190
Civrieux-d'Azergues	88	330	424		424	491	3.477	3.439	2.531	33,15	75				317	id.	id.	160
Collonges	1.110	243	1.353	106	1.450	881	12.845	12.846	11.750	148,52	78	28	1917	47.472	1.370	Saint-Cyr.	P.-T.	400
Dardilly	328	722	1.050	58	1.108	1.399	11.896	11.892	9.057	117,16	81	15	1913	30.304	524	Écully.	P.-T.	340
Écully	989	1.747	2.736	228	2.964	702	29.896	29.896	22.206	324,25	68	26	1920	99.612	11.121	id.	P.-T.	720
Limonest	376	502	878	68	946	897	7.567	7.565	6.502	77,16	83	18	1897		283	Chasselay.	P.-T.	310
Lissieu	108	399	507	9	516	565	3.421	3.423	2.051	37,90	53	3	1910		461	id.	id.	160
Marcilly-d'Azergues	163	269	432		432	422	2.946	2.947	2.022	40,70	49	5	1906	1.872	1.415	Chasselay.	id.	130
Saint-Cyr-au-Mont-d'Or	884	875	1.759	43	1.802	847	14.783	14.780	14.194	199,53	70	23	1918	60.440	3.540	Saint-Cyr.	P.-T.	610
Saint-Didier-au-Mont-d'Or	1.888	619	2.507	59	2.566	1.099	15.711	15.711	15.284	236,44	53	24	1996	93.301	3.902	id.	P.-T.	730
Saint-Rambert-l'Ile-Barbe	2.061		2.061	222	2.283	206	20.904	20.901	22.052	196,94	112	32	1923	73.898	1.566	Écully.	P.-T.	490
	9.330	6.182	15.512	837	16.349	9.926	136.006	135.973	117.710	1.643,91	820	172		408.754	26.523			

| COMMUNES. | Distance. | | FÊTES PATRONALES. | Notaires. | PERSONNEL médical. | | | | État civil. | Caisse des écoles. | Fondation de la bibliothèque. | ÉCOLES publiques. | | | | ÉCOLES privées. | | Personnel ecclésiastique. |
	de Lyon.	de Limonest.			Médecins.	Pharmaciens.	Sages-Femmes.	Vétérinaires.				Garçons (classes).	Filles (classes).	Mixtes.	Maternelles (classes).	Garçons.	Filles.	
Limonest............	11		Saint-Martin.	1					1606		1863	1	1				1	2
Chasselay	17	6	id.	1	1	1	1		1668	1	1882	1	1			1	1	✠ 2
Chères (Les)	17	7	Saint-Roch.					1	1750	1	1864	1	1					1
Civrieux-d'Azergues....	16	7	Saint-Cyr, Saint-Blaise.						1858	1	1862	1	1					1
Collonges-au-Mont-d'Or..	10	8	Saint-Nizier.				1		1617	1	1862	1	1			1	3	2
Dardilly (Le Bas).......	6	5	Saint-Pancrace.	1					1640		1872			1		2	2	2
id. (Le Bariod)			Saint-Claude.								1861	1	1			1		1
Écully	5	8	Saint-Blaise.		2	1			1879		1880	1	2			2	1	3
Lissieu	16	5	Saint-Christophe.						1647	1	1864	1	1					1
Marcilly-d'Azergues.....	17	6	Saint-Barthélemy.						1685	1	1863	1	1					1
Saint-Cyr-au-Mont-d'Or...	8	6	Saint-Cyr, Sainte Juliette.	1	1	1	1		1598	1		2	1			1	2	2
Saint-Didier-au-Mont-d'Or..	7	5	Saint-Didier.				1	1	1585	1	1888	1	1			1	1	2
id. (Champagne)			Saint-Louis.					1			1862 / 1888	1	1			1	1	1
id. (Saint-Fortunat)....											1890	1	1					
Saint-Rambert-l'Ile-Barbe...	7	8	Saint-Rambert.		1	1			1638	1	1860	1	1				1	2
id. (L'Industrie).......												1	1					

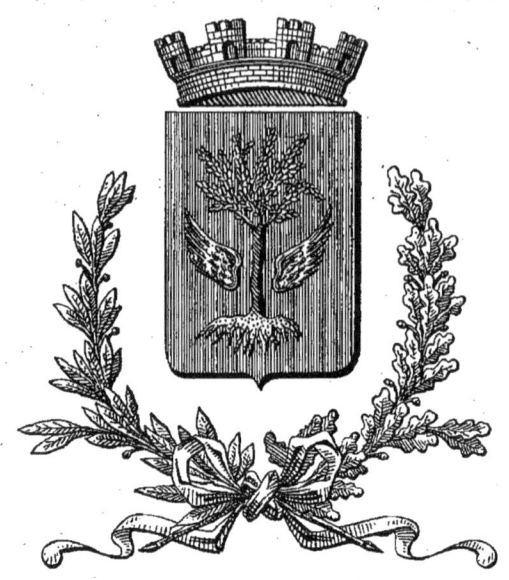

CANTON DE L'ARBRESLE

Le canton de L'Arbresle comprend les communes de : L'Arbresle, Sain-Bel, Bessenay, Bibost, Bully, Dommartin, Eveux, Fleurieux-sur-l'Arbresle, Saint-Germain-sur-l'Arbresle, Saint-Julien-sur-Bibost, Lentilly, Nuelles, Saint-Pierre-la-Palud, Sarcey, Savigny, Sourcieux-sur-l'Arbresle et La Tour-de-Savalgny. Sa population est de 18.484 habitants.

Son territoire, borné au nord par les cantons du Bois-d'Oingt, d'Anse et de Limonest, à l'est par ce dernier, au sud par celui de Vaugneray, et à l'ouest par ceux de Saint-Laurent-de-Chamousset et de Tarare, a une superficie de 15.597 hectares.

Cette circonscription a été formée entièrement du Lyonnais.

Au moment de la création des Justices de paix, les communes formant actuellement ce canton furent ainsi distribuées : canton de L'Arbresle : L'Arbresle, Bully, Eveux, Fleurieux-sur-l'Arbresle, Saint-Pierre-la-Palud, Lentilly, Nuelles, Sain-Bel, Saint-Germain-sur-l'Arbresle, Sarcey, Savigny. Sourcieux-sur-l'Arbresle et La Tour-de Salvagny; canton de Bessenay : Bessenay, Bibost et Saint-Julien-sur-Bibost; canton de Chasselay : Dommartin.

Au point de vue religieux, les dix-sept paroisses de cet archiprêtré correspondent aux noms des communes; mais au siècle dernier il n'en était pas ainsi. Les paroisses de L'Arbresle, Bully, Eveux, Fleurieux, Lentilly, Nuelles, Saint-Germain, Sarcey, Sourcieux et La Tour-de-Salvagny dépendaient de l'archiprêtré de L'Arbresle; celles de Bibost, Bessenay, Sain-Bel, Saint-Julien-sur-Bibost, Saint-Pierre-la-Palud et Savigny faisaient partie de celui de Courzieu, et celle de Dommartin, de l'archiprêtré des Suburbes.

Ce canton, dont l'altitude varie de 232 à 737 mètres, est arrosé par deux cours d'eau importants : la Brevenne et la Turdine, et plusieurs petits ruisseaux : la Trésoncle, le Peynon, le Conan, etc.

L'industrie comporte principalement le tissage de la soierie et du velours, les tuileries, la guimperie, les mines de pyrites de cuivre, autrefois exploitées par Jacques Cœur, aujourd'hui par la Société de Saint-Gobain ; les carrières de pierres. Bully possède un établissement thermal.

Les vignes, les arbres fruitiers, les céréales, les fourrages, les légumes divers sont les productions ordinaires du sol.

Les armes de L'Arbresle sont : De gueules à l'arbre de sinople, arraché d'or, accosté d'un vol d'argent.

Le canton montagneux de L'Arbresle renferme une population énergique qui se livre avec courage au travail de la terre, sans se rebuter jamais.

L'ARBRESLE

Petite ville, chef-lieu de canton, à 25 kilomètres de Lyon, 3.577 habitants, au confluent de la Brevenne et de la Turdine.

Cette commune, d'une superficie de 338 hectares, est limitée : au nord-est, par Saint-Germain, Nuelles et Fleurieux; au sud-est, par Eveux; au sud-ouest, par Sain-Bel, et à l'ouest, par Savigny et Bully.

Autrefois ville murée dans le Lyonnais, sur les confins de l'ancienne baronnie de Savigny, élection et du ressort de la sénéchaussée de Lyon.

L'archiprêtré de L'Arbresle dépendait du diocèse de Lyon et comprenait 27 paroisses, dont 24 en Lyonnais et 3 en Beaujolais : Saint-Appolinaire, L'Arbresle, Bagnols, Le Bois-d'Oingt, Bully, Chamelet, Chambost-sur-Chamelet, Chessy, Saint-Clément-de-Valsonne, Dareizé, Fleurieux, Saint-Forgeux, Frontenas, Joux, Saint-Just-d'Avray, Saint-Laurent-d'Oingt, Létra, Saint-Loup, Nuelles, Les Olmes, Sourcieux-sur-l'Arbresle, Tarare, Ternand, Theizé, Valsonne, Saint-Vérand, etc.

Et 11 annexes, dont 10 en Lyonnais, et 1 en Beaujolais : Allières, Breuil, Dième, Eveux, Saint-Germain-sur-l'Arbresle, Légny, Lentilly, Saint-Marcel-l'Éclairé, Moiré, Sainte-Paule, Pontcharra, Sarcey, La Tour-de-Salvagny.

L'abbé de Savigny nommait à la cure, et était seigneur du pays.

Le château de L'Arbresle, dont les murs d'enceinte et deux grandes tours sont bien conservés, fut construit à la fin du xi° siècle, par Dalmare, abbé de Savigny, pour mettre le pays à l'abri des dévastations des seigneurs voisins.

L'église, d'un beau style, fut bâtie par le cardinal Girard, natif de Saint-Symphorien-sur-Coise et dont on croit la famille originaire de L'Arbresle; elle est remarquable par ses vitraux peints de la plus grande beauté. Une de ses cloches aurait été donnée par l'illustre Fénelon, en qualité d'abbé commandataire de Savigny.

Le château de Montbloy, qui existait anciennement entre L'Arbresle et Sain-Bel, est aujourd'hui complètement détruit.

En 1429, après l'investissement d'Orléans, un détachement de l'armée anglaise se dirigea sur Lyon, par la vallée de la Turdine. Les habitants de L'Arbresle soutinrent un siège de quatorze jours. Ils se défendirent héroïquement, mais ils périrent presque tous avec le seigneur Tarpin et sa famille. Le 21 juin, les Anglais voyant venir une armée de Lyon levèrent le siège.

Le roi apprenant cette énergique défense leur donna à eux et à leurs descendants le titre de chevaliers.

Le maréchal de Crève-Cœur, qui devait accompagner Charles VIII à la conquête de Naples, tomba malade à L'Arbresle et y mourut en 1494.

Les trois ordres du Gouvernement y furent assemblés le 15 septembre 1589, sous la présidence du marquis de Saint-Sorlin, dans la maison du chevalier Lagrange-Crémeaux ; on y fit un serment conforme à celui de la Ligue, et il fut advisé « que pour empescher les entreprises secrettes, menées et intelligences des ennemis de la religion catholique, il estoit nécessaire d'entretenir d'ordinaire le nombre de 1.200 hommes de pied, soubs la charge de six capitaines, huict vingts lances, soubs cinq compagnies d'ordonnance. »

En 1775, les loups firent de grands ravages à L'Arbresle et les environs, ils y dévorèrent un jeune pâtre.

L'Arbresle est la patrie de Barthélemy Thimonnier, fils d'un teinturier de Lyon. Il naquit en 1793, fit dans sa jeunesse quelques études au séminaire de Saint-Jean, puis apprit l'état de tailleur, qu'il exerça à Amplepuis, où il mourut malheureux le 5 août 1857. C'est le véritable inventeur de la machine à coudre.

Cette commune, qui est un gîte d'étape, est entourée de petites collines d'une altitude de 232 à 300 mètres, dont la base est arrosée par la Brevenne et son affluent la Turdine.

Le sol, argilo-calcaire, produit des vignes et des céréales. Il y a en outre des mines de fer et de charbons non exploitées.

Le tissage de la soie occupe près de 1.500 ouvriers. Il y a aussi deux grandes usines de tissage mécanique. La fabrication du velours emploie à elle seule près de mille métiers.

L'Arbresle a une gare importante où cinq lignes se rencontrent : Tarare, Saint-Germain, vallée de l'Azergues, Saint-Paul, Montbrison. Cette commune est en outre traversée par les chemins de grande communication N°s 3 et 3 bis, et celui d'intérêt commun N° 26, ainsi que par la route nationale N° 7.

Foires : 22 janvier, 9 et 26 décembre. Marché : les mardi et vendredi. Fête : 24 juin.

BESSENAY

Bourg à 10 kilomètres de L'Arbresle et à 29 de Lyon, 2.039 habitants.

Bessenay a une superficie de 1.404 hectares, et a pour communes limitrophes : au nord, Saint-Julien, Bibost et Savigny ; au sud-est, Chevinay et Courzieu ; au sud, Brussieu ; à l'ouest, Brullioles et Saint-Julien.

Autrefois paroisse dans le Lyonnais, archiprêtré de Courzieu, élection et du ressort de la sénéchaussée de Lyon : les trois quarts de la paroisse dépendaient de la justice du Bas-de-Bessenay ; le hameau de la Roue et celui de Subdieu dépendaient de Chamousset ; celui de Jussieu, de la chamarerie de Savigny, et celui du Cirivol, du prieuré de Courzieu. Le grand custode de Lyon, en qualité de prieur de Courzieu, nommait à la cure. Le seigneur du lieu était le baron de la Roullière.

Bessenay fut le berceau des ancêtres de la célèbre famille de Jussieu.

L'église de Bessenay, dédiée à Saint-Irénée, avait, avant sa reconstruction, les deux inscriptions suivantes sur sa façade :

1° « MM. de Jussieu et Mme Favre de Jussieu, aidés de MM. les chanoines-comtes de Lyon, ont fait élever ce portail le 20 mai 1610. Priez Dieu pour eux ! » 2° « En mai 1643, Messire Mermet de Jussieu et Me Laurent de Jussieu, conseillers du roi, en l'élection de Lyon, ont fait ce portail. Priez pour eux ! »

L'ancienne justice de paix de Bessenay comprenait les communes de : Bessenay, Brussieu, Longessaigne, Montrottier, Saint-Julien-sur-Bibost, Villechenève, Bibost et Brullioles.

Bessenay, dont la base orientale est baignée par la Brevenne, a une altitude maximum de 558 mètres. Son sol produit des vignes, des arbres fruitiers et des céréales, et son industrie consiste dans le tissage de la soie.

Gare sur la ligne de Lyon à Montbrison.

Cette commune est en outre desservie par les chemins de grande communication N°s 3 *bis* et 24, et par celui d'intérêt commun N° 31.

Foires : 1er jeudi après Pâques, 12 mai, 1er mardi de septembre, 22 décembre. Marché le jeudi.

BIBOST

Village à 9 kilomètres de L'Arbresle et à 29 de Lyon, 491 habitants.

Bibost a une superficie de 523 hectares, et a pour limites : au nord et à l'est, Savigny ; au sud, Bessenay ; à l'ouest, Saint-Julien.

Au moment de la Révolution, village et annexe de Saint-Julien-sur-Bibost, en Lyonnais, archiprêtré de Courzieu, élection et du ressort de la sénéchaussée de Lyon ; le seigneur était le baron de la Roullière.

Il y a dans la commune l'ancien château de Thorigny, possédé, autrefois, par les Thélis et les Sainte-Colombe ; aujourd'hui, par la famille Leuillon de Thorigny.

La commune de Bibost, qui fit éphémèrement partie du canton de Bessenay, est située sur un mamelon dont l'altitude varie entre 418 et 480 mètres. Au pied de sa base septentrionale coule le Peynon, servant de limite avec la commune de Savigny, et au pied de sa base méridionale, le Conan, qui sert de limite avec Bessenay. Ces deux ruisseaux sont tributaires de la Brevenne.

Le sol produit des céréales, des fruits abondants et du fourrage ; l'industrie consiste dans le tissage de la soie.

Le territoire de la commune de Bibost est traversé par le chemin d'intérêt commun N° 41.

BULLY

Village à 4 kilomètres de L'Arbresle et à 29 de Lyon, 1.455 habitants, 1.259 hectares.

Cette commune est bornée : au nord, par celles de Sarcey et du Breuil ; à l'est, par celle de Saint-Germain ; au sud, par celles de L'Arbresle et Savigny ; à l'ouest, par Saint-Romain-de-Popey.

Sous l'ancien régime, paroisse et seigneurie dans le Lyonnais, archiprêtré de L'Arbresle, élection et du ressort de la sénéchaussée de Lyon ; l'abbé de Savigny nommait à la cure et était seigneur des deux tiers de la paroisse, l'autre dépendait des seigneurs de Cibeins.

Bully fut le berceau d'une ancienne famille chevaleresque de ce nom, dont plusieurs membres allèrent aux croisades.

Le 8 juin 1817, des citoyens de Bully ayant publié une proclamation impérialiste furent condamnés par la cour prévôtale de Lyon.

Il y a dans la commune une haute tour, reste d'un ancien château du xe siècle.

Cette commune est située à une altitude comprise entre 290 et 404 mètres, et est arrosée par la Turdine, qui sépare Bully de

Savigny et de Saint-Romain-de-Popey, et par son affluent, la Goutte-Martin.

Le sol, calcaire et argilo-siliceux, produit du vin et des céréales. Il y a dans son sein une mine de houille non exploitée et une carrière de marbre Isabelle.

Bully possède un établissement thermal : source Mathieu-César et source Sainte-Marie.

Le tissage de la soie est la principale industrie du pays.

Foires : 7 janvier, 20 mars, 23 juin, 16 août, 29 septembre, 4 novembre. Marché le mercredi.

Bully est vivifié par la route nationale N° 7 et par les chemins de grande communication N° 3 et d'intérêt commun N° 68.

DOMMARTIN

Village à 12 kilomètres de L'Arbresle et à 16 de Lyon, 502 habitants.

La commune de Dommartin a une superficie de 723 hectares et a pour limites : au nord, celles de Marcilly-d'Azergues, de Civrieux et de Lozanne; à l'ouest, celle de Lentilly; au sud, celle de La Tour-de-Salvagny; à l'est, celles de Lissieu et de Dardilly.

Avant 1790, paroisse, château et seigneurie dans le Lyonnais, archiprêtré des Suburbes, élection et du ressort de la sénéchaussée de Lyon; l'abbé d'Ainay nommait à la cure, et le seigneur était l'avocat de Cantarel.

La commune de Dommartin est assise sur un terrain relativement plat, dont l'altitude varie entre 272 et 337 mètres. Au sud, se trouve une plaine marécageuse : le hameau de l'Étang.

Le sol, argileux, est recouvert de belles prairies.

L'industrie comprend principalement la blanchisserie et le tissage de la soie.

Cette commune est traversée par les chemins de grande communication N°s 14 *bis* et 30, et d'intérêt commun N° 27.

EVEUX

Village à 1 kilomètre de L'Arbresle et à 24 de Lyon, ayant une population de 228 habitants.

Eveux a une superficie de 332 hectares, et a pour limites : au nord-est, Fleurieux; au sud-est, Lentilly; au sud, Sourcieux; au nord-ouest, L'Arbresle.

C'était naguère une annexe de Fleurieux, en Lyonnais, du ressort de la sénéchaussée de Lyon, ayant pour seigneur le président Fleurieu. Son château, dit de la Tourette, appartient aujourd'hui à M. de Saint-Trivier.

Eveux se trouve sur un sol accidenté dont l'altitude varie entre 284 et 419 mètres. La partie occidentale est arrosée par la Brevenne, qui sépare cette commune de celle de L'Arbresle.

Le terrain, argileux, est très productif en fourrages, en paille et en blé.

Le tissage de la soie est l'industrie du pays.

Cette commune n'est traversée que par une seule voie importante : le chemin de grande communication N° 3 *bis*.

FLEURIEUX-SUR-L'ARBRESLE

Village à 4 kilomètres de L'Arbresle et à 21 de Lyon, 740 habitants.

Cette commune a une superficie de 949 hectares, et est bornée : au nord, par celles de Châtillon et de Nuelles; à l'est, par celle de Lozanne; au sud et au sud-est, par celle de Lentilly; à l'ouest, par celle d'Eveux.

Sous l'ancienne monarchie, paroisse en Lyonnais, archiprêtré de L'Arbresle, élection et du ressort de la sénéchaussée de Lyon; Fleurieux dépendait, dans le principe, de l'abbaye de l'Ile-Barbe, et eut plus tard pour seigneurs le président Claret, puis le président de Fleurieux, qui nommaient à la cure.

Paradin rapporte qu'un curé de ce village ayant demandé à Amédée de Talaru, archevêque de Lyon, de 1415 à 1444, que la redevance d'une certaine quantité de cire qu'il avait à payer, « à cause de sa cure, estoit de peu de revenu », ne lui fût plus payée, le prélat permuta cette redevance en une rente annuelle de deux chouettes, que le curé serait tenu d'apporter à Lyon.

Le château de Belair, ancien fief, a appartenu aux Claret. Il appartint jusqu'en 1830 à Benoît de Valous, avocat. Vital de Valous naquit dans ce château.

Il y avait encore à Fleurieux le fief de Pierre-Herbe.

Le territoire de la commune de Fleurieux occupe le promontoire demi-sphérique qui termine la chaîne du Lyonnais. Son altitude varie entre 274 et 405 mètres. La partie orientale est arrosée par le Buvet et la Brevenne, qui sépare au nord-ouest la commune de Fleurieux de celles de Châtillon et de Nuelles.

Le sol produit du vin, des céréales et du fourrage ; l'industrie consiste dans la tuilerie et la guimperie.

Cette commune est vivifiée par les deux lignes du Bourbonnais et de Montbrison, par la route nationale N° 7, et par les chemins de grande communication N° 3 bis et d'intérêt commun N° 57.

Foires : le lundi le plus rapproché de la Saint-Barthélemy, 24 août, si ce jour se trouve un lundi, et le 28 octobre.

LENTILLY

Village à 8 kilomètres de L'Arbresle et à 19 de Lyon, ayant une population de 1.248 habitants.

Lentilly a une superficie de 1.838 hectares, et est limité : au nord, par Lozanne ; à l'est, par Dommartin et La Tour-de-Salvagny ; au sud, par Marcy, Sainte-Consorce et Pollionnay ; à l'ouest, par Sourcieux et Eveux.

Autrefois paroisse et seigneurie en Lyonnais, archiprêtré de L'Arbresle, élection et du ressort de la sénéchaussée de Lyon ; les seigneurs étaient les comtes de Lyon, qui nommaient à la cure.

A l'époque romaine, Lentulus, chef militaire du camp de Tassin ou patricien lyonnais, établit un poste avancé dans cette localité ; de là serait le nom de Lentilly.

Ce village fut tour à tour vassal de la puissante abbaye de Savigny et du noble Chapitre de Lyon. Le produit de son territoire était affecté à l'entretien de douze chapelains créés par l'archevêque Renaud de Forez. Ce prélat entoura le village d'un mur d'enceinte au commencement du XIII° siècle. Sur un léger monticule, est assise la vieille gentilhommerie de Cruzol, domaine de la famille consulaire, Henry, qui la possédait au XVI° siècle. Là, J.-J. de Boissieu, une de nos illustrations artistiques, passa une partie de sa jeunesse. Son pinceau et son burin ont vulgarisé les sites les plus remarquables de notre département. Une de ses meilleures gravures représente l'entrée du village de Lentilly.

Au sommet d'une montagne voisine, le Mercruy, il y eut, dit-on, un autel dédié à Mercure.

L'église, toute moderne, est d'un style bâtard tirant sur le roman ; le clocher se termine par une flèche assez élancée.

L'altitude de cette commune varie entre 305 et 444 mètres. Mercruy est un des reliefs les plus saillants (442^m) ; c'est un point arrondi qui appartient à la chaîne des montagnes du Lyonnais. Lentilly est arrosé par des ruisseaux tributaires de la Brevenne ou de l'Yzeron. Parmi ces derniers, on peut citer Cour, Pleine-Servet.

Le sol, légèrement sablonneux, produit des céréales, des fourrages, du vin et des légumes divers.

Cette commune est traversée : par la ligne de Montbrison, qui y possède une gare ; par la route nationale N° 7, et les chemins de grande communication N° 7 et d'intérêt commun N° 57.

Foires : 2 janvier, dernier jeudi de mai, 11 août, 9 octobre. Marché le jeudi.

NUELLES

Village à 2 kilomètres de L'Arbresle et à 26 de Lyon, 242 habitants, 202 hectares.

Châtillon au nord-est, Fleurieux au sud-est, L'Arbresle au sud-ouest et Saint-Germain à l'ouest limitent cette commune.

Au siècle dernier, village et paroisse en Lyonnais, archiprêtré de L'Arbresle, élection et du ressort de la sénéchaussée de Lyon ; le marquis d'Albon était seigneur de la paroisse et nommait à la cure.

L'altitude moyenne de cette commune est de 225 mètres.

Le sol, accidenté, est incliné vers le sud-est, où il est arrosé par la Brevenne, qui sépare Nuelles de Fleurieux. Il produit du vin, du blé, des céréales et des prairies.

La route nationale N° 7, les chemins de grande communication N° 3 *bis* et d'intérêt commun N°s 26 et 68 traversent la commune de Nuelles.

SAIN-BEL

Bourg à 3 kilomètres de L'Arbresle et à 23 de Lyon, ayant une population de 1.819 habitants et une superficie de 358 hectares.

Sain-Bel est borné : au nord, par la commune de L'Arbresle ; à l'est, par celles de Sourcieux et de Saint-Pierre-la-Palud ; au sud, par celle de Courzieu, et à l'ouest, par celle de Savigny.

Sous l'ancienne monarchie, paroisse avec château fort, qui était le chef-lieu de la baronnie de Savigny, en Lyonnais, archiprêtré de Courzieu, élection et sénéchaussée de Lyon ; l'abbé de Savigny nommait à la cure et était seigneur du pays.

Sous la Révolution, cette commune s'appelait Bel-les-Mines.

Son altitude moyenne est de 270 mètres, et elle est baignée par la Brevenne.

Le sol produit du vin, des fruits et des céréales.

Il y a dans la commune des mines de cuivre exploitées par la Compagnie de Saint-Gobain. La production de l'année 1894 a été de 278.000 tonnes. Elle avait été de 220.000 tonnes en 1893, 211.000 tonnes en 1892, 228.000 tonnes en 1891, 208.000 tonnes en 1890. Bien qu'avec des oscillations, cette production est en voie d'augmentation rapide.

Au siècle dernier, il y avait une fonderie à trois fourneaux où l'on fondait le cuivre tiré de ces mines, et de celles de Chevinay et du Pilon.

L'industrie comporte encore le tissage mécanique.

Cette commune est assise sur la ligne de Lyon à Montbrison, qui y possède une station, et sur les chemins de grande communication N°s 3 *bis* et 7 et d'intérêt commun N° 41.

Foires : 1er et 3e samedi de Carême, samedi des Rameaux, samedi de Quasimodo, samedi de Pentecôte. Marché le samedi.

SAINT-GERMAIN-SUR-L'ARBRESLE

Village à 2 kilomètres de L'Arbresle et à 27 de Lyon, population 776 habitants.

Cette commune a une surface totale de 650 hectares, et est limitrophe : au nord, avec Le Breuil et Chessy ; à l'est, avec Châtillon et Nuelles ; au sud-ouest, avec L'Arbresle, et à l'ouest, avec Bully.

Avant la Révolution, village et annexe considérable de la paroisse de L'Arbresle en Lyonnais, justice de L'Arbresle et du ressort de la sénéchaussée de Lyon; le seigneur était l'abbé de Savigny.

En 1793, cette commune prit le nom de Barras-sur-l'Arbresle.

Le 8 juin 1817, des citoyens de Bully et de Saint-Germain,

ayant publié et affiché une proclamation annonçant le changement de gouvernement et le retour de Napoléon, furent condamnés par la cour prévôtale de Lyon à la peine de mort ou à la déportation.

L'altitude de Saint-Germain varie entre 360 et 420 mètres.

Il y a sur son territoire les carrières de pierre jaune d'Oncin.

Les chemins de grande communication N° 3 et d'intérêt commun N° 68 sont les seules voies importantes de cette commune.

SAINT-JULIEN-SUR-BIBOST

Village à 8 kilomètres de L'Arbresle et à 27 de Lyon, ayant une population de 662 habitants.

Cette commune a une surface de 1.328 hectares, et est bornée : au nord, par celles d'Ancy et de Savigny; à l'est, par celles de Bibost et de Chevinay ; au sud, par celle de Brullioles, et à l'ouest, par celle de Montrottier.

Sous l'ancien régime, paroisse et château dans le Lyonnais, archiprêtré de Courzieu, élection et du ressort de la sénéchaussée de Lyon, chef-lieu de la juridiction de la baronnie de La Roullière. Le prieur de Montrottier nommait à la cure. Le bourg et les trois quarts de la paroisse dépendaient de la baronnie de La Roullière, l'autre quart faisait partie de la justice de Senevrier et de celle de Bessenay.

Il y avait à Saint-Julien deux fiefs : celui de Senevrier et de Combelande, qui appartenait à la famille de Jussieu.

Sous la Révolution, cette commune faisait partie de l'éphémère canton de Bessenay et s'appelait Le Fruitier-sur-Bibost.

Le sol produit des fourrages et des fruits en quantité.

Foires : 2 janvier, 3 février et 28 août.

La commune de Saint-Julien est traversée par les chemins de grande communication N°s 24 et 33, et par celui d'intérêt commun N° 41.

SAINT-PIERRE-LA-PALUD

Village à 7 kilomètres de L'Arbresle et à 23 de Lyon, 940 habitants.

Cette commune a une superficie de 704 hectares, et est limitée : au nord-est, par Sourcieux ; au sud-est, par Pollionnay ; à l'ouest, par Chevinay, et au nord-ouest, par Sain-Bel.

Saint-Pierre dépendait autrefois de la baronnie de Savigny et était une annexe de Chevinay, archiprêtré de Courzieu, élection et sénéchaussée de Lyon. L'abbé de Savigny en était seigneur.

Sous la Révolution, ce village prit le nom de Pelletier-la-Palud.

Industrie : mines de pyrites (dites Mines de cuivre de Sain-Bel), exploitées par la Société de Saint-Gobain. Une voie étroite relie ces mines à la gare de Sain-Bel.

La commune de Saint-Pierre-la-Palud est traversée par les chemins de grande communication N°s 3 bis, 7 et 24.

SARCEY

Village à 9 kilomètres de L'Arbresle et à 32 de Lyon, population 804 habitants, superficie 995 hectares.

Les communes de Saint-Vérand au nord, du Breuil à l'est, de Bully au sud, des Olmes et de Pontcharra à l'ouest limitent la commune de Sarcey.

Avant l'ère de la liberté, village et annexe de la paroisse de Bully en Lyonnais, justice de Saint-Forgeux, de Magny, Bagnols et Bully, du ressort de la sénéchaussée de Lyon.

Il y a dans la commune l'ancien château féodal du Magny, qui appartenait, au moment de la Révolution, à M. Durand de Châtillon, seigneur de La Flachère.

Sarcey est borné, au nord, par le Souaman, affluent de la Turdine, et est assis sur un plateau dont l'altitude est comprise entre 354 et 372 mètres.

Productions agricoles : vin, blé.

Industrie : tissage de la soie, tuilerie.

Foires : dernier samedi de janvier, 11, 24 et 25 juin, 1er lundi d'août, 27 décembre.

Le territoire de cette commune est vivifié par les chemins de grande communication N° 6 bis et d'intérêt commun Nos 68 et 75.

SAVIGNY

Bourg à 5 kilomètres de L'Arbresle et à 25 de Lyon, 1.343 habitants.

Savigny a une superficie de 2.117 hectares, et est limité : au nord, par Ancy, Saint-Romain et Bully ; à l'est, par L'Arbresle, Sain-Bel et Saint-Pierre ; au sud, par Bessenay ; au sud-ouest, par Saint-Julien et Bibost.

Avant 1780, abbaye, paroisse et baronnie dans le Lyonnais, archiprêtré de Courzieu, élection et du ressort de la sénéchaussée de Lyon.

L'antique et célèbre abbaye royale de Saint-Martin-de-Savigny fut fondée près du bourg, sous le pontificat de Leydrade, archevêque de Lyon, où la règle de Saint-Benoît fut introduite. Les religieux de cet ordre cultivaient la terre et défrichaient les campagnes ; ils copiaient les livres, et c'est grâce aux bénédictins que les chefs-d'œuvre de l'antiquité sont parvenus jusqu'à nous.

En 944, cette abbaye fut détruite de fond en comble. Elle fut relevée par l'archevêque Amblard, puis détruite par le fougueux Renaud de Forez, l'un de ses successeurs.

Au XIIe siècle, elle fut relevée une seconde fois, et au siècle suivant, les abbés de Savigny comptaient parmi les grands seigneurs féodaux. Ils levaient des troupes et avaient leurs gardes ;

ils avaient tous les droits de souverain, comme celui de battre monnaie, d'assembler leurs feudataires tenus de les servir à cor et à cri.

On ne pouvait être reçu à cette abbaye qu'après avoir fait la preuve de quatre ascendants nobles du côté paternel et de 140 ans de noblesse, la mère constatée demoiselle. Le Chapitre se composait de quatorze religieux nobles. L'abbé nommait à tous les bénéfices de l'abbaye et à la cure, à l'exception des deux celleriers et du communier qui étaient à la nomination du Chapitre. L'élection du Grand Prieur se faisait à la pluralité des voix et elle était confirmée par l'archevêque de Lyon. L'aumônier était obligé de donner chaque année aux pauvres de Savigny et des environs plus de 400 bichets de blé, 6 deniers à tous les pauvres passants et 5 sols par semaine à douze pauvres veuves du bourg.

L'abbé de Savigny était seigneur en toute justice de l'enceinte de l'abbaye et d'une partie de la paroisse. Il avait la haute justice des cantons où les doyens de Lasnay et de Teilan avaient la moyenne et la basse. Il nommait aux cures de L'Arbresle, Brullioles, Bully, Chessy, Chevinay, Saint-Didier-au-Mont-d'Or, Saint-Germain-sur-l'Arbresle, Saint-Laurent-de-Chamousset, Saint-Loup, Saint-Romain-de-Popey, Sain-Bel, Savigny, Theizé, et au prieuré de Noailly-en-Roannais.

Le Chapitre des chanoinesses d'Alix; Chevinay et Tarare, le Chapitre des chanoinesses de Leigneux; Frelins-en-Forez, le prieuré de Tarare; le prieuré de Montrottier et celui de Saint-Victor-sur-Reins dépendaient de l'abbaye de Savigny, qui possédait, en outre : Amancy Apinost, L'Arbresle, Chessy et Saint-Pierre-la-Palud. Enfin le baron, abbé commendataire de Savigny, était personnellement seigneur de : L'Arbresle, en toute justice ; de La Plagne et de Solemy (Bully), Saint-Germain-sur-l'Arbresle, Longessaigne, pour la majeure partie; Saint-Pierre-la-Palud, justice d'une partie; Saint-Romain-de-Popey, Sain-Bel, Sourcieux-sur-l'Arbresle (une partie).

La justice haute moyenne et basse de quelques hameaux : Bibost et Folliet à Sourcieux en Lyonnais, de celui de Jussieu

(Bessenay), d'une partie de Courzieu, d'une partie de Saint-Romain-de-Popey, du clocher et du bourg de Savigny, appartenait au chamarier de l'abbaye.

La moyenne et basse justice de quelques cantons appartenait au doyen de Lasnay et au doyen de Teilan ; ce dernier était seigneur de La Plagne (Bully).

Le hameau de Persanges, par aliénation du chamarier de Savigny, et la maison forte de la grange Saint-Marc, par échange avec le doyen de Teilan, appartenaient au marquis d'Albon, qui y avait justice, haute, moyenne et basse.

Le communier de Savigny avait la moyenne et basse justice du hameau de Fontgarmond (Saint-Forgeux), d'une partie de Pontcharra et de Saint-Romain-de-Popey. Il était seigneur de Solémy (Bully).

Les appellations des justices de Savigny étaient portées à la sénéchaussée de Lyon.

Le prieur de Savigny nommait aux cures de Saint-Laurent-d'Oingt et de Marcy-sur-Anse.

Le cellérier nommait à celles d'Amplepuis et de Chevinay.

Le croisier nommait à celle de Grézieu-le-Marché.

L'hôtelier nommait à la cure de Joux et était seigneur de la paroisse.

Le sacristain nommait à celles de Sourcieux-sur-l'Arbresle, de Tarare et de Saint-Victor-sur-Reins.

En 1780, sur la demande des religieux, appuyée par l'archevêque de Lyon, Malvin de Montazet, le pape Pie VI sécularisa l'abbaye de Savigny, dont les biens furent distribués en tiers à trois couvents de femmes : Sainte-Marie-de-Leigneu, Saint-Denis-d'Alix et N.-D. de Coise à L'Argentière.

Le dernier religieux de l'abbaye, Ponthus de Thy de Milly, est mort à Savigny le 14 décembre 1824, à l'âge de 86 ans. Il était né à Claveisolles. Jean-Louis de Thy, son frère, ancien militaire, décéda aussi dans ce bourg le 28 mai 1828, à l'âge de 87 ans.

L'illustre Fénelon et son neveu furent abbés commendataires de l'abbaye de Savigny.

Le cartulaire de cette célèbre abbaye a été publié en 1853 par M. Auguste Bernard, lequel y a joint des Tables géographiques, qui contiennent les noms latins de la plupart des bourgs et des villages du département du Rhône.

Savigny eut un petit soulèvement en faveur de Napoléon le 8 juin 1817 : les fauteurs furent condamnés par la cour prévôtale de Lyon à la peine de mort ou à la déportation.

Cette commune, bien déchue de son ancienne splendeur, est arrosée, au nord, par la Turdine, rive droite, et par la Trésoucle, affluents de la Brevenne. Son altitude ne dépasse pas 817 mètres (Mont-Arjoux), et le bourg est à 271 mètres, ce qui est un assez grand écart de niveau.

Le sol, argilo-calcaire, produit du blé, du vin, des fruits variés et abondants.

Mines de cuivre non exploitées. L'apiculture y est cultivée. Fabrication de soieries.

Les chemins de grande communication Nos 3 *bis*, 7 et 33, et celui d'intérêt commun N° 41 traversent la commune, ainsi que la ligne ferrée de Lyon à Tarare, mais il n'y a point de station.

Foires : 2 février, 2e mardi de juillet, 10 septembre, 12 novembre. Marché le mardi.

SOURCIEUX-SUR-L'ARBRESLE

Village à 5 kilomètres de L'Arbresle et à 21 de Lyon, 1.008 habitants, 982 hectares.

Cette commune est limitée : au nord, par Sain-Bel et Eveux ; au nord-est, par Lentilly ; au sud-est, par Pollionnay, et à l'ouest, par Saint-Pierre-la-Palud.

Au moment de la Révolution, paroisse dans le Lyonnais, archiprêtré et justice de L'Arbresle et Fleurieux, du ressort de la sénéchaussée de Lyon ; le sacristain de Savigny nommait à la cure, et le seigneur du clocher et d'une partie de la paroisse était l'abbé de Savigny; le seigneur de l'autre partie était le président de Fleurieu.

Dans cette paroisse est le hameau de Bibost, qui appartenait au chamarier de Savigny.

Produits agricoles : vin, céréales, fruits divers.

Industrie : mines de cuivre.

Le chemin de grande communication N° 7 est la seule voie importante de cette commune.

LA TOUR-DE-SALVAGNY

Village à 11 kilomètres de L'Arbresle et à 14 de Lyon, 610 habitants, 842 hectares.

Communes limitrophes : au nord, Dommartin; à l'est, Dardilly; au sud, Marcy; à l'ouest, Lentilly.

Sous le régime féodal, annexe et justice de la paroisse de Lentilly, en Lyonnais, archiprêtré de L'Arbresle, élection et du ressort de la sénéchaussée de Lyon ; seigneurs, les comtes de Lyon.

La fondation de ce village remonte au xve siècle. On trouve, en effet, à la date de 1446, la permission aux habitants de Savigny de bâtir un bourg près de La Tour, avec une enceinte garnie de hautes murailles.

Sous la Révolution, cette commune reprit son nom primitif de Salvagny.

La commune de La Tour-de-Salvagny est vivifiée : par la voie ferrée de Lyon à Montbrison, qui y a une station; par la route nationale N° 7; par le chemin de grande communication N° 30, et par celui d'intérêt commun N° 23.

Cette commune est arrosée par deux petits ruisseaux, et a une altitude comprise entre 284 et 355 mètres.

Industrie : tuilerie et fabrique de tuyaux.

Foires : 19 janvier, 6 février, 4 mai, 28 septembre, 10 décembre.

CANTON DE L'ARBRESLE

| COMMUNES. | POPULATION MUNICIPALE. | | | POPULATION comptée à part. | POPULATION totale. | SUPERFICIE. | RECETTES ordinaires. | DÉPENSES ordinaires. | PRODUIT des centimes. | VALEUR du centime. | CENTIMES pour DÉPENSES ordinaires et extraordinaires. | | | MONTANT de la dette. | REVENUS du bureau de bienfaisance. | PERCEPTIONS. | POSTES ET TÉLÉGRAPHES. | ÉLECTEURS |
	Agglomérée.	Éparse.	Totale.								Nombre total.	Dont extraordinaires.	Durée des impositions extraordinaires.					
L'Arbresle	3.170	407	3.577		3.577	388	19.786	19.786	18.638	202,35	92	46	1919	52.690	6.067	L'Arbresle.	P.-T.	910
Bessenay	959	1.080	2.039		2.039	1.404	10.298	10.296	10.603	141,35	75	42	1922	98.636	417	Sain-Bel.	P.-T.	630
Bibost	182	309	401		491	923	2.640	2.647	3.236	33,05	72	35	1916	17.037	262	id.	Bessenay.	100
Bully	647	808	1.455		1.455	1.268	8.638	8.497	9.872	107,84	62	4	1907	5.120	820	Bully.	P.-T.	550
Dommartin	195	307	502		502	723	3.978	3.970	3.851	39,02	67	10	1924	11.228		L'Arbresle.	Lozanne.	100
Eveux	104	124	228		228	382	1.715	1.752	871	27,79	38	8	1907	2.474	246	id.	L'Arbresle.	70
Fleurieux-sur-l'Arbresle	96	644	740		740	949	4.737	4.736	3.960	62,41	63	19	1917	24.240		id.	id.	200
Lentilly	467	770	1.237	11	1.248	1.898	7.374	7.331	6.860	107,08	68	24	1917	41.457		id.	id.	410
Nuelles	86	206	242		242	202	1.851	1.529	1.313	14,46	80	24	1912	2.855		id.	id.	70
Sain-Bel	1.477	317	1.794	25	1.819	358	7.300	7.308	5.223	77	68	42	1926	40.932	350	Sain-Bel.	P.-T.	560
Saint-Germain-sur-l'Arbresle	144	632	776		776	650	5.009	4.998	6.481	70,85	76	28	1912	18.266	320	Bully.	L'Arbresle.	270
Saint-Julien-sur-Bibost	194	459	653	9	662	1.328	3.962	3.963	3.405	45,25	77	28	1914	13.672	280	Sain-Bel.	Bessenay.	220
Saint-Pierre-la-Palud	255	685	940		940	757	3.326	3.318	3.027	56,13	63	20	1917	11.116	370	id.	Sain-Bel.	280
Sarcey	183	621	804		804	995	4.290	4.268	3.304	37,96	88	17	1910	5.884	212	Bully.	Bully.	300
Savigny	480	853	1.333	10	1.343	2.117	9.974	9.074	9.365	133,71	89	18	1907	35.919	492	id.	id.	480
Sourcieux-sur-l'Arbresle	153	855	1.008		1.008	982	3.881	3.880	2.602	58,54	45	9	1915	7.821	326	Sain-Bel.	L'Arbresle.	300
La Tour-de-Salvagny	358	212	570	40	610	842	4.598	4.509	2.827	61,03	47				3.148	L'Arbresle.	Charbonnes	150
	9.100	9.280	18.389	95	18.484	15.597	103.057	102.871	94.297	1.260,71	1.174	373		389.871	13.128			

COMMUNES.	Distance de Lyon.	de L'Arbresle.	FÊTES patronales.	Notaires.	Médecins.	Pharmaciens.	Sages-Femmes.	Vétérinaires.	État civil.	Caisse des écoles.	Fondation de la bibliothèque.	Garçons (classes).	Filles (classes).	Mixtes.	Maternelles.	Garçons.	Filles.	Personnel ecclésiastique.
												ÉCOLES publiques.				ÉCOLES privées.		
L'Arbresle	26		Nativité St-Jean-Baptiste	2	2	3	2	1	1613	1	1865	3	3			1	1	3
Bessenay	29	10	Saint-Irénée.	1	1	2	1		1618	1	1888	3	2			1	2	3
Bibost	29	9	Saint-Roch.						1691	1	1888	1	1					1
Bully	29	4	Saint-Polycarpe.					1	1699	1	1879	1	1			1	1	2
Dommartin	16	12	Saint-Antoine.						1687	1	1864	1	1					1
Eveux	24	1	Saint-Pierre.						1802					1				1
Fleurieux-sur-l'Arbresle	21	4	Saint-Barthélemy.						1629	1	1883	1	1					1
Lentilly	19	8	Saint-Laurent.	1				2	1566	1	1882	2	1				1	1
Nuelles	26	2	Saint-Joseph.						1671	1				1				1
Sain-Bel	28	3	Nativité St-Jean-Baptiste.	1	1	1	2		1575	1	1864	2	2				1	2
Saint-Germain-sur-l'Arbresle	27	2	Saint-Germain, évêque.						1578	1	1883	1	1					2
id. (Glay)															1			
Saint-Julien-sur-Bibost	32	12	Saint-Julien.						1682	1	1881	1	1					1
Saint-Pierre-la-Palud	23	7	Saint-Pierre.						1584	1	1866	1	1					1
Sarcey	32	9	Nativité St-Jean-Baptiste.						1682	1	1863	1	2					2
Savigny	25	5	Saint-André.						1640	1	1880	2	1				1	2
Sourcieux-sur-l'Arbresle	21	5	Saint-Barthélemy						1694	1	1868	2	1			1	1	1
La Tour-de-Salvagny	14	11	Saint-Ennemond.		1				1624	1	1863	1	2					1

Il y a deux écoles maternelles privées à L'Arbresle et à Saint-Pierre-la-Palud, et une à Bessenay, Bully, Sain-Bel.

CANTON DE

SAINT-LAURENT-DE-CHAMOUSSET

La justice de paix de Saint-Laurent-de-Chamousset comprend les communes de : Saint-Laurent-de-Chamousset, Brullioles, Brussieu, Chambost-Longessaigne, Saint-Clément-les-Places, Sainte-Foy-l'Argentière, Saint-Genis-l'Argentière, Les Halles, Haute-Rivoire, Longessaigne, Montrottier, Montromand, Souzy et Villechenève.

Ce canton est limitrophe : au nord, avec celui de Tarare ; à l'est, avec celui de L'Arbresle et de Vaugneray ; au sud, avec celui de Saint-Symphorien ; à l'ouest, avec ceux de Néronde, Feurs et Saint-Galmier (Loire).

Il a été formé entièrement du Lyonnais, moins une partie de Chambost, de Saint-Clément et de Villechenève, qui appartenait au Beaujolais ; Haute-Rivoire était en Forez.

Les communes de Saint-Laurent, Chambost, Haute-Rivoire, Les Halles, Saint-Clément, Sainte-Foy, Saint-Genis et Souzy dépendaient de la justice de paix de Saint-Laurent-de-Chamousset; celles de Brussieu, Longessaigne, Montrottier, Villechenève et Brullioles faisaient partie du canton de Bessenay, et celle de Montromand appartenait au canton d'Yzeron.

Les quinze paroisses de ce canton forment aujourd'hui l'archiprêtré de Saint-Laurent-de-Chamousset; avant la Révolution, elles dépendaient de l'archiprêtré de Courzieu, sauf Villechenève et Chambost, qui faisaient partie de celui de Néronde.

Population 15.073 habitants, superficie 16.445 hectares.

Cours d'eau : la Brevenne, la Cosne, la Thorranche, le ruisseau de Pont-Lyonnais, l'Oise, le Rossand, rivières ou ruisseaux qui se jettent soit dans les sous-affluents du Rhône, soit dans les affluents de la Loire.

Le canton de Saint-Laurent se trouve donc compris dans la partie montagneuse des Cévennes formant la ligne de partage des eaux, aussi son altitude est-elle très variable (de 300 à 918 mètres).

Industries : fabriques de fromages à Saint-Laurent, à Brullioles, à Saint-Genis, à Haute-Rivoire, à Souzy et à Montromand; importante carrière de pierres pour pavés à Brullioles; tissage mécanique à Saint-Genis et à La Giraudière (Brussieu); fabrique de toile de ménage et de mousseline à Chambost et à Villechenève; mines de houille, fabrique de porcelaine et de tuiles, etc., à Sainte-Foy; fabrique de tarares à Montromand.

Productions agricoles : vin, blé, avoine, pommes de terre, colza, etc., fruits, fourrages. Élevage de bestiaux.

Ce canton ressortit au tribunal de commerce de Lyon, au 7e corps d'armée.

Il fait partie du comice agricole de Vaugneray, de la 8e circonscription électorale, de l'inspection primaire des écoles de Tarare, etc.

Saint-Laurent-de-Chamousset est un canton montagneux. Ses habitants sont très laborieux et ont un tempérament robuste.

Les armes de Saint-Laurent sont : D'azur aux trois lettres S L C d'argent, liées d'une cordelière d'or, au chef d'or chargé d'un lion naissant de gueules.

SAINT-LAURENT-DE-CHAMOUSSET

Bourg, chef-lieu de canton, à 41 kilomètres de Lyon, 1.642 habitants, 1.723 hectares.

Les communes de Brullioles au nord, Brussieu à l'est, Saint-Genis et Souzy au sud, Les Halles, Haute-Rivoire et Saint-Clément à l'ouest sont limitrophes avec Saint-Laurent-de-Chamousset.

Avant 1793, paroisse sur les confins du Lyonnais, archiprêtré de Courzieu, chef-lieu de la justice de la baronnie de Chamousset, et, pour le reste, de la justice de Saint-Bonnet-les-Places, le tout du ressort de la sénéchaussée de Lyon; l'abbé de Savigny nommait à la cure. Seigneur, M. Savaron, pour une partie de la paroisse; seigneur d'autre partie, le chevalier de Lemps, en qualité de seigneur commandeur de Chazelles.

Il y avait dans la paroisse les fiefs suivants : le vieux château de Chamousset, qui, après avoir appartenu à la famille chevaleresque des Saint-Symphorien, avait passé, à la fin du siècle dernier, à celle des Savaron qui l'ont transmis, par héritage, à M. Charles de Saint-Victor, qui le possède aujourd'hui ; la seigneurie de Saint-Bonnet-les-Places, qui dépendait de la commanderie de Chazelles.

On remarque, sur ce territoire, une ancienne voie romaine.

Sous la Révolution, Saint-Laurent s'appela un moment Chalier-la-Montagne, et était le chef-lieu d'une justice de paix comprenant les communes de Saint-Laurent, Chambost, Haute-Rivoire, Les Halles, Meys, Saint-Clément-les-Places, Sainte-Foy-l'Argentière, Saint-Genis-l'Argentière et Souzy.

Saint-Laurent est arrosé par plusieurs petits cours d'eau tributaires de la Brevenne. Son altitude est comprise entre 523 et 699 mètres.

Industrie : fabrique de fromages.

Produits agricoles : bestiaux, tubercules, fruits et céréales.

Voies importantes : chemins de grande communication N°s 3 bis et 4, et d'intérêt commun N°s 34 et 51.

Foires : 13 janvier, lundi saint, 1er lundi de mai, 11 juin, 1er août, 29 septembre, 1er lundi de novembre, 6 décembre. Marché le lundi.

BRULLIOLES

Village à 7 kilomètres de Saint-Laurent-de-Chamousset et à 34 de Lyon, 924 habitants, 1.223 hectares.

Cette commune est bornée : au nord, par celles de Montrottier et Saint-Julien ; à l'est, par celle de Bessenay ; au sud, par celle de Brussieu ; à l'ouest, par celles de Saint-Laurent et de Longessaigne.

Sous l'ancienne monarchie, paroisse en Lyonnais, archiprêtré de Courzieu, justice de Chamousset, élection et du ressort de la sénéchaussée de Lyon ; l'abbé de Savigny nommait à la cure. Seigneur, M. Savaron.

En 1790, Brullioles faisait partie du canton de Bessenay.

Cette commune est arrosée par la Cosne. Son altitude varie entre 467 et 821 mètres (Mont Pottu).

Industrie : fabrique de fromages. Anciennes mines de plomb argentifère, exploitées par Jacques Cœur au xve siècle.

Productions agricoles : vin, blé, pommes de terre.

Foire : mardi de la Pentecôte. Marché le mercredi.

Cette commune est traversée par le chemin d'intérêt commun N° 31.

BRUSSIEU

Village à 7 kilomètres de Saint-Laurent-de-Chamousset et à 34 de Lyon, 737 habitants, 673 hectares.

Cette commune est limitrophe : au nord, avec Brullioles et Bessenay ; au sud, avec Courzieu et Saint-Genis ; à l'ouest, avec Saint-Laurent-de-Chamousset.

Avant la Révolution, annexe de la paroisse de Brullioles, en Lyonnais, archiprêtré de Courzieu, justice du prieuré de Saint-Irénée de Lyon, qui en était naturellement seigneur.

On remarque, sur cette commune, des restes d'une ancienne voie romaine.

Brussieu fit un moment partie de l'éphémère canton de Bessenay.

Son territoire est arrosé par la rive gauche de la Brevenne et par la rive droite de la Cosne. Son altitude est comprise entre 424 et 518 mètres.

Industries : importante carrière de pierres pour pavés ; fabrique mécanique de soieries au hameau de La Giraudière ; mine de plomb sulfuré, abandonnée en 1776 à cause de la rareté des produits.

Productions agricoles : vin, blé, seigle, avoine, pommes de terre, raves, colza, etc.

Foire le 16 août.

La ligne de Lyon à Montbrison, le chemin de grande communication N° 3 *bis*, et ceux d'intérêt commun N°s 17 et 31 traversent le territoire de la commune de Brussieux.

CHAMBOST-LONGESSAIGNE

Bourg à 11 kilomètres de Saint-Laurent et à 48 de Lyon, population 1.715 habitants, superficie 1.539 hectares.

Au nord, la commune de Chambost est limitée par Panissières ;

à l'est, par Villechenève et Longessaigne ; au sud, par Saint-Clément et Saint-Martin ; à l'ouest, par Essertines et Panissières.

Avant 1789, paroisse et baronnie dépendant du Beaujolais, et enclavée dans le Forez et le Lyonnais, archiprêtré de Néronde, élection et bailliage de Villefranche ; le prieur de Cuzieu nommait à la cure.

En 1229, Chambost-Longessaigne fut cédé par le comte de Forez au sire de Beaujeu, en échange d'autres terres. Au siècle dernier, son château passa aux mains de la famille de Riverieulx, qui était seigneur de la paroisse.

Sous la Révolution, Chambost prit le nom de Beau-Champ.

Cette commune appartient aux bassins du Rhône et de la Loire. Les petites rivières qui l'arrosent sont l'Oise, la Loise et le Soleymieux, affluents ou sous-affluents de la Loire. Altitudes extrêmes 500 et 674 mètres.

Industrie : fabrique de toile de ménage ; ancienne mine de plomb sulfuré, dont l'exploitation a été reprise et abandonnée à diverses époques.

Productions agricoles : blé, avoine, pommes de terre, et quelque peu de vin.

Foires : 2 janvier, jeudi avant le mardi-gras, 20 avril, 16 septembre, 25 novembre. Marché le mercredi.

La commune de Chambost-Longessaigne est vivifiée par le chemin de grande communication N° 7, et par celui d'intérêt commun N° 51.

LES HALLES

Village à 5 kilomètres de Saint-Laurent et à 44 de Lyon, 309 habitants, 309 hectares.

Communes limitrophes : à l'est, Saint-Laurent et Souzy ; au sud, à l'ouest et au nord-ouest, Haute-Rivoire.

Anciennement Le Fenoyl, paroisse, château et marquisat près

des confins du Lyonnais et du Forez, province du Lyonnais, archiprêtré de Courzieu, élection et du ressort de la sénéchaussée de Lyon; le comte de Fenoyl nommait à la cure comme fondateur de cette paroisse, distraite au siècle dernier de celle de Haute-Rivoire.

Ce village doit probablement son nom aux belles halles qui sont sur la place.

Le fief de Tourville appartenait aux de Fenoyl, qui ont deux tombeaux dans l'église.

Aujourd'hui, M. Mangini a fait construire sur l'emplacement de l'ancien manoir des Fenoyl un magnifique château.

Sous la Révolution, Les Halles prirent le nom de Bel-Air.

L'altitude de cette commune est comprise entre 629 et 646 mètres.

Productions agricoles : blé, pommes de terre, fruits, fourrages.

Foires : 1er lundi de janvier, 28 octobre.

La commune des Halles est vivifiée par la route nationale N° 89 et par le chemin de grande communication N° 3 bis.

HAUTE-RIVOIRE

Bourg à 7 kilomètres de Saint-Laurent et à 48 de Lyon, 1.557 habitants, 2.029 hectares.

Cette commune a pour confins : au nord, celle de Saint-Clément; à l'est, celles de Saint-Laurent, Les Halles, Souzy; au sud, celle de Meys; à l'ouest, celles de Virigneux et Saint-Martin-Lestra (Loire).

Au siècle dernier, grande paroisse, partie en Lyonnais et partie en Forez, archiprêtré de Courzieu, élection de Montbrison. Le prieur de Montrottier nommait à la cure. Dame, la marquise de Sassenage. Le bourg et la plus grande partie de la paroisse dépendaient de la châtellenie royale de Feurs et du ressort de la sénéchaussée de Montbrison ; le surplus dépendait du marquisat de Fenoyl et de la justice de la Menue, du ressort de la sénéchaussée de Lyon ; une autre partie ressortissait à la justice de Toranches en Forez.

La Menue, château très ancien, terre et seigneurie, dont la justice comprenait toute la partie de la paroisse de Haute-Rivoire, qui était en Lyonnais, et une partie de celle de Meys, en Forez ; seigneur, M. Terrasson de la Menue.

Toranches, parcelle de Haute-Rivoire où se voyaient, au siècle dernier, les ruines d'un prieuré de bénédictins. Seigneur prieur commendataire, l'évêque de Sisteron, à cause de son abbaye de Mazan.

Cette commune appartient, pour la plus grande partie, au bassin de la Loire (ruisseau la Torranche), et pour la plus petite, au bassin du Rhône (ruisseau de Combron). Elle est entre 500 et 693 mètres d'altitude.

Industrie : fabrique de fromage bleu.

Productions agricoles : céréales, fourrages, fruits.

Foires : 30 janvier, 25 avril, mardi avant la Pentecôte, 21 juillet, dernier lundi d'août, 19 octobre, 13 décembre.

La commune de Haute-Rivoire est assise sur le chemin de grande communication N° 3 bis, celui d'intérêt commun N° 31, et la route nationale N° 89.

LONGESSAIGNE

Village à 8 kilomètres de Saint-Laurent et à 43 de Lyon, 881 habitants, 1.198 hectares.

Limité : au nord, par la commune de Villechenève ; à l'est, par celle de Montrottier ; au sud, par celles de Brullioles et de Saint-Clément ; à l'ouest, par celle de Chambost.

Avant l'ère de la Liberté, paroisse dans le Lyonnais, archiprêtré de Courzieu, élection de Lyon, justice de Montrottier et de la Rivière, du ressort de la sénéchaussée de Lyon ; le prieur de Montrottier nommait à la cure, et était seigneur du clocher ; seigneur d'autre partie, M. de Riverie, marquis de la Rivière.

La tradition fait remonter la fondation de l'église au viiie siècle, mais le clocher ne fut construit qu'en 1784, aux frais de l'abbé d'Anstrude, seigneur et prieur de Montrottier.

Sur la fin du siècle dernier, Longessaigne appartenait au canton de Bessenay.

Cette commune, située sur la ligne de partage des eaux, appartient pour la plus grande partie au bassin de la Loire, et pour le reste au bassin du Rhône. Ruisseau de l'Oise, sous-affluent du premier fleuve.

Altitudes extrêmes 696 et 769 mètres.

Le sol, silico-calcaire, produit des pâturages et des céréales. Élevage des bestiaux.

Foires : 1er lundi de la Fête-Dieu, 28 décembre.

La commune de Longessaigne est vivifiée par les chemins de grande communication Nos 4 et 7.

MONTROMAND

Village à 10 kilomètres de Saint-Laurent et à 36 de Lyon.

Cette commune est limitée : au nord, par Courzieu ; à l'est, par Yzeron ; au sud, par Saint-Martin-en-Haut et Duerne ; à l'ouest, par Saint-Genis-l'Argentière. Population 517 habitants, superficie 1.099 hectares.

Avant la Révolution, paroisse dans le Lyonnais, archiprêtré de Courzieu, élection et du ressort de la sénéchaussée de Lyon, justice d'Yzeron ; les comtes de Lyon nommaient à la cure. Seigneur, le baron d'Yzeron.

On trouve, sur le territoire de cette commune, des restes de l'aqueduc souterrain qui servait à alimenter le camp romain de Craponne.

Montromand fit un moment partie du canton d'Yzeron.

Commune comprise dans le bassin du Rhône, arrosée par le Rossand, affluent de la Brevenne.

Altitudes extrêmes 500 et 918 mètres.

Le sol, de nature schisteuse, produit beaucoup de céréales, des fruits, du bois et du vin.

C'est à un habitant de cette commune, M. Nesme, qu'est due, sinon l'invention, du moins le perfectionnement des tarares, qui s'y fabriquent encore dans plusieurs familles.

Fabrique de fromage bleu.

Les seules voies importantes de cette commune sont la route nationale N° 89 et le chemin de grande communication N° 25.

MONTROTTIER

Bourg à 10 kilomètres de Saint-Laurent et à 38 de Lyon, 1.642 habitants, 2.317 hectares.

Communes circonvoisines : au nord, Affoux et Saint-Forgeux ; à l'est, Saint-Julien ; au sud, cette commune et Brullioles ; à l'ouest, Longessaigne, Villechenève et Affoux.

Sous l'ancien régime, prieuré, paroisse et seigneurie en Lyonnais, archiprêtré de Courzieu, élection et du ressort de la sénéchaussée de Lyon ; le prieur, qui était seigneur du clocher et de la plus grande partie de la paroisse, nommait à la cure ; le seigneur de l'autre partie de la paroisse était, en 1790, M. Brossier de Bessenay, à cause de son château de la Roullière.

Le prieur de Montrottier nommait aux cures de : Essertines-en-Donzy, Haute-Rivoire, Saint-Julien-sur-Bibost, Longessaigne, Montrottier, Panissières, Pinay, Rozier, Villechenève, Violay, Saint-Clément-les-Places.

Outre Montrottier, le prieur était encore seigneur de Saint-Clément-les-Places.

Le château de Montrottier, bâti au xe siècle, reçut dès cette époque un prieuré qui fut longtemps appelé le Château ; ce n'est que plus tard qu'on voit paraître le nom de Montrottier, emprunté soit à la route du Forez, soit à la rivière qui passe dans le bourg, et que la carte de Cassini indique sous le nom de Rotier, aujourd'hui ruisseau de Cosne.

Montrottier est la patrie de Barthélemy-Joseph Bretonnier, avocat au Parlement de Paris, qui plaida et écrivit avec succès. Il naquit en 1656, d'un médecin, et mourut à Paris en 1727. Le chancelier d'Aguesseau qui avait toujours pensé à rendre la justice uniforme l'avait engagé à ce travail. Bretonnier l'exécuta d'une manière digne des vues de ce grand magistrat.

On remarque dans cette commune le beau château de la Roullière, ancienne baronnie qui comprenait une partie de la paroisse. La justice s'exerçait à Saint-Julien.

Albigny, aujourd'hui paroisse dans une section de Montrottier, avait autrefois un château ayant le titre de baronnie ; seigneur, Cholier de Cybeins.

Montrottier appartint un moment au canton éphémère de Bessenay.

Pays arrosé par les ruisseaux de Cosne, de Conan, affluents de la Brevenne.

L'altitude, assez élevée, est comprise entre 585 et 800 mètres.

Productions agricoles : céréales, foin, bois.

La commune de Montrottier est traversée par les chemins de grande communication Nos 4, 7 et 24, et par celui d'intérêt commun N° 61.

Foires : 5 février, mardi après les Rameaux, 16 juin, 2 août, 2 novembre, 26 décembre. Marché le mardi.

SAINT-CLÉMENT-LES-PLACES

Village à 4 kilomètres de Saint-Laurent et à 45 de Lyon, 780 habitants, 1.224 hectares.

Commune bornée : au nord, par Longessaigne ; à l'est, par

Saint-Laurent; au sud, par Haute-Rivoire, et à l'ouest, par Saint-Martin (Loire) et Chambost.

Sous le régime monarchique, annexe de la paroisse de Longessaigne. La plus grande partie de son territoire était dans le Lyonnais, archiprêtré de Courzieu, élection et du ressort de la sénéchaussée de Lyon. Le seigneur du clocher et de la plus grande partie de la paroisse était le prieur de Montrottier. Justice de ce prieuré et de celle de Saint-Bonnet-les Places, pour la partie qui est en Forez.

Sur Saint-Clément était le château d'Argières, élection et du ressort du bailliage de Montbrison, justice de Saint-Bonnet-les-Places; seigneur, le chevalier de Lemps, qui était commandeur de Chazelles.

En 1793, Saint-Clément s'appelait simplement les Places.

La commune de Saint-Clément appartient au bassin de la Loire, et est arrosée par les ruisseaux la Torranche, le Pont-Lyonnais, etc. Elle forme un plateau dont l'altitude moyenne est de 650 mètres.

Productions agricoles : céréales, fourrages, bois, etc.

Le territoire de la commune de Saint-Clément est vivifié par le chemin de grande communication N° 4 et par celui d'intérêt commun N° 51.

SAINTE-FOY-L'ARGENTIÈRE

Village à 5 kilomètres de Saint-Laurent et à 40 de Lyon, 1.221 habitants, 154 hectares.

Cette commune est limitée : au nord et à l'est, par Saint-Genis-l'Argentière; au sud, par Aveize, et à l'ouest, par Souzy.

Avant 1790, annexe de la paroisse de Saint-Genis-l'Argentière, et seigneurie dans le Lyonnais, archiprêtré de Courzieu, élection et du ressort de la sénéchaussée de Lyon; le seigneur était le comte de Fenoyl.

Ce village doit évidemment son nom à une mine d'argent ou de plomb argentifère dont l'exploitation a été reconnue sur la rive droite de la Brevenne, à peu de distance de l'Argentière (Aveize).

La terre de Sainte-Foy-l'Argentière fut cédée, en 1355, par Brian de Saint-Priest, aux comtes de Lyon, en échange de la seigneurie de Saint-Étienne.

L'ancien château, restauré récemment, subsiste encore à côté de l'église.

Sous la Révolution, Sainte-Foy-l'Argentière fut dénommée Foy-sur-Brevenne.

Cette commune a été constituée gîte d'étape, par décision ministérielle du 17 novembre 1888. Elle a une altitude de 523 mètres, et est arrosée par la Brevenne.

Mines de charbons que le seigneur faisait déjà exploiter au siècle dernier. La production de l'année 1894 a été de 38.000 tonnes. Elle présente une diminution d'environ 2.000 tonnes sur celle de 1893, d'environ 4.000 tonnes sur celle de 1892. La cause en est à la fois dans la douceur de l'hiver 1893-94, et de la mauvaise situation de l'industrie, en général dans la région de la Loire et du Rhône. L'atelier d'agglomération a donné, en 1894, une production d'environ 4.000 tonnes d'agglomérés, en forme de boulets ovoïdes.

Fabrique de porcelaine, fabrique mécanique de tuiles, four à chaux, scierie mécanique.

Cette commune est en outre vivifiée : par la voie ferrée de Lyon à Montbrison, qui y possède une gare ; par la route nationale N° 89, par les chemins de grande communication N° 3 bis, 4 et 25, et par celui d'intérêt commun N° 72.

Foires : 3e jeudi de janvier, 1er jeudi après Quasimodo, 1er lundi après Saint-Jean, 20 septembre, 1er jeudi après l'Immaculée-Conception, 4e jeudi d'octobre. Marché le jeudi.

SAINT-GENIS-L'ARGENTIÈRE

Village à 6 kilomètres de Saint Laurent et à 40 de Lyon, 978 habitants, 1.065 hectares.

Orientation de ses limites : au nord, Brussieu et Courzieu; à l'est, Montromand; au sud, Duerne ; à l'ouest, Aveize, Sainte-Foy, Souzy et Saint-Laurent.

Sous l'ancienne monarchie, paroisse dans le Lyonnais, archiprêtré de Courzieu, justice d'Yzeron et de Sainte-Foy-l'Argentière pour les parcelles de la Fay et de la Chenevatière, élection et sénéchaussée de Lyon; les comtes de Lyon nommaient à la cure. Seigneur, Chapuis de Laval, baron d'Yzeron ; seigneur d'autre partie, le comte de Fenoyl. Le fief de la Valsonnière appartenait au chevalier de Beck.

En 1793, Saint-Genis prit éphémèrement le nom de Pique-sur-Brevenne.

On trouve dans cette commune des restes d'aqueducs souterrains qui servaient à l'alimentation du camp romain de Craponne.

Saint-Genis est arrosé par la Brevenne et son affluent le Rossand.

Cette commune est située sur le versant septentrional des Cévennes. Son altitude varie de 525 à 766 mètres.

Productions agricoles : céréales, prairies, dont 120 hectares employés au pacage des bestiaux.

Industrie : tissage mécanique pouvant occuper jusqu'à 150 ouvriers. Fromagerie.

Foires : 3 février, lundi qui suit le 1er dimanche de septembre.

Cette commune est traversée : par la route nationale N° 89 ; par la ligne ferrée de Lyon à Montbrison, mais il n'y a point de station, et par les chemins de grande communication N°s 3 *bis*, 4 et 25.

SOUZY-L'ARGENTIÈRE

Village à 6 kilomètres de Saint-Laurent et à 42 de Lyon, 817 habitants, 509 hectares.

Communes limitrophes : au nord, Saint-Laurent ; à l'est, Saint-Genis, Sainte-Foy et Aveize ; au sud, Meys ; à l'ouest, Les Halles, et Haute-Rivoire.

Avant l'ère de la Liberté, paroisse en Lyonnais; archiprêtré de Courzieu, justice du Fenoyl, élection et du ressort de la sénéchaussée de Lyon; le prieur de Courzieu nommait à la cure. Seigneur, le comte de Fenoyl.

Commune appartenant au bassin du Rhône, sur le versant méridional du coteau de Saint-Laurent-de-Chamousset, arrosée par la Brevenne.

Altitude comprise entre 490 et 618 mètres.

Industrie : mines de houille de Sainte-Foy-l'Argentière, tuilerie mécanique, fabrique de fromages.

La commune de Souzy est assise sur la voie ferrée de Lyon à Montbrison, sur la route nationale N° 89, et sur les chemins de grande communication N°s 3 bis et 4.

VILLECHENÈVE

Bourg à 13 kilomètres de Saint-Laurent et à 45 de Lyon, 1.353 habitants, 1.386 hectares.

Affoux au nord, Montrottier à l'est, Longessaigne au sud, Chambost, Panissières et Violay à l'ouest, sont les communes qui délimitent Villechenève.

Autrefois grande paroisse sur les confins des provinces du Lyonnais, du Forez et du Beaujolais, qui dépendait de la châtellenie royale de Feurs, archiprêtré de Néronde, élection et bailliage de Montbrison, et chef-lieu de la justice du marquisat de la Rivière, en Beaujolais, qui était très étendu et qui comprenait une partie de Violay, de Longessaigne, de Panissières et de Saint-Martin-Lestra ; le prieur de Montrottier nommait à la cure. La comtesse de Villeneuve possédait aussi en 1790 une partie de la paroisse.

Il semble que ce soit cette commune qu'une ancienne charte désigne sous le nom de Villa Egena, dont on aurait fait le nom actuel ; toutefois, le mot chanvre semble être un des éléments de ce nom.

En 1173, ce village fut cédé aux archevêques de Lyon, par le comte de Forez.

Ancien château de la Rivière, chef-lieu du marquisat de ce nom, ayant appartenu à la famille Charpin.

Villechenève ressortissait en 1793 à la justice de paix de Bessenay.

Cette commune appartient partie au bassin du Rhône, partie au bassin de la Loire. Ruisseaux de Molières et de l'Oise.

Territoire très élevé ; altitude comprise entre 793 et 829 mètres. Climat froid, mais sain.

Productions agricoles : blé, avoine et pommes de terre.

Industrie : tissage de soie, de toile et de mousseline.

Foires : 20 janvier, 2e mercredi de carême, mercredi après la Passion, 2 mai, 1er mercredi de juillet, 14 août, 7 septembre, 2e mercredi avant Noël.

Voies importantes : chemins de grande communication N° 4, 6 bis et 27.

COMMUNES.	POPULATION MUNICIPALE.			POPULATION comptée à part.	POPULATION totale.	SUPERFICIE.	RECETTES ordinaires.	DÉPENSES ordinaires.	PRODUIT des centimes.	VALEUR du centime.	CENTIMES pour DÉPENSES ordinaires et extraordinaires.			MONTANT de la dette.	REVENUS du bureau de bienfaisance.	PERCEPTIONS.	POSTES ET TÉLÉGRAPHES.	ÉLECTEURS.
	Agglomérée.	Éparse.	Totale.								Nombre total.	Dont extraordinaires.	Durée des impositions extraordinaires.					
Brullioles	259	665	924		924	1.225	4.698	4.698	3.654	54,34	66	10	1917	13.850	856	Montrottier	St-Laurent.	320
Brussieu	393	291	684	53	737	673	3.095	3.095	2.590	42,94	61	20	1916	14.432	76	St-Laurent.	F.-R.-T.	220
Chambost-L	565	1.150	1.715		1.715	1.539	7.041	7.026	5.968	79,94	74	30	1925	41.118	502	Montrottier	St-Laurent.	590
Halles (Les)	173	136	309		309	309	1.402	1.402	801	24,51	35	5	1900	3.500	623	St-Laurent.	Ste-Foy.	90
Haute-R voire	378	1.179	1.557		1.557	2.029	7.694	7.602	4.990	91,90	54	12	1905	5.000	778	id.	P.	500
Longessaigne	228	653	881		881	1.158	4.060	4.063	3.243	52,16	66	18	1919	11.025	549	Montrottier	St-Laurent.	290
Montromand	123	390	513	4	517	1.699	2.790	2.773	1.965	82,62	60	19	1909	6.855	748	St-Laurent.	Ste-Foy.	160
Montrottier	414	1.228	1.642		1.642	2.317	8.425	8.425	5.920	90,73	58	8	1917	13.962	666	Montrottier	St-Laurent.	555
Saint-Clément	154	626	780		780	1.221	3.272	3.268	2.104	48,18	43	13	1921	13.001	90	St-Laurent.	id.	240
Sainte-Foy-l'Argentière	1.063	144	1.207	14	1.221	104	4.472	4.466	2.800	56,37	51	13	1904	7.986	137	id.	P.-T.	540
Saint-Genis-l'Argentière	277	696	973	5	978	1.065	2.948	2.946	1.471	52,71	83					id.	Ste-Foy.	260
Saint-Laurent-de-Chamousset	948	694	1.642		1.642	1.728	10.369	10.369	6.663	106,55	71	20	1908	10.474	1.248	id.	P.-T.	540
Souzy	492	315	807	10	817	509	2.300	2.300	1.783	34,30	52	11	1911	3.300	92	id.	Ste-Foy.	230
Villechenève	691	662	1.353		1.353	1.386	6.083	6.083	5.655	69,59	80	96	1916	23.370	455	Montrottier	St-Laurent.	400
	6.158	8.829	14.987	86	15.073	16.445	68.710	68.606	49.886	846,19	802	914		167.910	6.225			

COMMUNES.	Distance de Lyon.	de Saint-Laurent.	FÊTES patronales.	Notaires.	PERSONNEL médical.				État civil.	Caisses des écoles.	Fondation de la bibliothèque.	ÉCOLES publiques.				ÉCOLES privées [4].		Personnel ecclésiastique.
					Médecins.	Pharmaciens.	Sages-Femmes.	Vétérinaires.				Garçons (classes).	Filles (classes).	Mixtes.	Maternelles.	Garçons.	Filles.	
Saint-Laurent-de-Chamousset.	41		Saint-Laurent.	2	1	2	1		1628		1884	1	3			1		✚ 3
Brullioles	34	7	Nativité de St-Jean-Bapte				1		1720	1	1858	1	2					2
Brussieu	34	7	Saint-Denis.				1		1615		1881	1	1					1
Chamb.-Longessaigne	48	11	Saint-Maurice.				1		1583		1888	3					1	2
Les Halles	44	5	Sainte-Suzanne.						1769					1		1		1
Haute-Rivoire	48	7	Sainte-Marguerite.	1					1686	1	1883	2	2					2
Longessaigne	43	8	Sainte-Blandine.						1584	1	1881	2	2				1	2
Montromand	36	10	Nativité de Notre-Dame.						1697	1	1866	1	1					1
Montrottier	38	10	Saint-Martin.	1			2		1615	1	1863	2	3					2
id. (Albigny)			Nativité de St-Jean-Bapte								1891	1	2					1
Saint-Clément les-Places	45	4	Saint-Clément, pape.						1649		1883	2	1				1	2
Sainte-Foy-l'Argentière	40	5	Sainte-Foy.		1	1	1		1695	1	1888	1	3			1		2
Saint-Genis-l'Argentière	40	6	Saint-Genès, martyr.						1700	1	1883	2	2					2
Soucy	42	6	Assomption.						1681		1886	1	2					1
Villechenève	45	13	id.	1			1		1673	1	1886	2	2					2

1. Il y a une école maternelle privée à Saint-Laurent-de-Chamousset, Chambost et Sainte-Foy.

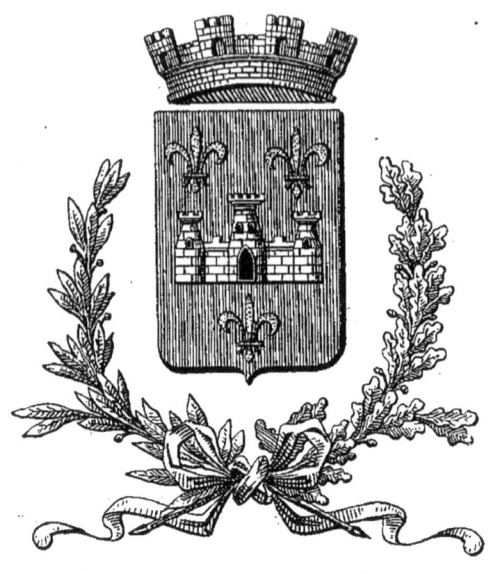

CANTON DE

SAINT-SYMPHORIEN-SUR-COISE

La justice de paix de Saint-Symphorien-sur-Coise comprend les communes de Saint-Symphorien, Aveize, La Chapelle-sur-Coise, Coise, Duerne, Grézieu-le-Marché, Larajasse, Meys, Pomeys et Saint-Martin-en-Haut.

Population 13.247 habitants, superficie 15.868 hectares.

Ce canton est limité : au nord, par celui de Saint-Laurent-de-Chamousset et de Vaugneray ; à l'est, par ce dernier et celui de Mornant; au sud, par ceux de Rive-de-Gier et de Saint-Héand (Loire) ; à l'ouest, par celui de Saint-Galmier (Loire). Il a été formé d'une partie du Lyonnais et d'une partie du Forez.

Dans le Lyonnais étaient : Saint-Symphorien, Aveize, partie de La Chapelle et de Coise, Duerne, la plus grande partie de Grézieu-le-Marché, partie de Larajasse, Pomeys, Saint-Martin-en-Haut.

Partie de La Chapelle, de Coise et de Larajasse, faible partie de Grézieu, Meys étaient en Forez.

L'archiprêtré de Saint-Symphorien comprend douze paroisses et fait partie du diocèse de Lyon.

Dans le temps jadis, Saint-Symphorien, Aveize, La Chapelle, Coise, Duerne, Grézieu, Meys, Pomeys dépendaient de l'archiprêtré de Courzieu, tandis que Larajasse et Saint-Martin-en-Haut faisaient partie de celui de Mornant.

Toutes les communes de ce canton formaient l'ancienne justice de paix de Saint-Symphorien, à l'exception de Duerne et Saint-Martin-Rochefort, qui ressortissaient à la justice d'Yzeron, et de Meys, qui ressortissait à celle de Saint-Laurent-de-Chamousset.

La plus grande partie de ce canton est comprise dans le bassin de la Loire (ruisseau la Coise et ses affluents le Coiset, l'Orzon, etc.); le reste est du bassin du Rhône (ruisseau la Brevenne).

Ce pays est très accidenté. Son altitude varie entre 529 et 918 mètres. La ligne de partage des eaux traverse son territoire à l'est et à l'ouest.

Industries : fabrication de velours soie et de taffetas unis; fabrique de chaussures; commerce très étendu de charcuterie; fabrication de fromage bleu, etc.

Productions agricoles : blé, seigle, avoine, pommes de terre, betteraves et fourrages, bois de chauffage et de construction, etc.

Élevage et engrais du bétail.

Le canton de Saint-Symphorien ressortit au 7e corps d'armée, au tribunal de commerce de Lyon.

Il fait partie du comice agricole de Vaugneray, de l'inspection primaire des écoles de Tarare et de la 9e circonscription électorale.

Les armes de Saint-Symphorien sont : De gueules, au château à trois tours d'argent, maçonné de sable, accompagné de trois fleurs de lis d'or.

Ce canton renferme une population aux mœurs paisibles et douces qui vit de la culture de la terre.

SAINT-SYMPHORIEN-SUR-COISE

Chef-lieu de canton à 43 kilomètres de Lyon, 2.459 habitants, 403 hectares.

Communes limitrophes : au nord, Pomeys ; à l'est, La Chapelle, Larajasse ; au sud, Coise ; au sud-ouest, Saint-Denis-sur-Coise (Loire).

Petite ville, autrefois murée, dans le Lyonnais, archiprêtré de Courzieu, élection et du ressort de la sénéchaussée de Lyon. La seigneurie dépendait du comté de Lyon. On y voit un ancien château, bâti sur les fossés de la ville, ainsi qu'une partie ogivale du mur d'enceinte garnie de ses mâchicoulis. Cette porte a gardé le nom de Riverie, qui était celle des seigneurs de Clérimbert.

Les deux autres portes de Saint-Symphorien, démolies aujourd'hui, portaient les noms de Gouvard et Chadu, qui étaient ceux de deux fontaines du voisinage.

L'église, bâtie en 1400 par le cardinal Girard, natif de Saint-Symphorien, est un monument digne d'intérêt.

Dans cette paroisse, il y avait au moment de la Révolution huit prébendes : quatre du cardinal Girard, deux des Court, une des Payre, une des Rivière, une chapelle de Saint-Antoine, une maison d'Ursulines et une congrégation des Pénitents du Saint-Sacrement, qui se réunissaient dans la crypte de l'église.

Cette petite ville avait été, à l'origine, possédée par une famille chevaleresque du nom de Saint-Symphorien, qui se retira, au commencement du XIIIe siècle, à Saint-Laurent-de-Chamousset, après avoir cédé ses droits seigneuriaux aux chanoines-comtes de Lyon.

Une châtellenie royale fut établie à Saint-Symphorien en 1332.

En 1563, la peste exerça de grands ravages dans cette petite ville, qui devint au contraire, en 1581, le refuge du Chapitre de Saint-Jean, chassé de Lyon par le même fléau.

En 1562, un détachement de protestants ayant essayé de s'emparer de Saint-Symphorien, en l'absence de ses habitants, les femmes repoussèrent victorieusement cette attaque imprévue.

Patrie du médecin Symphorien Champier, premier médecin d'Antoine, duc de Lorraine, qui suivit ce prince en Italie et y combattit à côté de lui. Son savoir et sa valeur le mirent en commerce avec plusieurs savants français et étrangers. Il mourut vers l'an 1640, à Lyon, après avoir publié : les grandes Chroniques de Savoie ; la description de Lyon ; la Vie du chevalier Bayard, ouvrage romanesque ; recueil des histoires d'Austrasie ; le Triomphe de Louis XII, histoire d'un style ampoulé ; plusieurs écrits de médecine.

Saint-Symphorien a encore vu naître le cardinal Pierre Girard, la famille Charpin, Benoît de Court, savant jurisconsulte, qui a commenté fort sérieusement : les Arrêts d'Amour, pièces badines assez ingénieuses de Martial d'Auvergne, dont le principal mérite est la naïveté. De Court étale une très grande érudition dans son Commentaire où il développe très bien plusieurs questions de l'ancien droit civil, que l'on ne serait pas tenté d'y aller chercher. Ce Commentaire avec les arrêts fut imprimé chez Gryphe, à Lyon, en 1533.

Cette commune a encore donné le jour au docteur Ambroise Commarmond, conservateur des musées archéologiques de Lyon, mort le 7 décembre 1857.

Il y avait autrefois deux fiefs à Saint-Symphorien : Clérimbert, château et seigneurie, qui, après avoir appartenu à la famille de ce nom, est possédé aujourd'hui par M. Peyrachon ; Hurongue, fief ayant appartenu aux Le Court de Pluvy : ce château est aujourd'hui en la possession de M. le comte de Noblet.

L'Hôpital (24 lits) existait déjà au siècle dernier. Ses biens étaient alors administrés par sept recteurs.

M. Cochard a publié une notice des plus complètes sur Saint-Symphorien.

En 1793, on changea le nom de cette commune en celui de

Chausse-Armée, à cause des nombreuses fabriques de souliers qui s'y trouvent.

L'ancienne justice de paix de Saint-Symphorien ne comprenait ni Saint-Martin-en-Haut, ni Duerne, ni Meys.

La commune de Saint-Symphorien est arrosée par la Coise. Son altitude moyenne est de 558 mètres.

Productions agricoles : céréales.

Industries : charcuterie, commerce très étendu, ébénisterie, fabrique de chaussures.

Au siècle dernier, il y avait à Saint-Symphorien un collège tenu par deux régents et une école de filles dirigée par une maîtresse.

Marché tous les mercredis.

Les voies importantes qui vivifient cette commune sont les chemins de grande communication N°s 1 *bis*, 2, 4 et 16 *bis*, et ceux d'intérêt commun N°s 59 et 71.

AVEIZE

Village à 7 kilomètres de Saint-Symphorien et à 40 de Lyon, 1.234 habitants, 1.664 hectares.

Aveize est borné : au nord, par Sainte-Foy; à l'est, par Saint-Denis et Duerne; au sud, par La Chapelle; à l'ouest, par Pomeys, Grézieu, Meys et Souzy.

Autrefois paroisse sur les confins du Lyonnais, archiprêtré de Courzieu, élection et du ressort de la sénéchaussée de Lyon. La prieure de l'Argentière nommait à la cure, et était dame du clocher et de la plus grande partie de la paroisse. Les seigneurs du reste étaient M. Dareste de Saconay et le baron d'Yzeron.

C'est dans cette commune, au pied d'une haute montagne appelée Chatelard, qu'est situé le séminaire de l'Argentière, qui occupe les bâtiments de l'ancien prieuré du Chapitre noble de Notre-Dame-de-Coise, fondé en 1273 par Aymond de Coise pour vingt-deux chanoinesses-comtesses issues de parents nobles, qui embrassèrent la règle de Saint-Benoît et furent installées par Hugues, doyen de Montbrison et official de Lyon. Ce Chapitre était sous la juridiction immédiate de l'archevêque de Lyon.

En 1777, l'abbesse, Mme Marie-Madeleine de Gayardon de Fenoyl, alors à la tête de ce prieuré, fit construire les bâtiments, dont la première pierre fut posée par l'archevêque de Lyon, primat de France, Malvin de Montazet.

En 1780, lors de la sécularisation de l'abbaye de Savigny, le Chapitre de N.-D. de Coise reçut un tiers des biens de cette abbaye.

La partie la plus intéressante du prieuré de l'Argentière était le clocher de l'ancienne église supporté par une simple arcade remarquable par sa hardiesse et sa légèreté. Ce monument, qui s'est écroulé en 1893, appartenait au style ogival du xive siècle.

L'altitude de cette commune est de 440 mètres à l'Argentière et de 918 mètres à la Courtine.

Productions : céréales, prairies.

Les principales voies de communication de cette commune sont les chemins de grande communication N°s 1 bis, 4 et 11, et celui d'intérêt commun N° 72.

LA CHAPELLE-SUR-COISE

Village à 5 kilomètres de Saint-Symphorien et à 40 de Lyon, 392 habitants, 657 hectares.

Commune limitée : au nord-ouest, par Aveize ; à l'est, par Duerne et Saint-Martin ; au sud, par Larajasse, et à l'ouest, par Pomeys.

Anciennement Chapelle-en-Vaudragon, paroisse et seigneurie, partie en Forez, partie en Lyonnais, archiprêtré de Courzieu, élection de Montbrison. Justice de Saconay pour la partie qui était en Forez et de celle de Saint-Symphorien pour ce qui était en Lyonnais, du ressort de la sénéchaussée de Lyon. Le Chapitre de Saint-Just de Lyon nommait à la cure, et le seigneur était Dareste de Saconay.

Cette commune, qui s'appelait simplement Vaudragon, en 1793, est arrosée par l'Orgon et le Coiset, affluents de la Coise.

Son altitude moyenne est de 700 mètres.

Productions agricoles : céréales, fourrages.

La commune de La Chapelle est vivifiée par les chemins de grande communication N°s 2, 16 *bis*, et par celui d'intérêt commun N° 71.

COISE

Village à 3 kilomètres de Saint-Symphorien et à 45 de Lyon, 680 habitants, 896 hectares.

Communes limitrophes : au nord, Saint-Symphorien et Larajasse ; à l'est et au sud, cette dernière commune ; à l'ouest, Chatelus et Saint-Denis (Loire).

Au siècle dernier, paroisse de Saint-Étienne-de-Coise, partie en Lyonnais, partie en Forez, archiprêtré de Courzieu, élection de Lyon et de Montbrison, justice pour une partie de Clérimbert, de Chatelus et de La Fay, du ressort, pour une partie, de la sénéchaussée de Lyon, et, pour l'autre, du bailliage et sénéchaussée de Montbrison. L'archevêque de Lyon était collateur de la cure. Seigneurs du clocher : les comtes de Lyon ; d'autre partie, Chapuis de La Fay ; dame du reste, Mme Bouchu de Chatelus.

La commune de Coise appartient en entier au bassin de la Loire. Son alitude est comprise entre 559 et 752 mètres.

Productions agricoles : céréales, pommes de terre, fourrages.

Les chemins de grande communication N°s 1 *bis* et 2, et celui d'intérêt commun N° 47 sont les seules voies importantes de cette commune.

DUERNE

Village à 9 kilomètres de Saint-Symphorien et à 36 de Lyon, 665 habitants, 1.140 hectares.

Cette commune est limitée : au nord, par celle de Montromand ; à l'est, par celle de Saint-Martin-en-Haut ; au sud-ouest, par La Chapelle ; à l'ouest, par Aveize et Saint-Genis-l'Argentière.

Sous l'ancien régime, paroisse en Lyonnais, archiprêtré de Courzieu, élection de Lyon, pour une partie considérable, et, pour le restant, de Montbrison. L'archevêque de Lyon était collateur de la cure. Il y avait trois justices : la première, dont l'église dépendait, était de la baronnie de Rochefort : seigneurs, les comtes de Lyon ; la seconde dépendait en grande partie de la baronnie d'Yzeron ; la troisième dépendait de Saconay.

Antoine du Verdier, seigneur de Vauprivat, né à Montbrison en 1544, est mort à Duerne le 25 septembre 1600, âgé de 56 ans. Il fut historiographe de la France et inonda le public de compilations dont la moins mauvaise est la Bibliothèque des Auteurs français, quoiqu'il n'y ait pas beaucoup de critique et d'exactitude.

Le hameau de Pitaval rappelle François Gayot de Pitaval, qui naquit à Lyon en 1673, d'un père, conseiller au présidial de cette ville. Il prit le petit collet qu'il quitta bientôt pour suivre l'exemple de ses deux frères qui étaient l'un et l'autre dans le service. Aussi propre à l'état militaire qu'à l'état ecclésiastique, il se fit recevoir avocat en 1723 et prit une femme. Son éloquence n'ayant réussi que très faiblement au barreau et n'ayant qu'une fortune médiocre, il se mit à publier volume sur volume jusqu'à sa mort, en 1743, après plus de quarante attaques d'apoplexie. Pitaval, le plus maussade des écrivains, se croyait le plus ingénieux et ne s'en cachait pas.

L'église de Duerne avait été donnée à l'abbaye de Savigny en 1065.

Sur ce territoire était le fief de Bois-Saint-Just qui appartenait, au siècle dernier, à Dugas de Bois-Saint-Just.

La commune de Duerne fit un moment partie du canton d'Yzeron. Elle est partie dans le bassin du Rhône et partie dans celui de la Loire.

Cette commune forme un plateau élevé dont l'altitude moyenne est de 800 mètres, 824 au village.

Productions agricoles : fourrages, céréales.

Industrie : fabrique de fromages.

La route nationale N° 89, les chemins de grande communication N°s 1 *bis*, 11 et 34, et celui d'intérêt commun N° 71, traversent le territoire de cette commune.

GRÉZIEU-LE-MARCHÉ

Village à 7 kilomètres de Saint-Symphorien et à 44 de Lyon, 867 habitants, 1.149 hectares.

Commune limitée : au nord, par Meys ; à l'est, par Aveize ; au sud, par Pomeys ; à l'ouest, par Viricelles et Chazelles.

Avant l'ère de la Liberté, paroisse de Grézieu-Souvigny, dans le Lyonnais, archiprêtré de Courzieu, élection et du ressort de la sénéchaussée de Lyon. Le croisier de Savigny nommait à la cure. Seigneur, M. de Lamoignon. Une autre partie, celle du Villet, dépendait de Chazelles.

Grézieu fut cédé en 1173 par le comte de Forez au Chapitre de Lyon.

Au siècle suivant, il était possédé par une branche de la famille chevaleresque de Saint-Symphorien.

En 1650, son château fut érigé en baronnie, en faveur de Jean de Gangnères de Souvigny.

Commune comprise sur la ligne de partage des eaux. Bassin

du Rhône : la Brevenne, qui sépare Grézieu de Meys. Bassin de la Loire : Lagunont. Altitude moyenne 700 mètres.

Productions agricoles : blé, seigle, avoine, pommes de terre, betteraves et fourrages.

Industrie : tissage de la soie.

Les seules voies importantes qui traversent le territoire de la commune de Grézieu sont le chemin de grande communication N° 11, et les chemins d'intérêt commun N°s 59 et 72.

LARAJASSE

Village à 6 kilomètres de Saint-Symphorien et à 41 de Lyon, 2.298 habitants, 3.321 hectares.

Cette commune est limitée : au nord, par La Chapelle; à l'est, par Saint-Martin-en-Haut et Sainte-Catherine; au sud, par Saint-Romain-en-Jarez et Marcenod (Loire); à l'ouest, par Chatelus (Loire), Coise, Saint-Symphorien et Pomeys.

Sous l'ancienne monarchie, grande paroisse, partie en Lyonnais et partie en Forez, archiprêtré de Mornant. Elle était divisée en quatre parcelles : celle du clocher, celle de Vaudragon, celle du Mazel et celle du Chatelus. Les parcelles du clocher et du Mazel étaient de l'élection et du ressort de la sénéchaussée de Lyon, et les parcelles de Vaudragon et du Chatelus, de l'élection et du ressort de la sénéchaussée de Lyon.

Cette paroisse dépendait de six justices : celle de La Fay (M. Savaron), qui était la principale; celle de Vaudragon; celle de La Thenaudière; celle de La Faverge (baron de Riverie); celle de Mme de Chatelus (Laubépin); celle de Pizey (les comtes de Lyon). Le Chapitre de Saint-Paul de Lyon nommait à la cure.

Le château de Larajasse fut élevé au milieu du xviie siècle par Jean-Jacques Gayot, seigneur de Larajasse. Il a été restauré dernièrement.

L'abbé César Ribier, curé de Larajasse, auteur de plusieurs ouvrages ascétiques, y est mort le 14 mai 1826.

La commune de Larajasse se compose de trois paroisses distinctes ayant chacune une petite agglomération ou village ; ce sont : Larajasse, L'Aubépin, qui fut commune jusqu'en 1814, et Lamure ou le Mazel.

Larajasse appartient au bassin de la Loire ; le principal cours d'eau qui l'arrose est la Coise.

Altitude comprise entre 687 et 908 mètres.

Productions agricoles : céréales et fourrages.

Élevage et engrais du bétail.

Foires : 2 janvier, 1er mardi de février, lundi de Quasimodo, dernier mardi de mai, 14 septembre, 26 novembre.

Voies importantes : chemins de grande communication N°s 2 et 16 *bis*, et chemin d'intérêt commun N° 47.

MEYS

Village à 10 kilomètres de Saint-Symphorien et à 50 de Lyon, 1.020 habitants, 1.460 hectares.

Commune limitée : au nord, par Haute-Rivoire ; à l'est, par Souzy et Aveize ; au sud, par Grézieu ; à l'ouest, par Virigneux et Maringes (Loire).

Avant la Révolution, paroisse et seigneurie dans le Forez, archiprêtré de Courzieu, élection de Montbrison, justice pour la plus grande partie de la paroisse de celle de la Menue, du ressort de la sénéchaussée de Saint-Étienne, exercée à Montbrison.

L'archevêque de Lyon était collateur de la cure. Seigneurs : le marquis de Pons et le baron de Bothéon.

En 1793, Meys faisait partie du canton de Saint-Laurent-de-Chamousset, et l'on se demande quel est le motif qui l'a fait réunir à celui de Saint-Symphorien.

Meys a eu l'insigne honneur, honneur que revendique avec un

juste orgueil le département du Rhône tout entier, d'avoir produit, le 24 novembre 1809, M. Jean-Marie Faure, père de l'homme d'État droit et sympathique, qui, sorti des rangs de la démocratie, préside aujourd'hui avec autant de tact que de patriotisme aux destinées de la République française.

Meys appartient au bassin du Rhône (ruisseau de la Brevenne), qui le sépare de Grézieu-le-Marché, et le Combron, qui le sépare de Souzy, et au bassin de la Loire (ruisseau la Torranche).

L'altitude moyenne de cette commune est de 615 mètres.

Productions agricoles : céréales et fourrages.

Industrie : tuilerie.

Foires : le 2ᵉ jeudi de février, le 3ᵉ jeudi de septembre et le 15 novembre.

La voie ferrée de Lyon à Montbrison y possède une gare. Cette commune est encore vivifiée par le chemin de grande communication Nº 3 *bis*, et par le chemin d'intérêt commun Nº 59.

POMEYS

Village à 3 kilomètres de Saint-Symphorien et à 45 de Lyon, 781 habitants, 1.311 hectares.

Communes limitrophes : au nord, Aveize ; à l'est, La Chapelle ; au sud, Saint-Symphorien ; à l'ouest, Chazelles ; au nord-ouest, Grézieu.

Sous l'ancienne monarchie, annexe de Saint-Symphorien en Lyonnais, archiprêtré de Courzieu, élection et du ressort de la sénéchaussée de Lyon. Justice de Saint-Symphorien, Saconay, Clérimbert, Souvigny et Hurongue. Seigneurs, les comtes de Lyon.

Sur le territoire de Pomeys est le château de Saconay, où mourut en 1580 Gabriel de Saconay, chanoine, comte de Lyon, auteur du *Discours des premiers troubles advenus à Lyon*, avec l'apologie pour la ville de Lyon contre le libelle faussement intitulé *La juste et sainte défense de la ville de Lyon*.

Ce château passa plus tard à la famille Dareste de Saconay.

Commune comprise sur le versant de la Loire. Le ruisseau Lagimont la sépare de Grézieu-le-Marché.

Entre 585 et 700 mètres d'altitude.

Productions agricoles : colza, pommes de terre, céréales, fourrages, etc.

Industrie : entreprise de battage.

Cette commune est traversée par les chemins de grande communication Nos 1 bis, 2 et 16 bis, et par ceux d'intérêt commun Nos 59 et 71.

SAINT-MARTIN-EN-HAUT

Bourg à 12 kilomètres de Saint-Symphorien et à 31 de Lyon, 2.851 habitants, 3.867 hectares.

Cette vaste commune a pour limites : au nord, Montromand et Yzeron ; à l'est, Thurins, Rontalon, Saint-André et Sainte-Catherine ; au sud-ouest, Larajasse ; à l'ouest, Duerne.

Au siècle dernier, paroisse dans le Lyonnais, archiprêtré de Mornant, élection et du ressort de la sénéchaussée de Lyon. Les comtes de Lyon nommaient à la cure et étaient les seigneurs du clocher ; le seigneur de l'autre partie de la paroisse était Dareste de Saconay.

Dans la circonscription de cette commune se trouve comprise l'ancienne paroisse de Rochefort, autrefois baronnie appartenant aux comtes de Lyon, archiprêtré de Mornant, élection et du ressort de la sénéchaussée de Lyon ; l'archevêque de Lyon était collateur de la cure. Cette baronnie comprenait les paroisses de Rochefort, Saint-Martin-en-Haut et Duerne.

Sa vieille église, du XIIIe siècle, n'a plus que rang de simple chapelle.

Pendant la peste de 1544, les chanoines de Lyon allaient tenir leurs réunions capitulaires à Rochefort.

Ce village a eu le rang de commune ; il n'a perdu ce titre qu'en 1814.

Non loin du village de Saint-Martin est situé le château de La Batie, ancien fief appartenant à la famille de Joseph-Antoine-Augustin de la Roque-Pluvinel.

Sous la Révolution, Saint-Martin prit le nom de Martin-l'Espérance.

Son ancienne église, sans caractère architectural, vient d'être remplacée par un beau monument, œuvre de l'architecte Bourbon, de Lyon, dans le style de l'architecture auvergnate du xiie siècle.

Au moment de la création des justices de paix, cette commune et celle de Rochefort furent réunies au canton d'Yzeron.

Patrie de Pierre Grataloup, surnommé « le Petit Monsieur », chef de la bande des Chauffeurs lyonnais. Ces brigands avaient établi leur quartier général dans les masures de l'ancien château de Rochefort.

Saint-Martin est constitué gîte d'étape.

Il appartient pour la plus grande partie de son territoire au bassin de la Loire : la Coise, ayant pour affluent le Potensinet, sépare la commune de Saint-Martin de celle de Larajasse. Le reste appartient au bassin du Rhône.

Altitude très élevée. Le bourg est à 737 mètres au-dessus du niveau de la mer.

Productions agricoles : céréales, fruits divers ; engraissage du bétail, bois de chauffage et de construction.

Industrie : fabrication de velours soie et taffetas unis.

Foires : lundi gras, 6 mai, 2e lundi d'octobre, 9 décembre. Marché le lundi.

La commune de Saint-Martin-en-Haut est traversée par les chemins de grande communication N°s 2, 16 *bis* et 34, et par le chemin d'intérêt commun N° 47.

COMMUNES.	POPULATION MUNICIPALE.			POPULATION comptée à part.	POPULATION totale.	SUPERFICIE.	RECETTES ordinaires.	DÉPENSES ordinaires.	PRODUIT des centimes.	VALEUR du centime.	CENTIMES pour dépenses ordinaires et extraordinaires.			MONTANT de la dette.	REVENUS du bureau de bienfaisance.	PERCEPTIONS.	POSTES ET TÉLÉGRAPHES.	ÉLECTEURS.
	Agglomérée.	Éparse.	Totale.								Nombre total.	Dont extraordinaires.	Durée des impositions extraordinaires.					
Areize........	175	917	1.092	142	1.234	1.664	4.019	3.918	1.896	79,74	22					Duerne.	Duerne.	340
Chapelle-sur-Coise...	81	308	389	3	392	557	1.587	1.546	777	37,48	21			740	71	id.	id.	110
Coise........	64	616	680		680	896	3.384	3.270	2.148	50	42				162	St-Sympho.	St-Sympho.	190
Duerne........	197	468	665		665	1.140	2.853	2.851	1.044	45,30	36	5	1902	1.487		Duerne.	P.-T.	190
Grézieu-le-Marché...	216	641	857	10	867	1.149	2.686	2.550	1.294	62,23	21				254	St-Sympho.	St-Sympho.	250
Larajasse........	650	1.615	2.265	33	2.298	3.322	10.267	10.057	5.800	185,26	31			1.332		id.	id.	720
Meys........	230	790	1.020		1.020	1.460	4.358	4.344	3.347	64,57	51	17	1926	17.750	583	Duerne.	Sainte-Foy	350
Pomeys........	103	678	781		781	1.211	4.640	4.640	3.650	79,41	48	9	1897	1.963		St-Sympho.	St-Sympho.	250
Saint-Martin-en-Haut	817	1.990	2.807	44	2.851	3.867	11.686	11.686	7.586	168,34	45	10	1920		2.355	Duerne.	P.-T.	810
Saint-Symphorien....	2.264	195	2.459		2.459	403	16.119	16.119	9.462	167,68	57	40	1918	57.607	930	St-Sympho.	P.-T.	690
	4.797	8.218	13.015	232	13.247	15.868	61.805	60.991	37.606	936,01	375	81		80.868	4.312			

COMMUNES.	Distance de Lyon.	Distance de Saint-Symphorien.	FÊTES patronales.	Notaires.	Médecins.	Pharmaciens.	Sages-Femmes.	Vétérinaires.	État civil.	Caisse des écoles.	Fondation de la bibliothèque.	Garçons (classes).	Filles (classes).	Mixtes.	Maternelles.	Garçons.	Filles.	Personnel ecclésiastique.
Saint-Symphorien-sur-Coise...	43		Saint-Symphorien.	3	2	1	1	1	1590		1863	2	2			1	1	✠ 2
Aveize	40	7	Saint-Pierre.				1		1700		1887	1	2			1		2
La Chapelle-sur-Coise	40	5	Saint-Étienne.						1606			1					1	1
Coise	45	3	id.						1653		1886	1	2			1		1
Duerne	36	9	Saint-Jean, évangéliste.								1891	2	2					1
Grézieu-le-Marché	44	7	Saint-Barthélemy.				1		1678		1891	1					1	2
Larajasse	41	5	Sainte-Anne.				1		1641		1884	1	3			1		3
id. (L'Aubépin)			St-Philippe et St-Jacques.						1690		1885	1	2					1
id. (Le Mazel)			Immaculée-Conception.									1					1	1
Meys	50	10	Saint-Pierre.				1		1685	1	1864	2	1	..			1	2
Pommeys	45	3	Saint-Martin.						1653		1866	2	2					2
Saint-Martin-en-Haut	31	12	id.	1		1	2		1693		1891	2	3			1		✠ 2

1. Il y a une école maternelle privée à Saint-Symphorien.

CANTON DE VAUGNERAY

La justice de paix du canton de Vaugneray comprend les communes de : Vaugneray, Brindas, Charbonnières, Chevinay, Sainte-Consorce, Courzieu, Craponne, Francheville, Saint-Genis-les-Ollières, Grézieu-la-Varenne, Saint-Laurent-de-Vaux, Marcy-l'Étoile, Messimy, Pollionnay, Tassin-la-Demi-Lune, Thurins et Yzeron.

Population 20.789 habitants. Superficie 17.562 hectares.

Toutes les communes de cette circonscription faisaient partie du Lyonnais. Elles formaient, en 1790, l'ancienne justice de paix de Vaugneray, à l'exception de Francheville, qui était du canton de Saint-Genis-Laval, et de Messimy, Thurins, Saint-Laurent-de-Vaux et Yzeron, qui ressortissaient à la justice de paix de cette dernière commune.

L'archiprêtré de Vaugneray comprend 19 paroisses. Avant la Révolution, Vaugneray, Brindas, Messimy, Pollionnay, Saint-Laurent-de-Vaux et Thurins, dépendaient de l'archiprêtré de Mornant; Charbonnières, Craponne, Francheville, Grézieu, Marcy, Sainte-Consorce, Saint-Genis-les-Ollières, Tassin, de celui des Suburbes (Saint-Nizier de Lyon); Chevinay, Courzieu et Yzeron, de celui de Courzieu.

Le canton de Vaugneray est en entier dans le bassin du Rhône. Principaux cours d'eau : le ruisseau de Charbonnières, le Ratier, le Mercier, l'Yzeron, le Garon, l'Arquillier, la Brevenne, etc.

Cette division administrative comprend des parties très basses aux environs de Lyon (altitude 290 mètres), puis le terrain s'élève peu à peu jusqu'à Yzeron et Saint-Bonnet (882 mètres) pour redescendre sur le versant de la Brevenne et du ruisseau de Charbonnières (283 mètres).

Ce canton est limité : au nord, par celui de L'Arbresle; au nord-est, par celui de Limonest; au sud-est, par celui de Saint-Genis-Laval; au sud, par celui de Mornant; au sud-ouest, par ceux de Saint-Symphorien-sur-Coise et de Saint-Laurent-de-Chamousset.

Principales industries : laiterie à Brindas, bains à Charbonnières; fabrique de mèches pour vin à Chevinay; blanchissage de linge à Francheville, à Craponne, à Grézieu, etc.; fabrique de bougies à Francheville; tissage de soie et de velours unis à Messimy, Thurins et Yzeron; fabrique de produits chimiques, de poterie et similaires, à Tassin-la-Demi-Lune.

Productions agricoles : vin, fruits, fraises, bois, fourrages, céréales, pommes de terre, légumes, etc.

Ce canton ressortit au 7ᵉ corps d'armée et au tribunal de commerce de Lyon. Il fait partie de la 8ᵉ circonscription électorale et de l'inspection primaire des écoles de Lyon-rural.

Vaugneray est le siège du comice agricole de ce nom, qui comprend les cantons de Vaugneray, L'Arbresle, Saint-Laurent-de-Chamousset et Saint-Symphorien-sur-Coise.

Les armes de Vaugneray sont : D'azur au chevron d'or, accompagné d'une tête de griffon arrachée d'or à dextre, d'une tête de lion arrachée d'argent à senestre, et d'un V d'or en pointe; au chef d'azur, chargé de trois étoiles d'or, soutenu du même.

Le canton de Vaugneray, au point de vue pittoresque, est l'un des plus remarquables du département.

VAUGNERAY

Chef-lieu de canton à 16 kilomètres de Lyon, 1.961 habitants, 2.249 hectares.

Communes limitrophes : au nord, Pollionnay et Grézieu-la-Varenne ; à l'est, Brindas ; au sud, Messimy et Saint-Laurent-de-Vaux ; à l'ouest, Yzeron et Courzieu.

Autrefois village et grande paroisse en Lyonnais, archiprêtré de Mornant, justice du comté de Lyon, élection et du ressort de la sénéchaussée de Lyon.

Sur son territoire, on remarque : 1° une maison dans laquelle se trouve la chapelle dite de Saint-Bonnet, restaurée sous le règne de Louis-Philippe. Sa cloche, placée en 1843, a été bénite par l'abbé Noirot, alors professeur de philosophie au collège de Lyon. Avant la Révolution, cette chapelle était desservie par un chapelain relevant de l'abbaye de Savigny. 2° L'ancien château de Bénévent, seigneurie dont la justice haute, moyenne et basse s'étendait sur les trois quarts de la paroisse. Bâti au XVIᵉ siècle, ce château a été restauré à plusieurs reprises différentes. Il est encore possédé aujourd'hui par un membre de la famille de ce nom.

Il y avait jadis trois fiefs à Vaugneray :

Celui d'Hoirieu, avec rente noble, ancienne possession de la famille de Montdor, qui appartenait au baron d'Yzeron (aujourd'hui ce château appartient à M. Rambaud); celui de Proty et celui de Charpieu.

François Iᵉʳ a passé à La Melonière.

Vaugneray, qui fut affligé de la peste en 1584, a été constitué gîte d'étape par décision ministérielle du 17 novembre 1888.

Le ressort de l'ancienne justice de paix de Vaugneray s'étendait sur les communes de Vaugneray, Brindas, Chevinay, Courzieu, Grézieu et Craponne, Pollionnay, Sainte-Consorce et Marcy-les-Loups, Saint-Genis-les-Ollières, Charbonnières et Tassin.

Le sol, granitique, produit du vin, des céréales et des fourrages.

Cette commune, arrosée par l'Yzeron et ses affluents, a une altitude variant entre 348 et 787 mètres.

Industries : blanchissage, fabrication de tissus de soie.

Foires : 14 janvier, 18 mars, 10 août, 1er mardi d'octobre, 2 décembre. Marché tous les premiers mardis du mois.

Vaugneray, desservi par une gare du chemin de fer de l'Ouest-Lyonnais, est traversé par la route nationale N° 89, par le chemin de grande communication N° 30, et par ceux d'intérêt commun Nos 17, 19 et 57.

BRINDAS

Village à 5 kilomètres de Vaugneray et à 14 de Lyon, 1.210 habitants, 1.128 hectares.

Limité : au nord, par Vaugneray, Grézieu et Craponne ; à l'est, par Francheville et Chaponost ; au sud, par Soucieu et Messimy ; à l'ouest, par Vaugneray.

Avant la Révolution, paroisse et seigneurie dans le Lyonnais, archiprêtré de Mornant, élection et du ressort de la sénéchaussée de Lyon. Les comtes de Lyon nommaient à la cure et étaient seigneurs du pays.

Brindas fut affligé de la peste en 1584.

En 1793, cette commune prit le nom de Brindas-sur-Roches.

Bassin du Rhône ; le sol, granitique, produit assez de foin. Altitude peu élevée ne dépassant pas 370 mètres. Ruisseau l'Yzeron.

Industrie : laiterie des Hotteaux.

Foires : 26 avril, 20 août et dernier mercredi de décembre.

Brindas est traversé par le chemin de fer de l'Ouest-Lyonnais, qui y possède une gare, et par les chemins de grande communication N°s 16 *bis* et 30, et par ceux d'intérêt commun N°s 19 et 25.

CHARBONNIÈRES

Village à 12 kilomètres de Vaugneray et à 9 de Lyon, 931 habitants, 409 hectares.

Communes limitrophes : au nord, Dardilly ; à l'est, Écully ; au midi, Tassin ; à l'ouest, Marcy et Sainte-Consorce.

Au siècle dernier, parcelle de la paroisse de Tassin, en Lyonnais, élection, justice, du comté et du ressort de la sénéchaussée de Lyon. Seigneurs les comtes de Lyon.

C'est dans ce village que se trouve une maison de plaisance ayant appartenu à Christophe Martin, ancien maire de Lyon et député du Rhône, petit-fils du major général Martin.

Dans un parc ayant appartenu à M. de Laval, se trouve une source d'eau minérale découverte en 1774, par M. de Marsonnat, renommée surtout pour la guérison des maladies de la peau. Cette station thermale est très fréquentée pendant la belle saison, depuis la construction de la ligne de chemin de fer de Lyon à Montbrison. L'eau est limpide, légèrement ferrugineuse, et répand une odeur d'hydrogène sulfuré.

Cette commune, arrosée par le ruisseau de Charbonnières, a une altitude ne dépassant pas 299 mètres.

Son territoire est traversé : par la ligne de Lyon à Montbrison, qui y possède une gare ; par la route nationale N° 7, et par le chemin de grande communication N° 7.

CHEVINAY

Village à 9 kilomètres de Vaugneray et à 24 de Lyon, 504 habitants, 880 hectares.

Limité : au nord-ouest, par Savigny et Bessenay, la Brevenne entre deux ; au sud-est, par Courzieu ; au sud, par cette dernière commune et Vaugneray ; à l'est, par Saint-Pierre-la-Palud.

Avant l'ère de la Liberté, paroisse en Lyonnais, archiprêtré de Courzieu, élection de Lyon, justice et baronnie de Savigny, du ressort de la sénéchaussée de Lyon. L'abbé de Savigny nommait à la cure. Il y a sur son territoire d'anciens aqueducs et des souterrains, appelés vulgairement les Thus, qui, d'après la tradition, auraient servi de retraite aux Sarrasins, vieille légende que l'on retrouve dans toutes les communes voisines.

On trouve, dans la montagne appelée les Vieilles-Mines, des mines de cuivre qui étaient déjà en exploitation du temps des Romains. Cette mine fut exploitée par Jacques Cœur.

Bassin du Rhône, ruisseau de la Brevenne et son affluent la Valtrey. Altitude moyenne 500 mètres. Mont Saint-Bonnet.

Le sol produit du vin, des fruits et des fraises de bois

Fabrique de mèches dites chalus, pour le vin.

Commune vivifiée par le chemin de grande communication N° 24.

COURZIEU

Bourg à 11 kilomètres de Vaugneray et à 28 de Lyon, 1.535 habitants, 2.704 hectares.

Cette commune est limitée : au nord-est, par Chevinay ; à l'est, par Vaugneray ; au sud, par Yzeron et Montromand ; à l'ouest, par Saint-Genis-l'Argentière, et au nord-ouest, par Brussieu et Bessenay.

Autrefois doyenné ou prieuré, château et seigneurie dans le Lyonnais, élection et du ressort de la sénéchaussée de Lyon. Le seigneur était le prieur commendataire, qui nommait à la cure ainsi qu'à celle de Souzy.

L'archiprêtré de Courzieu comprenait 36 cures, dont 23 étaient en Forez : Saint-André-le-Puy, Aveize, Saint-Barthélemy-Lestra, Bellegarde, Bessenay, Brullioles, La Chapelle-en-Vaudragon, Chazelles-sur-Lyon, Chevinay, Courzieu, Coise, Saint-Cyrles-Vignes, Duerne, Les Halles-le-Fenoyl, Saint-Genis-l'Argentière, Grézieu-le-Marché, Haute-Rivoire, Saint-Julien-sur-Bibost, Saint-Laurent-de-Chamousset, Longessaigne, Maringes, Saint-Martin-Lestra, Meys, Montromand, Montrottier, Saint-Pierre-la-Palud, Pollionnay, Saint-Romain-de-Popey, Sain-Bel, Salt-en-Donzy, Savigny, Souzy-l'Argentière, Saint-Symphorien-le-Château, Valeilles, Viricelles, Virigneux, Yzeron.

Et 7 annexes, dont 6 en Lyonnais : Ancy, Bibost, Brussieu, Châteauvieux, Saint-Clément-les-Places, Sainte-Foy-l'Argentière, Lerny et Pomeys.

La justice de Courzieu comprenait le bourg et une partie de la paroisse; le reste dépendait de la justice du chamarier de Savigny, de celle d'Yzeron, de celle de Chavanes-Triamen, de celle de Lafont, de celle de La Roche et de Senevrier.

Le château de Chavanes-Triamen, situé sur Courzieu, est aujourd'hui entièrement en ruines. Le seigneur était M. Gazanchon.

La Font et la Vernée était le nom d'un château et fief avec justice, dont le seigneur était M. de Montbellet.

La Roche, autrefois château et seigneurie, appartenait au commandeur de Chazelles.

Courzieu est traversé par l'ancienne voie gallo-romaine, ouverte par Agrippa, et conduisant de Lyon à Feurs, et de là dans le pays des Santons, en passant par Clermont. C'est sur cette route, d'après la tradition, que le corps de saint Bonnet, évêque de Clermont, fut transporté, au VIIIe siècle, de Lyon, où il était mort, dans sa ville épiscopale, ce qui donna lieu au changement de nom de plusieurs localités : Saint-Bonnet-le-Froid, dont la chapelle, sur la commune de Vaugneray, domine Courzieu, reçut ainsi, dit-on, ce nom en souvenir de la station qu'y firent les reliques du saint.

On remarque aussi, à Courzieu, les ruines de la chapelle de Saint-Clair.

L'ancienne église, datant du xve siècle, a été remplacée dernièrement par un bel édifice, digne de la commune.

Sol montagneux, au sud surtout. Altitude : mont Châtelard, 904 mètres; mont de la Verrière, 921 mètres. L'argile domine dans la partie haute, et le sable près de la Brevenne.

Productions : vin, blé, avoine, colza, pommes de terre, betteraves, châtaignes, fraises de bois renommées, pommes, etc.

Animaux domestiques : bœufs, vaches, moutons, etc.

La soierie est la seule industrie spéciale à la localité. Mine de houille non exploitée, au hameau de La Giraudière.

Foires : 3 février, lundi de Pâques, 22 septembre et 15 décembre.

La ligne de Lyon à Montbrison possède une gare sur le territoire de Courzieu.

Cette commune est encore traversée par le chemin de grande communication N° 25, et par celui d'intérêt commun N° 17.

CRAPONNE

Village à 7 kilomètres de Vaugneray et à 11 de Lyon, 1.910 habitants, 464 hectares.

Commune limitée : au nord, par Saint-Genis-les-Ollières; au levant, par Tassin-la-Demi-Lune ; au midi, par Francheville et Brindas ; à l'ouest, par Grézieu-la-Varenne.

Au siècle dernier, annexe de Grézieu, érigée en église succursale, par décret de l'archevêque de Lyon, en date du 11 mai 1775. Le seigneur était, à cette époque, M. Godard.

Craponne n'est commune que depuis 1836. Son territoire a été formé d'une distraction de celui de Grézieu-la-Varenne.

A l'ouest de Craponne, on remarque les ruines monumentales du Tourillon, débris d'un ancien aqueduc, dont la destination est encore un problème pour nos savants. Dans son voisinage était un camp romain.

Pays de plaine, dont l'altitude n'est que de 276 mètres.

Productions agricoles : fromages, céréales, vin.

Industrie : blanchissage du linge.

Marché le dimanche.

La ligne de l'Ouest-Lyonnais se bifurque sur les limites de Grézieu et de Craponne; le tronçon le plus important se dirige sur Mornant, l'autre se prolonge sur Vaugneray.

La route nationale N° 89, et les chemins de grande communication N°s 16 *bis* et 39 sont, outre la ligne ferrée, les grandes artères de la commune.

FRANCHEVILLE

Village à 11 kilomètres de Vaugneray et à 7 de Lyon, 1.912 habitants, 817 hectares.

Craponne, Tassin au nord, Lyon et Sainte-Foy-lès-Lyon à l'est, Chaponost au sud, Brindas à l'ouest, sont les communes qui limitent Francheville.

Avant 1793, paroisse, château et seigneurie en toute justice dans le Lyonnais, archiprêtré des Suburbes, élection et du ressort de la sénéchaussée de Lyon. L'archevêque de Lyon était collateur de la cure. La seigneurie de Francheville, qui dépendait de l'archevêque de Lyon, fut aliénée par le cardinal de Tencin à M. Charles-Joseph de Ruolz-Montchal, conseiller à la cour des Monnaies de Lyon, vers 1750.

On remarque à Francheville les ruines d'un ancien château (le Châter) construit au commencement du XIIIe siècle par les soins de l'archevêque Renaud de Forez, et des restes d'aqueducs, ainsi que le château de Ruolz et son parc.

En 1793, on désigna cette localité sous le nom de Franche-Commune. Elle faisait alors partie du canton de Saint-Genis-Laval.

Le génie militaire a construit des batteries sur le territoire de Francheville.

Pays plat, arrosé par l'Yzeron. Son altitude varie entre 215 et 308 mètres.

Industries : blanchissage du linge, fabrique de bougies.

La commune de Francheville est vivifiée par la ligne de l'Ouest Lyonnais, qui y possède une station, par la route nationale N° 89, par le chemin de grande communication N° 13 bis et par les chemins d'intérêt commun N°s 3 et 25.

GRÉZIEU-LA-VARENNE

Bourg à 3 kilomètres de Vaugneray et à 14 de Lyon, 1.071 habitants, 744 hectares.

Limité : au nord, par Pollionnay et Sainte-Consorce ; à l'est, par Saint-Genis-les-Ollières et Craponne ; au sud, par Brindas, et à l'ouest, par Vaugneray.

Sous l'ancien régime, paroisse et baronnie dans le Lyonnais, archiprêtré des Suburbes, élection et du ressort de la sénéchaussée de Lyon. Le Chapitre de Saint-Just de Lyon nommait à la cure, et les seigneurs étaient les chanoines-comtes de Saint-Just, à qui le château appartenait.

Richard de Marzé était le seigneur de ce village, en 1380. L'église fut bâtie en 913, par Guillaume, comte de Lyon.

Sur ce territoire étaient la Barre, château et seigneurie, et la Barge, fief ayant appartenu à la famille Desbrosses de la Barge.

Climat tempéré. Bassin du Rhône. Cours d'eau l'Yzeron. Altitude moyenne 332 mètres.

Le sol, granitique, produit du foin, des céréales et du vin.
Industrie : blanchissage du linge.
Foire : 16 août.
La ligne de l'Ouest-Lyonnais, la route nationale N° 89, les chemins de grande communication N°s 24 et 30, et le chemin d'intérêt commun N° 57 traversent le territoire de la commune de Grézieu-la-Varenne.

MARCY-L'ÉTOILE

Village à 7 kilomètres de Vaugneray et à 12 de Lyon, 310 habitants, 532 hectares.

Lentilly et La Tour-de-Salvagny au nord, cette dernière commune et Charbonnières à l'est, Sainte-Consorce au sud et à l'ouest délimitent Marcy-l'Étoile.

Au siècle dernier, Marcy-les-Loups, annexe de la paroisse de Sainte-Consorce, en Lyonnais, archiprêtré des Suburbes, du ressort de la sénéchaussée de Lyon ; les ancêtres de M. le comte Joseph-Léon de la Croix de Laval possédaient déjà le château, et étaient seigneurs du pays.

Cette commune a été distraite de celle de Sainte-Consorce par arrêté préfectoral du 5 juin 1872.

Le bois de l'Etoile est un rendez-vous charmant connu de tous les Lyonnais.

L'altitude de la commune est peu élevée, entre 298 et 315 mètres.

Productions agricoles : fourrages, vin, avoine, blé, pommes de terre, etc.

Cette commune est vivifiée par les chemins de grande communication N°s 7 et 30.

MESSIMY

Village à 7 kilomètres de Vaugneray et à 18 de Lyon, 1.242 habitants, 1.098 hectares.

Cette commune est limitée : à l'ouest, par Saint-Laurent-de-Vaux et Yzeron ; au sud, par Thurins et Soucieu ; au nord-est, par Brindas, et au nord-ouest, par Vaugneray.

Sous l'ancien régime, annexe de la paroisse de Brindas en Lyonnais, du ressort de la sénéchaussée de Lyon.

Le bourg dépendait du fief de la Feuillade-lès-Messimy. Les seigneurs étaient les comtes de Lyon

M. Jean-Baptiste Simon, ancien grènetier à Lyon, a légué à la commune une rente annuelle et perpétuelle de 8.000 francs. Pour rappeler le nom de ce bienfaiteur on a donné son nom à l'une des places du village.

La partie orientale de la commune est plaine, et la partie occidentale est sur les premiers contreforts des Cévennes (altitude 505 mètres).

Messimy est arrosé par le Garon et ses affluents le Boulaton et le Chatandresse.

Le sol, siliceux, où l'on rencontre le granit et le gneiss, produit des céréales, du vin, des fruits et des fourrages,

Industries : tissage de la soie et du velours ; quelques échantillons de barytine ; mines de sesquioxyde de fer hydraté.

Foire : 19 décembre. Marché le lundi.

Les chemins de grande communication N°s 16 *bis* et 30, celui d'intérêt commun N° 25, ainsi que la ligne de Lyon à Mornant, qui y a une station, desservent la commune de Messimy.

POLLIONNAY

Bourg à 5 kilomètres de Vaugneray et à 16 de Lyon, 702 habitants, 1.580 hectares.

Limité : au nord, par Lentilly ; au levant, par Sainte-Consorce ; au sud, par Grézieu-la-Varenne et Vaugneray ; à l'ouest, par Courzieu, Chevinay, Saint-Pierre-la-Palud et Sourcieux.

Au moment de la Révolution, paroisse et baronnie en Lyonnais, archiprêtré de Courzieu, élection et du ressort de la sénéchaussée de Lyon. Seigneur, le marquis de Lorus.

Il y avait sur le territoire de cette paroisse la prébende de N.-D. de Lorette.

La baronnie de Pollionnay comprenait toute la paroisse.

Le château et la seigneurie de Pollionnay furent acquis, en 1303, par Henri d'Albon, de Jean de Feurs, au prix de 300 livres viennoises.

En 1391, cette terre passa aux mains de Claude de Pompières.

Pays montagneux, compris dans le bassin du Rhône. Altitude moyenne 600 mètres.

Productions agricoles : céréales, vin, fruits, etc. ; volailles.

Foires : 22 janvier, 6 mai, 2ᵉ lundi de septembre, 2 novembre.

La commune de Pollionnay est traversée par les chemins de grande communication Nos 24 et 30, et par celui d'intérêt commun N° 57.

SAINTE-CONSORCE

Village à 9 kilomètres de Vaugneray et à 13 de Lyon, 442 habitants, 586 hectares.

Commune limitée : au nord, par Lentilly ; à l'est, par Marcy et Charbonnières ; au sud, par Saint-Genis-les-Ollières ; à l'ouest, par Pollionnay.

Au siècle dernier, paroisse et seigneurie dans le Lyonnais, archiprêtré des Suburbes, élection et du ressort de la sénéchaussée de Lyon. Le Chapitre de Saint-Just de Lyon nommait à la cure, et était seigneur de la terre, pour la plus grande partie ; le reste dépendait de la justice de Laval.

Sous la Révolution, on donna à ce village le nom Les Marrons.

Ce pays est arrosé par deux petits ruisseaux : la Rapaudière, qui sépare les territoires des communes de Sainte-Consorce, Pollionnay et Grézieu, et le Berthier, qui donne son nom au hameau de ce nom, à proximité de Lentilly.

Air vif, sol argileux au Quincieu (partie est), et sol pierreux à l'ouest et au nord. Altitude moyenne 415 mètres.

Productions agricoles : vin, céréales, pommes de terre, etc.

Curiosités : ville de Lyon sculptée en bois par le père Antoine Brun.

La commune de Sainte-Consorce a pour artères principales les chemins de grande communication N°s 7 et 30, et le chemin d'intérêt commun N° 49.

SAINT-GENIS-LES-OLLIÈRES

Village à 7 kilomètres de Vaugneray et à 10 de Lyon, 874 habitants, 374 hectares.

Communes limitrophes : au nord, Sainte-Consorce ; à l'est, Tassin ; au sud, Craponne ; à l'ouest, Grézieu.

Autrefois paroisse et seigneurie dans le Lyonnais, archiprêtré des Suburbes, élection et du ressort de la sénéchaussée de Lyon ; les comtes de Lyon nommaient à la cure et étaient seigneurs du lieu.

En 1366, les habitants de Saint-Genis-les-Ollières se réfugièrent à Tassin, pendant les courses des Grandes Compagnies dans le Lyonnais.

En 1793, cette commune s'appelait simplement Les Ollières.

Plaine, dont l'altitude ne dépasse pas 296 mètres.

Productions : céréales.

Le territoire de Saint-Genis-les-Ollières n'a que deux voies principales : le chemin de grande communication N° 30 et le chemin d'intérêt commun N° 49.

SAINT-LAURENT-DE-VAUX

Village à 4 kilomètres de Vaugneray et à 19 de Lyon, 107 habitants, 264 hectares.

Commune limitée : au nord, par Vaugneray ; à l'est, par cette commune et Messimy ; au sud et à l'ouest, par Yzeron.

Au siècle dernier, petite paroisse dans le Lyonnais, archiprêtré de Mornant. Justice d'Yzeron et de Thurins. L'archevêque de Lyon nommait à la cure.

La seigneurie de ce village fut possédée longtemps par la famille de Mont-d'Or.

En 1793, cette commune était comprise dans l'éphémère canton d'Yzeron, et s'appelait Vaux-la-Garde.

Sol montagneux. Altitude 576 mètres.

Les parties cultivables produisent des céréales et sont en partie couvertes d'arbres à fruits, et d'un peu de vignes.

Climat tempéré. Bassin du Rhône. Ruisseau l'Yzeron.

La commune de Saint-Laurent-de-Vaux n'a que des chemins de petite vicinalité.

TASSIN-LA-DEMI-LUNE

Village à 10 kilomètres de Vaugneray et à 8 de Lyon, 3.518 habitants, 737 hectares.

Au nord Charbonnières et Écully, à l'est Lyon, au sud Francheville, et à l'ouest Saint-Genis-les-Ollières sont les communes limitrophes avec Tassin-la-Demi-Lune.

Avant la Révolution, paroisse et seigneurie dans le Lyonnais, archiprêtré des Suburbes, élection et du ressort de la sénéchaussée de Lyon. Les comtes de Saint-Jean étaient seigneurs du pays et nommaient à la cure.

Un traité de paix fut signé à Tassin, au xie siècle, entre Humbert, archevêque de Lyon, et Arthaud IV, comte de Forez. En 1434, ce village fut pris d'assaut par les Bourguignons, qui ravageaient le Lyonnais à cette époque.

C'est sur les ruisseaux de Charbonnières et de Saint-Genis-les-Ollières, entre Tassin et Francheville, qu'a été jeté un pont en pierre appelé le Pont d'Alaï, qui sert de passage à la route nationale de Lyon à Bordeaux.

Par un décret en date du 27 novembre 1882, la commune de Tassin a pris la dénomination de Tassin-la-Demi-Lune, avec La Demi-Lune pour chef-lieu.

Climat tempéré. Bassin du Rhône. Ruisseaux de Saint-Genis-les-Ollières, de Charbonnières, des Planches, de Ribes, etc.

Altitude : La Demi-Lune, 223 mètres; Tassin, 232 mètres.

Terrain d'alluvion produisant des betteraves, légumes divers, graines, vignes, céréales, foin, etc.

Industries : fabrique de colle forte et d'engrais chimiques; fabrique de plâtre, de chaux et de ciment, carreaux, briques réfractaires, poteries, tuileries, etc.

Foires : 1er mercredi de janvier, avril et novembre.

La commune de Tassin-la-Demi-Lune est traversée par les

lignes de Lyon à Montbrison et de l'Ouest-Lyonnais, qui y possèdent plusieurs gares. Son territoire est en outre vivifié par : les routes nationales N°s 7 et 89, qui se réunissent à La Demi-Lune, par les chemins de grande communication N°s 7 et 13 bis, et par ceux d'intérêt commun N°s 3 et 49.

THURINS

Bourg à 11 kilomètres de Vaugneray et à 21 de Lyon, 1.833 habitants, 1.946 hectares.

Yzeron au nord, Messimy et Soucieu à l'est, Rontalon au sud, Saint-Martin-en-Haut à l'ouest sont les communes qui limitent Thurins.

Anciennement paroisse et seigneurie dans le Lyonnais, archiprêtré de Mornant, élection et du ressort de la sénéchaussée de Lyon. L'archevêque de Lyon était collateur de la cure. Les comtes de Lyon étaient seigneurs du clocher et de la plus grande partie de la paroisse ; le reste dépendait de la justice de Dugas-Thurins.

Les comtes de Lyon et le président Dugas avaient un château dans le bourg.

En 1793, on ajouta au nom de Thurins le déterminatif « Le-Français », sans doute pour le distinguer de Turin en Piémont. Cette commune ressortissait alors à la justice de paix d'Yzeron.

Le sol, accidenté, est de nature granitique.

Altitude variant entre 320 et 746 mètres.

Climat tempéré.

Cette commune est arrosée par le Garon et ses affluents.

Productions : choux-raves, céréales, pommes de terre, vin.

Industrie : tissage du velours.

Foires : 1er février, 20 mai, lundi après le 1er dimanche d'août, 8 novembre. Marché le jeudi.

Cette commune est desservie par les chemins de grande communication N°s 16 bis et 30, et par ceux d'intérêt commun N°s 11, 43 et 73.

F.-A. VARNET. — *Géographie du Rhône.*

YZERON

Bourg à 12 kilomètres de Vaugneray et à 27 de Lyon, 727 habitants, 1.050 hectares.

Communes limitrophes : au nord, Courzieu ; à l'est, Vaugneray, Saint-Laurent et Messimy ; au sud, Thurins et Saint-Martin ; à l'ouest, Montromand.

Sous l'ancienne monarchie, paroisse et baronnie, archiprêtré de Courzieu, du ressort de la sénéchaussée de Lyon. L'abbé d'Ainay nommait à la cure. Seigneur : Chapuis de Laval, baron d'Yzeron, qui mourut en 1786 des suites d'une blessure qu'il reçut dans un duel avec le comte de Clugny, chanoine de Saint-Jean.

Yzeron, primitivement seigneurie appartenant aux comtes de Forez, fut possédé pendant plusieurs siècles par l'illustre famille des Lavieu.

Non loin du village d'Yzeron, on remarque l'ancienne église romane de Chateauvieux.

En 1793, Yzeron prit le nom de Montagne-les-Bois et était alors chef-lieu d'un canton comprenant les communes de : Yzeron et Châteauvieux, Duerne et Pitaval, Messimy, Montromand, Rochefort, Saint-Martin-en-Haut, Thurins et Saint-Laurent-de-Vaux.

Yzeron est constitué gîte d'étape.

Climat froid et salutaire. Altitude très élevée, comprise entre 780 et 904 mètres.

Yzeron est très fréquenté pendant la belle saison. On y jouit d'une vue merveilleuse sur le Lyonnais et le Dauphiné, par la vallée du ruisseau qui porte le nom de la commune.

Productions : bois, raves, céréales, tubercules, etc.

Industrie : tissage du velours soie.

Foires : 5 février, 26 mars, 9 mai, 29 août, 15 octobre, 30 novembre. Marché le mardi.

Voies de communication : route nationale N° 89, chemin de grande communication N° 25 et chemin d'intérêt commun N° 73.

CANTON DE VAUGNERAY

COMMUNES	POPULATION MUNICIPALE			POPULATION comptée à part.	POPULATION totale.	SUPERFICIE	RECETTES ordinaires.	DÉPENSES ordinaires.	PRODUIT des centimes.	VALEUR du centime.	CENTIMES pour DÉPENSES ordinaires et extraordinaires.			MONTANT de la Dette.	REVENUS du Bureau de Bienfaisance.	PERCEPTIONS	POSTES ET TÉLÉGRAPHES	ÉLECTEURS.
	Agglomérée.	Éparse.	Totale.								Nombre total.	Dont extraordinaires.	Durée des impositions extraordinaires					
Brindas....	405	805	1.210		1.210	1.128	5.826	5.820	4.875	70,38	69	23	1912	16.067	627	Tassin	Craponne	400
Charbonnières.....	201	647	848	83	931	409	6.448	6.446	6.774	96,38	79	23	1914	21.126	2.107	Vaugneray	P.-T.	280
Chevinay...	132	372	504		504	850	3.795	3.794	3.415	45,70	73	24	1920	28.875	512	id.	Sain-Bel	150
Courzieu ...	480	1055	1.535		1.535	2.704	9.129	9.128	6.901	112,68	60	20	1918	43.357	634	id.	Brussieu	500
Craponne...	1124	786	1.910		1.910	464	11.772	11.772	9.912	80,64	121	20	1932	31.068	570	Tassin	P.-T.	670
Francheville	1851	53	1.904	8	1.912	817	11.400	11.308	11.791	130,12	87	23	1922	37.250	id.	id.	P.-T.	650
Grézieu-la-Varenne	262	806	1.068	3	1.071	744	5.552	5.546	5.327	64,55	82	26	1914	17.218		Vaugneray	Vaugneray	330
Marcy-l'Étoile....	92	212	304	6	310	532	2.551	2.549	2.442	21,92	100	30	1919	3.500		id.	Charbon⁰ⁿ	110
Messimy...	378	832	1.210	32	1.242	1.098	13.852	13.856	6.934	67,73	101	58	1910	22.996	271	Tassin	F.-R.	440
Pollionnay...	231	471	702		702	1.580	5.021	5.021	3.856	65,48	58	11	1915	7.515	235	Vaugneray	Vaugneray	250
Sto-Consorce	104	312	416	26	442	586	3.183	3.180	2.875	24,30	96	15	1914	5.877		id.	Charbon⁰ⁿ	140
Saint-Genis-les-Ollières..	787	82	869	5	874	374	4.479	4.478	3.803	58,21	72	23	1914	17.447	352	id.	Craponne	280
Saint-Laurent-de-V.	43	64	107		107	264	1.141	1.056	968	8,86	94	2	1916	2.203		Tassin	Vaugneray	80
Tassin-la-Demi-Lune..	2.115	1.194	3.309	209	3.518	737	26.037	25.965	21.509	246,98	87	36	1912	66.701	2.929	id.	P.-T.	840
Thurins....	953	880	1.833		1.833	1.946	9.869	9.868	6.088	85,07	68	11	1909	4.977	478	Tassin	T. Messimy	670
Vaugneray..	542	1.336	1.878	83	1.961	3.249	11.503	11.496	17.854	124,15	91	35	1916	80.040	1.016	Vaugneray	P.-T.	600
Yzeron....	344	383	727		727	1.050	3.776	3.781	2.637	38,07	67	22	1920	6.307	106	Tassin	Vaugneray	240
	10.044	10.290	20.334	455	20.789	17.562	139.284	139.104	117.564	1.380,35	1.405	409		413.374	10.787			

COMMUNES	Distance.		FÊTES PATRONALES.	Notaires.	PERSONNEL médical.				État civil.	Caisse des Écoles.	Fondation de la bibliothèque.	ÉCOLES publiques.				ÉCOLES privées.		Personnel ecclésiastique.
	de Lyon	de Vaugneray			Médecins.	Pharmaciens.	Sages-Femmes.	Vétérinaires.				Garçons (classes).	Filles (classes).	Mixtes.	Maternelles (classes).	Garçons.	Filles.	
Vaugneray............	16		Saint-Antoine.	1	2	1			1600		1681	2	2				1	✠ 2
Brindas...............	14	6	Saint-Blaise.						1636	1	1863	2	2				1	2
Charbonnières........	9	12	Assomption.		1	1			1640	1	1862	2	1			1	2	1
Chevinay.............	24	9	Saint-Georges.						1674	1	1884	1	1					1
Courzieu.............	28	11	Saint-Didier.				2		1642	1	1885	2	2					2
id. (Le George).....															1			
Craponne.............	11	7	Saint-Fortunat.		1	1	1	1	1775		1872	2	1		1	1	1	2
Francheville..........	7	11	Saint-Roch.			1	1		1673			1	1		1	1	2	2
id. (Le Chater).....			Saint-Maurice.								1887	1	1					1
Grézieu-la-Varenne...	14	3	Saint-Roch.	1					1673	1	1864	2	1				1	2
Marcy-l'Étoile........	12	7	Saint-Pierre.								1884			1			1	1
Messimy..............	18	7	Saint-Jean, évang.			1	1		1700	1	1886	2					1	2
Pollionnay............	16	5	Nativ. St-Jean-Bapt.						1661	1	1863	1	1					1
Sainte-Consorce......	13	9	Sainte-Consorce.						1634	1	1890	1	1				1	1
Saint-Genis-les-Ollières	10	7	Saint-Barthélemy.						1573		1862	1	1					1
Saint-Laurent-de-Vaux	19	4	Saint-Laurent.						1692	1	1888				1			1
Tassin................	8	10	Saint-Claude.						1668	1	1874	1	1				1	2
La Demi-Lune........			Saint-Joseph.		4	2	2				1882	2	2			2	2	3
Thurins..............	21	11	Saint-Martin.	1		1	1		1596	1	1887	2	2				1	2
Yzeron...............	16	12	Saint-Barthélemy.	1					1647			1	1					2

CANTON DE SAINT-GENIS-LAVAL

La justice de paix du canton de Saint-Genis-Laval comprend les communes de : Saint-Genis-Laval, Brignais, Chaponost, Charly, Sainte-Foy-lès-Lyon, Irigny, La Mulatière, Oullins, Pierre-Bénite, Soucieu, Vernaison et Vourles.

Ce canton, d'une population de 31.562 habitants et d'une superficie de 9.896 hectares, est limité : à l'est, par le Rhône, qui le sépare de ceux de Villeurbanne, de Lyon (Rhône) et de Saint-Symphorien-d'Ozon (Isère) ; au sud, par ceux de Givors et de Mornant ; au nord-ouest, par celui de Vaugneray, et au nord, par la ville de Lyon.

Cette circonscription a été entièrement formée du Lyonnais.

Au moment de la création des cantons en 1790, les communes de l'actuelle justice de paix de Saint-Genis-Laval en faisaient partie, à l'exception de La Mulatière et Pierre-Bénite, qui n'existaient pas encore ; de Charly, Vernaison et Vourles, qui étaient rattachés au canton de Millery et de Soucieu, qui dépendaient de celui de Mornant.

L'archiprêtré de Saint-Genis comprend 13 paroisses. Sous l'ancien régime, elles relevaient toutes de l'archiprêtré de Mornant, à l'exception de Sainte-Foy, qui était rattachée à celui des Suburbes et de La Mulatière, Pierre-Bénite et Beaunand, qui n'étaient pas encore créées.

Le canton de Saint-Genis-Laval, baigné à l'est par le Rhône, est arrosé par l'Yzeron et le Garon, deux affluents de ce fleuve. C'est l'un des cantons les moins élevés du département. Son altitude est de 161 mètres sur les bords du Rhône, et, dans les parties les plus hautes, elle ne dépasse pas 331 mètres.

Principales industries : chapellerie, vannerie, à Brignais; fabrique de toiles cirées et passementeries, à Chaponost ; fabrique de quincaillerie et de pressoirs, à Charly; fabrique de glucose, de passementeries et chenilles, moulinage, à Irigny ; fabrique d'instruments de pesage ; ateliers de construction du chemin de fer P.-L.-M., à La Mulatière et à Oullins; fabrique de produits chimiques et de savon, à Pierre-Bénite ; verreries, à La Mulatière et à Oullins ; tanneries, à Oullins, atelier pour la fabrication des soieries, à Vernaison ; blanchissage du linge, à Charly, Vourles, etc.

Productions : culture du fraisier, de l'asperge, du cerisier, du pêcher et de la vigne (crus de Saint-Genis-Laval, de Sainte-Foy et de Charly) ; produits maraîchers dans tout le canton; melons renommés, à Pierre-Bénite.

Ce canton ressortit au 14e corps d'armée et au tribunal de commerce de Lyon. Il fait partie de la 9e circonscription électorale, de l'inspection primaire des écoles de Lyon-rural et du comice agricole de Givors.

Les armoiries de Saint-Genis-Laval sont : D'azur, au buste du saint d'argent nimbé d'or, accompagné à dextre d'un S, à sénestre d'un G et en pointe d'un L, aussi d'or, ou chef de gueules chargé d'un griffon d'or et d'un lion d'argent issants et affrontés.

Le canton de Saint-Genis-Laval renferme une population douce, affable, cordiale, hospitalière et intelligente.

SAINT-GENIS-LAVAL

Chef-lieu de canton à 8 kilomètres de Lyon, 3.435 habitants, 1.287 hectares.

Autrefois petite ville dans le Lyonnais, archiprêtré de Mornant, élection et du ressort de la sénéchaussée de Lyon. Les comtes de Lyon nommaient à la cure et étaient seigneurs de la terre.

Commune limitée : au nord-est, par Oullins et Pierre-Bénite; au sud-est, par Irigny; au sud, par Charly; à l'ouest, par Vourles, Brignais et Chaponost.

L'église a été dédiée : suivant les uns, à saint Genis, notaire d'Arles, qui souffrit le martyre l'an 303, pour avoir refusé de transcrire un édit impérial qui ordonnait de persécuter les chrétiens; suivant d'autres, à saint Genis, comédien, qui souffrit le martyre vers le même temps ; toutefois, il serait très possible que le nom de cette commune lui vînt de saint Genis, évêque de Lyon, mort en 678 et qui avait succédé à saint Ennemond.

Les archevêques de Lyon possédaient à Saint-Genis un château où Clément V, après son couronnement à Lyon, vint habiter quelque temps. Il y reçut l'hommage de Charles d'Anjou, roi de Sicile, représenté par son fils Robert. Ce château a été ruiné pendant l'invasion des Tard-Venus, et sur son emplacement, les Récollets firent bâtir un couvent, converti en maison de plaisance depuis leur suppression.

C'est par erreur qu'un historien moderne a confondu l'ancien château des archevêques avec celui qui est près de l'église et qu'il appelle le beau château de Marion. Ce dernier n'existait pas encore du temps de Clément V. Il appartenait en 1793 à Étienne Marion de la Tour, mort le 2 février 1794.

Le tribunal du district de la campagne de Lyon y siégeait alors, sous la présidence du comédien Dumanoir, lequel faisait imprimer ses arrêts dans la maison Vernon, où Pierre Bernard, de Lyon, avait établi une imprimerie. Après le 9 thermidor, il fut remplacé par l'avocat Pierre-François Rieussec. On conserve aux archives du département du Rhône plusieurs pièces imprimées à Genis-le-Patriote.

En 1434, les Bourguignons prirent d'assaut Saint-Genis-Laval et s'emparèrent de Sainte-Foy et de Tassin.

L'Édit de pacification du mois d'août 1570 avait autorisé les protestants à exercer leur « culte aux faubourgs de Charlieu et en ceux de Saint-Genis-Laval » ; mais comme on ne leur permit pas de s'y installer, ils établirent leur prêche à La Guillotière, au territoire de Béchevelin, dans la maison de Pierre-Jean, prévôt des maréchaux, qui tenait le parti des protestants.

Nous mentionnerons encore le château de Longchêne, dont M. de Bullion était seigneur dans le XVIIe siècle, et qui, après être devenu quelque temps un établissement hydrothérapique très fréquenté, a été acheté au mois de juillet 1866 par l'ex-impératrice Eugénie, qui en a fait don aux hospices de Lyon, pour y faire un asile de convalescents.

On lit parmi les pièces qui sont à la suite de l'Eustachius du P. L'Abbé, Paris 1673, un *Elogium solitudinis*, précédé d'une épître à M. de Bullion, où se trouve une description du manoir que ce seigneur avait choisi pour lieu de retraite et qui paraît être Longchêne. Le jésuite, avec son emphase ordinaire, célèbre la beauté du local, et surtout la magnifique vue dont on y jouit.

C'est en ce bourg que mourut, dans la maison de son père, le 28 juillet 1613, Pierre II de Villars, archevêque de Vienne, né à Lyon le 3 mars 1545.

En 1793, Saint-Genis prit le nom de Genis-le-Patriote et était chef-lieu d'un canton comprenant les communes de Saint-Genis-Laval, Brignais, Chaponost, Irigny, Francheville, Oullins et Sainte-Foy.

Le 8 juin 1817, une bande armée se leva à Saint-Genis pour rétablir l'Empire. Les malheureux instigateurs de cette affaire furent condamnés à la peine de mort ou à la déportation par la Cour prévôtale de Lyon.

Fortuné Pinet, auteur de l'*Intrigue dans les tribunaux*, et d'un certain nombre de factums, a terminé sa carrière à Saint-Genis-Laval, le 22 septembre 1851.

L'Observatoire de Lyon est établi à Saint-Genis-Laval, sur une hauteur voisine du fort de Côte-Lorette.

La commune de Saint-Genis-Laval a un sol accidenté peu élevé, dont l'altitude varie entre 173 et 288 mètres.

Productions : vin de Beauregard et de Barolles, fruits et légumes divers.

Industrie : fabrique de l'arquebuse de l'Hermitage des Frères Maristes.

Foires : 23 janvier, mercredi de Pâques, 20 mai, 26 août, 25 novembre. Marché le vendredi.

La commune de Saint-Genis, desservie par le tramway électrique venant de Lyon, est traversée : par la route nationale N° 88, par le chemin de grande communication N° 13 *bis*, et par les chemins d'intérêt commun N°s 67 et 82.

BRIGNAIS

Bourg à 4 kilomètres de Saint-Genis et à 12 de Lyon, 1.992 habitants, 1.038 hectares.

Saint-Genis à l'est, Vourles au sud-est, Orliénas au sud-ouest, Soucieu à l'ouest, et Chaponost au nord, sont les communes limitrophes avec Brignais.

Avant 1789, ville, paroisse et baronnie dans le Lyonnais, archiprêtré de Mornant, élection et du ressort de la sénéchaussée de Lyon. Le Chapitre de Saint-Just de Lyon nommait à la cure. Dans cette paroisse, était le fief de La Boissonnière ayant appartenu aux héritiers de M. Laurent.

Le Chapitre de Saint-Just était seigneur de Brignais. Cette seigneurie lui avait été donnée en 1252 par le pape Innocent IV, sous la condition de célébrer chaque année un service pour le repos de son âme, et de celles de ses prédécesseurs et successeurs.

« Les mercenaires licenciés après la paix de Brétigny se jetèrent sur la Bourgogne et le Lyonnais, et les ravagèrent sans pitié. C'étaient des Anglais, des Allemands, des Brabançons et de mauvais Français, qui ne connaissaient plus leur patrie. Ils s'appelaient eux-mêmes la Grande Compagnie ou les Tard-Venus, parce qu'ils regrettaient que d'autres brigands eussent pillé avant eux la France. Le roi de France, Jean le Bon, revenu de sa captivité, ordonna au comte de la Marche, Jacques de Bourbon, gouverneur du Languedoc, de marcher contre les Tard-Venus ; Jacques de Bourbon se rendit dans le Forez, dont le comte Louis Ier, fils de Jeanne de Bourbon, était son neveu. Il l'emmena avec lui et rassembla deux mille chevaliers parmi lesquels étaient deux oncles du sire Antoine de Beaujolais. Cette armée comptait, avec les écuyers et les sergents, à peu près 30.000 hommes qui s'avancèrent dans la vallée du Garon. Les 15.000 brigands de la Grande Compagnie campaient sur une petite éminence, appelée le Bois Goyet, située à l'est de Brignais. Les chevaliers envoyèrent, le 2 avril 1362, à l'attaque de leur camp une avant-garde de 1.600 hommes commandés par Arnaud de Cervolles. A peine arrivés au pied de la colline, ces cavaliers furent arrêtés par des fossés et assaillis d'une grêle de projectiles. Leurs casques et leurs boucliers furent rompus et leurs chevaux blessés. Les seigneurs féodaux se précipitèrent au secours de leur avant-garde. Alors 10.000 brigands, tenant des lances de six pieds, drues et serrées comme brosse, tombèrent sur le flanc de cette cavalerie et en firent un grand carnage. Jacques de la Marche et son fils, Pierre de Bourbon, furent blessés mortellement. Ils moururent à Lyon, où ils furent inhumés dans l'église des Dominicains. Le corps de Louis, comte de Forez, fut aussi rapporté du champ de bataille à Lyon, à l'église Saint-Jean, dans la chapelle de Sainte-Madeleine. Beaucoup d'autres chevaliers succombèrent à Brignais ». Belot.

L'épitaphe de Jacques de Bourbon est conservée dans le musée lapidaire de Lyon.

Quelques auteurs ont cru, sur la foi de Papire-Masson, dans sa description des rivières de la Gaule, que le Garon, qui coule à Brignais, est la rivière autrefois appelée Calarona, sur le bord de laquelle fut tué, au rapport d'Abdon, Didier, évêque de Vienne ; mais la critique moderne a démontré qu'il s'agissait de Pressigny-sur-Chalaronne, qui a pris depuis le nom de Saint-Didier-sur-Chalaronne (Ain).

Le célèbre auteur dramatique Marsollier, des Vivetières, mort à Versailles le 22 avril 1817, possédait à Brignais, avant la Révolution, une villa où il avait fait construire une salle de spectacle où plusieurs de ses opéras furent représentés.

Plusieurs citoyens de Brignais ayant fait partie d'une armée levée le 8 juin 1817 pour se porter à Lyon avec les bandes d'Irigny et de Saint-Genis-Laval furent condamnés à la peine de mort ou aux travaux forcés à temps par la Cour prévôtale. Ce sont autant de victimes de la Terreur Blanche.

Brignais a été, en 1860, le sujet d'une belle publication ayant pour titre : *Les Routiers au XIVe siècle, les Tard-Venus et la bataille de Brignais*, par M. P. Allut. Dernièrement, M. le docteur Molière a publié une brochure sur le même sujet.

Cette commune est un gîte d'étape.

Le sol produit du blé, de l'avoine, des vignes, des pommes de terre, etc.

Industrie : chapellerie, vannerie, chemiserie.

Altitude moyenne : 300 mètres.

La commune est arrosée par le Garon et ses affluents, le Cheron et le Merdanson. Elle est comprise dans le bassin du Rhône et a un climat doux et tempéré.

Foires : 2 janvier, 1er avril, 25 mai, mardi après le 30 juillet, 9 septembre, 21 décembre.

Marché le vendredi.

Voies de communication : route nationale N° 88, chemin de grande communication N° 13 *bis* et chemin d'intérêt commun N° 11.

CHAPONOST

Village à 5 kilomètres de Saint-Genis et à 12 de Lyon, 1.907 habitants, 1.626 hectares.

Chaponost est limité par les communes ci-après désignées : au nord, Francheville ; à l'est, Sainte-Foy, Oullins et Saint-Genis ; au sud, Brignais et Soucieu ; à l'ouest, Brindas.

Sous l'ancien régime, paroisse et seigneurie dans le Lyonnais, archiprêtré de Mornant, élection et du ressort de la sénéchaussée de Lyon. Le prieur de Saint-Irénée nommait à la cure et était seigneur de la terre.

On remarque dans cette commune 90 arcades d'un magnifique aqueduc construit par les Romains pour conduire les eaux du Gier au plateau de Saint-Just. Ces belles ruines sont, avec le pont-aqueduc de Beaunand, le plus important monument qui nous reste de la domination romaine dans nos pays.

Chaponost appartient au climat rhodanien. L'air y est vif et les vents y soufflent des directions sud, nord et nord-ouest avec assez de violence.

Par suite de son exposition aux vents, Chaponost est d'un faible degré hygrométrique, et, par suite, assez sain.

Le seul cours d'eau important qui arrose Chaponost est le Garon. Les autres petits ruisseaux sont ceux de Merdarie et de Chêne ; les sources, peu importantes, appelées « mouilles », proviennent de fossés d'assainissement et de drainages.

L'altitude de cette commune varie entre 305 et 516 mètres.

Le sol, d'une nature argilo-quartzeuse, granitique-siliceuse ou légèrement ferrugineuse, produit des groseilles, des fraises, des cerises, des pêches et des raisins de table.

Industries : pierre brute à bâtir, qui est un granit porphyroïde ; nombreux filons de minerais de fer, à l'état d'ocre rouge ; anciennes mines de sulfate de baryte, aujourd'hui épuisées ;

fabrique de toiles cirées employant 50 ouvriers, et de passementeries occupant 30 ouvriers.

Foires : 17 janvier, 12 août. Marché le samedi.

Le territoire de la commune de Chaponost est traversé par le chemin de grande communication N° 13 bis, et par les chemins d'intérêt commun N°s 19 et 25.

CHARLY

Village à 6 kilomètres de Saint-Genis-Laval et 16 de Lyon, 973 habitants, 510 hectares.

Saint-Genis et Irigny au nord, Vernaison à l'est, Millery au sud et au sud-ouest, Vourles à l'ouest sont les communes qui délimitent Charly.

Avant la Révolution, paroisse et seigneurie dans le Lyonnais, archiprêtré de Mornant, élection et du ressort de la sénéchaussée de Lyon. L'abbé d'Ainay nommait à la cure.

Charly doit son origine à une communauté religieuse. Au commencement du moyen âge, le pays était désert et couvert de bois. On y avait érigé une chapelle dédiée à la Vierge, où les pèlerins accouraient de fort loin. Ce pèlerinage avait une telle vogue, que chacun désirait visiter au moins une fois ce lieu chéri, de là proviendrait le nom actuel de Charly (*Carus locus*, Cher lieu).

L'affluence allant toujours croissant, des moines de l'ordre des Antonins profitèrent de cette circonstance et bâtirent un couvent où ils hébergèrent les pèlerins ; ils fondèrent aussi une maladrerie pour les infirmes et les indigents, et agrandirent la chapelle. Elle est devenue la nef du midi de l'église actuelle et forme la chapelle Saint-Joseph, anciennement de Saint-Vincent. Des maisons s'élevèrent aux alentours ; telle fut l'origine de Charly.

L'église, reconstruite en 1550, conserve quelques parties de celle du xive siècle ; une pierre du clocher porte la date respectable de 1333.

A droite de l'église est le fief de Foudras, vieille maison forte, basse, à deux tourelles. En face est l'« Arbre de la Force », planté en 1848. C'est là que, le 14 Juillet 1792, fut célébrée une messe pour la prestation du serment civique sur l'autel de la Patrie, par la Garde Nationale de Charly.

En face du presbytère, dans la rue Mercière, est un vieux manoir moins ancien, avec une jolie tour octogone, des fenêtres meneaux, le tout du style de la Renaissance. C'est là qu'était l'étude de Me Antoine Fournier, né à Charly le 30 juin 1754, marié au même lieu le 3 mars 1783, à Madeleine Bouttier. Nommé notaire à Charly le 22 septembre 1777, en remplacement de Me Delafarge, il céda sa charge à Me Antoine Angelot, le 27 pluviôse an III. Il fut juge de paix à Millery avant la Convention. Nommé député de Rhône-et-Loire, il vota la détention de Louis XVI. Depuis, il resta obscur dans la foule des députés et reparut pour proposer la déportation de Vadier, dans la journée du 12 germinal an IV (1er avril 1795). Après la session, il fut nommé messager d'État du Conseil des Cinq-Cents, et il en exerça les fonctions jusqu'en octobre 1815. A partir de cette époque, on ne sait ce qu'il est devenu.

Mais l'antique château est ce qu'il y a de plus remarquable à Charly. Il se compose d'un immense corps de logis tout percé de meurtrières et de quatre grosses tours, l'une à mâchicoulis et guérites accolées aux quatre angles, l'autre couronnée de larges créneaux. Les deux autres sont abaissées de moitié. Quelques souvenirs historiques se rattachent au château de Charly. Le pape Innocent IV y vint plusieurs fois pendant les loisirs que lui laissèrent les sept années de séjour forcé qu'il fit à Lyon. On montre encore l'appartement qu'il y occupait.

Pendant les troubles du moyen âge, le château, pourvu d'une forte garnison, fut vainement attaqué par les Tard-Venus, même après leur victoire de Brignais, et les Anglo-Bourguignons maîtres de la contrée, échouèrent devant ses murailles.

Après une longue possession, l'Église de Lyon le vendit à des seigneurs laïques qui furent successivement : les Bocsozel, François Turin, les Sève, les Serre, les Pianelli de la Valette. Ce château, qui appartenait en 1790 à M. Barbier des Landes, est aujourd'hui occupé par un pensionnat de Jeunes Filles tenu par les dames de Saint-Charles.

Melchior Philibert, négociant distingué de la ville de Lyon, mourut à Charly, dans sa maison de campagne, le 24 juin 1725, à l'âge de 80 ans. Pernetti nous apprend que, à l'époque où il écrivait, un peintre nommé Sarrabat avait exécuté dans cette maison plusieurs travaux de décoration : c'était un vestibule peint à la détrempe, et représentant sur l'un des côtés une assemblée de négociants, et de l'autre un concert de musique ; de plus, un plafond et un grand nombre de camaïeux. Dans l'assemblée de négociants, on voit le portrait de Melchior Philibert, et dans le concert de musique, celui de Mme Philibert de Chamousset, sa bru, sous la figure d'une nourrice qui portait dans ses bras Mme de la Fay, sa fille. Ces peintures ont été copiées en 1892, par M. Laurent, peintre à Lyon, pour décorer le château de La Fay, aujourd'hui en la possession de M. de Jerphanion, maire de Larajasse.

Après avoir passé à la famille Borel, cette maison bourgeoise appartient aujourd'hui à M. J.-C. Perrachon.

Florentin Loth est décédé à Charly le 14 fructidor an V. Sa propriété appartient maintenant à M. J.-B. Naquin.

Entre autres privilèges, le baron de Montagny avait le droit, toutes les fois qu'il montait à cheval, de se faire tenir son étrier par le seigneur de Charly ; mais il fallait, il faut bien le dire, que l'étrier fût en argent massif et qu'il restât dans les mains du seigneur vassal.

La famille de l'illustre et éloquent Jules Favre avait une résidence à Charly. Sa mère est inhumée dans le cimetière communal ; et la maison a été vendue à la famille Boulhières.

En 1790, Charly fut réuni à la justice de paix du canton de Millery.

Par son testament reçu Me Thomas, notaire à Lyon, Mlle Françoise Faure-Bournat a légué, le 5 décembre 1821, une somme qui, aujourd'hui placée en rentes sur l'État, rapporte annuellement 2.022 francs, dont 1.637 pour l'instruction populaire.

Le sol, argilo-siliceux, produit en abondance des fruits et des primeurs. Vin renommé.

Industries : fabrique de roulettes pour lits, chapes à graissage permanent; fabrique de foudres et de pressoirs.

Pays formé de petits coteaux dont l'altitude varie entre 200 et 302 mètres.

Foire : 10 décembre.

La commune de Charly est vivifiée par les chemins d'intérêt commun N°s 21 et 67.

IRIGNY

Village à 4 kilomètres de Saint-Genis-Laval et à 11 de Lyon, 1.451 habitants, 1.062 hectares.

Commune limitée : au nord, par Pierre-Bénite ; à l'est, par le Rhône, qui la sépare de celles de Saint-Fons (Rhône), et de Feyzin et Solaize (Isère); au sud, par Vernaison et Charly ; au nord-ouest, par Saint-Genis-Laval.

Sous l'ancienne monarchie, paroisse et seigneurie dans le Lyonnais, archiprêtré de Mornant, élection et du ressort de la sénéchaussée de Lyon. L'archevêque de cette ville était collateur de la cure, dont le titulaire résidait à l'annexe d'Oullins. La justice d'Irigny comprenait la plus grande partie de la paroisse. Seigneur, M. Croppet de Varissan. Le reste dépendait de la justice d'Yvours.

Le nom d'Irigny semble dérivé d'Irénée. Dans le xiv° siècle, on appelait ce village Irignins ou Irigneux, et Rubys le nomme Iriny dans son histoire de Lyon.

Cette commune, qui, en 1793, prit le beau nom de Union-sur-le-Rhône, fut en 1817 le théâtre d'une anodine manifestation napoléonienne, impitoyablement réprimée.

Un suicide célèbre, celui de Marie-Thérèse Lortet et de Faldoni, eut lieu en 1774 dans la chapelle d'un château à La Celette. Cette aventure amoureuse passerait aujourd'hui inaperçue. A cette époque, Jean-Jacques Rousseau se trouvait à Lyon, et son imagination ardente fut vivement frappée de l'énergique détermination de ces deux amants.

Le fondateur de la *Revue du Lyonnais*, M. Léon Boitel, est mort dans cette commune, sur laquelle il avait fait une Notice, le 2 août 1855.

Une des plus belles villas d'Irigny était jadis celle de La Damette, qui devait son nom à un riche négociant de Lyon, qui correspondait avec l'abbé Nicole, de Port-Royal. On attribue à cet opulent citoyen la construction de l'église d'Irigny.

On remarque encore le château de Montcorin, à côté du fort de ce nom, qui a été le sujet d'une lettre de Sorbière, et le château d'Yvours, qui était possédé au xive siècle, par la famille d'Augerolles, et, au xviie siècle, par celle des Camus. Au siècle dernier, il avait passé aux mains des Terrasse d'Yvours. Une ancienne inscription, qu'on y conserve et qui est dédiée *Matribus Augustis Eburnici ou Eburnicis*, fait remonter bien haut l'origine de cette localité.

A citer encore le château de Bocsozel, appartenant aujourd'hui à M. Robert, avocat à Lyon.

Le cardinal Donnet, décédé archevêque de Bordeaux, était curé de ce village en 1825.

La généreuse bienfaitrice de cette commune s'appelait Marie-Dorothée Petit. Elle épousa en premières noces M. Mogier, et en secondes noces M. le baron de Chaussiergues. Par son testament olographe du 6 janvier 1876, elle a institué pour sa légataire universelle la commune d'Irigny, à charge par elle d'établir dans ses domaines, situés sur son territoire, une Providence pour les enfants et un hospice pour les vieillards.

Sa fortune s'élevait à environ trois millions au moment de sa mort, survenue le 19 janvier 1878.

Par suite d'une transaction tranchée par le Conseil d'État, la commune a abandonné aux héritiers du sang un tiers de cette fortune, environ un million, et ces derniers ont renoncé à tout jamais aux droits de surveillance des prescriptions testamentaires relatives à l'hospice. L'établissement, sous le nom d'Hospice Petit, a été reconnu d'utilité publique en 1881, et ses revenus (90.000 francs environ) servent à soulager les vieillards pauvres et les enfants indigents, soit à l'hospice établi dans la maison de campagne de la philanthrope baronne, soit à domicile. Les uns et les autres doivent remplir les conditions d'admissibilité exigées par le règlement.

Cette commune, arrosée à l'est par le Rhône, a une altitude ne dépassant pas 267 mètres.

Son sol produit des vignes, des fruits, etc.

Industries : fabrique de glucose, de passementerie et chenille ; carrières de granit.

Un bac relie sur le Rhône les communes de Feyzin et d'Irigny.

Foires : jeudi-gras, 2 mai, 26 juillet, 6 décembre.

Les chemins de grande communication N° 17 bis, et d'intérêt commun N°s 67 et 82, ainsi que la ligne de Lyon à Saint-Étienne, qui possède une station et une halte sur Irigny, vivifient le territoire de cette commune.

LA MULATIÈRE

Bourg à 5 kilomètres de Saint-Genis-Laval et à 4 de Lyon, 3.420 habitants, 194 hectares.

Commune séparée de celle de Sainte-Foy-lès-Lyon, par la loi du 26 juin 1885. Elle est limitée : au nord et à l'est, par la ville de Lyon ; à l'ouest, par la commune de Sainte-Foy ; au sud, par celle d'Oullins.

Cette circonscription doit son nom à l'avocat Clément Mulat, qui le premier, sans doute, y fit bâtir une maison. Quelques personnes pensent toutefois que La Mulatière doit son nom à une station pour les mulets qui apportaient à Lyon le charbon de Saint-Étienne.

La grotte tant célébrée par Jean-Jacques Rousseau existe encore au quai des Étroits, quai qui porte maintenant le nom de l'illustre philosophe.

En parlant de cette grotte, je me permets de citer le passage suivant du célèbre prosateur, qui fait connaître le lamentable état de nos campagnes avant la Révolution et la nécessité de remédier à ce fâcheux état de choses :

« Un jour que j'allais à pied de Lyon à Paris, las et mourant de faim et de soif, j'entrai chez un paysan, dont la maison n'avait pas belle apparence, mais c'était la seule que je visse alentour.

« Je croyais que c'était comme à Genève ou en Suisse, où tous les habitants à leur aise sont en état d'exercer l'hospitalité. Je priai celui-ci de me donner à souper en payant. Il m'offrit du lait écrémé et du pain d'orge, en me disant que c'était tout ce qu'il avait. Je buvais ce lait avec délices, et je mangeais ce pain, paille et tout : mais cela n'était pas fort restaurant pour un homme épuisé de fatigue.

« Ce paysan, qui m'examinait, jugea de la vérité de mon histoire par mon appétit. Tout de suite après avoir dit qu'il voyait bien que j'étais un bon jeune honnête homme qui n'était pas là pour le vendre, il ouvrit une petite trappe à côté de sa cuisine, descendit, et revint, un moment après, avec un bon pain bis de pur froment, un jambon très appétissant, quoique entamé, et une bouteille de vin dont la vue me réjouit le cœur plus que tout le reste ; on joignit à cela une omelette assez épaisse, et je fis un souper tel qu'aucun autre piéton n'en connut jamais.

« Quand je voulus payer, voilà son inquiétude et ses craintes qui le reprennent ; il ne voulait point de mon argent, il le repoussait avec un trouble extraordinaire, et ce qu'il y avait de plaisant était que je ne pouvais imaginer de quoi il avait peur. Enfin, il prononça en frémissant ces mots terribles de taille, de dîmes, de commis et de rats de cave. Il me fit entendre qu'il cachait son pain à cause de la taille, qu'il cachait son vin à cause des impôts et qu'il serait un homme perdu si l'on pouvait se douter qu'il ne mourût pas de faim.

« Cet homme, quoique aisé, n'osait manger le pain qu'il avait gagné à la sueur de son front, et ne pouvait éviter sa ruine qu'en montrant la misère qui régnait autour de lui. Je sortis de la maison aussi indigné qu'attendri, et déplorant le sort de ces belles contrées à qui la nature n'a prodigué ses dons que pour en faire la proie de vexations injustes et barbares. »

Le coteau, au bas duquel est placé le quai des Étroits, est décoré de plusieurs habitations de plaisance. De ce nombre est la Maison-Grise, qui appartenait naguère à Léon Cailhava et qui fut la demeure du célèbre sculpteur Jean Thierry. Enfin, la maison de M. Fougasse, qui appartenait, sous Louis XV, à Mme Lobreau, directrice du théâtre de Lyon. On y lit encore cette inscription dans le salon où elle recevait ses administrés et les gens de lettres :

> Certain proverbe dit qu'il nous est défendu
> De parler de corde, au logis d'un pendu,
> Vous qui lirez ces vers, la dame vous en prie,
> Ne parlez point ici de comédie.

Condamné à mort le 15 juillet 1816, l'infortuné Mouton Duvernet fut exécuté sur la berge des Étroits, le 27 juillet 1816, un peu en deçà du tunnel de Fourvière. Des royalistes fanatiques, raconte-t-on, ne craignirent pas d'organiser un banquet, où l'on servit, sur leur demande, un foie et des rognons de « mouton ».

La commune de La Mulatière a une altitude moyenne de 170 mètres. Le Rhône et la Saône opèrent leur jonction en face de son territoire et de celui de Lyon, où un barrage a été établi.

Sol recouvert de maisons ouvrières et de propriétés d'agrément. La vigne est cultivée sur une surface de 10 hectares environ.

Industries : ateliers de construction du chemin de fer P.-L.-M., fabrique d'instruments de pesage; verreries; fabrique de grelots, sonnettes, timbres, sifflets pour jouets de caoutchouc, etc.

Le territoire de la commune de La Mulatière est traversé : par la ligne ferrée de Lyon à Saint-Étienne; par les chemins de grande communication N°s 10 et 17 *bis*, ainsi que par le chemin d'intérêt commun N° 19 et la route nationale N° 88.

OULLINS

Ville à deux kilomètres de Saint-Genis et à 6 de Lyon, 9.085 habitants, 674 hectares.

Commune bornée : au nord, par Sainte-Foy et La Mulatière; à l'est, par le Rhône, qui la sépare de celle de Saint-Fons; au sud, par Pierre-Bénite; au sud-ouest, par Saint-Genis-Laval, et à l'ouest, par Chaponost.

Autrefois, village annexe de la paroisse d'Irigny, et seigneurie en Lyonnais, du ressort de la sénéchaussée de Lyon. L'archevêque de cette ville en était seigneur haut justicier.

Il est fait mention d'Oullins pour la première fois dans une charte de l'empereur Lothaire, de l'an 855, qui donne à cette localité le nom d'Aulanus. Elle porte celui d'Aulanium dans une bulle du pape Sergius, de l'an 910.

C'est à Oullins que mourut, le 17 septembre 1785, Antoine Thomas, de l'Académie Française et associé à celle de Lyon. L'archevêque de cette ville, Malvin de Montazet, son ami et son confrère de l'Académie Française, lui fit élever dans l'église de cette paroisse, le 24 juillet 1786, un tombeau en marbre blanc.

C'est aussi à Oullins que décéda, dans sa maison, le 7 août 1834, Jacquard, si connu par le métier qui porte son nom. Le conseil municipal de la commune a fait ériger à sa mémoire, dans l'ancienne église, un monument funéraire.

Sont encore morts dans la commune : en 1836, Jean-Marie Pichard de l'Académie de Lyon; en 1858, l'abbé Duperron, curé d'Oullins, fondateur de l'École des Frères; en 1864, Mlle de Chastelas, qui a légué à la commune une rente pour l'éducation de deux orphelines ; en 1877, Charton, qui a légué une rente pour une jeune fille pauvre et sage.

Le peintre Victor Orsel, né en 1795 à Oullins, est décédé en 1850.

François Ier et Henri IV ont passé ou séjourné à Oullins, ainsi que l'impératrice Joséphine.

Cette localité eut pendant cinq siècles de nombreux différends avec Sainte-Foy à propos des pâturages et brotteaux du Rhône.

Oullins, après la publication de l'Édit de Nantes (1598), fut un des lieux assignés aux protestants pour l'exercice public de leur culte ; mais en 1630, l'archevêque de Lyon, Alphonse de Richelieu, obtint un arrêt du Conseil qui les obligea de transférer leur prêche à Saint-Romain-au-Mont-d'Or.

On y planta en 1605 un mûrier qui vécut jusqu'en 1838.

Le 14 juillet 1792, 20.000 fédérés du département se réunirent à Oullins pour la fête de la Fédération.

Pendant le siège de Lyon, les troupes de Kellermann livrèrent, en 1793, un combat contre les Lyonnais, au Pont d'Oullins.

Dans l'ancien château d'Oullins, construit par le cardinal de Tencin et qui a appartenu successivement à l'archevêque Montazet et à M. Tolozan de Montfort, dernier prévôt des marchands, qui y est mort le 10 décembre 1811, est un collège tenu par les Dominicains.

Notons encore le château de Merlus, construit au xive siècle, habité par : Gaspard de la Balme, Jean Gerson, les Pères Célestins, de Loras, Dugas de Bois Saint-Just, etc. Enfin le château de La Bussière, construit au xiie siècle et habité par les Gayot, Mascrany de la Bussière. François Ier y passa deux jours.

Oullins est arrosé à l'est par le Rhône. L'Yzeron a son confluent avec ce fleuve sur le territoire de cette commune. Altitude comprise entre 161 et 274 mètres. Climat assez doux, brumeux au printemps et à l'automne.

Productions agricoles : pêches, fraises, asperges, cerises Jaboulay.

Industries : de grands ateliers de construction fonctionnent à

Oullins, qui est, par excellence, un grand centre industriel. Plus de 1.500 ouvriers sont employés dans les immenses ateliers de la Compagnie des chemins de fer P.-L.-M., et 400 personnes sont occupées à la cristallerie de Lyon et à la grande verrerie d'Oullins, dont les produits sont très recherchés.

Une tannerie-corroirie fait travailler 200 ouvriers.

Foires : 14 janvier, 11 novembre, 5 décembre.

Marché le jeudi.

Station sur la voie ferrée de Lyon à Saint-Étienne.

Le territoire d'Oullins est encore desservi par la route nationale N° 88, et par les chemins de grande communication N°s 10 bis, 13 bis et 17 bis.

PIERRE-BÉNITE

Bourg à 3 kilomètres de Saint-Genis-Laval et à 8 de Lyon, 2.742 habitants, 355 hectares.

La commune de Pierre-Bénite est limitée : à l'est, par le Rhône, qui la sépare de Lyon et de Saint-Fons; au sud, par Irigny; à l'ouest, par Saint-Genis; au nord, par Oullins.

Cette commune a été distraite de celle d'Oullins par le décret du 24 avril 1869.

Dans un terrain sablonneux, couvert d'herbes et de saules, se trouve près d'une lône une pierre où sont scellés deux anneaux avec l'image d'une croix, grossièrement taillée, et une cavité de forme carrée. Ce granit enfoui dans le gazon est la pointe d'un rocher que baignait autrefois le grand courant. Une croix avait été élevée sur ce point, soit que l'endroit fût dangereux, soit au contraire pour signaler un point d'attache; on prétend même qu'un ermite s'en était fait le gardien volontaire. Ayant façonné un creux naturel de pierre, il l'emplissait d'eau bénite, qu'il tendait aux mariniers, lesquels, en reconnaissance, lui remettaient quelques pièces de monnaie. Telle serait l'origine de Pierre-Bénite.

Une autre version tirerait ce nom de la configuration même de la roche creusée en forme de bénitier par les eaux rapides qui s'y engouffraient : « La pierre au bénitier », auront dit les marins, puis Pierre-Bénite.

Sur le territoire de cette commune on remarque le château du Perron, bâti au commencement du XVIe siècle par Antoine de Gondy, marchand florentin et bourgeois de Lyon, dont les descendants jouèrent un si grand rôle sous le nom de ducs de Retz. Ce château, où François Ier aurait couché, a appartenu aussi aux Pontsaintpierre et est aujourd'hui la propriété des Hospices de Lyon, qui y ont établi une succursale pour les vieillards incurables.

Sol argilo-siliceux, propre au jardinage et affecté à la culture maraîchère. Melons renommés.

La partie orientale, baignée par le Rhône, a une altitude de 167 mètres, et la partie située sur le plateau du Perron atteint seulement 233 mètres.

Industries : produits chimiques ; fabrique de savon ; teinture de fourrures.

La cristallerie établie au lieu dit La Verrerie, n'ayant pu lutter contre celles de Givors et de Rive-de-Gier, a éteint ses feux depuis longtemps.

Foire : 26 décembre. Marché le mardi.

La ligne de Lyon à Saint-Étienne traverse la commune, et y possède une halte. Il y a encore le chemin de grande communication N° 17 *bis* pour desservir cette localité.

SAINTE-FOY-LÈS-LYON

Bourg à 5 kilomètres de Saint-Genis et à 4 de Lyon, 2.914 habitants, 681 hectares.

Commune limitée : au nord, par la ville de Lyon ; à l'est, par La Mulatière ; au sud, par Oullins ; à l'ouest, par Chaponost et Francheville.

Avant la Révolution, village, paroisse et seigneurie dans le Lyonnais, archiprêtré des Suburbes, élection et du ressort de la sénéchaussée de Lyon ; les comtes de Lyon nommaient à la cure et étaient seigneurs de la terre.

Le clocher de Sainte-Foy est un morceau précieux de l'architecture romane du xiie siècle. Ce village fut pris d'assaut, au mois de novembre 1434, par les Bourguignons qui ravageaient alors le Lyonnais.

En 1793, au nom de Sainte-Foy, on substitua celui de Bonne-Foy.

Le premier télégraphe de la ligne de Lyon à Toulon, qui avait été établi dans le bourg, a été supprimé depuis l'adoption du télégraphe électrique.

L'accès de Sainte-Foy a été rendu facile depuis que M. Vailloud, alors maire de cette commune, a fait ouvrir l'avenue qui porte son nom, et qu'un tramway électrique relie cette localité avec Lyon (1893).

Sainte-Foy est située au sommet d'un coteau dont l'altitude ne dépasse pas 317 mètres.

Productions agricoles : vignobles, fourrages, fruits abondants.

Foires : mercredi des Cendres, 23 novembre, 10 décembre. Marché le vendredi.

Le territoire de la commune de Sainte-Foy est vivifié : par le tramway électrique ; par le chemin de grande communication N° 13 bis, et par les chemins d'intérêt commun N°s 19 et 25.

SOUCIEU-EN-JAREZ

Village à 9 kilomètres de Saint-Genis-Laval et à 18 de Lyon, 1.665 habitants, 1.423 hectares.

Soucieu est limité : au nord, par Brindas et Chaponost ; à l'est, par Brignais et Orliénas ; au sud, par Saint-Laurent-d'Agny et Chaussan ; à l'ouest, par Thurins et Messimy.

Autrefois paroisse et seigneurie dans le Lyonnais, archiprêtré de Mornant, élection et du ressort de la sénéchaussée de Lyon ;

les comtes de Lyon étaient seigneurs de la terre et nommaient à la cure.

Patrie adoptive de l'ami de l'instruction populaire, J.-M. Journoud, le canut philosophe décédé à Soucieu le 16 juillet 1886, bien connu dans la région, et dont les nombreux amis ont voulu perpétuer et honorer la mémoire en élevant un modeste monument sur sa tombe.

En 1790, cette commune ressortissait à la justice de paix du canton de Mornant. On remarque sur son territoire des restes importants de l'aqueduc du mont Pilat et surtout du réservoir de chasse de Pont-du-Garon.

Cette commune, adossée au versant oriental des Cévennes, a une altitude variant entre 303 et 415 mètres, et est arrosée par le Garon et le Furon.

Sol rocailleux contenant beaucoup de roches.

Productions agricoles : vins, céréales, fourrages.

Industrie : tissage de la soie et du velours occupant 600 ouvriers.

Foires : 21 janvier, 12 mai, 14 septembre, 18 novembre. Marché le mardi.

La ligne de Lyon à Mornant a une gare à Soucieu.

Principales voies vicinales : chemin de grande communication N° 30 et chemin d'intérêt commun N° 11.

VERNAISON

Village à 7 kilomètres de Saint-Genis-Laval et à 14 de Lyon, 1.183 habitants, 481 hectares.

Vernaison est limité : au nord, par Irigny ; à l'est, par Solaise et Serezin (Isère), le Rhône entre deux ; au sud, par Millery ; à l'ouest, par Charly.

Anciennement annexe de Charly, et seigneurie dans le Lyonnais, du ressort de la sénéchaussée de Lyon.

Il existe dans ce village les restes d'un ancien château qui appartenait, avant la Révolution, à l'abbé d'Ainay comme décimateur. Au temps de la Ligue, les Lyonnais s'emparèrent de ce château fort le 23 février 1589. Il datait du xiii° siècle, et avait été bâti par Jean d'Yzeron, 29° abbé d'Ainay.

La terre de Vernaison appartenait au seigneur de Charly. On remarquait encore à Vernaison le château de Vieuxbourg, fief ayant appartenu à la famille Noyel.

Feu le cardinal de Bonald, archevêque de Lyon, possédait une des plus belles maisons de campagne de cette commune. Il y a ajouté d'immenses bâtiments pour servir d'asile et de retraite aux prêtres de son diocèse. Son successeur, Mgr Ginoulhiac, y est décédé. Cette maison est désignée sous le nom d'Hospice de Saint-François-de-Sales.

Vernaison dépendait autrefois de l'éphémère canton de Millery.

En attendant la construction d'un pont, un bac à traille relie cette commune à celle de Solaise (Isère).

Son territoire, arrosé à l'est par le Rhône, est composé de petits coteaux dont les plus élevés atteignent à peine 285 mètres.

Productions : vin, fruits, produits maraîchers.

Industries : fabrique de pressoirs; fabrique mécanique de soieries, etc.

Foires : 3 février, 9 octobre.

La voie ferrée de Lyon à Saint-Étienne a une gare à Vernaison.

Cette commune est en outre traversée par le chemin de grande communication N° 17 *bis* et par celui d'intérêt commun N° 21.

VOURLES

Bourg à 5 kilomètres de Saint-Genis-Laval et à 13 de Lyon, 795 habitants, 565 hectares.

Saint-Genis au nord, Charly à l'est, Millery et Montagny au sud, Taluyers, Orliénas et Brignais à l'ouest, sont les communes limitrophes avec Vourles.

Autrefois annexe de Brignais, en Lyonnais, dépendant de la baronnie du Chapitre de Saint-Just de Lyon, du ressort de la sénéchaussée de cette ville. Seigneurs, les chanoines-barons du Chapitre précité.

L'église de Vourles, reconstruite en 1827 sur les dessins de Vincent Farge, est sous le vocable de saint Bonnet. Le plafond a été peint par M. Reyneri.

L'abbé Querbes, curé de cette paroisse, y a fondé en 1830 l'association des clercs ou frères de Saint-Viateur.

Le fief des Peisses, situé autrefois dans la paroisse d'Orliénas, appartenait, au XVIe siècle, à la famille Faye, qui a donné depuis plusieurs magistrats au parlement de Paris. Il appartenait à M. Riboud en 1790.

On remarque encore, sur le territoire de cette commune, le fief de Maison-Forte, qui appartenait, au moment de la Révolution, à M. Fourgon, ancien conseiller à la cour des Monnaies de Lyon. Les héritiers de M. Jaricot en sont aujourd'hui possesseurs.

La commune de Vourles est située sur un petit mamelon dominant la vallée du Garon, en face la route nationale N° 88. Elle est arrosée par le ruisseau précité.

Son altitude varie entre 204 et 289 mètres.

Elle dépendait, en 1793, de l'éphémère canton de Millery et s'appelait Vourles-le-Courageux.

Productions agricoles : vin, céréales, fourrages.

Industrie : blanchissage du linge.

Commune vivifiée par le chemin de grande communication N° 13 *bis* et celui d'intérêt commun N° 21.

Foire : 15 janvier.

CANTON DE SAINT-GENIS-LAVAL

COMMUNES.	POPULATION MUNICIPALE.			POPULATION comptée à part.	POPULATION totale.	SUPERFICIE.	RECETTES ordinaires.	DÉPENSES ordinaires.	PRODUIT des centimes.	VALEUR du centime.	CENTIMES pour DÉPENSES ordinaires et extraordinaires.			MONTANT de la dette.	REVENUS du bureau de bienfaisance.	PERCEPTIONS.	POSTES ET TÉLÉGRAPHES.	ÉLECTEURS.
	Agglomérée.	Éparse.	Totale.								Nombre total.	Dont extraordinaires.	Durée des impositions extraordinaires.					
Brignais........	1.378	369	1.747	245	1.992	1.038	12.278	12.393	9.085	155,95	58	10	1913	14.198	197	Brignais.	P.-T.	540
Chaponost......	725	1.112	1.837	70	1.907	1.026	14.061	14.062	12.534	179,78	69	14	1906	19.456	1.199	Oullins.	P.-T.	590
Charly	415	492	907	66	973	510	6.242	6.242	3.290	141,35	23	3	1898	2.542	2.698	Brignais.	Vernaison.	320
Irigny..........	736	670	1.406	45	1.451	1.062	10.173	10.165	6.795	168,88	40				1.301	St-Genis-L.	P.-T.	400
Mulatière (La)	3.257		3.237	163	3.420	194	24.657	24.653	29.955	276,15	107	84	1924	232.015	2.700	Oullins.	P.-T.	900
Oullins.........	8.636		8.636	449	9.085	674	67.129	67.126	48.975	608,25	80	40	1925	226.913	7.766	id.	P.-T.	1.930
Pierre-Bénite...	2.329		2.329	413	2.742	355	15.414	15.429	10.292	148,24	70	20	1918	30.732	1.250	id.	P.-T.	670
Ste-Foy-lès-Lyon	1.627	1.041	2.666	248	2.914	681	34.726	34.743	18.726	292,78	63	13	1903	115.216	4.209	id.	P.-T.	730
St-Genis-Laval..	1.606	1.115	2.721	714	3.435	1.987	22.358	21.187	14.451	363,54	40	19	1922	93.045	4.716	St-Genis-L.	P.-T.	1.000
Soucieu-en-Jarez	1.340	325	1.665		1.665	1.423	7.827	7.816	5.885	109,10	64	13	1926	9.842	457	Brignais.	F.-R.	560
Vernaison......	855	153	1.008	175	1.183	481	5.898	5.882	6.033	121,47	49	19	1917	42.459	848	St-Genis-L.	P.-T.	800
Vourles	549	171	720	75	795	565	6.828	6.824	7.489	93,35	79	29	1915	26.973	429	Brignais.	T.Brignais.	270
	23.453	5.448	28.901	2.061	30.962	9.896	227.586	226.421	173.490	2.656,84	742	244		823.091	27.959			

| COMMUNES. | Distance. | | FÊTES PATRONALES. | Notaires. | PERSONNEL médical. | | | | État civil. | Caisse des écoles. | Fondation de la bibliothèque. | ÉCOLES publiques. | | | | ÉCOLES privées. | | Personnel ecclésiastique. |
	de Lyon.	de Saint-Genis.			Médecins.	Pharmaciens.	Sages-Femmes.	Vétérinaires.				Garçons (classes).	Filles (classes).	Mixtes.	Maternelles (classes).	Garçons.	Filles.	
Saint-Genis-Laval	8		Saint-Genis.	2	2	1	1		1587		1870	1	1		1	3	4	✠ 3
Brignais	12	4	Saint-Clair.	1	1	1	1	1	1623		1864	2	2				1	2
Id. (Sacuny)											1894	3						
Chaponost	12	5	Saint-Prix.			1			1563	1	1877	1	2			1	1	2
Id. (Beaunand)			Nativité Notre-Dame.											1			1	1
Charly	15	6	Saint-Antoine.	1	1	1	1		1608	1	1882	1	1			1	1	2
Irigny	11	4	Saint-André.		1	1	1		1659		1864	2	1	1			1	1
La Mulatière	4	5	Assomption.			1	1			1	1887	2	2		2	1	4	2
Id. (Les Étroits)												1	1					
Oullins	6	2	Saint-Martin.		4	5	7	1	1575	1	1803	5	4		2	3	6	4
Id. (La Saulaie)												1	1		1		1	
Pierre-Bénite	8	3	Assomption.			1	1			1	1884	1	1		2	1	1	2
Sainte-Foy-lès-Lyon	4	5	Sainte-Foy-d'Argent.	1	1	1	1		1578	1	1886	1	2			2	2	2
Soucieu-en-Jarez	18	9	Saint-Julien.						1580		1868	2	2			1	1	2
Vernaison	14	7	Saint-Denis.			1			1619	1	1863	1	1		1	1	1	2
Vourles	13	5	Saint-Bonnet.						1620	1	1864	1	1			1	1	3

CANTON DE MORNANT

La justice de paix du canton de Mornant comprend les communes de : Mornant, Chaussan, Orliénas, Riverie, Rontalon, Saint-André-la-Côte, Sainte-Catherine, Saint-Didier-sous-Riverie, Saint-Laurent-d'Agny, Saint-Maurice-sur-Dargoire, Saint-Sorlin et Taluyers.

Le canton de Mornant est limitrophe : au nord, avec ceux de Vaugneray et de Saint-Genis-Laval; à l'est, avec ce dernier; au sud, avec celui de Givors; au sud-ouest, avec celui de Rive-de-Gier (Loire); à l'ouest, avec celui de Saint-Symphorien-sur-Coise.

Population 10.365 habitants, superficie 11.867 hectares.

Les douze communes de cette circonscription faisaient, avant la Révolution, partie de l'ancienne province du Lyonnais.

En 1790, lors de la création des cantons, toutes les communes de l'actuel canton de Mornant en faisaient partie, à l'exception d'Orliénas et de Taluyers qui ressortissaient à celui de Millery.

L'archiprêtré de Mornant comprend douze paroisses. Avant la Révolution, elles dépendaient déjà de l'archiprêtré de cette petite ville.

Le canton de Mornant est baigné : au sud, par le Gier et le canal de Givors ; à l'ouest, par le Bosançon, affluent de la rivière précitée, par le Garon et plusieurs de ses affluents, parmi lesquels nous citerons le Mornantet et le Cora-Sona. Il a des altitudes extrêmes, avec la Madeleine, dépendant de la commune de Saint-Maurice ; son niveau au-dessus de la mer n'est que de 181 mètres, tandis que le Crêt de Saint-André, qui atteint 937 mètres, est le point culminant des monts du Lyonnais.

Principales industries : tissage de velours soie dans la plupart des communes; cordonnerie à Saint-Laurent-d'Agny et à Riverie, etc.

Productions agricoles : céréales, fourrages, vin, fruits divers, marrons, bois de pin et de chêne.

Ce canton ressortit au 7e corps d'armée et au tribunal de commerce de Lyon.

Il fait partie de la 9e circonscription électorale, de l'inspection primaire des écoles de Lyon-rural et du comice agricole de Givors.

Les armes de Mornant sont : De sinople à deux fifres d'or en sautoir, liés de gueules.

Le canton de Mornant renferme une population aux mœurs simples, profondément honnête et très attachée à la terre natale.

MORNANT

Petite ville à 24 kilomètres de Lyon, chef-lieu de canton, 2.053 habitants, 1.573 hectares.

Les communes limitrophes sont : au nord, Saint-Laurent-d'Agny ; au sud-est, Chassagny et Saint-Andéol ; à l'ouest, Saint-Maurice, Saint-Didier, Saint-Sorlin et Chaussan.

Sous l'ancienne monarchie, paroisse, élection de Saint-Étienne, justice du lieu, du ressort de la sénéchaussée de Lyon. L'archiprêtré comprenait 40 cures en Lyonnais : Saint-Andéol-le-Château, Saint-André-la-Côte, Brignais, Brindas, Cellieu, Chagnon, Chaponost, Charly, Chassagny, Dargoire, Saint-Genis-Laval, Saint-Didier-sous-Riverie, Échalas, Saint-Genis-Terrenoire, Givors, Grigny, Chaussan, Irigny, Larajasse, L'Aubépin, Saint-Laurent-d'Agny, Longes, Saint-Martin-en-Haut, Saint-Martin-la-Plaine, Saint-Maurice-sur-Dargoire, Millery, Montagny, Mornant, Orliénas, Rive-de-Gier, Riverie, Rochefort, Saint-Romain-en-Jarez, Rontalon, Soucieu-en-Jarez, Taluyers, Tartaras, Thurins, Vaugneray, Saint-Laurent-de-Vaux.

Et 13 annexes également en Lyonnais : Sainte-Catherine-sur-Riverie, Châteauneuf-sur-Dargoire, Saint-Jean-de-Touslas, Saint-Martin-de-Cornas, Messimy, Oullins, Saint-Romain-en-Gier, Saint-Sorlin, Trèves, Vernaison, Saint-Vincent-d'Agny, Vourles, etc.

Le seigneur du pays était le prieur-supérieur de la maison de Saint-Lazare de Lyon qui nommait à la cure.

Il y avait un séminaire et des Petites-Écoles : celle des garçons était sous la direction d'un laïque, et celle des filles sous la direction des sœurs du Tiers-ordre de Saint-François.

Avant le IXe siècle, Mornant possédait une abbaye qui fut détruite pendant les guerres civiles de la période carlovingienne. Au siècle suivant, son abbaye fut réunie à celle de Savigny, et au commencement du siècle dernier à la maison de la congrégation de Saint-Lazare.

Mornant a donné le jour au docteur Étienne-Frédéric Monin, correspondant de la société nationale de médecine et membre de la société littéraire de Lyon. Né le 17 janvier 1806 et décédé le 20 avril 1873, il était non seulement un savant et un praticien de mérite, mais aussi un auteur distingué. On a de lui : *Physiologie de l'abeille* ; *le Bréviaire du médecin* ; *Étude sur la genèse des patois et en particulier du roman et du patois lyonnais*.

On remarque sur la place publique l'ancienne tour du Vingtain.

Près de Mornant sont de beaux restes de l'aqueduc du Mont-Pilat.

L'ancien canton de Mornant, créé en 1790, comprenait les communes de : Mornant, Chaussan, Riverie, Rontalon, Saint-André, Sainte-Catherine, Saint-Didier, Saint-Jean-de-Touslas, Saint-Laurent-d'Agny, Saint-Maurice-sur-Dargoire, Soucieu-en-Jarez et Saint-Sorlin.

Cette commune, arrosée par le Mornantet et le Jonan, a une altitude assez élevée variant entre 304 et 467 mètres.

Productions : vin, fourrages, fruits.

Industries : chapellerie; tissage de la soie.

Foires : 1er vendredi de chaque mois, 18 janvier, 26 décembre. Marché le vendredi.

Station terminus de la ligne de l'Ouest-Lyonnais. La commune de Mornant est en outre traversée par les chemins de grande communication N°s 2, 13 *bis*, 30 et 34, et par le chemin d'intérêt commun N° 13.

CHAUSSAN

Village à 4 kilomètres de Mornant et à 28 de Lyon, 553 habitants, 789 hectares.

Les limites de Chaussan sont : au nord, Soucieu; à l'est, Saint-Laurent et Mornant; au sud, Saint-Sorlin; à l'ouest, Saint-André; au nord-ouest, Rontalon.

Autrefois Saint-Jean-de-Chaussan, paroisse dans le Lyonnais, archiprêtré de Mornant, élection et du ressort de la sénéchaussée de Lyon, justice de Riverie; le Chapitre de Saint-Just de Lyon nommait à la cure, et le seigneur était le baron de Riverie.

Sous la Révolution, on donna à cette commune le nom de Chaussan-la-Montagne.

L'illustre famille lyonnaise de Bellièvre était originaire de ce pays.

Cette commune, située dans les montagnes du Lyonnais, a une altitude élevée variant de 500 à 581 mètres.

Productions agricoles : céréales, foin, vin, marrons, fruits divers.

La commune de Chaussan n'est traversée que par une seule grande voie vicinale : le chemin de grande communication N° 34.

ORLIÉNAS

Village à 7 kilomètres de Mornant et à 18 de Lyon, 929 habitants, 1.043 hectares.

Les communes voisines sont : à l'est, Brignais et Vourles ; au sud, Taluyers ; au sud-ouest, Saint-Laurent ; au nord-ouest, Soucieu.

Avant la Révolution, paroisse et seigneurie dans le Lyonnais, archiprêtré de Mornant, élection et du ressort de la sénéchaussée de Lyon ; l'abbé d'Ainay nommait à la cure.

Le fief des Peisses, aujourd'hui sur Vourles, dépendait naguère de la paroisse d'Orliénas.

L'ancienne église, qui remontait au XIe siècle, fut primitivement celle d'un prieuré relevant de l'abbaye d'Ainay. On voit encore des restes de l'ancien mur d'enceinte.

La seigneurie d'Orliénas fut cédée, au milieu du siècle dernier, par l'abbé d'Ainay, à Louis Dugas de Bois-Saint-Just, qui la céda à son tour à la famille Robin.

Cette commune fit, jusqu'au commencement de ce siècle, partie du canton de Millery.

Son altitude varie entre 287 et 370 mètres.

Le ruisseau le Cara-Nona, affluent du Garon, sépare Orliénas de Taluyers.

Productions : vin, primeurs, fruits, etc.

Industries : tissage de velours soie ; source minérale.

Foire : 5 janvier.

La Compagnie des chemins de fer de l'Ouest-Lyonnais a établi une gare sur le territoire d'Orliénas.

Les autres voies importantes sont les chemins de grande communication N°s 13 bis et 30, et le chemin d'intérêt commun N° 11.

RIVERIE

Bourg à 11 kilomètres de Mornant et à 33 de Lyon, 320 habitants.

La superficie de Riverie est de 41 hectares; c'est la commune la moins étendue du département. Elle est bornée : au nord-ouest, par Sainte-Catherine, et aux autres points cardinaux, par Saint-Didier-sous-Riverie.

Sous l'ancien régime, château et première baronnie du Lyonnais, archiprêtré de Mornant, élection de Saint-Étienne, justice du lieu, du ressort de la sénéchaussée de Lyon; le Chapitre de Saint-Paul de Lyon nommait à la cure, et le seigneur était le baron de Riverie.

La baronnie de Riverie comprenait les paroisses de : Riverie, Saint-Didier-sous-Riverie, Sainte-Catherine, Saint-Sorlin, Saint-André-la-Côte et Saint-Jean-de-Chaussan. Cette seigneurie a successivement appartenu à la famille Riverie, aux Roussillon-Annonay, aux Thoire-Villars, aux comtes de Forez, aux Laurencin, aux Camus, aux de Bron, et aux Bénéon, entre les mains desquels elle se trouvait au moment de la Révolution.

Riverie fut pris et saccagé par les Ligueurs commandés par Mittes de Chevrières, au mois d'août 1590.

Les seigneurs avaient fondé des petites écoles pour les garçons, dirigées par un laïque.

Sous la Révolution, Riverie échangea son nom contre celui de Beaurepaire.

Patrie de Jean-Marie Achard-James, de l'Académie de Lyon,

président de chambre à la Cour d'appel de Lyon, né le 21 août 1780, décédé le 11 décembre 1848.

L'histoire de l'ancienne baronnie de Riverie a été publiée en 1872, par M. A. Vachez, maire de cette commune et membre de l'Académie de Lyon.

Le terrain, granitique, produit des céréales, du vin, etc.

Le territoire, formé de collines, a une altitude de 680 mètres.

Industrie : cordonnerie.

Foires : 20 janvier, 23 avril, lundi de Pentecôte, 18 octobre.

Voies de communication : chemins de grande communication N° 2, et chemins d'intérêt commun N°s 13 et 63.

RONTALON

Village à 7 kilomètres de Mornant et à 24 de Lyon, 802 habitants, 1.252 hectares.

Communes limitrophes : au nord et à l'est, Thurins ; au sud, Soucieu, Chaussan et Saint-André ; à l'ouest, Saint-Martin.

Autrefois paroisse et seigneurie dans le Lyonnais, archiprêtré de Mornant, élection et du ressort de la sénéchaussée de Lyon ; les comtes de Lyon nommaient à la cure.

La seigneurie de Rontalon a été possédée pendant plusieurs siècles par les familles de Mont-d'Or et Balarin de Foudras. En 1780, elle appartenait à Arthaud de la Feuillade.

L'ancien château subsiste encore en grande partie et est occupé par des religieuses.

L'antique église a été remplacée par un monument du style ogival.

Sol granitique donnant des produits variés.

Dans le règne animal, on rencontre : à Rontalon, des bœufs, des vaches, des chevaux, des brebis, etc.

En 1793, Rontalon prit le nom de Rontalon-l'Union.

Ruisseau : le Carteaux ; l'altitude varie entre 443 et 689 mètres.

L'industrie comporte, sur plus de 60 métiers, le tissage du velours.

Foire : lundi saint.

Cette commune est vivifiée par le chemin de grande communication N° 34, et par les chemins d'intérêt commun N°s 11 et 43.

SAINT-ANDRÉ-LA-CÔTE

Village à 8 kilomètres de Mornant et à 32 de Lyon, 266 habitants, 477 hectares.

Saint-André est borné : au nord, par Rontalon ; à l'est, par Chaussan et Saint-Sorlin ; au sud, par Sainte-Catherine ; à l'ouest, par Saint-Martin.

Sous l'ancien régime, paroisse dans le Lyonnais, archiprêtré de Mornant, élection et du ressort de la sénéchaussée de Lyon ; les comtes de Lyon nommaient à la cure.

Le plus beau panorama du département se trouve dans cette commune sur le sommet appelé le *Châtel*, situé à l'est du signal de Saint-André (937 mètres d'altitude), où Cassini avait établi un observatoire pour dresser la carte de la contrée et où une tourelle en pierres sèches rappelle encore le souvenir des travaux du savant géographe.

Sous la Révolution, Saint-André prit le nom de Haute-Montagne.

Cette commune occupe un des points culminants du département, et son altitude la plus basse est encore au chiffre respectable de 773 mètres.

Productions : céréales, bois et fruits.

Cette circonscription communale n'est desservie que par le chemin de grande communication N° 2 et le chemin d'intérêt commun N° 63.

SAINTE-CATHERINE

Village à 13 kilomètres de Mornant et à 35 de Lyon, 813 habitants, 1.359 hectares.

Communes voisines : au nord-est, Saint-André ; à l'est, Riverie et Saint-Didier-sous-Riverie ; au sud, Saint-Romain-en-Jarez (Loire) ; à l'ouest, Larajasse et Saint-Martin-en-Haut.

Autrefois annexe de Saint-Didier-sous-Riverie, en Lyonnais, archiprêtré de Mornant, du ressort de la sénéchaussée de Lyon.

Ce village portait autrefois le nom de Sainte-Catherine-du-Perthuis, sans doute à cause de sa situation dans un col où a existé de tout temps une voie de communication entre le Lyonnais et le Forez.

En 1793, Sainte-Catherine échangea son nom contre celui de Riard.

Près de Sainte-Catherine, on voit encore quelques restes d'un château appelé Châteauvieux, dont la destruction remonte à une époque fort ancienne.

Deux montagnes de cette commune, appelées le Grand-Châtelard et le Petit-Châtelard, semblent avoir servi de refuge au temps des Gaulois. Le grand Châtelard est à 804 mètres d'altitude.

Sainte-Catherine a été le berceau de la famille Mazard dont l'un des membres, né en 1660 et mort sans postérité en 1736, fut le bienfaiteur de Taluyers et de l'hospice de la Charité de Lyon.

Cette commune se trouve sur la ligne de partage des eaux, entre le bassin du Rhône et celui de la Loire. Son altitude est comprise entre 759 et 837 mètres.

Les touristes, les familles et les convalescents en quête d'un air pur, d'une retraite paisible et des douces distractions que procurent les promenades dans les montagnes, peuvent aller à Sainte-Catherine.

Productions : céréales, bois de sapin et de chêne.

Les principales artères qui vivifient le territoire de cette commune sont le chemin de grande communication N° 2, et les chemins d'intérêt commun N°s 13, 47 et 63.

SAINT-DIDIER-SOUS-RIVERIE

Village à 9 kilomètres de Mornant et à 31 de Lyon, 1.227 habitants, 1.402 hectares.

Commune limitrophe : au nord, avec Saint-Sorlin ; à l'est, avec Saint-Maurice ; au sud, avec Saint-Joseph et La Cula (Loire) ; à l'ouest, avec Sainte-Catherine.

Avant la Révolution, paroisse dans le Lyonnais, archiprêtré de Mornant, élection de Saint-Étienne, justice de Riverie et du ressort de la sénéchaussée de Lyon ; le Chapitre de Saint-Paul de cette ville nommait à la cure.

En 1590, pendant les guerres de la Ligue, le village de Saint-Didier fut livré aux flammes par les royalistes viennois, commandés par le seigneur de la Baume. L'inscription d'une cloche fondue la même année a conservé le souvenir de ce douloureux événement.

Sous la Révolution, cette commune fut dénommée Didier-Basse-Montagne.

On trouve dans cette commune les restes de deux ponts de l'ancien aqueduc du Mont-Pilat.

Cette circonscription est arrosée par un affluent du Garon, le Marin, et par un affluent du Gier, le Bozançon.

On cultive la vigne dans la partie basse ; la partie élevée est réservée à la culture des céréales et des fourrages.

L'industrie consiste dans le tissage de la soie.

Foire : 3 février.

Le territoire de la commune de Saint-Didier est assis sur le chemin de grande commmunication N° 2 et sur le chemin d'intérêt commun N° 13.

SAINT-LAURENT-D'AGNY

Village à 3 kilomètres de Mornant et à 22 de Lyon, 1.022 habitants, 1.054 hectares.

Cette commune est bornée : au nord, par celle de Soucieu ; à l'est, par celle d'Orliénas et de Taluyers ; au sud, par celle de Chassagny et de Mornant ; à l'ouest, par celle de Chaussan.

Avant 1789, paroisse et seigneurie en Lyonnais, archiprêtré de Mornant, élection et du ressort de la sénéchaussée de Lyon ; le Chapitre de Saint-Just de cette ville nommait à la cure.

Saint-Laurent appartenait au XIII° siècle à une famille chevaleresque du même nom.

Au siècle dernier, son château avait passé à Gagnières de Souvigny, qui était seigneur du pays.

Sous la Révolution, Saint-Laurent fut simplement dénommé Agny.

Au hameau de Saint-Vincent existe une chapelle du X° siècle, qui fut jadis le chef-lieu de la paroisse-mère de Saint-Laurent.

L'altitude de cette commune, assise sur le versant oriental des Cévennes, varie entre 340 et 436 mètres.

Le ruisseau le Grand-Val, affluent du Jonan, sépare Saint-Laurent de Mornant.

Productions agricoles : vignes, blé, seigle, fourrages, etc.

Industries : cordonnerie et tissage de velours.

Foires : 4 janvier, 1er avril, 6 août.

La ligne de Lyon à Mornant a une station à Saint-Laurent-d'Agny.

Autres voies : chemin de grande communication N° 30, et chemin d'intérêt commun Nos 33 et 35.

SAINT-MAURICE-SUR-DARGOIRE

Village à 7 kilomètres de Mornant et à 28 de Lyon, 1.185 habitants, 1.598 hectares.

Cette commune est confinée : au nord-est, par Mornant ; à l'est, par Saint-Andéol, Saint-Jean-de-Touslas (Rhône) et Tartaras (Loire) ; au sud, par le Gier, qui la sépare de Rive-de-Gier (Loire) ; au sud-ouest, par Saint-Joseph (Loire), et au nord-ouest, par Saint-Didier-sous-Riverie.

Sous l'ancien régime, paroisse et seigneurie dans le Lyonnais, archiprêtré de Mornant, élection de Saint-Étienne, du ressort de la sénéchaussée de Lyon ; l'archevêque de cette ville était collateur de la cure, et les seigneurs étaient les comtes de Lyon et le baron de Riverie.

Le nom primitif de cette localité était Chassenatis, qu'elle a porté jusqu'au xie siècle et qui indique un lieu planté de chênes. En 1793, elle prit celui de Désille-sur-Dargoire.

On remarque sur son territoire plusieurs restes de l'aqueduc du Mont-Pilat, et au lieu de la Madeleine, une ancienne chapelle en ruines, dédiée à la sainte qui porte ce nom, et qui paraît remonter au xve siècle. Dans un pré voisin de cette chapelle, se tient, chaque année, le 22 juillet, une des foires les plus importantes du département.

Saint-Maurice est formé de collines peu élevées dont l'altitude varie entre 181 et 410 mètres.

Cette commune est arrosée par les ruisseaux de Bozançon, du Gier et du Mornantet, affluents ou sous-affluents du Rhône.

Le sol, formé de granit et de grès, produit de la vigne, des céréales et du bois.

Foires : 27 avril, 22 et 23 juillet, 27 août.

Saint-Maurice est traversé par la route nationale N° 88, et par les chemins de grande communication N°s 2, 13 *bis* et 30.

SAINT-SORLIN

Village à 3 kilomètres de Mornant et à 27 de Lyon, 508 habitants, 470 hectares.

Cette commune est limitrophe : au nord, avec Chaussan ; à l'est, avec Mornant ; au sud, avec Saint-Didier ; à l'ouest, avec Saint-André.

Autrefois Saint-Saturnin, annexe de la paroisse de Saint-André-la-Côte, en Lyonnais, du ressort de la sénéchaussée de Lyon.

Saint-Sorlin ne fut paroisse qu'en 1837.

Le chœur de l'église, du style ogival, date du milieu du XVIe siècle.

Sous la Révolution, Saint-Sorlin prit le nom de La Bruyère.

L'altitude moyenne de la commune est de 553 mètres.

Productions : céréales, fourrages, pommes de terre.

La commune de Saint-Sorlin n'est vivifiée que par une grande voie vicinale : le chemin d'intérêt commun N° 13.

TALUYERS

Bourg à 5 kilomètres de Mornant et à 18 de Lyon, 687 habitants, 809 hectares.

Cette commune est limitée : au nord, par Orliénas ; à l'est, par Montagny ; au sud, par Chassagny ; à l'ouest, par Saint-Laurent-d'Agny.

Avant 1789, prieuré, paroisse et seigneurie dans le Lyonnais, archiprêtré de Mornant, élection et du ressort de la sénéchaussée de Lyon ; le prieur du lieu nommait à la cure, ainsi qu'à celles d'Échalas, de Loire, de Montagny et de Saint-Romain-en-Gier. Le seigneur était Berthaud de la Vaure.

Taluyers a eu l'honneur d'avoir pour prieur le célèbre Étienne Baluze, qui a même publié une charte qui concerne la paroisse. Le prieuré était du revenu de 2.000 livres.

Le chœur et le clocher appartiennent à l'architecture du xiie siècle. La grande nef a été commencée en 1736 par Étienne Mazard, riche chapelier de Lyon, né à Sainte-Catherine.

La pierre antique qui servait de bénitier et sur laquelle est une inscription en l'honneur de « Cassia Restiola » a été transportée au musée lapidaire de Lyon.

Près de Taluyers était situé l'ancien fief des Prapins, qui, après avoir appartenu longtemps aux Laurencin, était possédé à la fin du siècle dernier par la famille Berthaud.

On remarque encore, à l'entrée du village, l'ancienne chapelle circulaire de Saint-Maxime, qui paraît remonter au xe siècle. Un sarcophage gallo-romain est adossé aux murs de ce monument.

En 1790, Taluyers fut réuni au canton de Millery.

Par son testament et codicille des 21 avril 1735 et 14 avril 1736, reçu Me Saulnier, notaire à Lyon, M. Étienne Mazard, marchand chapelier en cette ville, a donné à l'hôpital de la Charité une somme de 40.000 livres, à la charge par ledit hôpital de payer tous les ans 150 livres de dot à chacune de 33 pauvres filles : 9 dans la paroisse de Saint-Nizier, de Lyon, parmi lesquelles on doit en prendre quatre dans le corps des maîtres et compagnons chapeliers les plus pauvres ; 4 dans la paroisse de Saint-Pierre et de Saint-Saturnin ; 2 dans la paroisse de N.-D. de la Platière ; 3 dans la paroisse de Saint-Vincent ; 3 dans la paroisse d'Ainay ; 2 dans la paroisse de Saint-Georges ; 3 dans les paroisses de Saint-Just et de Fourvière ; 3 dans la paroisse de Sainte-Croix et de Saint-Pierre-le-Vieux ; 3 dans la paroisse de Saint-Paul ; 1 dans la paroisse de Taluyers, en Lyonnais. MM. les Recteurs et Administrateurs de l'hôpital général de la Charité devaient les choisir dans le nombre de celles qui étaient présentées par MM. les Curés et MM. les Fabriciens et Marguilliers des paroisses.

Les 150.000 livres affectées à cette fondation furent placées sur la ville de Lyon, qui consentit une rente perpétuelle de 7.500 livres, qui a été depuis soumise à la liquidation nationale et réduite au tiers. Cette rente cessa d'être payée le 1ᵉʳ juillet 1791. Cependant la fondation ne fut interrompue qu'après le tirage de 1793, qui fut le dernier. Elle fut rétablie le 11 mars 1807, pour avoir lieu tous les deux ans, à partir de l'année 1808.

Les armes de Taluyers sont : Parti de sable au chevron d'or, accompagné de trois étoiles d'argent, qui est de Laurencin : au 2 tranché d'argent et d'azur à trois tourteaux d'azur sur l'argent et 3 besants d'argent sur azur, qu'on nomme de l'un en l'autre, qui est de Builloud.

Le sol, granitique et argilo-siliceux, produit du vin, des céréales et du foin.

L'altitude de la commune varie entre 287 et 400 mètres.

La Cara-Nona, affluent du Garon, sépare les communes de Taluyers et d'Orliénas.

Foires : 25 mars, 20 avril, 12 novembre.

Voies vicinales : chemin de grande communication N° 13 *bis* et chemin d'intérêt commun N° 55.

| COMMUNES. | POPULATION MUNICIPALE. | | | POPULATION comptée à part. | POPULATION totale. | SUPERFICIE. | RECETTES ordinaires. | DÉPENSES ordinaires. | PRODUIT des centimes. | VALEUR du centime. | CENTIMES pour DÉPENSES ordinaires et extraordinaires. | | | MONTANT de la dette. | REVENUS du bureau de bienfaisance. | PERCEPTIONS. | POSTES ET TÉLÉGRAPHES. | ÉLECTEURS |
	Agglomérée.	Éparse.	Totale.								Nombre total.	Dont extraordinaires.	Durée des impositions extraordinaires.					
Chaussan........	115	438	553		553	789	4.073	4.072	3.065	42,60	70	6	1906	3.470	225	Mornant.	Mornant.	180
Mornant.........	1.334	671	2.005	48	2.053	1.573	24.246	24.247	14.520	186,45	75	14	1899	8.302	1.103	id.	P.-T.	710
Orliénas.........	303	626	929		929	1.043	7.382	7.385	6.508	73,68	58	20	1920	11.084	534	id.	P.-T.	300
Riverie.........	312	8	320		320	41	918	877	142	12,85	13				419	St-Maurice	Mornant.	120
Rontalon........	242	560	802		802	1.252	5.350	5.351	4.010	48,05	82	25	1918	10.638	458	Mornant.	id.	200
Saint-André-la-Côte.........	218	48	266		266	477	1.988	1.988	1.415	19,46	71	11	1902	1.167	83	St-Maurice	id.	75
Sainte-Catherine.	293	520	813		813	1.359	5.303	5.303	4.832	64,54	73	14	1918	18.067	151	id.	id.	240
Saint-Didier-sous-Riverie.......	474	747	1.221	6	1.227	1.402	7.050	6.975	5.605	86,24	64	22	1926	22.782	814	id.	id.	380
Saint-Laurent-d'A-gny...........	763	237	1.000	22	1.022	1.054	6.338	6.335	5.134	83,53	50	8	1902	5.562	345	Mornant.	id.	370
Saint-Maurice-sur-Dargoire......	252	933	1.185		1.185	1.598	5.936	5.929	5.158	123,07	42	19	1925	31.200	517	St-Maurice	id.	390
Saint-Sorlin......	193	93	286	222	508	470	2.132	2.132	1.724	19,02	60	12	1917	12.467	196	id.	id.	100
Taluyers........	520	111	631	56	687	809	5.941	5.937	4.936	64,10	76	6	1910	5.280	292	Mornant.	id.	200
	5.019	4.992	10.011	354	10.365	11.867	76.727	76.621	57.148	825,79	502	160		130.092	5.217			

COMMUNES.	Distances		FÊTES patronales.	Notaires.	PERSONNEL médical.			Vétérinaires.	État civil.	Caisses des écoles.	Fondation de la bibliothèque.	ÉCOLES publiques.				ÉCOLES privées.		Personnel ecclésiastique.
	de Lyon.	de Mornant.			Médecins.	Pharmaciens.	Sages-Femmes.					Garçons (classes).	Filles (classes).	Mixtes.	Maternelles.	Garçons.	Filles.	
Mornant	24		Saint-Pierre.	2	2	1	1		1615		1864	1	2			1	1	3
Chaussan	28	4	Décollation de St-Jean-Baptiste						1682			1	1					2
Orliénas	18	7	Saint-Martin.	1					1572		1863	1	1					2
Riverie	33	11	Saint-Paul.	1			1		1711	1	1869	1					1	1
Rontalon	24	7	Saint-Romain, diacre.						1615	1	1864	1	1					2
Saint-André-la-Côte	32	8	Saint-André.						1698	1				1				1
Sainte-Catherine	35	13	Sainte-Catherine.						1683	1		1	1					2
Saint-Didier-sous-Riverie	31	9	Saint-Didier.				1		1692	1	1866	2	2					2
Saint-Laurent-d'Agny	22	3	Saint-Laurent.					1	1681		1882	1	1				1	2
Saint-Maurice-sur-Dargoire	28	7	Saint-Maurice.						1645	1	1885	1	1				1	2
id. (La Madeleine).															1			
Saint-Sorlin	27	3	Saint-Sorlin.							1			1				2	1
Taluyers	19	5	Nativité Notre-Dame.						1584		1864	1	1				1	2

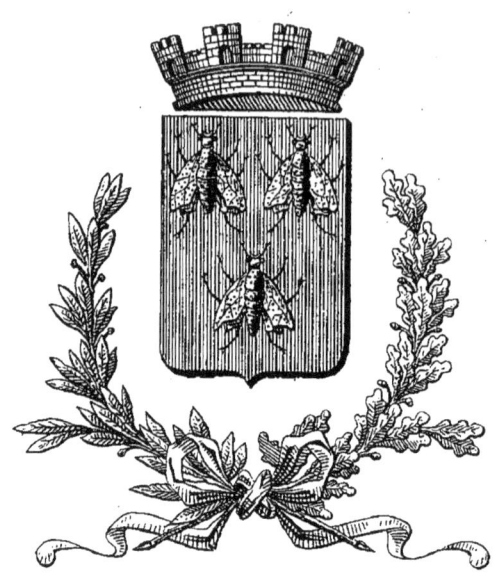

CANTON DE GIVORS

La justice de paix de Givors comprend les communes de : Givors, Chassagny, Échalas, Grigny, Millery, Montagny, Saint-Andéol-le-Château, Saint-Jean-de-Touslas, Saint-Martin-de-Cornas et Saint-Romain-en-Gier.

Ce canton est limité : au nord, par celui de Saint-Genis-Laval ; à l'est, par le Rhône, qui le sépare des cantons de Saint-Symphorien-d'Ozon et de Vienne, tous les deux dans l'Isère ; au sud, par ceux de Condrieu (Rhône) et de Rive-de-Gier (Loire) ; au nord-ouest, par celui de Mornant.

Population 17.380 habitants, superficie 9.075 hectares.

Cette circonscription a été formée entièrement du Lyonnais.

En 1790, les communes de son territoire formèrent l'actuel canton de Givors, à l'exception de celles de Millery, Grigny et Montagny, qui ressortissaient à la justice de paix de Millery, et de Saint-Jean-de-Touslas, qui dépendait du canton de Mornant.

Les onze paroisses formant l'archiprêtré de Givors ressortissaient, avant la Révolution, à celui de Mornant.

Le canton de Givors est arrosé : à l'est par le Rhône et par les ruisseaux le Gier et le Garon, tributaires de ce fleuve; le Mornantet, affluent du Garon, et par quelques petits cours d'eau peu importants.

Son altitude moyenne est de 365 mètres.

Principales industries : usines de la compagnie Fives-Lille pour les constructions métalliques et charpentes en fer, verreries à bouteilles et à vitre, moulage de fonte, à Givors; fabrique de colle et gélatine, à Grigny; chapellerie, dans cette dernière commune et à Saint-Andéol; carrières de pierre granitique, à Saint-Romain-en-Gier, à Saint-Martin-de-Cornas, à Montagny, à Millery et à Saint-Andéol; minoterie et tuilerie, à Saint-Martin-de-Cornas, etc.

Productions : céréales, vin, fourrage, pommes de terre, abricots, pêches, châtaignes, etc., etc.

A Millery, race ovine, très renommée.

Ce canton ressortit au 14° corps d'armée et au tribunal de commerce de Lyon.

Il fait partie de la 9° circonscription électorale, de l'inspection des écoles primaires de Lyon-rural. Il renferme le siège du comice agricole de Givors.

Les armes de Givors sont : De gueules, à 3 abeilles d'or, posées 2 et 1.

Le canton de Givors renferme une population très laborieuse, aux mœurs douces et hospitalières.

GIVORS

Ville à 23 kilomètres de Lyon, chef-lieu de canton au confluent du Gier et du Rhône, 11.035 habitants.

La commune de Givors a une superficie de 1.330 hectares et est limitée : à l'est, par le Rhône, qui la sépare de celles de Chasse et de Ternay (Isère), et par Grigny ; au sud, par Loire ; à l'ouest, par Saint-Martin-de-Cornas et Échalas ; au nord-ouest, par Chassagny.

Autrefois bourg, paroisse et seigneurie dans le Lyonnais, archiprêtré de Mornant, élection de Saint-Étienne, justice du comté de Lyon, du ressort de la sénéchaussée de cette ville ; le Chapitre de Saint-Nizier de Lyon nommait à la cure, et les comtes de Lyon en étaient les seigneurs.

Givors occupait primitivement le coteau escarpé qui le domine.

Le baron des Adrets détruisit en 1561 un couvent près de Bans, bombarda et ruina la ville de Givors. Les cloches furent prises par les habitants de Grigny qui les mirent dans le clocher de leur église.

En mars 1591, le religionnaire Chambaud, qui avait le commandement des troupes royales dans le Vivarais, fit une tentative pour s'emparer de Givors où les Lyonnais avaient une forte garnison. Ayant manqué son coup, il se retira.

En 1594, il y avait sur le Rhône, près de Givors, un pont en bateaux, pour communiquer avec le Dauphiné.

Il y avait à Bans, sur les confins de Givors, une église dédiée à saint Pancrace, et dont celle de Givors dépendait ; mais par une ordonnance de l'archevêque de Lyon, du 18 juillet 1747, l'église de Givors, nouvellement construite, devint celle de la paroisse.

Les sires de Bans et de Varissan périrent dans les guerres des croisades. Le château de cette dernière seigneurie, après avoir appartenu aux Croppet de Varissan, seigneurs d'Irigny, appartenait, en 1790, à M. Borel, de Charly.

Le docteur Brachet a publié, en 1832, une statistique de Givors.

Cette commune a été constituée gîte d'étape, par décision ministérielle du 17 novembre 1888.

L'ancien canton de Givors, créé en 1790, n'était pas aussi étendu que la circonscription actuelle. Il ne comprenait que les communes de : Givors-et-Bans, Chassagny, Saint-Martin-de-Cornas, Saint-Andéol-le-Château, Saint-Romain-en-Gier et Échalas.

Givors est arrosé : par le Rhône, son affluent le Gier, et par le Cotoyon, affluent de ce dernier, qui sépare Givors d'Échalas. Le canal de Givors a une gare d'eau dans cette ville.

L'altitude la plus élevée de la commune est de 625 mètres.

Industries : usine de la compagnie de Fives-Lille, constructions métalliques et charpentes en fer. C'est de ses ateliers qu'est sorti le nouveau pont Lafayette sur le Rhône, à Lyon. Verreries à bouteilles et à vitres. Hauts fourneaux et fonderies : De la Rochette, Prénat et Cie. C'est dans ces ateliers qu'a été exécutée la statue colossale de Notre-Dame de France, au Puy, sur les plans de Bonassieux, inaugurée le 12 septembre 1860, dont le poids en bronze ne pèse pas moins de 100.000 kilog. La tête de l'Enfant Jésus pèse 1.100 kilog. ; le bras qu'il tient levé pour bénir la terre a un poids de 600 kilog. La chevelure de la Vierge, qui descend en ondoyant sur ses épaules, a une longueur de 7 mètres ; les pieds, qui posent sur la sphère, mesurent chacun 1^m 92 ; le serpent qui embrasse la sphère de ses replis a 17 mètres de longueur. La Vierge du Puy est encore aujourd'hui la plus grande statue obtenue par la fonte qu'on connaisse en Europe. Elle a 16 mètres de hauteur et 17 mètres de circonférence au point de son plus large développement.

Foires : 7 et 29 janvier.

Marché les mercredi et vendredi.

La Compagnie P.-L.-M. a deux gares importantes à Givors : l'une à Givors-Canal et l'autre à Givors-Centre. Trois lignes de chemin de fer sillonnent le territoire de Givors. Cette commune est encore vivifiée : par la route nationale N° 86 ; par les chemins de grande communication N°s 2 et 17 bis, et par ceux d'intérêt commun N°s 9, 33 et 53.

CHASSAGNY

Village à 6 kilomètres de Givors et à 23 de Lyon, 373 habitants, 934 hectares.

Chassagny est borné : au nord, par Saint-Laurent-d'Agny et Taluyers ; au nord-est, par Montagny ; au sud-est, par Givors ; au sud-ouest, par Saint-Martin-de-Cornas et Saint-Andéol-le-Château ; à l'ouest, par Mornant.

Autrefois paroisse, château et seigneurie dans le Lyonnais, archiprêtré de Mornant, élection et du ressort de la sénéchaussée de Lyon ; le supérieur du séminaire de Saint-Lazare, comme prieur de Mornant, nommait à la cure. Seigneur, Dumarest de Chassagny.

Le vieux château de Chassagny était possédé au XVIe siècle par la famille de Bron.

L'ancien fief de la Vaure appartenait, à la fin du siècle dernier, à la famille Berthaud, de Taluyers.

La commune de Chassagny est arrosée par deux affluents du Garon, le Mornantet et le Broulon. Celui-ci sépare les communes de Chassagny et de Montagny. Altitude moyenne 286 mètres.

Le sol, granitique et argilo-siliceux, produit du vin et des céréales.

Carrières de granit.

Chassagny est traversé par les chemins de grande communication N°s 2, 13 *bis* et 34, et par le chemin d'intérêt commun N° 33.

ÉCHALAS

Village à 8 kilomètres de Givors et à 30 de Lyon, 768 habitants, 2.195 hectares.

Cette localité est limitrophe : au nord, avec Saint-Martin ; au nord-est, avec Givors ; au sud-est, avec Loire ; au sud, avec Les

Haies ; au sud-ouest, avec Trèves ; au nord-ouest, avec Saint-Romain-en-Gier.

Avant la Révolution, paroisse dans le Lyonnais, archiprêtré de Mornant, élection de Saint-Étienne, justice de Saint-Jean-de-Touslas et de Givors, du ressort de la sénéchaussée de Lyon ; le prieur de Taluyers nommait à la cure.

Il existait naguère une chapelle dédiée à saint Lazare qui avait rang de paroisse au XIIIe siècle.

La commune d'Échalas est arrosée par le Gier et par ses deux affluents le Cotoyon et le Mezerin, qui la sépare de Trèves. Son altitude varie entre 180 et 410 mètres.

Le sol produit des céréales et du vin.

On élève beaucoup de bestiaux dans cette localité.

Foire : 18 septembre.

La commune d'Échalas est sillonnée par les chemins d'intérêt commun N°s 9 et 53.

GRIGNY

Village à 4 kilomètres de Givors et à 19 de Lyon, sur la rive droite du Rhône, 2.227 habitants, 583 hectares.

Les communes limitrophes sont : au nord, Millery ; à l'est, le Rhône, qui sépare Grigny de Ternay (Isère) ; au sud-ouest, Givors ; à l'ouest, Montagny.

Au siècle dernier, château et seigneurie dans le Lyonnais, archiprêtré de Mornant, élection et du ressort de la sénéchaussée de Lyon ; l'abbé d'Ainay nommait à la cure.

Le château de Grigny, dont la juridiction s'étendait sur toute la paroisse, appartint au siècle dernier à M. Salicon de Senneville, par son mariage avec Mlle Charrier de Grigny, nièce de M. Charrier de la Roche, évêque de Versailles.

Le dernier des faux Louis XVII y a reçu l'hospitalité.

Grigny a conservé le nom de ces célèbres monastères, qui, au temps de Sidoine-Appolinaire, rivalisaient pour la grandeur et la discipline avec ceux de Lérins. Tous ces monastères, qui étaient, dit-on, habités par 400 moines, florissaient encore au VIIe siècle. On croit que saint Mamert, évêque de Vienne, fut élevé dans un de ces monastères.

L'église de Grigny, de style roman, a été construite vers la fin du XVIIe siècle par les soins et particulièrement aux frais de Jean de Moulceau, avocat et procureur général de la ville de Lyon, seigneur de la paroisse. La commune et les habitants n'y contribuèrent que pour 5.000 livres. Le rez-de-chaussée d'une tour carrée dépendante du fief et qui se trouvait contigu au chœur de l'église fut converti en chapelle.

Grigny dépendait du canton de Millery pendant la Révolution.

La commune de Grigny, dont l'altitude la plus élevée n'est que de 248 mètres, est arrosée par le Rhône, son tributaire le Garon et par l'affluent de celui-ci, le Mornantet, qui sépare la commune de Grigny de celle de Givors.

Productions : vin, céréales, fruits.

Industries : fabrique de colle et de gélatine ; chapellerie.

Foire : 16 décembre. Marché le jeudi.

Station sur la ligne de Lyon à Saint-Étienne et halte au lieu dit Le Sablon, en face du bourg.

Voies : route nationale N° 88 et chemin de grande communication N° 17 bis.

MILLERY

Bourg à 7 kilomètres de Givors et à 17 de Lyon, 1.153 habitants, 898 hectares.

Cette commune est limitée : au nord, par celles de Charly et de Vourles ; à l'est, par celle de Vernaison et le Rhône, qui la sépare de Sérezin-du-Rhône (Isère) ; au sud, par celle de Grigny, et à l'ouest, par celle de Montagny.

Sous l'ancienne monarchie, paroisse dans le Lyonnais, archiprêtré de Mornant, élection et du ressort de la sénéchaussée de Lyon, justice de Montagny ; le Chapitre de Saint-Nizier de Lyon nommait à la cure, et la dame était, en 1790, Mme de Groslée de Virivelle, veuve de Olivier de Sénozan.

Il est à croire que le nom de Millery vient d'une pierre milliaire, sur l'ancienne voie romaine de Lyon à Narbonne, par la rive droite du Rhône, qui passait à Millery.

Cette commune fut chef-lieu de canton en 1790 ; sa juridiction s'étendait sur les communes de : Millery, Charly, Vernaison, Grigny, Montagny, Orliénas, Taluyers et Vourles.

Le château de La Galée appartenait, il y a deux siècles, à M. Moulceau, prévôt des marchands de Lyon et frère du président de Moulceau auquel Mme de Sévigné a adressé quelques lettres. Il appartient aujourd'hui aux héritiers de M. Joannot.

Les vins de Millery sont cités par Étienne Dolet, dans ses *Commentaires de la langue latine*, comme étant les plus estimés de nos contrées.

Philibert Girinet les mentionne aussi dans son *Roi de la Basoche*, poème latin du xvie siècle, publié en 1538 par Bréghot du Lut, et réimprimé en 1856 à la suite des *Études* de M. Fabre sur les élèves de la Basoche.

Le 8 juin 1817, il y eut une petite insurrection à Millery, en faveur de Napoléon Ier ; elle fut sévèrement réprimée.

Millery a produit entre autres personnages : .

1º Simon Saint-Jean, né à Lyon en 1808 d'une famille de Millery, entra vers l'âge de 14 ans à l'École des Beaux-Arts de Lyon, où il apprit le dessin sous la direction des Revoil et des Thierriat. Il remporta les premiers prix dans les concours de fleurs.

Sorti de l'École, il continua ses études dans l'atelier de François Lepage. En 1834, il exposa au Salon de Paris un tableau représentant une jeune fille qui portait des fleurs. On lui décerna dès ce début une médaille de deuxième classe. A 21 ans, il avait perdu son père, sa mère et sa sœur.

En 1837, il épousa Mlle Caroline Belmont.

Saint-Jean était président de l'Académie de Bruxelles et membre de celle de Lyon.

Il fut décoré de la Légion d'honneur en 1843, et de l'ordre de Léopold de Belgique en 1856.

Il a peint plus de cent tableaux, dont quatre sont au Musée de Lyon et un dans la salle à manger de l'Hôtel de Ville.

Après un labeur continuel, il s'éteignit à Écully, entre les bras de son fils et de sa fille, le 3 juillet 1860. Il n'était âgé que de 51 ans.

Ses élèves et ses admirateurs lui ont élevé un buste en bronze, en 1880, sur la place de la Mairie de Millery.

2° Mgr Odon Thibaudier naquit à Millery le 1er octobre 1823, d'une famille de cultivateurs. Il fit ses études au séminaire Saint-Jodard, puis à Alix. C'est en sortant de cette maison qu'il suivit au Lycée de Lyon les leçons du célèbre abbé Noirot, puis il fut reçu aux Chartreux, où plus tard il fut nommé professeur, puis directeur.

Après vingt ans d'enseignement, il fut nommé vicaire général du diocèse de Lyon, en 1870, sous l'éminent archevêque Ginoulhiac.

Mgr Thibaudier fut préconisé dans le consistoire du 15 mars 1875, sous le titre d'évêque de Sidonie, *in partibus*, et sacré dans l'église primatiale de Lyon, le 9 mai suivant, par Mgr Lyonnet, archevêque d'Albi.

En qualité d'évêque auxiliaire, il prit une part active à l'organisation de l'Enseignement supérieur catholique à Lyon.

Après le décès de Mgr Ginoulhiac, Mgr Thibaudier fut nommé évêque de Soissons, puis archevêque de Cambrai en 1889. C'est sur ce siège illustré par Fénelon que notre compatriote s'éteignit, le 8 janvier 1892.

Barthélemy-Regis Dervieu Duvillars, né à Lyon le 8 juillet 1750, est décédé à Millery, où il est inhumé, le 21 décembre 1837. Ce général assista, en 1780, au combat de la Belle-Poule et fut, en 1790, commandant général de la garde nationale de Lyon.

Productions agricoles : vin et fourrages.
Race ovine très estimée.
Millery a sa base orientale baignée par le Rhône, et le point le plus élevé ne dépasse pas 300 mètres.
Foires : 30 juin, 30 octobre, 18 décembre.
Marché le vendredi.
Station sur la ligne de Lyon à Saint-Étienne, au hameau de La Tour. Cette commune est encore vivifiée par le chemin de grande communication N° 17 bis, et par ceux d'intérêt commun Nos 21 et 67.

MONTAGNY

Village à 7 kilomètres de Givors et à 20 de Lyon, 409 habitants, 829 hectares.

Cette commune est limitée : au nord, par Orliénas et Vourles ; à l'est, par Millery ; au sud, par Grigny ; au sud-ouest, par Chassagny ; à l'ouest, par Taluyers.

Autrefois paroisse et première baronnie du Lyonnais, archiprêtré de Mornant, élection et du ressort de la sénéchaussée de Lyon ; le prieur de Taluyers nommait à la cure. En 1780, le seigneur était l'écuyer Ravel.

Jacques de Clèves, duc de Nevers, mourut dans ce village, le 6 septembre 1564.

Montagny a été le berceau d'une ancienne famille chevaleresque du même nom, éteinte en 1639, en la personne de Jacques de Montagny, capitaine d'une compagnie de chevau-légers, tué au combat de Tessin.

Millery et Charly dépendaient alors de cette baronnie.

Pendant les guerres de religion, le château de Montagny fut pris par le baron des Adrets, et sa garnison passée au fil de l'épée.

Au pied de la montagne que couronne le village de Montagny,

on remarque le château de Goiffieu, possédé récemment encore par la famille consulaire Dervieu de Goiffieu.

Le hameau de Sourzy était déjà important au xe siècle.

Montagny fit, en 1790, partie du canton de Millery.

Cette commune est arrosée par le Garon et son sous-affluent le Broulon.

Altitude comprise entre 190 et 340 mètres.

Productions agricoles : vin et céréales.

Industrie : cinquante tailleurs de pierre environ exploitent sept ou huit carrières de granit.

La commune de Montagny est traversée par la route nationale de 3e classe N° 88 et par le chemin de grande communication N° 13 *bis*.

SAINT-ANDÉOL-LE-CHÂTEAU

Bourg à 7 kilomètres de Givors et à 25 de Lyon, 566 habitants, 995 hectares.

Saint-Andéol est limitrophe : au nord-ouest, avec Mornant ; au sud-ouest, avec Saint-Jean ; au sud, avec Saint-Romain-en-Gier, et au levant, avec Saint-Martin-de-Cornas et Chassagny.

Avant la Révolution, paroisse dans le Lyonnais, archiprêtré de Mornant, élection de Saint-Étienne, du ressort de la sénéchaussée de Lyon ; les comtes de Lyon étaient seigneurs de la terre et nommaient à la cure.

Patrie de Bourg de la Faverge, conseiller de Villeroy et échevin de la ville de Lyon.

Nicolas Paradis a fait don à la commune d'une somme de 8.000 francs pour la création d'une école chrétienne. A la suite d'une transaction avec les héritiers, le capital a été réservé et les intérêts employés à la construction de la nouvelle école-mairie, inaugurée le 11 octobre 1891.

Une gravure de J.-J. de Boissieu représente l'entrée du bourg de cette commune, qui fut un moment entouré de fossés. Le vieux château existe encore près de l'église.

Le 9 juin 1817, Saint-Andéol fut le théâtre d'un petit et bien anodin soulèvement bonapartiste. En exécution de l'arrêt de la Cour prévôtale de Lyon, en date du 30 juin suivant, trois citoyens qui avaient pris part à cette révolte furent guillotinés dans la commune même, au lieu des Échirées; d'autres furent condamnés à la déportation. En 1880, on a élevé dans le cimetière communal un monument à la mémoire de ces malheureuses victimes de la Terreur Blanche.

En 1793, Saint-Andéol fut dénommé Andéol-Libre.

Cette commune est arrosée par le Godivert, affluent de la rive gauche du Gier. Son altitude varie entre 220 et 313 mètres.

Le sol, d'une nature granitique et schisteuse, produit du vin, des céréales, du fourrage.

Industries : fabrique de chapeaux; carrières de pierres.

Foires : 25 janvier, le lendemain de Pâques, le lundi des Rogations, 11 août, 2 novembre, 27 décembre.

La commune de Saint-Andéol-le-Château est traversée par les chemins de grande communication Nos 2, 13 *bis* et 34.

SAINT-JEAN-DE-TOUSLAS

Village à 11 kilomètres de Givors et à 27 de Lyon, 416 habitants, 556 hectares.

Cette commune a pour limites : au nord-est, Saint-Andéol; à l'est, Saint-Romain-en-Gier; au sud, Dargoire (Loire); à l'ouest, Saint-Maurice.

Autrefois annexe de la paroisse de Dargoire, et seigneurie dans le Lyonnais, archiprêtré de Mornant, élection et du ressort de la sénéchaussée de Lyon, justice, partie de celle de Riverie et partie de celle des comtes de Lyon.

Le seigneur était, au moment de la Révolution, M. de Riverie d'Échalas, qui possédait le château de la Mouchonnière, lequel avait appartenu jusqu'au xviie siècle aux comtes de Lyon.

En dernier lieu, ce château a appartenu au comte de Chivré, qui l'a revendu en 1886 à de simples cultivateurs.

Il y a encore dans la commune de Saint-Jean l'ancien château d'Écossieu, possédé autrefois par la famille Henry et habité aujourd'hui par des agriculteurs. Que les temps sont changés !

Le célèbre graveur J.-J. de Boissieu possédait une maison de campagne à Saint-Jean-de-Touslas.

Sous la Révolution, cette commune s'appelait simplement Touslas et ressortissait au canton de Mornant.

Saint-Jean est arrosé par la Combe-Lozange, qui le sépare du département de la Loire, et par la rive gauche du Gier.

Son altitude varie entre 185 et 313 mètres.

Productions principales : vin, céréales, fourrages, etc.

La route nationale N° 88 et les chemins de grande communication N°s 2 et 13 *bis* vivifient cette commune.

SAINT-MARTIN-DE-CORNAS

Village à 5 kilomètres de Givors et à 27 de Lyon, 107 habitants, 355 hectares.

Cette commune est limitée : au nord-est, par Chassagny ; à l'est, par Givors ; au sud, par Échalas ; au sud-ouest, par Saint-Romain ; à l'ouest, par Saint-Andéol.

Avant la Révolution, annexe de la paroisse de Chassagny, en Lyonnais, du ressort de la sénéchaussée de Lyon. Le seigneur était M. de la Verpillière, major de Lyon.

Le château de Mannevieux appartenait en 1790 à M. Bruysset, trésorier de France ; il a appartenu longtemps à la famille Sain de Mannevieux.

Sous la Révolution, Saint-Martin-de-Cornas fut dénommé Cornas-en-Gier.

Cette commune est arrosée par le Gier, qui la sépare de celles de Saint-Romain et d'Échalas, et par le canal de Givors.

Son altitude varie entre 200 et 300 mètres.

Ses productions sont celles des autres communes du canton, et son industrie consiste dans la minoterie et les tuileries.

La commune de Saint-Martin-de-Cornas est assise sur la route nationale N° 88, et sur les chemins de grande communication N°s 2 et 34.

SAINT-ROMAIN-EN-GIER

Village à 7 kilomètres de Givors et à 27 de Lyon, 326 habitants.

Cette commune, ayant une superficie de 400 hectares, est bornée : au nord, par Saint-Andéol et Saint-Martin-de-Cornas ; à l'est, par Échalas ; au sud, par Trèves ; à l'ouest, par Dargoire (Loire) et Saint-Jean-de-Touslas.

Sous l'ancien régime, annexe de la paroisse d'Échalas, en Lyonnais, archiprêtré de Mornant, justice de Saint-Jean-de-Touslas, élection et du ressort de la sénéchaussée de Lyon ; le prieur de Taluyers nommait à la cure, et le seigneur était M. de Riverie d'Échalas.

Saint-Romain reçut, en 1793, le nom de Sautemouche-en-Gier.

Cette commune est arrosée par le canal de Givors, le Gier et son affluent la Combe-d'Aillex, qui la sépare de Saint-Jean-de-Touslas.

Son altitude varie entre 180 et 200 mètres.

Ses productions sont : le blé, le vin, les fruits, etc.

Les artères principales qui portent la vie dans la commune de Saint-Romain sont d'abord la ligne ferrée de Lyon à Saint-Étienne, qui y a une station, puis la route nationale N° 88 et enfin le chemin d'intérêt commun N° 53.

CANTON DE GIVORS

COMMUNES.	POPULATION MUNICIPALE.			POPULATION comptée à part.	POPULATION totale.	SUPERFICIE.	RECETTES ordinaires.	DÉPENSES ordinaires.	PRODUIT des centimes.	VALEUR du centime.	CENTIMES pour DÉPENSES ordinaires et extraordinaires.			MONTANT de la dette.	REVENUS du bureau de bienfaisance.	PERCEPTIONS.	POSTES ET TÉLÉGRAPHES.	ÉLECTEURS.
	Agglomérée.	Éparse.	Totale.								Nombre total.	Dont extraordinaires.	Durée des impositions extraordinaires.					
Chassagny.....	177	196	373		373	234	2.875	2.875	1.928	45,47	42	2	1897			St-Andéol.	Givors.	140
Échalas.......	210	544	754	14	768	2.195	6.011	6.010	4.086	76,70	60	18	1926	9.060	282	id.	id.	260
Givors (Octroi) 95.000 fr....	10.057	868	10.925	110	11.035	1.130	151.980	155.051	98.975	711,73	42	20	1018	379.080	5.786	Givors.	P.-T.	2.760
Grigny........	1.571	625	2.196	31	2.227	583	13.215	13.144	10.342	167,70	62	11	1910	17.151	1.132	id.	P.-T.	600
Millery.......	1.040	113	1.153		1.153	898	7.511	7.484	6.360	148,38	42	10	1922	30.891	756	id.	F.-R.-T.	400
Montagny.....	76	333	409		409	829	2.815	2.760	2.145	50,85	42	8	1901	2.482		id.	Givors.	140
St-Andéol-le-Ch.	377	189	566		566	995	4.198	4.148	4.191	74,27	55	20	1907	9.418	349	St-Andéol.	T. id.	180
Saint-Jean-de-Touslas......	112	304	416		416	556	2.934	2.938	2.038	54,47	47	14	1923	12.132	145	id.	Rive-de-Gier.	130
Saint-Martin-de-Cornas.......	14	93	107		107	855	1.093	1.092	850	18,42	45	3	1911	900		id.	Givors.	30
St-Romain-en-Gier........	210	112	322	4	326	400	3.041	3.049	2.374	32,60	72	17	1920	1.940		id.	id.	120
	13.844	3.377	17.221	159	18.380	9.075	195.693	178.568	64.408	1380,50	509	127		400.880				

COMMUNES.	Distance de Lyon.	de Givors.	FÊTES patronales.	Notaires.	PERSONNEL médical. Médecins.	Pharmaciens.	Sages-Femmes.	Vétérinaires.	État civil.	Caisse des écoles.	Fondation de la bibliothèque.	ÉCOLES publiques. Garçons (classes).	Filles (classes).	Mixtes.	Maternelles.	ÉCOLES privées. Garçons.	Filles.	Personnel ecclésiastique.
Givors (Centre)	23		Saint-Nicolas	2	5	4	4	1	1638	1	1882	6	5		2	1	3	✠ 4
id. (Canal)			Assomption.			1						4	3		2	1	2	2
id. (Bans)			Saint-Pancrace.						1631			1	1					1
id. (Freydière)															2			
Chassagny[1]	28	6	Saint-Blaise.						1626	1	1881	1	1					1
Échalas	30	8	Saint-Martin.						1670	1	1865	1	1				1	2
id. (La Rodière)														1				
Grigny	10	4	Saint-Pierre et Saint-Paul.		1	1	1		1699	1	1882/1887	2	2		2	1	1	2
Millery	17	7	Invention de la Ste-Croix.	1					1692	1		1	2			1		2
Montagny	20	7	Saint-André.						1657	1	1889	1	1				1	1
Saint-Andéol-le-Château	25	7	Saint-Andéol.	1					1688	1	1881	1	1					1
Saint-Jean-de-Touslas	27	11	Nativité St-Jean-Baptiste.						1700	1	1862	1	1					1
Saint-Martin-de-Cornas	27	5								1	1889			1				
Saint-Romain-en-Gier	29	7	Saint-Romain.						1682	1	1863	1	1					1

1. Commune co-paroisse Saint-Martin-de-Cornas.

CANTON DE CONDRIEU

La justice de paix de ce canton comprend les communes de : Condrieu, Ampuis, Les Haies, Loire, Longes, Trèves, Saint-Cyr, Sainte-Colombe, Saint-Romain-en-Gal et Tupin-et-Semons.

Population 9.171 habitants, superficie 11.977 hectares.

Toutes ces communes faisaient partie de l'ancien Lyonnais.

Ce canton, limitrophe : au nord, avec ceux de Givors et de Mornant; à l'est, avec celui de Vienne (Isère), le Rhône entre deux; à l'ouest, avec celui de Rive-de-Gier; au sud, avec celui de Pélussin, tous les deux dans la Loire, fut formé, au commencement du siècle, des anciennes justices de paix de : Condrieu (Condrieu, Les Haies, Longes-et-Trèves et Tupin-et-Semons), et de Sainte-Colombe (Sainte-Colombe, Ampuis, Loire, Saint-Cyr-sur-Rhône et Saint-Romain-en-Gal). Sainte-Colombe resta chef-lieu de ce canton jusqu'en 1833. A cette époque, la justice de paix fut transférée à Condrieu.

L'actuel archiprêtré de Condrieu comprend les dix paroisses du canton et fait partie de l'archevêché de Lyon, tandis que l'archiprêtré de cette petite ville dépendait, avant 1789, du diocèse de Vienne.

Le canton de Condrieu est baigné au nord-est et au sud-est par le Rhône, qui sert de limite entre notre département et celui de l'Isère. Affluents : le Sifflet, le Vezerance, etc. ; le Grand Malleval et le Mézerin, affluents du Gier, etc.

Altitudes très variables : sur les bords du Rhône, 149 mètres ; Mont-Monnet, 785 mètres.

Productions agricoles : abricots à Ampuis ; vins à Ampuis et Tupin-et-Semons (Côte-Rôtie), Condrieu, Les Haies, etc. ; céréales, primeurs, marrons renommés à Longes ; plantes fourragères, etc.

Industries : fromages renommés, aux Haies ; rigotes de Loire ; vers à soie, à Saint-Romain ; fabrication de tulles à la main et à la mécanique, à Condrieu ; meuneries et tuileries, à Loire ; carrières de baryte et moulinage, à Longes, etc.

Le canton de Condrieu ressortit au 7e corps d'armée et au tribunal de commerce de Lyon.

Il fait partie de la 9e circonscription électorale, de l'inspection primaire des écoles de Lyon-rural et du comice agricole de Givors.

Les armes de Condrieu sont : De sable, au chevron d'argent, ajouré en chef en carré.

Le canton de Condrieu est l'un des plus accidentés et des plus agréables du département. Il appartient déjà à la région méridionale étant abrité contre les vents du nord par des montagnes qui forcent le Rhône à changer momentanément de direction.

CONDRIEU

Petite ville, chef-lieu de canton, à 44 kilomètres de Lyon, sur la rive gauche du Rhône, 2.149 habitants.

Condrieu a une superficie de 943 hectares et a pour limites : au nord, la commune des Haies ; au nord-est, celle de Tupin-et-

Semons ; à l'est, Chonas ; au sud, celle des Roches, toutes les deux dans le département de l'Isère et séparées de Condrieu par le Rhône ; à l'ouest, celles de Vérin et de La Chapelle (Loire), et au nord-ouest, celle de Longes (Rhône).

Ancienne baronnie dans le Lyonnais, diocèse de Vienne, élection de Saint-Étienne-en-Forez, du ressort de la sénéchaussée de Lyon ; les comtes de Lyon nommaient à la cure.

L'ancien archiprêtré de Condrieu était composé de 18 cures et d'une annexe, partie en Lyonnais, partie en Forez, partie en Vivarais : Ampuis, Besseys, La Chapelle, Chavanay, Chuyer, Sainte-Colombe-lès-Vienne, Condrieu, Les Haies, Loire, Luppé, Marlas, Malleval, Saint-Michel-sur-Condrieu, Pélussin, Saint-Pierre-de-Bœuf, Saint-Romain-en-Gal, Royssey, Tupin-et-Semons.

La baronnie de Condrieu dépendait du comté de Lyon.

Condrieu aurait été fondé par une colonie d'Helvètes, qui, après avoir été vaincus par Jules César, auraient obtenu ce coin de la Gaule du célèbre conquérant.

Quelques géographes regardent l'archevêque de Lyon, Reynaud de Forez, comme le fondateur de Condrieu. Dans tous les cas, c'est lui qui fit entourer cette petite ville de murailles vers la fin du XIIe siècle. Le château dont on voit encore les restes fut bâti à la même époque.

Afin d'y attirer les habitants, ce prélat leur concéda en 1199 une charte de franchises, confirmée de nouveau en 1344 par le doyen et le Chapitre de l'Église de Lyon.

La peste de 1348 et 1349 exerça de grands ravages à Condrieu. Ce fut à cette époque qu'on établit un hôpital ou maladrerie dans le quartier qui a conservé le nom de Maladière.

Pendant les guerres religieuses de la fin du XVIe siècle, Condrieu tomba à plusieurs reprises entre les mains de divers partis qui se disputaient la possession du pays.

Cette commune vit naître plusieurs membres de la famille historique de Villars, dont le château est dans la commune de La Chapelle (Loire).

Par décision ministérielle du 17 novembre 1888, Condrieu a été constitué gîte d'étape.

L'ancien canton de Condrieu, créé par la loi de 1790, ne comprenait que quatre communes : Condrieu, Les Haies, Longes-et-Trèves et Tupin-et-Semons.

Condrieu est couronné par des collines dont l'altitude varie entre 170 et 371 mètres.

Industrie : fabrication de tulles à la main et à la mécanique.

Son territoire est fertile en excellents vins célébrés par le P. Ducerceau et par Gresset.

Puisque nous sommes dans le pays du vin, et du bon ! disons quelques mots sur la vigne.

La vigne cultivée (*vitis vinifera*) dont le fruit produit le vin est un arbrisseau de la famille des ampelidées, dont l'apparence est faible, mais qui peut, en vieillissant, acquérir des grosseurs considérables. La statue de Diane à Éphèse était faite d'un seul tronc de vigne, et les portes de Ravenne, formées de planches qui ont trois mètres de long sur 45 centimètres de large, sont en bois de vigne.

La trop grande chaleur et le trop grand froid nuisent également à la vigne. Les limites de sa culture sont comprises entre le 30° et le 50° degré de latitude.

La vigne se reproduit par semis et plus souvent par marcottes et par boutures ; elle se prête aussi facilement à la greffe.

L'époque à laquelle remonte la connaissance et la culture de la vigne se perd dans l'obscurité des premiers siècles. La Bible en attribue la découverte à Noé, les Égyptiens à Osiris, et les Grecs à Bacchus. Il y a même une légende qui a traversé les siècles et que nous avons retrouvée dans la *Revue scientifique.* Cette légende est empreinte d'une telle poésie, et elle exprime si bien les effets du fruit de la vigne sur nos faibles cerveaux, que nous ne pouvons résister au désir de la reproduire :

« Dionysios (Bacchus) encore enfant, fit un voyage en Hellena, pour se rendre à Naxia. Le chemin était long, l'enfant fatigué : il s'assit sur une pierre pour se reposer. En jetant les yeux à ses pieds, il vit une petite herbe déjà sortie du sol et il la trouva si belle qu'il pensa aussitôt à l'emporter, pour la replanter chez lui. Il la déracina et la prit dans sa main ; mais comme le soleil était chaud, il eut peur que le soleil ne la desséchât avant son arrivée à Naxia. Un os d'oiseau tomba sous son regard, il y introduisit la plante et poursuivit sa route.

« Dans la main du jeune dieu, la tige croissait si vite que bientôt elle dépassa l'os par le bas. Comme il craignait encore qu'elle ne séchât, il regarda autour de lui, et voyant un os de lion, plus gros que celui de l'oiseau, il y introduisit ce dernier avec la petite plante. La plante croissant toujours dépassa bientôt l'os de lion par le haut et par le bas. Alors, Dionysios ayant trouvé un os d'âne, plus gros encore que l'os de lion, y planta ce dernier avec l'os d'oiseau et la plante qu'il contenait.

« Il arriva ainsi à Naxia. Or, quand il voulut mettre la plante en terre, il s'aperçut que les racines s'étaient si bien entrelacées autour de l'os d'oiseau, de l'os du lion et de l'os de l'âne qu'il n'eût pu dégager la tige sans endommager les racines ; il planta donc l'arbuste tel quel.

« La plante grandit rapidement. A sa joie, elle portait des grappes merveilleuses, il les pressa et fit le premier vin qu'il donna à boire aux hommes. Dionysios fut alors témoin d'un prodige :

« Quand les hommes commençaient à boire, ils se mettaient à chanter comme des oiseaux. Quand ils buvaient davantage, ils devenaient forts comme des lions. Quand ils buvaient longtemps, leurs têtes se baissaient, et ils étaient semblables à des ânes. »

La légende de Dionysios est presque aussi ancienne que le monde, elle a traversé des siècles, mais qui donc dira qu'elle ait vieilli ?

Foires : 10 janvier, 14 février, 10 mai, 11 juin, 26 août, 29 octobre, 6 décembre.

Marché les mercredi et vendredi.

Commune traversée : par la ligne de chemin de fer du Teil, qui y possède une gare ; par la route nationale N° 86, et par les chemins de grande communication N°s 15 et 28.

AMPUIS

Bourg sur la rive droite du Rhône, à 5 kilomètres de Condrieu et à 40 de Lyon, 1.808 habitants.

Cette commune a une superficie de 1.571 hectares et est limitrophe avec les communes de : Loire, au nord; de Saint-Cyr, au nord-est; de Reventin (Isère), au sud-est, le Rhône entre deux, Tupin-et-Semons, et Les Haies, à l'ouest.

Autrefois paroisse et seigneurie dans le Lyonnais, diocèse de Vienne, archiprêtré de Condrieu, du ressort de la sénéchaussée de Lyon; le Chapitre de Saint-Pierre de Vienne nommait à la cure.

Sous le règne de Clovis II, saint Éloi, évêque de Noyons, se rendant en Provence, fit une halte à Ampuis, qui appartenait à cette époque à un illustre seigneur nommé Erchambert. La légende ajoute que le saint étant entré dans l'église guérit un démoniaque qui se présenta à lui.

Ampuis a été le berceau d'une famille de ce nom qui ne s'éteignit qu'au commencement du xve siècle.

En 1380, Clémence de Dreux, veuve de Pierre d'Ampuis, épousa Antoine de Maugiron, et lui apporta cette terre en dot. Le château d'Ampuis était depuis cette époque dans l'illustre maison de Maugiron, laquelle s'éteignit au millieu du xviiie siècle.

La croyance générale est que le premier dindon mangé en France le fut aux noces de Charles IX, en 1570. C'est une erreur : le premier dindon mangé en France l'a été, en 1558, à la table de Laurent de Maugiron, baron d'Ampuis. Et ce dindon, ou plutôt ces dindons — car ils étaient trois — auraient été vendus à M. Laurent de Maugiron par un ancêtre de M. Casimir-Périer, qui habitait Crémieu, petite ville du Viennois, où les Maugiron étaient alors tout-puissants, pour la bagatelle de 300 livres !...

La veuve du dernier membre de la famille Maugiron vendit le

château en 1755, à Louis-Hector d'Harène, dont le dernier descendant, le marquis d'Harène de la Condamine, est décédé en 1866.

En 1790, Ampuis fut compris dans le canton de Sainte-Colombe.

F.-N. Cochard a publié en 1812 une intéressante notice sur Ampuis.

Cette commune, dont l'altitude varie entre 157 et 540 mètres, est baignée par le Rhône dans sa partie orientale.

Le sol, remarquable par sa fertilité, produit des légumes, des fruits et notamment des abricots. Avant l'invasion du phylloxera, la production du vin avait atteint un maximum de 40.000 hectolitres ; sur ce nombre, le Côte-Rôtie proprement dit était compris pour un dixième.

Foires : 23 janvier, 13 décembre et mardi qui suit le premier dimanche de septembre.

Marché tous les mardis.

Commune traversée par la ligne du Teil, qui y a établi une gare, et par le chemin de grande communication N° 15.

LES HAIES

Village à 7 kilomètres de Condrieu et à 34 de Lyon, 431 habitants.

Commune ayant une superficie de 1.605 hectares, et limitrophe : au nord, avec celle d'Échalas ; à l'est, avec celles de Loire, Ampuis et Tupin ; au sud, avec celle de Condrieu ; à l'ouest, avec celles de Longes et de Trèves.

Avant la Révolution, paroisse en Lyonnais, diocèse de Vienne, archiprêtré de Condrieu, justice de Givors et de Condrieu, du ressort de la sénéchaussée de Lyon ; l'abbé de Saint-Pierre de Vienne nommait à la cure.

On remarque sur le territoire de cette commune le vieux

manoir de Chance, fréquemment cité dans les chartes du xiiie siècle.

F.-N. Cochard a fait l'histoire de ce village.

Cette commune est assise sur un plateau dont l'altitude varie entre 381 et 425 mètres.

Les principales productions sont les céréales et le vin.

On fabrique dans le pays des fromages renommés.

Commune desservie par le chemin de grande communication No 15 et par le chemin d'intérêt commun No 9.

LOIRE

Village sur la rive droite du Rhône, à 18 kilomètres de Condrieu et à 26 de Lyon, 1.135 habitants.

La superficie de la commune est de 1.636 hectares, et ses limites sont : au nord-est, Chasse et Seyssuel (Isère), le Rhône servant de ligne de séparation ; au sud-est, Saint-Romain ; au sud, Ampuis et Les Haies ; à l'ouest, Échalas, et au nord-ouest, Givors.

Au siècle dernier, paroisse dans le Lyonnais, diocèse de Vienne, archiprêtré de Condrieu, élection de Saint-Étienne, justice de Givors et de Sainte-Colombe, du ressort de la sénéchaussée de Lyon ; seigneur, le roi, qui avait cédé ses droits à un seigneur engagiste, Frédery de Vaux.

Le prieur de Taluyers nommait à la cure.

Cette commune fut rattachée, en 1790, à la justice de paix de Sainte-Colombe.

On a de F.-N. Cochard une notice historique sur ce village.

Cette circonscription, baignée au nord-est par le Rhône, a dans la partie la plus élevée une altitude de 560 mètres.

Le Sifflet, affluent du Rhône, sépare Loire de Saint-Romain. Autres ruisseaux : le Rolland et le Morvi, tributaires du même fleuve.

Productions agricoles : cerises, abricots, pêches, marrons, céréales.

Spécialité de fromage dits « rigotes ».

Fabrique de tuiles et de plotets. Minoteries.

Foires : 4 janvier, 17 août.

Station sur la ligne du Teil. La route nationale N° 86 ainsi que les chemins de grande communication N° 15 et d'intérêt commun N° 9 traversent la commune.

LONGES

Village à 12 kilomètres de Condrieu et à 38 de Lyon, 776 habitants.

La commune a une superficie de 2.461 hectares et est limitrophe : au nord, avec Tartaras (Loire) ; à l'est, avec Trèves, Les Haies, Condrieu ; au sud, avec La Chapelle et Pavesin (Loire) ; à l'ouest, avec Sainte-Croix et Châteauneuf (Loire).

Avant la division de la France en communes, paroisse dans le Lyonnais, archiprêtré de Mornant, élection de Saint-Étienne, justice, pour le clocher et une partie de la paroisse, de la baronnie de Condrieu ; pour la plus grande partie de la paroisse, de la baronnie de Châteauneuf-Dargoire ; pour un hameau seul, de la juridiction de Givors, du ressort de la sénéchaussée de Lyon ; les Chartreux de Sainte-Croix nommaient à la cure, et les comtes de Lyon étaient seigneurs de la terre.

Longes fut le berceau de la famille Choul. L'un de ses membres, Jean du Choul, auteur de la *Description du Mont-Pilat*, possédait tout près du village le vieux château de Longes, appelé Torrepane.

Par son testament olographe du 22 novembre 1870, M. Alphée Chambeyron a légué au département du Rhône ses propriétés situées sur le territoire de la commune de Longes, pour y établir une ferme-école. Ce legs a été accepté définitivement par le Conseil général du Rhône dans sa séance du 11 mai 1889.

F.-N. Cochard a fait une notice sur ce village.

Longes a sur son territoire, l'un des points les plus élevés des Monts du Lyonnais, 777 mètres, tandis que la partie la plus basse atteint à peine une altitude de 200 mètres.

Le ruisseau le Malleval, affluent du Gier, sépare cette commune de celle de Trèves.

Le sol produit des céréales, du vin, des marrons, des châtaignes et du bois.

Il y a sur le territoire de la commune de Longes une carrière de baryte. Près du hameau de Désimieux, on retrouve encore des traces d'exploitation d'une ancienne mine de plomb. Quand nous aurons encore cité un moulinage, nous aurons fait la nomenclature complète de l'industrie de cette commune.

Foire : 30 avril.

Territoire vivifié par les chemins de grande communication N° 28 et d'intérêt commun N° 9.

SAINTE-COLOMBE

Bourg à 11 kilomètres de Condrieu et à 33 de Lyon, 1.192 habitants.

Sainte-Colombe a une superficie de 165 hectares et a pour limites : au nord et à l'ouest, Saint-Romain-en-Gal ; à l'est, le Rhône, qui sépare Sainte-Colombe de la ville de Vienne (Isère) ; au sud, Saint-Cyr-sur-Rhône.

Au siècle dernier, cette paroisse faisait partie du diocèse de Vienne, élection de Saint-Étienne, et suburbe de Vienne, du ressort de la sénéchaussée de Lyon ; la prieure des bénédictines de Sainte-Colombe nommait à la cure. Le roi était le seigneur du lieu, mais il avait cédé ses droits à un seigneur engagiste, Frédery de Vaux.

Du temps des Romains, la ville de Vienne, alors belle et considérable, et capitale des Allobroges, comprenait, sur la rive opposée du Rhône, le terrain occupé par Sainte-Colombe, sur lequel on découvre assez fréquemment de curieux vestiges d'antiquités.

Ce faubourg de l'ancienne cité romaine fut entièrement livré aux flammes par les Sarrasins en 726.

Le nom de Sainte-Colombe a été donné à ce bourg à cause du monastère de bénédictines qui y fut fondé au viiie siècle, sous le vocable de cette sainte.

En 1793, cette commune s'appela simplement Colombe.

Les rois de France regardant la possession de cette localité comme un acheminement à celle de Vienne parvinrent à s'en emparer et firent construire à l'entrée du pont la tour carrée qu'on y voit encore et qui est un monument remarquable de l'architecture militaire du xive siècle.

Outre son monastère de bénédictines, Sainte-Colombe possédait aussi jadis un couvent de Cordeliers, fondé vers le milieu du xiiie siècle. Philippe le Bel logea dans ce couvent avec toute sa suite, ainsi que le pape Clément V.

Sainte-Colombe a eu le titre de chef-lieu de canton, de 1790 à 1833.

Feu M. Michoud, propriétaire en cette localité, y a formé un musée remarquable.

En 1830, un pont en fil de fer remplaça un ancien pont, tombé depuis 1631, et rendit la vie et la prospérité à Sainte-Colombe.

C'est dans cette commune qu'est décédé, le 20 mars 1834, François-Nicolas Cochard, connu par ses travaux sur l'histoire de Lyon, et qui a publié l'histoire de ce bourg.

La commune de Sainte-Colombe est baignée à l'est par le Rhône. Sa plus haute altitude ne dépasse pas 302 mètres.

Son territoire produit d'excellent vin.

Industrie : fabrique de drap.

Foires : lundi après les Rameaux, 29 décembre.

Marché hebdomadaire le samedi.

Commune traversée : par la ligne du Teil, qui y possède une station; par le chemin de grande communication N° 15, et par la route nationale N° 86.

SAINT-CYR-SUR-RHÔNE

Village sur la rive droite du Rhône, à 10 kilomètres de Condrieu et à 35 kilomètres de Lyon, 245 habitants.

La superficie de cette commune est de 611 hectares. Elle est limitée : au nord, par Sainte-Colombe et Saint-Romain-en-Gal ; à l'est, par Vienne (Isère) ; au sud-ouest, par Ampuis.

On remarque dans cette commune le château de Montlis, construit au commencement du xviiie siècle par Jean-Baptiste Jacquemin, seigneur de Sainte-Foy-l'Argentière, capitaine viguier de Sainte-Colombe. Mais depuis la Révolution, ces vastes bâtiments ne sont plus habités que par de simples cultivateurs.

Un rocher, aujourd'hui détruit par la voie ferrée, a donné lieu à une pièce théâtrale sous le nom de *Rocher de Vézerance sous les Maugiron*.

A noter encore les restes d'un camp retranché du siège de Vienne sous la reine Hermangarde.

On donna le nom d'Ovize-sur-Rhône à cette commune en 1793 ; elle faisait alors partie du canton de Sainte-Colombe.

F.-N. Cochard a fait une notice sur ce village.

Saint-Cyr est baigné au sud-est par le Rhône, et le point le plus élevé dans sa partie occidentale atteint 540 mètres.

Pays vignoble, sol propre à tous les végétaux.

La voie ferrée du Teil et la route nationale N° 86, ainsi que le chemin de grande communication N° 15, traversent la commune.

SAINT-ROMAIN-EN-GAL

Village sur la rive droite du Rhône, à 13 kilomètres de Condrieu et à 32 de Lyon, 752 habitants.

Cette commune a une superficie de 1.409 hectares, et a pour limites : au nord-est, le fleuve le Rhône, qui sépare Saint-

Romain de Seyssuel et Vienne (Isère); au sud, Sainte-Colombe et Saint-Cyr-sur-Rhône; à l'ouest, Loire.

Avant la Révolution, paroisse en Lyonnais, diocèse de Vienne, archiprêtré de Condrieu, élection de Saint-Étienne, justice de Sainte-Colombe, du ressort de la sénéchaussée de Lyon.

Quelques historiens attribuent à saint Bernard, archevêque de Vienne, au commencement du VIIe siècle, la construction primitive de l'église.

Il y avait jadis dans la paroisse une commanderie de l'ordre de Malte, affectée aux frères servants; ces messieurs nommaient à la cure.

F.-N. Cochard a publié une notice sur ce village.

En 1793, on nomma cette commune Romain-les-Rochers. Elle dépendait alors de la justice de paix de Sainte-Colombe.

Saint-Romain est baigné au nord-est par le Rhône, et l'altitude la plus élevée de la commune atteint 475 mètres.

La Vézerance, affluent du Rhône, sépare la commune de Saint-Romain de celle de Saint-Cyr.

La population s'occupe surtout des primeurs : abricots, pêches, cerises, etc.; vers à soie en petite quantité.

La route nationale N° 86, la ligne du Teil et le chemin de grande communication N° 15 traversent la commune.

TRÈVES

Village à 14 kilomètres de Condrieu et à 36 de Lyon, 324 habitants.

Trèves a une superficie de 736 hectares; cette commune a pour limites : au nord, la commune de Tartaras (Loire); à l'est, celle d'Échalas; au sud, celle des Haies; à l'ouest, celle de Longes.

Sous l'ancien régime, annexe de Longes en Lyonnais, du ressort de la sénéchaussée de Lyon; les comtes de Lyon étaient seigneurs de la terre.

Trèves a été séparé de Longes par la loi du 20 octobre 1849.

F.-N. Cochard a publié une notice sur cette commune. Une autre notice historique a été publiée en 1866 par l'abbé Chavannes, curé de cette paroisse.

Cette commune est arrosée au nord par le Gier et ses deux affluents : le Grand Malleval, qui la sépare de Longes, et le Mézerin, qui la sépare de celle d'Échalas.

Son altitude varie entre 181 et 381 mètres.

Le sol produit du blé, de la vigne, des céréales et des prairies naturelles.

Station sur la ligne de chemin de fer de Lyon à Saint-Étienne. Cette commune est en outre vivifiée par les chemins de grande communication N° 15 et d'intérêt commun N° 53.

TUPIN-ET-SEMONS

Tupin et Semons sont deux villages réunis en une seule commune, sur la rive droite du Rhône, à 3 kilomètres de Condrieu et à 43 de Lyon, 359 habitants.

Cette commune a une superficie de 840 hectares, et est limitée : au sud-est, par le Rhône, qui la sépare de celle de Chonas (Isère) ; à l'est, par celle d'Ampuis ; au nord-ouest, par celles de Loire et des Haies ; au sud-ouest, par celle de Condrieu.

Au siècle dernier, paroisse en Lyonnais, diocèse de Vienne, archiprêtré de Condrieu, élection de Saint-Étienne, justice de Condrieu, du ressort de la sénéchaussée de Lyon ; le Chapitre de Saint-Pierre de Vienne nommait à la cure.

F.-N. Cochard a été l'historien de ce village.

Cette commune est baignée au sud-est par le Rhône. Son altitude la plus élevée est de 411 mètres.

Les productions principales sont le vin de Côte-Rôtie, les plantes fourragères, et dans la vallée du Rhône on fait de la culture maraîchère.

Commune traversée par la ligne du Teil, par la route nationale N° 86 et par le chemin de grande communication N° 15.

CANTON DE CONDRIEU

COMMUNES.	POPULATION MUNICIPALE.			POPULATION comptée à part.	POPULATION totale.	SUPERFICIE.	RECETTES ordinaires.	DÉPENSES ordinaires.	PRODUIT des centimes.	VALEUR du centime.	CENTIMES pour DÉPENSES ordinaires et extraordinaires.			MONTANT de la dette.	REVENUS du Bureau de bienfaisance.	PERCEPTIONS.	POSTES ET TÉLÉGRAPHES.	ÉLECTEURS.
	Agglomérée.	Éparse.	Totale.								Nombre total.	Dont extraordinaires	Durée des impositions extraordinaires.					
Ampuis	1.144	664	1.808		1.808	1.571	11.220	11.210	12.875	142,88	86	55	1925	55.857	743	Ste-Colombe	P.-T.	580
Condrieu	906	1.197	2.103	46	2.149	943	16.043	16.021	11.269	176,30	68	27	1916	54.484	1.175	Condrieu	P.-T.	690
Les Haies	56	375	431		431	1.605	3.318	3.318	2.124	36,21	57	13	1924	5.500		id.	Condrieu	140
Loire	704	427	1.131	4	1.135	1.636	7.657	7.650	7.551	102,15	75	32	1920	36.864	71	Ste-Colombe	F.-R.-T.	390
Longes	263	513	776		776	2.461	4.831	4.771	3.412	81,32	41	14	1912	12.199	384	Condrieu	Condrieu	270
Ste-Colombe	993	199	1.192		1.192	165	5.796	5.795	5.661	76,80	74	24	1922	25.957	374	Ste-Colombe	T. Vienne	330
Saint-Cyr-sur-Rhône	18	227	245		245	611	3.370	3.367	2.231	32,06	68	11	1906	2.860		id.	id.	80
Saint-Romain-en-Gal	60	664	724	28	752	1.409	3.927	3.916	4.860	81,07	57	32	1918	28.005		id.	id.	190
Trèves	76	248	324		324	736	2.479	2.477	1.748	30,88	55	17	1911	1.878		Condrieu	Condrieu	120
Tupin-Semons	216	143	359		359	840	3.072	3.060	3.431	41,25	81	29	1918	12.758		id.	id.	120
	4.436	4.657	9.093	78	9.171	11.077	61.713	61.594	55.162	801,82	662	254		234.575	2.847			

COMMUNES.	Distance		FÊTES patronales.	PERSONNEL médical.					État civil.	Caisse des Écoles.	Fondation de la Bibliothèque.	ÉCOLES publiques.				ÉCOLES privées.		Personnel ecclésiastique.
	de Lyon.	de Condrieu.		Notaires.	Médecins.	Pharmaciens.	Sages-Femmes.	Vétérinaires.				Garçons (classe).	Filles (classe).	Mixtes.	Maternelles (classe).	Garçons.	Filles.	
Condrieu.........	44		Inv. des rel. de St-Ét⁵	2	2		1		1594	1	1882	3	2		1		2	✠ 3
Ampuis............	40	6	Assomption.				2		1738	1		1	2			1		2
id. (Le Vérenay)..														1				
Les Haies.........	34	7	St-Jean, évangéliste.						1690	1				1				1
Loire.............	26	18	Assomption.				2		1577	1	1863	2	2			1		2
Longes...........	38	12	Saint-Pierre.				1		1578	1	g 1882 / f 1868	1	1					2
id. (Dézimieu)....														1				
Sainte-Colombe....	33	11	Sainte-Colombe.	1	1	1					1890	1	1				1	2
Saint-Cyr-sur-Rhône	35	10	Saint-Cyr.							1				1				1
Saint-Romain-en-Gal	32	13	Saint-Romain.						1606		1890	1	1				1	1
Trèves............	36	14	Assomption.						1867		1877	1	1					1
Tupin-et-Semons...	43	3	Nativité Notre-Dame.						1660	1	1882			1				1

ARRONDISSEMENT DE VILLEFRANCHE

L'arrondissement de Villefranche est borné : au nord, par celui de Mâcon (Saône-et-Loire) ; à l'est, par celui de Trévoux (Ain) ; au sud, par celui de Lyon ; et à l'ouest, par ceux de Roanne (Loire) et de Charolles (Saône-et-Loire).

Il a une population de 165.729 habitants et une superficie de 145.003 hectares, et comprend 10 cantons et 134 communes.

Au moment de la création des districts, Beaujeu demanda sa réunion au Mâconnais, si on ne lui accordait pas le titre de sous-préfecture, comme nous dirions aujourd'hui. Les Ardillats, Avenas, Belleroche, Cercié, Chenelette, Chiroubles, Claveisolles, Émeringes, les Étoux, Germolles, Lancié, Lantignié, Marchampt, Monsols, Odenas, Poule, Propières, Quincié, Régnié, Saint-Bonnet-des-Bruyères, Saint-Bonnet-le-Troncy, Saint-Christophe, Saint-Didier, Saint-Étienne-la-Varenne, Saint-Igny-de-Vers, Saint-Jacques-des-Arrêts, Saint-Jean-du-Château (Beaujeu), Saint-Lager, Saint-Mamert, Saint-Nizier-d'Azergues, Trades, Vauxrenard appuyèrent cette demande, qui fut rejetée, et Beaujeu dut se contenter d'une simple justice de paix.

Condrieu désirait aussi être placé à la tête d'un chef-lieu de district composé des paroisses de : Ampuis, Saint-Cyr, Sainte-Colombe, Saint-Romain-en-Gal, Loire, Semons, Tupin, Les Haies, La Chapelle, Longes, Pavesin, Chuyer, Saint-Michel, Saint-Pierre-de-Bœuf, Malleval, Limony, Luppé, Rossey, Maclas et Varennes qui auraient été divisées en quatre cantons.

Mornant réclamait à son tour un chef-lieu de district comprenant les 32 paroisses comprises dans un rayon de deux lieues.

Le député Girerd réclamait le même honneur pour Tarare.

258   GÉOGRAPHIE DU RHÔNE

Les habitants du Franc-Lyonnais proposèrent Neuville comme chef-lieu d'un district qui aurait compris, outre cette petite province, un certain nombre de paroisses de la Bresse.

Villefranche, forte de son droit, ne réclama rien, et ce fut sur

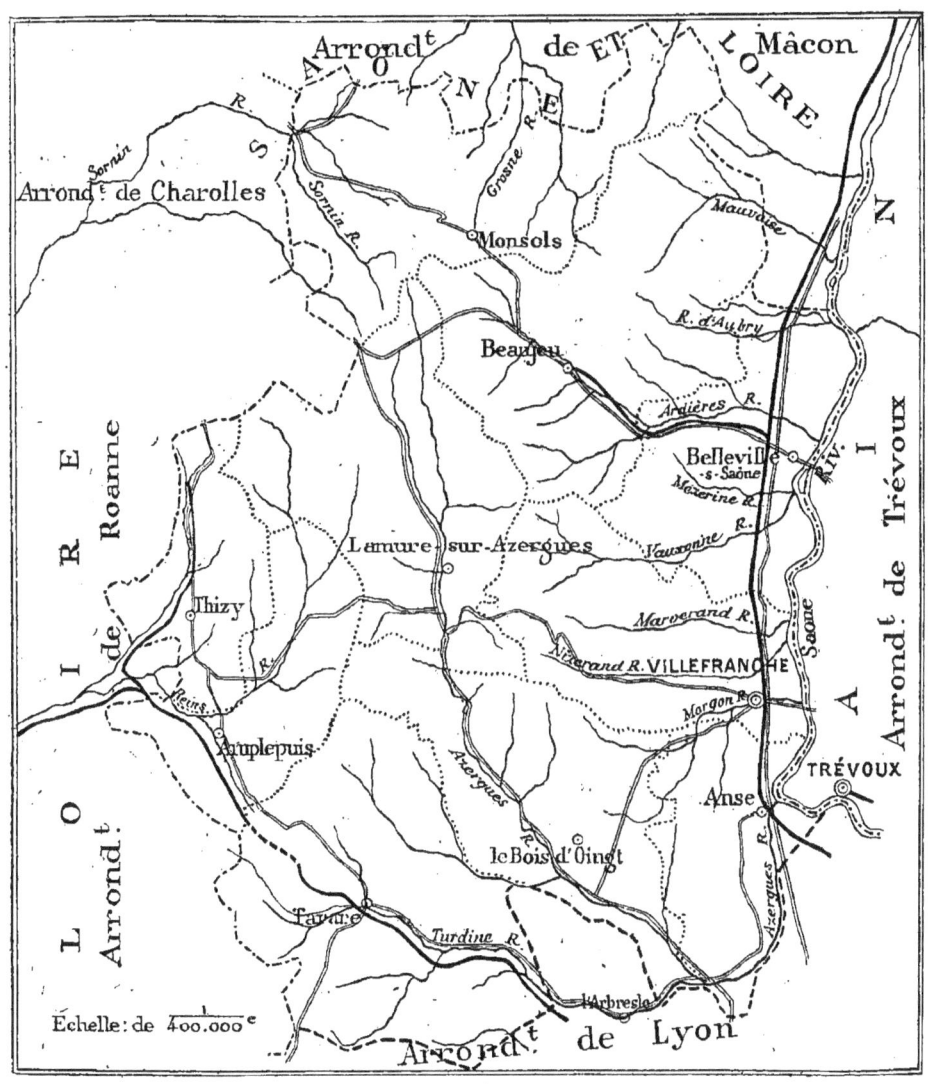

ARRONDISSEMENT DE VILLEFRANCHE

cette petite ville, ancienne capitale du Beaujolais, que les députés portèrent naturellement leur choix.

L'arrondissement de Villefranche comprend la plupart des paroisses ci-après, formant l'ancienne province du Beaujolais : Affoux, Aigueperse, Aiguilly, Allières, Amplepluis, Arbuissonnas, Arcinges, Les Ardillats, Arnas, Avenas, Azolette, Beaujeu, Béligny, Belleroche, Belleville, Belmont, Blacé, Saint-Bonnet-des-Bruyères, Saint-Bonnet-le-Troncy, Boyé, Cenves, Cercié, Chambost-Longessaigne, Chambost-sur-Chamelet, Chamelet, La Chapelle-de-Mardore, Charentay, Chauffailles, Chénas, Chenelette, Chervinges, Chevagny-le-Lombard, Chirassimont, Chiroubles, Saint-Christophe-la-Montagne, Claveisolles, Cogny, Sainte-Colombe, Combes, Commelles, Corcelles, Cours, Coutouvre, Croizel, Cublize, Saint-Cyr-le-Chatoux, Saint-Cyr-de-Pavières, Saint-Cyr-de-Valorges, Denicé, Saint-Didier-sur-Beaujeu, Dième, Dompierre, Dracé, Durette, Écoches, Émeringes, Essertines-en-Donzy, Saint-Étienne-la-Varenne, Les Étoux, Fleurie, Fourneaux, Saint-Georges-de-Reneins, Saint-Germain-la-Montagne, Germoles, Gleizé, Grandris, Saint-Jacques-des-Arrêts, Jarnosse, Saint-Jean-d'Ardière, Saint-Jean-la-Bussière, Saint-Igny-de-Vers, Joux-sous-Tarare, Saint-Julien-de-Cray, Saint-Julien-sous-Montmelas, Jullié, Julliénas, Saint-Just-d'Avray, Saint-Just-la-Pendue, Lacenas, Saint-Lager, Lagrelle, Lancié, Lantignié, Lay, Létra, Limas, Machezal, Saint-Mamert, Saint-Marcel-l'Éclairé, Mardore, Marnand, Mars, Matour, Monsols, Montmelas, Lamure, Nandax, Sainte-Marguerite-de-Naux, Néty, Saint-Nizier-d'Azergues, N.-D.-de-Boisset, Odenas, Ouilly, Ouroux, Parigny, Perreux, Pommiers, Pouilly-sous-Charlieu, Pouilly-le-Châtel, Poule, Pradines, Propières, Quincié, Ranchal, Régnié, Rivolet, Ronno, Salles, Les Sauvages, Sevelinges, Saint-Sorlin-le-Puy, Saint-Symphorien-de-Lay, Taponas, Thel, Thizy, Torcieux, Trades, Vandranges, Vaux-sur-Villefranche, Vauxrenard, Vernay, Saint-Victor-sur-Reins, Villefranche, Villié, Saint-Vincent-de-Boissey, Saint-Vincent-de-Reins, Vougy, Vulobas.

Les communes de la partie méridionale ont été formées du Lyonnais.

En 1790, le district de Villefranche comprenait 13 justices de paix : 1° Villefranche ; 2° Environs de Villefranche (16 communes); 3° Beaujeu (17 communes) ; 4° Belleville (11 communes); 5° Anse (14 communes) ; 6° Tarare (14 communes) ; 7° Bois-d'Oingt (13 communes) ; 8° Chamelet (9 communes) ; 9° Thizy (10 communes) ; 10° Amplepuis (6 communes) ; 11° Saint-Bonnet-des-Bruyères (4 communes) ; 12° Monsols (8 communes).

Au commencement du siècle, ces cantons furent réduits à 9, mais la loi du 8 mai 1869, en rétablissant l'ancien canton d'Amplepuis, éleva ce nombre à 10.

Une partie de la commune de Saint-Germain-la-Montagne fut distraite du département de la Loire et rattachée à la commune de Saint-Clément-de-Vers, lors de la création de cette nouvelle circonscription, le 19 juin 1868.

Pendant très longtemps, le Beaujolais eut le même sort que le Lyonnais, puis par la suite il eut des seigneurs particuliers.

En 920, commence la première dynastie des sires de Beaujeu.

Les sires de Beaujeu, de la famille des Bérard, des Guichard, des Humbert, n'étendaient leur domination que sur le petit fief du Beaujolais ; mais à la suite de guerres heureuses, leur pouvoir s'étendit sur le nord du pays de la Dombes, qui prit le nom de Beaujolais en la part d'Empire. Plus tard, ils conquirent la Dombes du sud, et les sires de Villars leur prêtèrent hommage.

Les sires de Beaujeu étaient les patrons de l'abbaye de Savigny.

Humbert Ier fonda au XIe siècle l'église collégiale de Beaujeu ; Guichard III, l'église de Saint-Nicolas et l'abbaye de Joug-Dieu ; Humbert II, l'église de Belleville, au XIIe siècle. Guichard III, de retour de Constantinople, établit les moines de Saint-François d'Assises à Pouilly-le-Châtel, en 1210.

Les membres de cette illustre maison prirent une large part à la suppression du servage. Humbert III (1174-1202) fonda Villefranche, en lui octroyant de curieuses franchises. Humbert IV accrut la population de Belleville en lui donnan des franchises commerciales (1229).

Plus tard, nous voyons paraître avec honneur les sires de Beaujeu dans les croisades. Humbert IV ayant obtenu le titre de sénéchal de Beaucaire et Carcassonne, et celui de connétable de France, accompagna saint Louis dans sa croisade d'Égypte. Il mourut en 1250, sur les bords du Nil.

Cette maison, vassale des archevêques de Lyon, s'éteignit en 1265, à la mort de Guichard V.

La fille de Humbert IV s'étant mariée à Renaud, comte de Forez, fonda la deuxième maison des sires de Beaujeu (1265); ainsi se trouvèrent réunis sous la même domination le Beaujolais et le Forez.

Jean Ier, petit-fils des précédents, s'étant marié avec Alix, fille du dauphin Humbert, acquit ainsi quelques fiefs sur la rive droite du Rhône (1287-1333). Désormais, le Beaujolais subit la loi du plus fort, et son histoire est intimement liée à celle du Forez.

Les facultés du frère et héritier de Louis, comte de Forez, tué à la bataille de Brignais (1362), ayant été ébranlées dans cette bataille, Jeanne de Bourbon, sa mère, lui fit donner pour tuteur Louis II de Bourbon. A la mort de son fils, elle gouverna le pays pendant neuf ans.

Le duc Louis se maria en 1371 avec l'héritière de l'Auvergne, du Forez et du Roannez, et il acquit le Beaujolais et la Dombes.

L'avant-dernier sire de Beaujeu, Antoine, était mort sans postérité, en 1374. Son cousin germain, Édouard II, qui se signala par ses folies, hérita du Beaujolais et des Dombes. Étant aussi mort sans enfants, ces provinces furent réunies à la maison de Bourbon (1400). De telle sorte que les ducs de Bourbon, descendants de saint Louis, devinrent, par mariage ou autrement, les maîtres de la France centrale.

En 1466, le Beaujolais, sous Jean II, obtint le droit d'être administré séparément du Lyonnais.

En 1474, Pierre de Bourbon épousa Anne de France, fille de Louis XI, et reçut en apanage, l'année suivante, le Beaujolais. Sa femme, qui fut une habile régente, prit dès lors le nom d'Anne de Beaujeu.

Le Beaujolais resta aux mains de cette famille jusqu'à la trahison du connétable de Bourbon, qui, ayant été confisqué, rentra dans le domaine direct du roi, avec le Forez et la principauté des Dombes. Ces provinces formèrent avec le Lyonnais un gouvernement particulier.

En 1560, Charles IX rendit à Louis de Montpensier, fils d'une sœur du connétable, le Beaujolais et la Dombes. Gaston, frère de Louis XIII, ayant épousé en 1626 l'héritière de ces provinces, sa fille, la célèbre Mlle de Montpensier, légua tous ses biens à la famille d'Orléans, issue du frère de Louis XIV (1683).

Cette riche province, érigée en comté, resta en la possession des d'Orléans. Le dernier comte de Beaujolais, troisième frère de Louis-Philippe, mourut en 1808, dans l'île de Malte.

Le Beaujolais est célèbre par ses vins : crus de La Chassagne, de Juliénas, de Morgon, etc.

Les enfants du Lyonnais et du Beaujolais, dans maintes circonstances, ont montré qu'ils étaient de dignes fils de notre belle France, aussi laborieux dans la paix que braves sur le champ de bataille.

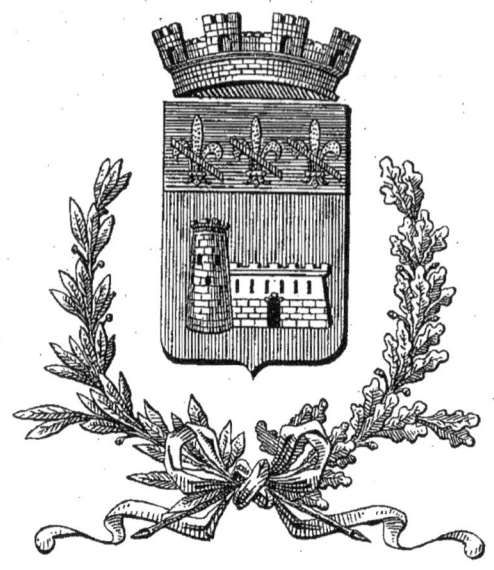

CANTON DE VILLEFRANCHE-SUR-SAÔNE

La justice de paix de Villefranche comprend les communes de : Villefranche, Arbuissonnas, Arnas, Blacé, Cogny, Denicé, Gleizé, Lacenas, Limas, Montmelas-Saint-Sorlin, le Perréon, Rivolet, Saint-Cyr-le-Chatoux, Saint-Julien, Salles et Vaux.

Ce canton est limité : au nord, par celui de Belleville ; à l'est, par ceux du Saint-Trivier et de Trévoux (Ain), la Saône entre deux ; au sud, par ceux d'Anse et du Bois-d'Oingt, et à l'ouest, par celui de Lamure.

Il a été formé entièrement du Beaujolais.

Toutes les communes de ce canton faisaient autrefois partie de l'ancienne justice de paix de Villefranche, à l'exception du Perréon, qui n'était pas encore créé, et de Saint-Cyr-le-Chatoux, qui ressortissait à celle de Chamelet.

Les 18 paroisses de ce canton forment l'archiprêtré de Villefranche; avant la Révolution, elles dépendaient toutes de celui d'Anse, à l'exception du Perréon, qui n'existait pas encore.

Population 25.616 habitants, superficie 14.315 hectares.

Cours d'eau : le Morgon, le Nizerand, le Marverand, la Vauxonne et leurs affluents, qui tous sont tributaires de la Saône; quelques petits ruisselets seulement conduisent leurs eaux dans l'Azergues.

Le canton de Villefranche se trouve compris dans les monts du Beaujolais, entre la Saône et l'Azergues, aussi son altitude est-elle très variable : Mont de la Pyramide, 785 mètres; bords de la Saône, 169 mètres.

Industries : tuileries, à Arbuissonnas et à Blacé; carrières de pierres à bâtir, à Blacé, à Limas, à Saint-Cyr-le-Chatoux; ancienne mine de manganèse non exploitée; mine de manganèse, à Blacé; tannerie, teinture, cotons filés; fabriques de machines agricoles; station et laboratoire de viticulture, à Villefranche.

Productions agricoles : vin, céréales, fourrage, dans toutes les communes.

Ce canton ressortit au Tribunal de commerce de Villefranche et au 7e corps d'armée.

Il fait partie du comice agricole de Villefranche, de la première circonscription électorale de l'arrondissement, de l'inspection des Écoles de Villefranche.

Les armes de Villefranche sont : De gueules à une porte de ville d'argent flanquée d'une tour du même, maçonnée de sable; au chef d'azur, à trois fleurs de lis d'or, rangées et chargées chacune d'un filet ou bâton péri en bandes de gueules.

Le canton de Villefranche est un des plus riches du département par la fertilité de son sol, la culture de la vigne et la variété des sites.

VILLEFRANCHE-SUR-SÂONE

Chef-lieu de l'arrondissement et du canton de ce nom à 29 kilomètres de Lyon, 13.627 habitants, 909 hectares.

Communes limitrophes : au nord, Gleizé et Arnas ; à l'est, la Saône, qui sépare Villefranche de Beauregard et Jassans (Ain) ; au sud, Anse et Limas ; à l'ouest, cette dernière commune et Gleizé.

Ville agréablement située sur la route nationale N° 6, la rivière du Morgon, près de la rive droite de la Saône et le chemin de fer de Paris à Lyon par la Bourgogne, avec tribunal civil, tribunal de commerce, conseil de Prud'hommes et entrepôt des tabacs. Collège communal occupant l'ancien local de l'École normale, qui, avant la Révolution, était dirigé par des ecclésiastiques séculiers. On y enseignait toutes les classes jusqu'à la philosophie. C'était la seule école de latinité qu'il pût y avoir dans la ville. On y tenait des pensionnaires. MM. les Maire et Échevins en étaient les fondateurs et les protecteurs. Ils distribuaient annuellement des prix qui consistaient en livres choisis, on y soutenait des exercices littéraires et l'on y représentait quelquefois des pièces de théâtre pour exercer les écoliers. École spéciale de commerce. Hospice civil de 100 lits. Cette maison, bâtie l'an 1644, a reçu successivement des embellissements considérables. L'administration intérieure était confiée avant 1793 à des dames religieuses de l'ordre de Sainte-Marthe.

Avant la Révolution, Villefranche était le siège d'une élection. Cette juridiction était composée de 133 paroisses ou parcelles : Affoux, Aigueperse, Aiguilly, Allières, Amplepuis, Arbuissonnas, Arcinges, Les Ardillats, Arnas, Avenas, Beaujeu, Béligny, Belleville, Belmont, Blacé, Saint-Bonnet-des-Bruyères, Saint-Bonnet-le-Troncy, Boyé, Cenves, Cercié, Chambost-Longessaigne, Chambost-sur-Chamelet, Chamelet, Charantay, Chénas,

Chenelette, Chervinges, Chevagny-le-Lombard, Chirassimont, Chiroubles, Saint-Christophe-la-Montagne, Claveisolles, Cogny, Sainte-Colombe, Combre, Commelle, Corcelles, Cours, Coutouvre, Croizel, Cublize, Saint-Cyprien-sur-Anse, Saint-Cyr-le-Chatoux, Saint-Cyr-de-Favières, Saint-Cyr-de-Valorges, Denicé, Saint-Didier-sur-Beaujeu, Dième, Durette, Écoches, Emeringes, Les Étoux, Fleurie, Fourneaux, Saint-Georges-de-Reneins, Grandris, Saint-Jean-d'Ardière, Saint-Jean-la-Bussière, Saint-Igny-de-Vers, Joux-sous-Tarare, Saint-Julien-sur-Montmelas, Jullié, Juliénas, Saint-Just-d'Avray, Saint-Just-la-Penduë, Lacenas, Saint-Lager, Lagrelle, Lancié, Lantignié, Lay, Létra, Limas, Machezal, Saint-Mamert, Saint-Marcel-l'Éclairé, Mardore, Mornand, Monsols, Montmelas, Mandax, Sainte-Marguerite-de-Naux, Neuville, Saint-Nizier-d'Azergues, Saint-Nizier-sous-Charlieu, N.-D.-de-Boisset, Ouilly, Ouroux, Panissières, Parigny, Perreux, Saint-Pierre-le-Vieux, Pommiers, Pouilly-le-Châtel, Poule, Pradines, Propières, Quincié, Ranchal, Régnié, Rivolet, Ronno, Salles, Sarcey, Sevelinges, Saint-Sorlin-le-Puy, Saint-Symphorien-de-Lay, Taponas, Thel, Thizy, Trades, Vandranges, Vaux-sur-Villefranche, Vauxrenard, Vernay, Saint-Victor-sur-Reins, Villié, Saint-Vincent-de-Boissey, Saint-Vincent-de-Reins.

 Villefranche était aussi le siège d'une sénéchaussée. Cette juridiction, érigée en bailliage royal par édit de François Ier du mois de mars 1532, supprimée par édit du mois de juin 1771, fut rétablie sous le titre de sénéchaussée par édit du mois de septembre 1775. Les officiers de la sénéchaussée, ceux de la maîtrise des eaux et forêts, les notaires et les procureurs étaient pourvus par le roi sur la présentation de M. le duc d'Orléans.

 L'administration communale comprenait un maire, deux échevins, un syndic receveur et un secrétaire greffier.

 Les pennonages de Villefranche furent établis en 1714, par M. d'Halincourt, gouverneur de la province. Ce corps était composé de 8 compagnies, l'ancienneté des capitaines réglait l'ordre de préséance pour les quartiers.

 Les Chevaliers de l'Arc et de l'Arquebuse furent institués à

Villefranche dans le xv⁰ siècle. Ces deux compagnies furent autorisées par plusieurs lettres patentes, confirmées par celles du mois de janvier 1730, enregistrées au Parlement de Paris et en la Cour des Aides les 14 et 23 avril 1731. MM. les Maire et Échevins, capitaines-nés de ces deux jeux, tiraient le coup d'honneur aux deux prix royaux qui se représentaient chaque année, le premier et le second dimanches du mois de mai.

La paroisse de Villefranche était de l'Archiprêtré d'Anse, Notre-Dame-des-Marais était église paroissiale et collégiale. Le Chapitre était composé de trois dignités : le doyen, le chantre et le sacristain-curé, et de onze chanoines. Le doyen était à la nomination du roi; le chantre, de celle de l'archevêque de Lyon, et le curé-sacristain, de celle du prieur de Salles. Le Chapitre nommait aux canonicats vacants, mais il devait nommer par préférence les enfants natifs ou originaires de la ville : c'était une des conditions sous lesquelles les habitants consentirent à l'érection du Chapitre en 1691, et ce droit leur fut confirmé par arrêt du Parlement des 29 avril et 28 décembre 1741.

Au moment de la Révolution, Villefranche contenait un certain nombre de communautés religieuses et séculières : 1° les cordeliers; 2° les capucins : cette maison fut fondée en 1615; 3° les religieuses ursulines : elles furent établies à Villefranche en l'année 1621; leur couvent était bien bâti, on y tenait des pensionnaires à qui on donnait une bonne éducation; 4° la Visitation de Sainte-Marie : ce monastère a été fondé en 1632, l'église fut peinte à fresques quelques années après par Dominique Bourbonia, peintre d'Italie, fort célèbre; son ouvrage passait pour un chef-d'œuvre; 5° les pénitents blancs : cette confrérie était sous le titre du Saint-Sacrement et fut érigée en 1621; 6° les pénitents noirs : cette confrérie, dont l'établissement date de l'année 1623, était sous le titre du Saint-Crucifix et remplissait les fonctions de pénitents de la Miséricorde.

Villefranche avait encore une société royale d'agriculture.

Cette ville doit son origine à une petite chapelle élevée dans un marais, dédiée à N.-D. des Marais, autour de laquelle se groupèrent quelques habitations qui formèrent un noyau s'étendant vers Limas.

La petite chapelle s'agrandit successivement et devint l'église paroissiale actuelle, un des monuments remarquables de notre architecture gothique.

Les seigneurs de Beaujeu comprirent quelle importance s'attachait à la création de cette ville dans le sein de la plus fertile contrée, à égale distance à peu près de Mâcon et de Lyon, et assez près de la Saône pour emprunter les secours de la navigation; aussi, jaloux de tant de germes de prospérité, ils entourèrent le berceau de la ville naissante d'une faveur paternelle et de privilèges inouïs. Son enceinte fut défendue par des remparts, le peuple secouru par des établissements de charité, le clergé flatté par la magnificence des édifices du culte et par le nombre des maisons religieuses.

En 1210, Guichard III, sire de Beaujeu, revenant d'une ambassade à Constantinople, vit en Italie saint François d'Assise, lui demanda quelques religieux et les établit dans sa capitale. Ce fut le premier couvent de Cordeliers que la France ait eu.

Le clocher de l'église dont on a vu l'origine et qui subsiste encore aujourd'hui n'est que le reste d'une tour, une des plus hautes et des plus admirables du royaume qui fut construite en 1518 et détruite le 15 avril 1566, par un incendie. La flèche a été rétablie en 1856, sur les dessins de M. Desjardins.

Villefranche dut son nom aux franchises qu'elle obtint des sires de Beaujeu, ses fondateurs. La partie la plus curieuse de son histoire est celle qui traite des franchises et des privilèges qui lui furent accordés par Humbert IV, fondateur de la ville, lequel, pour y attirer des habitants, autorisa les maris à battre leurs femmes jusqu'à effusion de sang pourvu que la mort ne s'ensuivît pas : « Si burgensis uxorem suam percusserit, seu verberaverit, dominus non debet inde recipere clamorem, nec emendam petere, nec levare, nisi illa ex hac verberatura moriatur. » On disait pourtant vulgairement : Villefranche sans franchises, comme on disait Beaujeu sans triomphe, Belleville sans beauté.

Villefranche est la patrie du P. Fradin, cordelier, célèbre prédicateur; du médecin Claude Bourdelin; de Claude Guilliaud, docteur de la Sorbonne; de J.-B. Morin, mathématicien et astronome; du sénateur Chasset, etc.

Le frère Jean de la Rochetaillée qui avait prêché à Avignon contre le luxe de la cour romaine, vers le milieu du XIVe siècle, fut exilé à Villefranche, où il termina sa carrière dans le couvent des cordeliers.

Avant la Révolution, il existait dans cette ville une Académie qui a joui de quelque célébrité et a compté au nombre de ses membres quelques hommes qui s'étaient fait un nom dans les lettres ou les sciences. Elle fut érigée par lettres patentes de l'année 1696, confirmées par celles du mois de mars 1728, enregistrées au Parlement. Elle était sous la protection du duc d'Orléans, premier prince du sang. Le nombre des Académiciens ordinaires était fixé à 20 par les règlements. Les séances se tenaient tous les jeudis de quinzaine en quinzaine, et l'assemblée publique chaque année dans la grande salle de l'Hôtel de Ville. La devise était une rose de diamants avec ces mots : « Mutuo clarescimus igne. »

En 1793, Villefranche, qui s'appelait alors Commune-Franche, était le chef-lieu des cantons de Villefranche et des environs de Villefranche. Celui-ci comprenait les communes de : Limas, Béligny, Chervinges, Gleizé, Lacenas, Cogny et Rivollet, Montmelas, Denicé, Pouilly-le-Châtel, Ouilly, Arnas, Saint-Georges-de-Reneins, Saint-Julien, Blacé et Salles, Arbuissonnas, Vaux.

Étienne Poulet, propriétaire à Villefranche, né le 1er novembre 1832, décédé le 7 septembre 1883, a légué à sa ville natale la plus grande partie de sa fortune.

Les deux principaux legs, institués sous le nom de « Fondations Poulet », sont les suivants :

1° 4.500 francs de rente à distribuer, au concours, en livrets de Caisse d'épargne aux élèves des écoles communales de Villefranche : deux livrets de 500 fr.; quatre de 250 fr.; dix de 100 fr.; dix de 50 fr., et quarante de 25 fr.;

2° 6.000 fr., de rente destinés à la création de dix pensions de 300 fr., et de quinze pensions de 200 fr., en faveur de vieillards pauvres des deux sexes, âgés de 65 ans au moins et habitant Villefranche depuis plus de 30 ans.

La ville de Villefranche a élevé un buste à son bienfaiteur. Ce buste, qui est situé sur la place de la Sous-Préfecture, au milieu d'un joli square, a été inauguré solennellement le 9 août 1896.

Par acte authentique du 21 décembre 1897, M. Vermorel, le constructeur bien connu, à l'occasion de la naissance de sa fille, a fait donation à l'hospice de Villefranche d'une somme de 10.000 francs dont les revenus seront employés à l'entretien des salles d'enfants et de maternité.

Villefranche est constituée gîte d'étape.

La principale industrie de Villefranche consiste dans le commerce des vins, la tannerie, la teinture et les cotons filés. A signaler, en outre, l'importante fabrique de machines agricoles de M. V. Vermorel, une station et un laboratoire de viticulture.

Foires : lundi de la Pentecôte, 1er lundi de janvier, avril, juillet et octobre. Marché : lundi et vendredi.

Commune traversée par : la grande voie ferrée de Paris à Lyon ; par la route nationale N° 6 ; par les chemins de grande communication Nos 5 bis, 20 et 35, et par les chemins d'intérêt commun Nos 20, 34 et 60. Un pont jeté sur la Saône met en communication le département du Rhône avec celui de l'Ain.

ARBUISSONNAS

Village à 12 kilomètres de Villefranche et à 44 de Lyon, 210 habitants, 223 hectares.

Arbuissonnas est limité : au nord-est, par Saint-Étienne-des-Oullières ; au sud, par Salles ; au sud-ouest, par Vaux, et au nord-ouest, par le Perréon.

Avant la Révolution, paroisse dans le Beaujolais, archiprêtré d'Anse, élection de Villefranche, du ressort du bailliage du Beaujolais; l'abbé d'Ainay nommait à la cure. Renaud de Milly en fut seigneur. Ancien prieuré de l'abbaye d'Ainay vendu en 1575 au seigneur d'Arigny.

Le sol, calcaire, produit beaucoup de vin.

Climat rhodanien. Le pays, arrosé par la Vauxonne, forme un plateau incliné vers le nord. Altitude moyenne 296 mètres.

Commune vivifiée par les chemins de grande communication Nos 19 et 20.

ARNAS

Village à 5 kilomètres de Villefranche et à 34 de Lyon, 950 habitants, 1.691 hectares.

Commune limitée : à l'est, par la Saône, qui la sépare de Fareins (Ain); au sud, par Villefranche et Gleizé; à l'ouest, par Denicé et Saint-Julien; au nord, par Saint-Georges-de-Reneins.

Arnas possédait autrefois un prieuré de l'ordre de Saint-Benoît, dépendant de Savigny. C'était une paroisse avec château et seigneurie dans le Beaujolais, archiprêtré d'Anse, élection de Villefranche, du ressort du bailliage du Beaujolais. La seigneurie d'Arnas avait jadis le titre de vicomté. Le prieur du lieu nommait à la cure d'Arnas, à celle de Dracé ainsi qu'à celle d'Ouilly.

En 1815, un combat sanglant eut lieu sur le territoire d'Arnas entre les Français et les Autrichiens. Un général de ce dernier peuple y fut tué et l'on voit sa tombe dans le cimetière.

Cette commune s'est agrandie en 1853 d'une partie de celle d'Ouilly, et c'est sur son territoire que se trouve la ferme de Joug. (Voir Gleizé.)

Le sol, argileux, formé de terres d'alluvion sur les bords de la Saône, produit du vin, du blé et du fourrage.

Ce pays, arrosé par le Marverand et le Nizerand, affluents de la Saône, sur les bords de cette rivière, forme une plaine avec un léger coteau au sud-ouest. L'altitude est comprise entre 169 et 270 mètres.

Commune assise sur le chemin de fer de Paris à Lyon par la Bourgogne, sur la route nationale N° 6, et sur les chemins de grande communication N°s 15 bis, 20 et 35.

BLACÉ

Village à 9 kilomètres de Villefranche et à 38 de Lyon, 1.178 habitants, 1.100 hectares.

Commune limitée : au nord, par celles de Vaux, Salles, Saint-Étienne ; à l'est, par cette dernière et Saint-Georges ; au sud, par Saint-Julien et Montmelas ; à l'ouest, par cette dernière commune.

Sous l'ancien régime, paroisse dans le Beaujolais, archiprêtré d'Anse, élection de Villefranche, bailliage du Beaujolais, justice de Montmelas pour les deux tiers de la paroisse, et pour le reste alternativement de celle de Champrenard et de Salles. Seigneur du clocher et haut justicier des deux tiers de la paroisse, le marquis de Montmelas ; le surplus de la justice appartenait à Despinay de Laye. Le prieur de Salles nommait à la cure. Dans cette paroisse, il y avait trois prébendes : l'une appelée de Chrétien, du nom du fondateur ; l'autre de Colombier, également du nom du collateur ; la troisième, appelée Bonny, était à la nomination de M. Despinay de Laye.

Il y avait dans cette paroisse le château de Champrenard, terre et seigneurie à laquelle était annexé le fief de Bost. La justice moyenne et basse s'étendait sur toute la paroisse de Salles et sur Blacé-le-Bas. Elle était réunie à celle de Laye-Espinay et elle s'exerçait à Marsangue, village dépendant de l'église paroissiale de Saint-Denis-d'Espinay, annexe de Saint-Georges-de-Reneins.

Mme Courajod, décédée à Blacé en 1896, a laissé une grosse partie de sa fortune à cette commune pour la création d'un hôpital où seront admis les convalescents et plus particulièrement les malades atteints d'une affection de cœur : ce legs comporte une somme de 125.000 francs pour la construction des bâtiments, et les revenus nécessaires à l'entretien de l'établissement. L'hôpital portera le nom de Courajod.

Le sol, argilo-calcaire, produit de la vigne, et renferme une mine de manganèse et une carrière de pierres à bâtir.

Le climat est tempéré et un peu sec. L'altitude la plus élevée atteint 428 mètres, et la plus basse, 270. Le pays est arrosé par le Marverand.

Industrie : tuilerie.

Les chemins de grande communication Nos 15 bis, 19, 20 et 35, et celui d'intérêt commun No 35 traversent la commune.

COGNY

Village à 8 kilomètres de Villefranche et à 37 de Lyon, 872 habitants, 584 hectares.

Communes limitrophes : au nord, Rivollet et Denicé ; à l'est, Lacenas ; au sud, Jarnioux et Ville-sur-Jarnioux ; à l'ouest, Sainte-Paule.

Le nom de Cogny viendrait de Iconium, suivant M. l'abbé Jolibois.

Autrefois grande paroisse dans le Beaujolais, archiprêtré d'Anse, élection de Villefranche, justice de Montmelas et de Sou, qui s'exerçait à Cogny ; le prieur de Denicé nommait à la cure.

Il y avait dans la paroisse cinq prébendes : 1° celle de l'Abbé ; 2° celle de Vouldy ; 3° celle de La Croix ; 4° celle de Toulon ; 5° celle de Chardonnay.

Les seigneurs décimateurs étaient les Custodes-curés de Sainte-Croix de Lyon ; l'aumônier de l'hôpital de Villefranche était le seigneur du bourg, et le marquis de Montmelas possédait la plus grande partie de la paroisse.

M. Morel de Voleine, qui s'est fait un nom par ses savants écrits sur la liturgie lyonnaise, a un château dans cette commune.

Cogny a une altitude moyenne de 450 mètres (le village est à 412 mètres) et est arrosé au sud par le Morgon, affluent de la Saône.

Productions : vin, céréales, prairies.

Marché le samedi.

Les seules grandes voies de cette commune sont le chemin de grande communication N° 19 et celui d'intérêt commun N° 34.

DENICÉ

Village à 6 kilomètres de Villefranche et à 35 de Lyon, 1.258 habitants, 953 hectares.

Cette commune est confinée : à l'est, par Arnas et Gleizé ; au sud, par cette dernière commune, et par Lacenas et Cogny ; à l'ouest, par Rivollet et Montmelas ; au nord, par Saint-Julien.

On prétend que l'ancien nom Diniciacus, donné à ce village, venait d'un temple de Bacchus qui y aurait existé jadis.

Sous le régime féodal, Denicé était un prieuré et paroisse dans le Beaujolais, archiprêtré d'Anse, justice de Montmelas pour une partie, et pour le surplus justice et élection de Villefranche. Le prieuré de Denicé fut réuni au séminaire de Saint-Pothin et de l'Ile-Barbe, à la mort du dernier titulaire, M. de Foudras, grand prieur de Savigny ; le prieur de Denicé nommait aux cures de Cogny et de Montmelas.

L'archevêque de Lyon était collateur de la cure et de tous les bénéfices qui dépendaient du prieuré.

La paroisse contenait trois prébendes : 1° celle de N.-D. de

Chenève, où il y a encore une chapelle ; 2° celle de Seignereins ; 3° celle de Chevel.

Le seigneur du clocher et de la plus grande partie de la paroisse était le marquis de Montmelas.

Pouilly-le-Châtel, sous la Révolution Pouilly-sur-Nizerand, a gardé le titre de commune jusqu'au décret du 16 juillet 1810, qui la réunit à Denicé.

Avant la Révolution, c'était une paroisse dans le Beaujolais avec 168 habitants, archiprêtré d'Anse, élection et du ressort de la prévôté et sénéchaussée de Villefranche ; l'abbé de Cluny, comme doyen de Limas, nommait à la cure, et le seigneur haut justicier était le duc d'Orléans.

L'ancien château de Pouilly-le-Châtel, demeure aimée des sires de Beaujeu, n'existait déjà plus en 1651.

Les bienfaiteurs de la commune de Denicé sont MM. Laposse et Labouroir.

Cette commune, arrosée par le Nizerand, a une altitude comprise entre 275 et 300 mètres.

Productions : vin, céréales, fourrages.

Commune assise sur les chemins de grande communication N°s 5 *bis*, 19 et 20, et sur les chemins d'intérêt commun N°s 34 et 52.

GLEIZÉ

Village à 2 kilomètres de Villefranche et à 31 de Lyon, 1.736 habitants, 1.071 hectares.

Cette commune est limitée : au nord, par Arnas ; à l'est, par cette commune et Villefranche ; au sud, par Limas, Pommiers et Liergues ; à l'ouest, par Lacenas et Denicé.

Avant la Révolution, paroisse dans le Beaujolais, archiprêtré d'Anse, élection de Lyon, justice de Villefranche, de Bionnay et de Marzé ; le prieur de Saint-André-le-Bas de Vienne nommait à la cure, et le duc d'Orléans était seigneur du pays. Il y avait un monastère de dames de la Visitation dans le faubourg des Frères.

Ancien fief de Marzé, possession de l'illustre famille de ce nom, qui a joué un grand rôle dans l'histoire du Beaujolais au moyen âge, et dont la seigneurie comprenait la paroisse de Chervinges, une partie de celle de Gleizé, et la dixième partie de Ville-sur-Jarnioux en Lyonnais. Seigneur au moment de la Révolution, M. Bottu de la Barmondière.

Sa descendante, Mlle de la Barmondière, possédait, il y a une quarantaine d'années, l'ancien fief de Mongré, château avec rente noble, et c'est dans son domaine qu'a été fondé le collège dit de Mongré, un des plus beaux établissements que dirigent en France les Jésuites. L'ancien château de Mongré portait à l'origine le nom de Portebœuf. Jean de Portebœuf en était seigneur en l'an 1000.

C'est dans le château de Vaux-Renard qu'est mort un usurpateur qui se disait fils de Louis XVI. L'inscription qu'on lisait sur sa tombe commençait ainsi : Ci-gît Louis-Charles de France, né à Versailles, etc. Elle a été effacée par ordre du gouvernement d'alors, et remplacée par celle-ci : Jamais on ne pourra dire, pauvre Louis, que tu fus à plaindre. On croit assez généralement que cet aventurier était fils d'un habitant de Lagnieu, nommé Perrin.

Par un décret du 30 janvier 1809, la commune de Gleizé a réuni à son territoire celle de Chervinges, qui était autrefois un village annexe de la paroisse de Limas en Beaujolais, justice de Villefranche et de Marzé ; le seigneur était M. de la Barmondière.

C'est dans ce hameau qu'est décédée en décembre 1859 Mme Péricaud de Gravillon, fille du célèbre orateur, Camille Jordan.

Le village d'Ouilly, sur le territoire duquel était la célèbre abbaye de Joug-Dieu, a été supprimé par la loi du 14 mars 1854 et réuni savoir : la portion située à l'ouest sur la route nationale N° 6, à la commune de Gleizé, et la partie située à l'est de la même route, à la commune d'Arnas.

En 1681, les chanoines de cette abbaye demandèrent à s'unir aux chanoines de Villefranche, à cause de l'air insalubre du lieu où elle se trouvait, mais ils n'en obtinrent l'autorisation provisoire qu'en 1688 ; ils avaient alors pour abbé Roger de Nagu, fils de François, marquis de Varennes. Ce ne fut qu'en décembre 1713 que le roi consentit à la suppression du titre de l'abbaye et à la sécularisation tant dans le chef que dans les membres de l'union et du revenu au doyenné de Villefranche. La bulle donnée à ce sujet est du 4 septembre 1738.

En 1853, le domaine de Joug-Dieu appartenait à M. Boscary de Romaine.

C'est, dit-on, au lieu dit « La Planche du Joug » qu'un combat sanglant eut lieu lors des démêlés avec la Savoie entre le bâtard de Bourbon et le seigneur de Viry.

Productions : vin, céréales, prairies.

Altitude moyenne, 250 mètres. Pays arrosé par le Nizerand et le Morgon.

Commune vivifiée par la route nationale N° 6, les chemins de grande communication N°s 5 *bis*, 6 *bis*, 20, 31, 35, et les chemins d'intérêt commun N°s 34 et 60.

LACENAS

Village à 6 kilomètres de Villefranche et à 35 de Lyon, 569 habitants, 335 hectares.

Communes limitrophes : au nord, Denicé ; à l'est, Gleizé ; au sud, Liergues et Jarnioux ; à l'ouest, Cogny.

Avant 1793, paroisse dans le Beaujolais, archiprêtré d'Anse, élection de Villefranche, justice du Sou et du Bionnay ; le seigneur était le marquis de Saint-Amour.

Dans un hameau existe l'ancienne église de Saint-Paul ou de N.-D. du Sou, qui avait déjà perdu son titre d'église paroissiale au milieu du siècle dernier.

Le Sou était une seigneurie avec château situé sur le Morgon. La plus grande partie de la paroisse dépendait de cette seigneurie qui comprenait un très petit canton de la paroisse de Ville-sur-Jarnioux et un autre encore plus petit de celle de Cogny. Le seigneur était, en 1790, le marquis de Saint-Amour.

Bionnay, château et ancienne seigneurie ayant appartenu avant la Révolution à M. Dessertines.

Cette commune, arrosée par le Morgon, a une altitude moyenne de 300 mètres.

Productions : vin, blé, fourrages.

Foire : 24 juin.

Le chemin de grande communication N° 31, et les chemins d'intérêt commun N°s 34 et 52 traversent la commune.

LIMAS

Village à 2 kilomètres de Villefranche et à 28 de Lyon, 660 habitants, 615 hectares.

Limas est limité : au nord, par Gleizé et Villefranche ; à l'est, par cette dernière commune et Anse ; au sud-est, par cette dernière commune, et au sud-ouest, par Pommiers.

Sous l'ancien régime, paroisse dans le Beaujolais, archiprêtré d'Anse, élection et justice de Villefranche. C'était anciennement, c'est-à-dire avant que Villefranche existât, le siège d'une des plus considérables prévôtés de la province.

L'abbé de Cluny nommait à la cure. L'église avait été construite par les bénédictins de cette célèbre abbaye, qui y possédaient un doyenné.

Il y avait dans la paroisse les châteaux de Limas et de Belleroche, qui appartenaient au doyen du Chapitre de Villefranche, et celui de la Barre, qui a été en la possession de M. Humbert.

Le sol, sablonneux et argilo-calcaire, produit des vignes, des prairies et des céréales.

Altitude 193 mètres.

Industrie : pierre à chaux et à bâtir.

Commune traversée : par la grande ligne de Paris à Lyon ; par la route nationale N° 6, et par les chemins d'intérêt commun N°s 20 et 60.

MONTMELAS-SAINT-SORLIN

Village à 10 kilomètres de Villefranche et à 39 de Lyon, 406 habitants, 424 hectares.

Cette commune, formée en 1808 par la réunion des deux communes de Montmelas et de Saint-Sorlin, est bornée : au nord-ouest, par Vaux ; au nord-est, par Blacé et Saint-Julien ; au sud-est, par Denicé et Rivollet.

Avant la Révolution, Montmelas était paroisse et marquisat dans le Beaujolais, archiprêtré d'Anse, élection de Villefranche ; le prieur de Denicé nommait à la cure, une prébende. Le seigneur était M. d'Arod, marquis de Montmelas ; la justice s'exerçait au bourg de Cogny et comprenait les paroisses de Montmelas, Saint-Julien et Saint-Sorlin-le-Puy, et presque toutes celles de Blacé et de Denicé, et quelques cantons de celles de Saint-Cyr-le-Chatoux et Chamelet-sur-Allières.

Selon l'abbé Jolibois, Montmelas serait un nom moitié grec et moitié latin, puisqu'il dériverait de mons (mont) et de melas (noir).

Le château de Montmelas, élégamment restauré et entouré d'une ceinture de tours crénelées, est aujourd'hui la propriété de M. de Tournon, qui a épousé la dernière héritière de l'ancienne maison Arod de Montmelas.

C'était autrefois le séjour favori des sires de Beaujeu. Il fut acquis en 1578, par Jean Arod, écuyer de Louis de Gonzague, duc de Nevers.

Saint-Sorlin-le-Puy — Bonnet-la-Montagne, sous la Révolution — fut un prieuré avec paroisse dans le Beaujolais, archiprêtré d'Anse, élection de Villefranche. Le prieur était décimateur, seigneur direct, et nommait à la cure. Le seigneur haut justicier était le marquis de Montmelas.

Productions : vignes, céréales, prairies.

Bassin du Rhône, altitude comprise entre 517 et 648 mètres.

La seule voie importante de cette commune est le chemin de grande communication N° 20.

LE PERRÉON

Village à 15 kilomètres de Villefranche et à 44 de Lyon, 1.243 habitants, 1.470 hectares.

Communes limitrophes : au nord, Marchampt; au nord-est, Quincié, Saint-Étienne-la-Varenne et Saint-Étienne-des-Oullières; au sud-est, Arbuissonnas; au sud, Vaux; à l'ouest, Lamure et Claveisolles.

Les sections, dites du Perréon et de la Creuse, ont été distraites de la commune de Vaux et érigées en commune par la loi du 17 novembre 1890, sous le nom de « Le Perréon », avec ce village pour chef-lieu. La division, au point de vue religieux, avait eu lieu en 1866, précédant de 24 ans la séparation civile.

Productions : vignes, céréales, prairies.

Commune arrosée par la Vauxonne et ses affluents, les ruisseaux du Rozier et des Chardelles, la Combe du Perréon, etc.

Altitude comprise entre 274 et 783 mètres.

Le Perréon est vivifié par le chemin de grande communication N° 20, et par ceux d'intérêt commun N°s 38 et 77.

RIVOLLET

Village à 9 kilomètres de Villefranche et à 39 de Lyon, 542 habitants, 1.629 hectares.

Cette commune est limitée : au nord, par Saint-Cyr-le-Chatoux ; au nord-ouest, par Montmelas et Denicé ; au sud, par Cogny et Sainte-Paule ; à l'ouest, par Chamelet et Chambost-Allières.

Ancienne chapelle, succursale de la paroisse de Cogny en Beaujolais, élection de Villefranche. Cette parcelle avait un rôle pour les tailles, distinct de celui du surplus de la paroisse, que l'on nommait canton de Morgon.

Cette commune produit beaucoup de végétaux et s'adonne à l'élevage des bestiaux.

Le Nizerand, affluent de la Saône, prend sa source sur son territoire.

Altitudes extrêmes 335 et 841 mètres.

Rivollet est traversé par les chemins de grande communication N°s 5 bis, 19 et 20.

SAINT-CYR-LE-CHATOUX

Village à 15 kilomètres de Villefranche et à 45 de Lyon, population 141 habitants, superficie 628 hectares.

Territoire limité : au nord-est, par Vaux ; au sud, par Rivollet ; au sud-ouest, par Chambost-Allières, et au nord-ouest, par Lamure.

Ci-devant annexe de la paroisse de Vaux en Beaujolais, justice de Vaux, de Chambost, de la châtellenie de Montmelas et de la vicomté d'Oingt.

Cette seigneurie était indivise entre le marquis de Montmelas et le seigneur de Vaux.

En 1793, Saint-Cyr dépendait de l'éphémère canton de Chamelet.

Cette commune est arrosée par le ruisseau des Agais, qui verse ses eaux dans l'Azergues.

Son altitude, très élevée, est comprise entre 593 et 890 mètres, aussi son climat est-il froid.

Productions : céréales, fourrages, carrières.

Ce territoire est vivifié par les chemins de grande communication Nos 5 bis et 20.

SAINT-JULIEN

Village à 8 kilomètres de Villefranche et à 37 de Lyon, 666 habitants, 690 hectares.

Saint-Julien est limitrophe : au nord, avec Blacé et Saint-Georges-de-Reneins ; au sud-est, avec Arnas ; au sud, avec Denicé ; au sud-ouest, avec Montmelas.

Anciennement paroisse en Beaujolais, archiprêtré d'Anse, élection de Villefranche, justice de Montmelas ; l'abbé de Cluny nommait à la cure. Le seigneur était le marquis de Montmelas.

Un des anciens fiefs de ce village, celui de la Rigaudière, appartenait vers le milieu du siècle dernier à Jean Maritz, ingénieur distingué et inventeur de l'art de fondre les canons.

Claude Bernard, célèbre physiologiste, naquit à Saint-Julien le 12 août 1813. Il avait d'abord des goûts très prononcés pour les lettres, mais ayant composé une tragédie qui n'eut aucun succès, sur les instances de Saint-Marc-Girardin, il s'adonna avec ardeur à la médecine et aux sciences naturelles. En 1848, il fut nommé professeur de physiologie générale au Musée d'histoire naturelle de Paris. Ses recherches se portèrent principalement sur les fonctions digestives chez l'homme. Ses découvertes furent le point de départ de grands progrès qui ont été réalisés plus tard en médecine. Aussi Bernard peut-il être placé comme Pasteur au nombre des grands bienfaiteurs de l'humanité. En 1854, il fut nommé membre de l'Académie des sciences, et il entra en 1868 à l'Académie française. Il mourut à Paris, comblé d'honneurs, en 1878. Son buste orne la fontaine de son pays natal, qu'il aimait à revoir de temps en temps, et qu'il n'oublia jamais.

Cette commune est arrosée par le Marverand. Son altitude moyenne est de 399 mètres.

Productions : vin, céréales, foin.

Ancienne mine de manganèse non exploitée.

Saint-Julien est desservi par les chemins de grande communication N°s 19 et 35, et par celui d'intérêt commun N° 52.

SALLES

Village à 11 kilomètres de Villefranche et à 40 de Lyon, 400 habitants, 212 hectares.

Commune limitée : au nord, par Arbuissonnas ; à l'est et au sud, par Blacé ; à l'ouest, par Vaux.

Autrefois prieuré et annexe de Blacé en Beaujolais. Le prieur, de l'ordre de Cluny, nommait à la cure de Blacé. Le seigneur haut justicier était le duc d'Orléans. La basse justice était alternative entre le prieur de Salles et le seigneur de Champrenard.

Il y avait un Chapitre noble de chanoinesses-comtesses, fondé par les sires de Beaujeu, et composé de : une prieure, une souspprieure, une maîtresse d'institution, une trésorière, une trésorière secrétaire et une sacristine. En 1781, ces dames étaient au nombre de 40.

L'église de Salles, dit M. de la Carelle, paraît remonter aux premiers temps de la fondation du prieuré qui existait naguère dans ce village, car elle appartient au style de transition et le plein cintre y domine partout. Remarquable par son élégance, c'est sans contredit un des plus beaux monuments que possède le Beaujolais.

Le prieuré de Salles fut habité d'abord par des religieux de l'ordre de Cluny. Au xive siècle, ils se retirèrent pour céder la place aux bénédictins de l'île de Grelonges, sur la Saône. Plus tard, ce prieuré fut érigé en Chapitre noble. Une partie du cloître existe encore : c'est un beau monument du xive siècle.

Cette commune a une altitude moyenne de 400 mètres et est arrosée par un affluent de la Vauxonne, tributaire de la Saône.

Ses productions sont celles des autres communes du canton.

Salles est traversé par les chemins de grande communication N°s 19, 20 et 35.

VAUX

Village à 15 kilomètres de Villefranche et à 44 de Lyon, 1.458 habitants, 1.781 hectares.

Orientation de ses limites : au nord, Le Perréon ; à l'est, Arbuissonnas et Salles ; au sud, Blacé, Montmelas, Rivollet ; à l'ouest, Saint-Cyr-le-Chatoux, Lamure et Claveisolles.

Avant la Révolution, bourg, paroisse et baronnie dans le Beaujolais, dont la justice comprenait la paroisse de Vaux et celle de Saint-Cyr-le-Chatoux, archiprêtré d'Anse, élection de Villefranche ; l'abbé de Cluny nommait à la cure. Le seigneur était M. Carra.

Commune arrosée par la Vauxonne et ses affluents : la Combe des Fées, les ruisseaux de Fonzelle et de Papilloud, et d'autres petits cours d'eau.

Climat tempéré. Altitude comprise entre 470 et 623 mètres.

Marché le jeudi.

Les chemins de grande communication N°s 20 et 35 vivifient cette commune, ainsi que le chemin d'intérêt commun N° 62.

COMMUNES.	POPULATION MUNICIPALE.			POPULATION comptée à part.	POPULATION totale.	SUPERFICIE.	RECETTES ordinaires.	DÉPENSES ordinaires.	PRODUIT des centimes.	VALEUR du centime.	CENTIMES pour DÉPENSES ordinaires et extraordinaires.			MONTANT de la dette.	REVENUS du bureau de bienfaisance.	PERCEPTIONS.	POSTES ET TÉLÉGRAPHES.	ÉLECTEURS
	Agglomérée.	Éparse.	Totale.								Nombre total.	Dont extraordinaires.	Durée des impositions extraordinaires.					
Arbuissonnas....	27	183	210		210	223	1.604	1.585	1.286	17,47	63					Salles.	Vaux.	80
Arnas...........	96	854	950		950	1.691	6.737	6.734	5.643	136,15	41	13	1916	29.456	384	Villefranche	Villefranche	280
Blacé...........	285	861	1.146	32	1.178	1.100	8.197	8.213	7.799	110,14	70	25	1918	34.736	520	Salles.	P.-T.	355
Cogny...........	369	503	872		872	584	8.040	8.030	8.283	94,41	83	30	1911	39.971		Denicé.	Denicé.	325
Denicé..........	321	937	1.258		1.258	953	10.078	10.077	5.596	132,75	42				2.226	id.	P.-T.	360
Gleizé..........	91	1.645	1.736		1.736	1.071	8.869	8.860	4.576	168,96	28				872	Villefranche	Villefranche	480
Lacenas.........	192	377	569		569	335	4.809	4.808	2.780	62,42	37	18	1912	11.927		Denicé.	Denicé.	190
Limas...........	204	456	640		640	615	4.777	4.741	3.179	72,31	44				643	Villefranche	Villefranche	280
Montmelas-Saint-Sorlin........	152	254	406		406	424	2.025	2.025	1.083	26,25	39				298	Denicé.	id.	126
Perréon (Le)....	260	980	1.240	3	1.243	1.470	9.045	9.045	9.076	101,47	88	43	1924	41.852		Salles.	Vaux.	400
Rivolet.........	136	406	542		542	1.629	3.897	3.897	2.809	70,04	39	5	1916	5.771		Denicé.	Denicé.	170
Saint-Cyr-le-Chatoux........	46	95	141		141	928	1.119	1.119	709	14,10	49					id.	Grandris.	50
Saint-Julien.....	143	523	666		666	690	5.014	5.028	3.553	75,51	40	9	1918	18.800	223	Salles.	Blacé.	200
Salles..........	293	107	400		400	212	3.400	3.371	2.490	30,61	80				472	id.	id.	130
Vaux............	376	782	1.158		1.158	1.761	8.088	8.088	6.142	92,28	65	18	1916	18.861	1.811	Salles.	P.-T.	450
Villefranche....	12.205	712	12.917	710	13.627	909	231.671	233.763	46.254	1.440,82	40	32	1926	285.548	16.100	Villefranche	P.-T.	2.780
	15.196	9.075	24.871	745	25.616	14.315	317.418	319.380	111.388	2.637,89	875	102		481.412	25.351			

Octroi : 118.700 f.

COMMUNES.	Distance de Lyon.	Distance de Villefranche.	FÊTES patronales.	Notaires.	Médecins.	Pharmaciens.	Sages-Femmes.	Vétérinaires.	État civil.	Caisse des écoles.	Fondation de la bibliothèque.	Garçons (classes).	Filles (classes).	Mixtes.	Maternelles.	Garçons.	Filles.	Personnel ecclésiastique.
												ÉCOLES publiques.				ÉCOLES privées.		
Villefranche (Centre)		29	Assomption.	3				3	1682	1	1866	6	4		1	3	10	✠ 5
id. Porte d'Anse					7	10	7							1				
id. Porte Belleville			Saint-Pierre.										3		1			
Arbuissonnas	12	41	Saint-Laurent.						1684			1					1	3
Arnas	5	34	Saint-Saturnin.						1692	1	1863	1	2				1	1
Blacé	9	38	Saint-Claude.			1		2	1670	1	1883	2	2				1	2
Cogny	8	37	Saint-Germain.		1		1		1676	1	1887	2	2					2
Denicé	6	35	Saint-Pancrace.		1		1		1615		1863	1			1	1	1	2
Gleizé	2	21	Immaculée-Conception.		1							1	2			1		2
id. (Chervinges)			Saint-Laurent.						1565									1
Lacenas	8	35	Nativité St-Jean-Baptiste.						1583	1	1870	1	2				1	1
Limas	2	28	Saint-Gilles.						1585	1	1809	1	1				1	1
Montmelas	10	39	Saint-Bonnet.						1692	1	1885	1					1	1
Perréon (Le)			Saint-Pierre.		1	1				1		2					1	2
Rivolet	9	39	Assomption.						1783	1	1875	1					1	1
Saint-Cyr-le-Chatoux	15	45	Saint-Cyr.						1712	1				1				1
Saint-Julien	8	37	Saint-Julien.						1629	1	1863	1	1				1	1
Salles	11	40	Saint-Martin.	1						1	1874	1	1				1	1
Vaux	13	44	id.					1	1695	1	1887	2	2			1	1	3

CANTON D'ANSE

Le canton d'Anse comprend les communes de : Anse, Alix, Ambérieux, Belmont, Charnay, Chazay, Lachassagne, Lozanne, Liergues, Lucenay, Marcy, Morancé, Pommiers, Pouilly et Saint-Jean-des-Vignes.

Ce territoire est borné : au nord, par le canton de Villefranche ; à l'est, par ceux de Trévoux (Ain), la Saône entre deux, de Neuville et de Limonest ; au sud, par celui de L'Arbresle ; à l'ouest, par celui du Bois-d'Oingt.

Cette circonscription a été entièrement formée du Lyonnais, à l'exception de la commune de Pommiers, qui faisait partie du Beaujolais.

Toutes les communes formant l'actuel canton d'Anse ressortissent à cette justice de paix depuis la création des cantons.

Au point de vue religieux, les douze paroisses de ce territoire forment l'archiprêtré d'Anse.

Ce canton, dont l'altitude varie entre 169 et 433 mètres, est arrosé par la Saône à l'est, l'Azergues et ses affluents, la Brevenne et le ruisseau du Moulin, ainsi que par les affluents ou sous-affluents du Morgon, les ruisseaux de la Galoche et du Merloux.

La population totale du canton d'Anse est de 10.019 habitants, et sa superficie de 8.499 hectares.

En général, les communes de ce canton produisent du bon vin, des céréales et du fourrage.

Industries : carrières de pierres, à Anse, à Lucenay, à Pommiers ; ancienne carrière de marbre, à Liergues ; fabrique de tuyaux en terre et en grès, à Lozanne.

Ce canton ressortit au tribunal de commerce de Villefranche et au 7e corps d'armée.

Il fait partie du comice agricole du Beaujolais (Villefranche), de la 1re circonscription électorale de l'arrondissement de Villefranche, de l'inspection primaire des écoles de Villefranche.

Les armes d'Anse sont : D'azur à la tour sénestrée d'un avant-mur d'argent, maçonné de sable ; au chef de gueules chargé d'un griffon d'or et d'un lion d'argent passants et affrontés.

Le canton d'Anse est sans contredit la perle de l'arrondissement de Villefranche. Il réunit à une fertilité extraordinaire la beauté et la variété. Son sol, arrosé par la Saône et l'Azergues, produit les plus riches vignobles du département.

ANSE

Petite ville sur l'Azergues, à 6 kilomètres de Villefranche et à 23 de Lyon, 2.051 habitants, 1.523 hectares, limitée : au nord, par Pommiers, Limas et Villefranche ; à l'est, par Saint-Didier-de-Formans et Saint-Bernard (Ain), la Saône entre deux ; au sud-est, par Ambérieux ; au sud, par Lucenay et Lachassagne ; à l'ouest, par Theizé.

Cette ville est fort ancienne. C'était une station romaine pour les troupes voyageant par étapes. Les itinéraires romains la distinguent sous le nom d'Assa ou Assa-Paulina, à XV milles romains de Lugdunum, et à pareille distance de Lunna, dont Belleville occupe l'emplacement.

Dans le moyen âge, Anse prit le nom d'Ansa. D'après le baron de Coston, ce nom viendrait de la situation de cette ville, près d'un vaste contour de la Saône.

On y voit encore une partie des murailles qui formaient l'enceinte du palais de l'Empereur.

Il s'y est tenu six conciles, dans les années 1025, 1068, 1070, 1077, 1100 et 1112. L'église de Saint-Romain, dans laquelle ils se sont tenus, était située à 300 pas hors des murs de la ville. Elle a été démolie en 1752.

En 1364, Anse tomba au pouvoir des Tard-Venus, qui y tinrent une garnison pendant dix mois, et ne l'abandonnèrent que moyennant une rançon de 40.000 florins.

Cette petite ville souffrit aussi beaucoup dans les guerres civiles de la fin du xvie siècle.

L'importance et la population de cette commune se sont beaucoup accrues depuis 1782, puisque les lettres patentes du 1er juin de cette année, pour la translation du grenier à sel à Tarare, disent que Anse compte à peine 500 habitants, et qu'il n'y a ni foire ni marché.

A cette époque, Anse était paroisse et baronnie dans le Lyonnais, élection de Lyon. Son archiprêtré comprenait 45 paroisses, dont 17 étaient en Lyonnais et 18 en Beaujolais, et 9 annexes, dont 3 en Lyonnais et 6 en Beaujolais :

Les cures étaient : Ambérieux, Anse, Arbuissonnas, Arnas, Beligny, Belleville, Blacé, Cercié, Charentay, Charnay, Lachassagne, Chasselay, Châtillon-d'Azergues, Chazay-d'Azergues, Civrieux, Cogny, Corcelles, Saint-Cyprien, Denicé, Dracé, Saint-Georges-de-Reneins, Gleizé, Saint-Jean-d'Ardières, Saint-Julien-sous-Montmelas, Lacenas, Saint-Lager, Liergues, Limas, Lissieu, Lucenay, Marcilly-d'Azergues, Marcy-sur-Anse, Montmelas,

Morancé, Néty, Odenas, Ouilly, Pommiers, Pouilly-le-Châtel, Pouilly-le-Monial, Quincié, Quincieux, Saint-Sorlin-le-Puy, Vaux-sur-Villefranche, Villefranche, Ville-sur-Jarnioux.

Et les annexes : Les Chères, Chervinges, Saint-Cyr-le-Chatoux, Jarnioux, Saint-Jean-des-Vignes, Lozanne, Marchampt, Rivollet, Salles, Taponas.

L'église paroissiale était desservie par un curé, un vicaire et quelques sociétaires; les comtes de Lyon nommaient à la cure et étaient seigneurs de la terre. Le gouverneur de la ville était, en 1780, M. de Chazelles. La justice d'Anse dépendait du comté de Lyon.

M. le docteur Yves Serraud a publié une Histoire d'Anse. Avant lui, M. Martin l'aîné, de l'Académie de Lyon, avait composé une notice sur cette petite ville.

Les frères Giraudet ont donné une vigne aux garçons de la vogue. Cette donation remonte à plusieurs siècles, sans date précise.

M. Sain, ancien représentant du Peuple en 1848, et ensuite préfet de la Loire, est né à Anse.

En 1817, Anse fut le théâtre d'une stérile agitation bonapartiste.

Cette ville est constituée gîte d'étape.

Climat doux et très salubre. Pays arrosé par la Saône et l'Azergues, et le ruisseau de la Galoche, affluent du Morgon. Altitude comprise entre 178 et 300 mètres.

Le terrain qui avoisine la ville, notamment du côté du nord, est des plus fertiles. On y fait trois récoltes par année, ce qui, joint à la beauté de la route, a donné lieu à ce proverbe :

> De Villefranche à Anse,
> La plus belle lieue de France.

Carrières de pierres à bâtir, d'où l'on prétend que sont sortis les matériaux de la cathédrale de Lyon.

Foires : 1er jeudi de février, mars, avril, août, novembre, décembre. Marché le vendredi.

Commune vivifiée : par la ligne ferrée de Paris à Lyon, qui y possède une gare; par la route nationale N° 6; par les chemins de grande communication N°s 3 bis et 8, et par ceux d'intérêt commun N°s 20 et 30.

ALIX

Village à 6 kilomètres d'Anse, 11 de Villefranche et à 27 de Lyon, 401 habitants, 361 hectares.

On voit au nord-ouest de cette commune les ruines du vieux château de Marzé, qui était possédé déjà, en 1664, par Bernard de Marzé. Plusieurs membres de cette famille ont figuré aux croisades.

Alix est limité : au nord-est, par Lachassagne; à l'est, par Marcy ; au sud, par Charnay; à l'ouest et au nord, par Frontenas.

Autrefois village dans la paroisse de Marcy-sur-Anse, en Lyonnais, célèbre par un Chapitre noble de chanoinesses régulières de l'ordre de Saint-Benoît dépendant de l'abbaye de Savigny. Les chanoinesses, pour y être reçues, faisaient preuve de sept générations de noblesse du côté du père, et la mère devait être constatée demoiselle. Il y avait une prieure, une sacristine et 42 chanoinesses.

La dame du clocher et de l'enceinte du Chapitre était la prieure. Le seigneur de ce village était, en 1780, M. Croppet de Varissan.

Un séminaire diocésain où l'on enseigne la philosophie et les mathématiques est établi aujourd'hui dans les bâtiments de l'ancien monastère.

Productions agricoles : vin, blé, etc.

Commune arrosée par le ruisseau du Moulin, affluent de l'Azergues. Altitude 415 mètres.

Alix est assis sur le chemin d'intérêt commun N° 26.

AMBÉRIEUX-D'AZERGUES

Village à 2 kilomètres d'Anse, 8 de Villefranche et 22 de Lyon, 148 habitants, 455 hectares.

Limité : au nord, par Saint-Bernard et Trévoux (Ain), la Saône entre deux; au sud-est, par Quincieux; à l'ouest, par Lucenay et Anse.

Jadis village et paroisse dans le Lyonnais, archiprêtré d'Anse, élection et du ressort de la sénéchaussée de Lyon; l'archevêque de Lyon était collateur de la cure, et les comtes de Lyon en étaient seigneurs. La justice de cette paroisse dépendait de la baronnie d'Anse.

La loi Gombette, promulguée à Lyon le 29 mars 502, fut rédigée et signée dans une localité appelée Ambérieux, mais ce nom est aussi celui de deux autres communes du département de l'Ain : l'une ayant appartenu à l'ancien Bugey, et l'autre à l'ancienne Dombes. Les historiens ne sont pas d'accord entre eux sur le point de savoir auquel de ces trois Ambérieux appartient l'honneur d'avoir été le berceau de la loi célèbre dont il s'agit. Toutefois, les nombreuses substructions d'anciens et vastes édifices, qui existent encore entre la ville d'Anse et Ambérieux du Beaujolais, semblent faire pencher la balance en faveur de ce dernier village.

Plaine sans monticule, d'une altitude de 170 mètres, arrosée par la Saône et son affluent l'Azergues. Sol humide, dans le territoire de La Bardière; ailleurs, terrain argilo-siliceux.

Productions principales : céréales.

Commune traversée par le chemin de fer de Paris à Lyon, par la route nationale N° 6 et par le chemin de grande communication N° 14 bis.

BELMONT

Village à 10 kilomètres d'Anse, 16 de Villefranche et 22 de Lyon, 140 habitants, 151 hectares.

Communes limitrophes : au nord-est, Saint-Jean-des-Vignes ; au sud-est, Lozanne ; au sud-ouest, Châtillon-d'Azergues, et au nord-ouest, Charnay.

Avant la Révolution, village et château dans la paroisse de Charnay en Lyonnais. Le seigneur était le comte de Chaponnay.

Commune arrosée au sud-ouest par l'Azergues. Altitude 235 mètres.

Productions : vin, céréales.

Belmont est vivifié par la ligne de Lozanne à Paray-le-Monial, et par le chemin d'intérêt commun N° 20.

CHARNAY

Bourg à 7 kilomètres d'Anse, 13 de Villefranche et 24 de Lyon, 731 habitants, 706 hectares.

Charnay a pour limites : au nord, Alix et Marcy-sur-Anse ; à l'est, Morancé et Saint-Jean-des-Vignes ; au sud-est, Belmont ; à l'ouest, Châtillon-d'Azergues et Bagnols.

Avant 1790, paroisse et seigneurie dans le Lyonnais, archiprêtré d'Anse, élection et du ressort de la sénéchaussée de Lyon ; les comtes de Lyon nommaient à la cure. La seigneurie de Charnay appartenait par indivis aux comtes de Lyon et à un seigneur laïque, M. Voiret.

On remarque dans cette commune le château de Bayère, bâti au commencement du siècle dernier par les seigneurs de Châtillon.

Le bourg de Charnay fut possédé au moyen âge par l'ancienne famille chevaleresque de Thélis, qui y possédait un château fort.

Au mois de février a lieu la fête annuelle d'hiver, dite des Chapons; cette fête est d'une originalité sans égale. Dès le dimanche matin, les jeunes gens de la fête, musique et tambour en tête — la bannière est faite avec des pieds de cochons — parcourent la commune, allant chez les propriétaires et amis pour ramasser des pieds de cochons. Tout cela est réuni dans une balle, et le jour du Mardi-Gras l'on fait cuire les chapons, avec quelques bons gigots de mouton, et l'on s'en donne à cœur joie. Le tout est arrosé par le bon vin de Charnay, puis on clôture la fête par un bal privé de nuit.

Le 8 juin 1817, éclata dans ce village une anodine manifestation bonapartiste, qui fut réprimée aussitôt.

Commune arrosée par le ruisseau du Moulin, affluent de l'Azergues. Altitude comprise entre 236 et 415 mètres.

Productions : vin, céréales, fourrage.

Grandes artères : chemin de grande communication N° 7 bis, et d'intérêt commun N°s 20, 26 et 50.

CHAZAY-D'AZERGUES

Gros bourg à 7 kilomètres d'Anse, 14 de Villefranche, 19 de Lyon, 923 habitants, 577 hectares.

Commune limitrophes : au nord, Morancé; au sud-est, la rivière l'Azergues, qui sépare Chazay de Marcilly et de Civrieux; au sud-ouest, Lozanne ; à l'ouest, Saint-Jean-des-Vignes.

Avant la Révolution, paroisse et baronnie dans le Lyonnais, archiprêtré d'Anse, élection de Lyon, justice de l'abbaye d'Ainay, du ressort de la sénéchaussée de Lyon ; l'abbé d'Ainay nommait à la cure et était seigneur de la paroisse.

Cette ancienne baronnie était autrefois une forteresse appelée le fort Saint-André, qui servait de retraite aux paroisses voisines, dans les temps de guerres civiles.

Il y avait aussi une abbaye de grands bénédictins qui ont été sécularisés et transférés à Ainay.

L'abbaye d'Ainay possédait déjà le fief de Chazay au xiiie siècle. Le château, qui lui appartenait, était contigu au fort Saint-André et paraissait comme enclavé dans les murailles de ce dernier. Des murs fort épais, dont une partie subsiste encore, entouraient le fort et la ville dans une même enceinte percée de deux portes, dont l'une se fait remarquer par la statue du Babouin ; l'autre a été démolie.

En 1817, il y eut dans cette commune une stérile agitation bonapartiste.

M. Rimbourg a doté le Bureau de bienfaisance de plusieurs immeubles.

Le sol, argilo-calcaire, est bon pour la vigne et le blé. Climat chaud et humide.

Territoire arrosé par l'Azergues, sur laquelle on a établi un pont suspendu pour communiquer avec la gare de Chazay-Marcilly.

On trouve dans les environs des ammonites, des belemites et différents autres fossiles.

Foires : 1er janvier, 1er mercredi de décembre.

Marché le jeudi.

Commune traversée par les chemins de grande communication N°s 3 *bis* et 16, et par le chemin d'intérêt commun N° 50.

LACHASSAGNE

Village à 3 kilomètres d'Anse, 8 de Villefranche et à 26 de Lyon, 439 habitants, 354 hectares.

Son territoire est borné : au nord et au nord-est, par Anse ; au sud, par Marcy et Alix, et à l'ouest, par Theizé.

Lachassagne était jadis village et paroisse en Lyonnais, archiprêtré d'Anse, élection et du ressort de la sénéchaussée de Lyon ;

le prieur de Ternand nommait à la cure. Le seigneur était, en 1790, le baron Dacier de Lachassagne.

Saint-Cyprien-sur-Anse était village dans le Lyonnais, annexe de la paroisse de Pommiers en Beaujolais, justice d'Anse et de Lachassagne, du ressort de la sénéchaussée de Lyon. Les comtes de Lyon et le baron Dacier de Lachassagne en étaient seigneurs.

Les deux communes de Lachassagne et de Saint-Cyprien ont été réunies en une seule, par un décret du 20 septembre 1809, sous le nom de Lachassagne.

Le nom de ce village indique un lieu planté de chênes.

Le château de Lachassagne, après avoir appartenu à la famille Dacier, a passé à la famille Laurencin, dont l'unique héritière l'a transmis à M. le marquis de Mortemart, bienfaiteur de la commune.

Terrain argilo-calcaire, pays essentiellement vignoble, arrosé par la Galoche, sous-affluent du Morgon. Vins estimés.

Altitude moyenne 308 mètres.

Voies vicinales : chemin de grande communication N° 8, et chemins d'intérêt commun Nos 20 et 30.

LIERGUES

Village à 7 kilomètres d'Anse, 6 de Villefranche et 31 de Lyon, 726 habitants, 530 hectares.

Ses limites sont : au nord, Lacenas et Gleizé ; à l'est, Pommiers ; au sud-ouest, Pouilly-le-Monial ; à l'ouest, Jarnioux.

Avant la Révolution, paroisse, château et seigneurie dans le Lyonnais, archiprêtré d'Anse, élection et du ressort de la sénéchaussée de Lyon ; l'abbé de Cluny nommait à la cure. En 1780, la dame était Mme de Mognat. La justice comprenait toute la paroisse et la plus grande partie de celle de Pouilly-le-Monial.

Au XIIIe siècle, Liergues possédait un prieuré qui a été sécularisé par la suite.

Le sol, siliceux, est très propre à la culture de la vigne.

Le cuvage du château *Éclair* est cité dans beaucoup de publications comme un des plus beaux du Beaujolais et reçoit chaque année la visite de centaines d'étrangers du monde entier.

Liergues est arrosé par le Merloux, affluent du Morgon. L'altitude est comprise entre 210 et 310 mètres.

Ancienne carrière de marbre.

Commune traversée par les chemins de grande communication N°s 6 *bis* et 19, et par celui d'intérêt commun N° 52.

LOZANNE

Village à 10 kilomètres d'Anse, 16 de Villefranche et 21 de Lyon, 717 habitants, 550 hectares.

Cette commune est limitée : au nord, par Saint-Jean-des-Vignes ; à l'est, par Chazay et Civrieux ; au sud, par Dommartin et Lentilly ; à l'est, par Fleurieux ; au nord-ouest, par Châtillon-d'Azergues et Belmont.

Au siècle dernier, annexe de la paroisse de Civrieux, en Lyonnais, archiprêtré d'Anse, du ressort de la sénéchaussée de Lyon. Le seigneur était M. de Riverieulx de Varax.

Commune comprise entièrement dans la vallée de l'Azergues. Altitude 195 mètres.

Industrie : fabrique de tuyaux de terre et de grès.

Lozanne est assis sur la ligne ferrée de Lyon à Roanne, avec bifurcation sur Paray-le-Monial.

Foire : le 15 janvier.

Grandes artères : chemin de grande communication N°s 3 *bis*, 7 *bis*, 14 *bis* et 30, et chemins d'intérêt commun N°s 27 et 57.

LUCENAY

Village à 3 kilomètres d'Anse, 9 de Villefranche et 23 de Lyon, 840 habitants, 627 hectares.

Au nord Anse, à l'est Ambérieux, au sud Les Chères et Morancé, à l'ouest Marcy-sur-Anse, au nord-ouest Lachassagne sont les limites de cette commune.

Sous l'ancienne monarchie, paroisse dans le Lyonnais, archiprêtré et justice d'Anse, du ressort de la sénéchaussée de Lyon. Les comtes de Lyon nommaient à la cure et étaient seigneurs du pays.

Ancien château de Chiel, berceau d'une famille célèbre dans le Lyonnais.

Carrières de pierre blanche, justement appréciée, exploitées depuis une époque très ancienne.

Climat doux. Sol bon à toutes les cultures agricoles, arrosé par l'Azergues.

Altitudes extrêmes 175 et 240 mètres.

Commune vivifiée par la route nationale N° 6, et par les chemins de grande communication N°s 3 *bis* et 8.

MARCY-SUR-ANSE

Village à 4 kilomètres d'Anse, 10 de Villefranche et 26 de Lyon, 314 habitants, 332 hectares.

Orientation de ses limites : au nord-est, Lachassagne ; à l'est, Lucenay ; au sud, Morancé et Charnay ; au sud-ouest et à l'ouest, Alix.

Sous le régime féodal, paroisse et prieuré dans le Lyonnais, archiprêtré d'Anse, élection et du ressort de la sénéchaussée de

Lyon. Le prieur, patron de la cure, était le grand prieur de Savigny. Le seigneur haut justicier était le baron de Lachassagne.

Cette commune avait été réunie à celle de Lachassagne par un décret du 20 septembre 1809, mais elle a été reconstituée par une ordonnance royale du 27 juin 1842.

Altitude moyenne 402 mètres.

Terrain argileux, sur sol calcaire, produisant de la vigne.

La seule voie importante de communication est le chemin d'intérêt commun N° 20.

MORANCÉ

Village à 5 kilomètres d'Anse, 11 de Villefranche et 22 de Lyon, 816 habitants, 919 hectares.

Limité : au nord, par Lucenay ; à l'est, par Les Chères, l'Azergues entre deux ; au sud, par Chazay et Saint-Jean-des-Vignes ; à l'ouest, par Charnay et Marcy.

Avant l'ère de la Liberté, paroisse et seigneurie dans le Lyonnais, archiprêtré d'Anse, du ressort de la sénéchaussée de Lyon ; l'abbesse de Saint-Pierre de Lyon nommait à la cure. Le seigneur était le comte de Chaponnay.

Morancé possédait autrefois un prieuré de femmes, qui fut uni à l'abbaye de Saint-Pierre de Lyon en 1374.

Son territoire fut en partie ruiné par l'abondance des eaux, qui tombèrent pendant la nuit du 20 au 21 juin 1765.

C'est sur cette commune que se trouve le château de Beaulieu, qui appartient aujourd'hui au marquis de Chaponnay.

Au XVIe siècle, Fialin, un des ancêtres de M. Fialin de Persigny, vint s'établir à Morancé, où il épousa Isabeau de Chiel, fille et héritière de Meraud de Chiel, chevalier, seigneur de Beaulieu.

Commune arrosée par l'Azergues. Elle produit du vin et des céréales.

Son altitude est comprise entre 180 et 260 mètres.

Commune vivifiée par le chemin de grande communication N° 3 bis et le chemin d'intérêt commun N° 50.

POMMIERS

Village à 4 kilomètres d'Anse, 5 de Villefranche et 27 de Lyon, 1.058 habitants, 776 hectares.

Commune limitée : au nord, par Gleizé et Limas ; à l'est et au sud, par Anse ; à l'ouest, par Liergues.

Sous l'ancienne monarchie, paroisse dans le Beaujolais, archiprêtré d'Anse, élection de Villefranche. L'archevêque de Lyon était collateur de la cure. Le seigneur haut justicier était le duc d'Orléans, et les seigneurs décimateurs étaient les comtes de Lyon.

Ancien prieuré dépendant de l'Ile-Barbe, ayant appartenu à l'ordre des Templiers.

L'église de Pommiers semble remonter au XIe siècle. On croit qu'elle fut fondée par Guichard III, seigneur de Beaujeu, dont on voit les armoiries à la voûte de l'abside.

Une demoiselle Neyra a fait quelques dons au bureau de bienfaisance.

Il existe dans cette commune les châteaux de Bélair, ancien fief, et celui de Pomérieux, qui sont dans la situation la plus riante et la plus pittoresque, et la chapelle de Buisante, bâtie dans le courant de notre siècle.

Climat tempéré. Cours d'eau : la Galoche, sous-affluent du Morgon.

La nature du sol est variée ; la majeure partie est calcaire. La couche arable est de peu d'épaisseur.

La colline de Buisante (357 mètres) est le point le plus élevé.

Vin estimé.

Carrière de pierre de taille qui a fourni pendant douze siècles, à la ville de Lyon, des blocs immenses de la meilleure qualité.

Le territoire contient des fossiles, du spath, du gypse, et quelquefois du sapin pétrifié.

La seule grande artère est le chemin d'intérêt commun N° 20.

POUILLY-LE-MONIAL

Village à 7 kilomètres d'Anse, 8 de Villefranche et 31 de Lyon, 518 habitants, 381 hectares.

Pouilly est limité : au nord, par Jarnioux ; à l'est, par Liergues ; au sud et à l'ouest, par Theizé.

Autrefois paroisse dans le Lyonnais, archiprêtré d'Anse, élection et du ressort de la sénéchaussée de Lyon, justice de Liergues, de Jarnioux et d'Oingt ; le prieur de Montverdun, en Forez, nommait à la cure, et la dame était, au moment de la Révolution, Mme veuve Mognat.

Au commencement du XIIIe siècle, Guichard IV, seigneur de Beaujeu, établit dans ce village un couvent de l'ordre de saint François d'Assise. Plus tard, les moines se retirèrent à Villefranche ; mais le nom de Pouilly-le-Monial rappelle toujours le nom de ce premier monastère que les franciscains eurent en France.

En 1332, Pouilly-le-Monial devint le siège de la justice royale.

A Graves, existent encore une chapelle et un château datant de 1642.

Sol arrosé par le ruisseau le Pelouzière, en partie pierreux et en partie siliceux, produisant du vin, du blé et du fourrage.

Climat tempéré. Altitude moyenne 264 mètres.

Commune traversée par les chemins de grande communication N° 19 et d'intérêt commun N° 46.

SAINT-JEAN-DES-VIGNES

Village à 8 kilomètres d'Anse, 14 de Villefranche et 22 de Lyon, 197 habitants, 257 hectares.

Limité : au nord, par Morancé ; à l'est, par Chazay ; au sud, par Lozanne ; à l'ouest, par Belmont et Charnay.

Anciennement annexe de la paroisse de Morancé, seigneurie dans le Lyonnais, appartenant à M. de Chaponnay.

Cette commune produit du vin.

Le village est à une altitude de 396 mètres.

La seule voie importante qui traverse la commune est le chemin de grande communication N° 3 *bis*.

CANTON D'ANSE

| COMMUNES | POPULATION MUNICIPALE | | | POPULATION comptée à part | POPULATION totale | SUPERFICIE | RECETTES ordinaires | DÉPENSES ordinaires | PRODUIT des centimes | VALEUR du centime | CENTIMES pour dépenses ordinaires et extraordinaires | | | MONTANT de la Dette | REVENUS du Bureau de Bienfaisance | PERCEPTIONS | POSTES ET TÉLÉGRAPHES | ÉLECTEURS |
	Agglomérée	Éparse	Totale								Nombre total	Dont extraordinaires	Durée des impositions extraordinaires					
Alix	122	128	250	151	401	361	2.402	2.410	1.608	16,57	95				240	Chazay.	Anse.	110
Ambérieux	84	64	148		148	455	2.073	2.069	1.382	41,45	37					Anse.	id.	45
Anse	1.333	694	2.027	24	2.051	1.523	13.972	13.973	11.320	220,65	52	11	1916	37.313	2.940	id.	P.-T.	646
Belmont	94	46	140		140	151	1.484	1.486	1.101	14,45	75	5	1897			id.	Lozanne.	40
Charnay	407	324	731		731	706	5.333	5.331	3.529	72,18	48	5	1899	5.459		Chazay.	id.	250
Chazay	559	229	788	135	923	577	5.196	5.194	3.116	76,05	41					id.	F.-R.-T.	190
Lachassagne	144	295	439		439	354	2.648	2.648	2.077	44,84	59	23	1924	13.257	880	id.	Anse.	260
Liergues	160	560	720		720	530	3.922	3.918	2.085	71,30	29	6	1907	4.927	167	Anse.	F.-R.	260
Lozanne	239	408	607	50	717	550	3.127	3.125	2.039	49,30	41	7	1911	3.698	1.284	id.	P.-T.	260
Lucenay	566	262	828	12	840	627	5.193	5.170	4.439	91,49	48	9	1914	11.877	173	Chazay.	Anse.	260
Marcy-sur-Anse	142	172	314		314	342	2.475	2.474	1.806	31,85	56				129	id.		260
Morancé	362	454	816		816	919	5.352	5.353	4.363	108,82	39	13	1899	2.085	197	id.	id.	330
Pommiers	192	796	988	70	1.058	770	6.902	6.902	4.437	109,17	40	11	1915	27.708	492	Anse.	Villefranche	260
Pouilly-le-Monial	130	384	514	4	518	381	2.930	2.927	1.925	47,41	40	3	1905	1.332	248	id.	Jarnioux.	340
St-Jean-des-Vignes	42	155	197		197	257	1.517	1.524	1.572	20,88	55	10	1913	3.580	217	Chazay.	Lozanne.	180
	4.596	4.977	9.573	446	10.019	8.499	66.589	66.561	47.508	1.016,81	754	103		111.186	7.698			70

COMMUNES	Distance.			FÊTES PATRONALES.	Notaires.	PERSONNEL médical.				État civil.	Caisse des Écoles.	Fondation de la bibliothèque.	ÉCOLES publiques.				ÉCOLES privées.		Personnel ecclésiastique.
	d'Anse	de Villefranche	de Lyon			Médecins.	Pharmaciens.	Sages-Femmes.	Vétérinaires.				Garçons (classes).	Filles (classes).	Mixtes.	Maternelles (classes).	Garçons.	Filles.	
Anse [1]		6	23	Saint-Pierre.	2	1	1	2		1575	1		2	1		1			✠ 3
Alix	6	11	27	Saint-Denis.						1672	1		1	1				1	2
Ambérieux	2	8	22							1690									
Belmont	10	16	22							an 11					1				
Charnay [2]	7	13	24	Saint-Christophe.	1					1596	1	1864	1	1			1		1
Chazay-d'Azergues [3]	7	14	19	Saint-André.	1	1		2		1572	1	1864	1	1	2	1			2
Lachassagne	3	8	26	Saint-Pierre.						1866	1						.1		1
Liergues	7	6	31	Saint-Éloi.	1					1668	1	1867	1	2					2
Lozanne	10	16	21	Saint-Maurice.						1081	1		1	1					1
Lucenay	3	9	23	Saint-Étienne.						1638	1	1865	1	2			1		1
Marcy-sur-Anse	4	10	26	Saint-Bonnet.						1672	1	1865			1				1
Morancé	5	11	22	Assomption.				2	1		1	1884	1	1					1
Pommiers	4	5	27	Saint-Barthélemy.						1633	1	1863	1	2				1	2
Pouilly-le-Monial	7	8	31	Saint-Pierre.						1673	1	1865	1	1			1		1
Saint-Jean-des-Vignes	3	14	22	Saint-Jean.						1892					1				

1. Com. co-parois. Ambérieux. — 2. Com. co-parois. Belmont. — 3. Com. co-parois. Saint-Jean-des-Vignes.

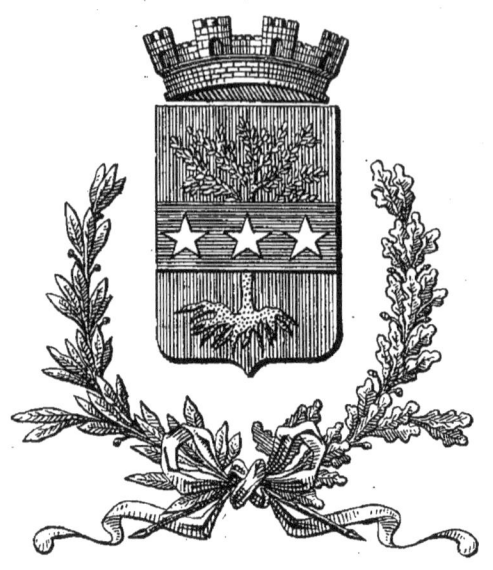

CANTON DU BOIS-D'OINGT

La justice de paix de ce canton comprend les communes de : Le Bois-d'Oingt, Bagnols, Le Breuil, Chamelet, Châtillon-d'Azergues, Chessy, Frontenas, Jarnioux, Legny, Létra, Moiré, Oingt, Saint-Just-d'Avray, Saint-Laurent-d'Oingt, Sainte-Paule, Saint-Vérand, Ternand, Theizé, Ville-sur-Jarnioux.

Population 14.049 habitants, superficie 16.421 hectares.

Les communes de cette circonscription faisaient partie, avant la Révolution, de l'ancien Lyonnais, à l'exception de Chamelet, Létra et Saint-Just-d'Avray, qui étaient en Beaujolais.

Ce canton est limité : au nord, par ceux de Lamure et de Villefranche ; à l'est, par celui d'Anse ; au sud, par celui de L'Arbresle ; au sud-ouest, par celui de Tarare, et à l'ouest, par celui d'Amplepuis.

Il fut formé, au commencement du siècle, de la justice de paix du Bois-d'Oingt, des communes de Chamelet, Létra, Ternand, qui ressortissaient à la justice de paix de Chamelet, de Saint-Just-d'Avray, qui dépendait de celle d'Amplepuis, et de Saint-Vérand, qui ressortissait à celle de Tarare.

Les 19 paroisses correspondant aux 19 communes du canton forment l'actuel archiprêtré du Bois-d'Oingt. Avant la Révolution, toutes ces paroisses ressortissaient à l'archiprêtré de L'Arbresle, à l'exception de Châtillon qui dépendait de celui d'Anse.

Le canton du Bois-d'Oingt est arrosé par l'Azergues et ses affluents, à l'exception des communes de Jarnioux, Ville-sur-Jarnioux et Theizé, qui envoient leurs eaux dans le Morgon.

Altitudes très différentes : la commune de Châtillon est à 272 mètres au-dessus du niveau de la mer, tandis qu'un mont de Saint-Just-d'Avray atteint 788 mètres.

Ce canton est essentiellement vinicole; il produit aussi des fruits, des céréales, du fourrage, etc.

Industries : carrières de pierres, au Bois-d'Oingt, à Châtillon-d'Azergues, à Létra et à Ville-sur-Jarnioux ; tissage de la soie, à Chamelet et à Saint-Just-d'Avray ; scie hydraulique et broderie, à Chamelet; fabrique de tuiles et de carreaux, à Bagnols et à Légny.

Le canton du Bois-d'Oingt ressortit au 7e corps d'armée et au tribunal de commerce de Villefranche. Il fait partie de la 2e circonscription électorale de l'arrondissement de Villefranche, de l'inspection des Écoles de Tarare, et du comice agricole du Beaujolais (Villefranche).

Les armes du Bois-d'Oingt sont : De gueules, à l'arbre arraché d'or, à la fasce d'azur brochant et chargé de trois étoiles d'argent.

Le canton du Bois-d'Oingt est très pittoresque; la région la plus riche et la plus charmante est la riante vallée de l'Azergues.

LE BOIS-D'OINGT

Bourg à 16 kilomètres de Villefranche et à 33 de Lyon, 1.421 habitants, 513 hectares.

Limité : au nord, par la commune d'Oingt ; à l'est, par celles de Moiré et de Bagnols ; au sud, par celles du Breuil et de Légny ; à l'ouest, par celles de Saint-Vérand et de Saint-Laurent-d'Oingt.

Autrefois paroisse et seigneurie en Lyonnais, archiprêtré de L'Arbresle, du ressort de la sénéchaussée de Lyon. L'archevêque de Lyon était collateur à la cure. Il y avait une confrérie des Pénitents de Lorette, et le seigneur était Croppet de Varissan.

Ancienne seigneurie avec enceinte et un château également très ancien, bâti par les seigneurs d'Oingt, et possédé au xive siècle par les sires de Thoire-Villars. Ce château fut pris et pillé en 1359 par Arthaud de Saint-Germain, Pierre de Fougère, chevaliers, et plusieurs autres. Il passa ensuite aux Levis, par suite du mariage de Philippe de Levis avec Éléonore de Thoire-Villars.

Le 9 octobre 1476, Jean II, duc de Bourbon, donna la terre du Bois-d'Oingt à Pierre de Bourbon, fils naturel de Charles Ier.

Combefort était un château situé à l'extrémité occidentale de la paroisse ; c'était le chef-lieu de la seigneurie de Saint-Laurent-d'Oingt, et appartenait en 1780 à Gervais de Saint-Laurent.

Climat assez froid. Altitude 361 mètres.

L'Azergues arrose cette commune.

Terrain calcaire, légèrement accidenté, produisant du vin.

Industrie : carrières de pierres à bâtir.

Foires : 1er mardi de chaque mois. Marché le mardi.

Commune traversée par : la ligne de Lozanne à Paray-le-Monial, qui y possède la station du Bois-d'Oingt-Légny ; par les chemins de grande communication N°s 6 bis, 7 bis, et par ceux d'intérêt commun N°s 42 et 70.

BAGNOLS

Bourg à 3 kilomètres du Bois-d'Oingt, 13 de Villefranche et 31 de Lyon, 593 habitants, 735 hectares.

Commune limitée : au nord-est, par Frontenas ; à l'est, par Charnay ; au sud, par Châtillon, Chessy et Le Breuil ; à l'ouest, par Le Bois-d'Oingt ; au nord-ouest, par Moiré.

Avant la Révolution, paroisse, château et baronnie dans le Lyonnais, archiprêtré de L'Arbresle, élection et du ressort de la sénéchaussée de Lyon ; le seigneur de la paroisse, Croppet de Varissan, nommait à la cure.

Le château passe pour avoir été bâti par le maréchal de Saint-André, mais c'est là une erreur. Jamais le maréchal n'a possédé la terre de Bagnols, qui appartenait de son temps à Jean Camus, ancien échevin de Lyon. Mme de Sévigné y logea en 1672, du moins on y montre une chambre où elle a, dit-on, couché. Ce château était alors possédé par M. Dugué de Bagnols, frère de François Dugué, intendant de Lyon, et père de Mme de Coulanges.

Bagnols fut affligé de la peste en 1637. Le 6 avril de la même année, les habitants de ce village s'assemblèrent dans la chapelle de Saint-Roch et fondèrent, à perpétuité, une fête en l'honneur de saint Grégoire, pour obtenir la cessation de la maladie contagieuse.

Commune arrosée par la Goutte-Bois-Dieu et la Charbonne, affluents ou sous-affluents de l'Azergues.

Altitude comprise entre 293 et 358 mètres.

Terrain argilo-calcaire produisant du vin et des céréales.

Industrie : usine à vapeur pour la fabrication des tuiles et des carreaux.

Ce territoire est vivifié par les chemins de grande communication N°s 6 *bis* et 19.

LE BREUIL

Village à 4 kilomètres du Bois-d'Oint, 18 de Villefranche et 30 de Lyon, 403 habitants, 563 hectares.

Borné : au nord, par Légny, Le Bois-d'Oingt et Bagnols ; à l'est, par Chessy ; au sud, par Saint-Germain-sur-L'Arbresle et Bully ; à l'ouest, par Sarcey.

Jadis annexe de la paroisse de Chessy en Lyonnais, archiprêtré de L'Arbresle, du ressort de la sénéchaussée de Lyon.

On y voit un château ayant appartenu à la famille Cholier de Cibeins, qui possédait la paroisse en seigneurie.

Au lieu des Granges existe encore le château de l'ancien échevin Rast-Maupas, aujourd'hui possédé par M. le comte de Rambuteau, ancien conseiller d'État.

L'église est la chapelle d'un ancien château datant du XIVe ou du XVe siècle.

Climat tempéré. Commune arrosée par l'Azergues et ses affluents. Altitude 288 mètres.

Le sol, de nature variée, contient de la terre céramique.

Productions : vin, céréales.

Industrie : fabrique de toiles de coton.

Les chemins de grande communication N° 7 *bis* et d'intérêt commun N°s 32, 48 et 66 traversent la commune, ainsi que la ligne de Lozanne à Paray-le-Monial.

CHAMELET

Bourg à 12 kilomètres du Bois-d'Oingt, 25 de Villefranche et 47 de Lyon, 726 habitants, 1.443 hectares.

Communes limitrophes : au nord-ouest, Saint-Just-d'Avray ;

au nord, Chambost-Allières ; au sud-est, Létra ; au sud-ouest, Dième.

Au moment de la Révolution, petite ville, châtellenie, et l'une des six prévôtés du Beaujolais, archiprêtré de L'Arbresle, élection de Villefranche. L'archevêque de Lyon était collateur de la cure, Le seigneur était Burtin de Vaurion. Il y avait une confrérie des Pénitents du Saint-Sacrement.

La châtellenie et prévôté de Chamelet comprenait les paroisses entières de Chamelet, Létra, Dième, Grandris, à l'exception du canton de Gondras et partie de celles de Saint-Appolinaire, Saint-Bonnet-le-Troncy et Saint-Vincent-de-Reins.

Le bourg avait un mur d'enceinte flanqué de tours dont on voit les restes. Il existe encore près de l'église une haute tour carrée qui la domine. L'église elle-même était la chapelle du château des seigneurs; elle date du XIIIe siècle et a été restaurée en 1890.

Chamelet est la patrie de Riche, Gaspard-Marie, baron de Prosny, né le 22 juillet 1755, mort à Paris le 29 juillet 1839. Il reçut une éducation des plus brillantes et fut admis à l'École des Ponts et Chaussées. Il obtint le brevet d'ingénieur en 1791 et fut nommé Inspecteur général des Ponts et Chaussées en 1798, puis directeur de l'École des Ponts et Chaussées le 4 octobre de la même année.

Il reçut le titre de baron en 1828 ; en 1833, il fut commandeur de l'ordre de la Légion d'honneur et élevé à la dignité de pair de France, le 12 septembre 1835.

Ses principaux ouvrages sont : *Analyse raisonnée des cours de mécanique* (1801) ; *Recherche sur la poussée des terres* (1802); *Cours de mécanique*, concernant les corps solides (1815); *Instruction sur le thermomètre métallique* (1826). Il est l'inventeur du nouveau système de barrage pour les fleuves et les grands courants d'eau, publié par l'Administration des Ponts et Chaussées en 1836.

Son portrait, œuvre du peintre Cornu, orne la salle de la mairie de Chamelet. Il représente Prosny, en grandeur naturelle, assis dans son cabinet de travail et revêtu de ses insignes. Il fut inauguré en 1838.

Climat tempéré.

Cette commune est arrosée par l'Azergues, rivière très poissonneuse, qui donne son nom à la charmante vallée qu'elle traverse. Elle reçoit : sur la rive droite, les ruisseaux de Lonne, des Brosses, du Pagnoux, du Bois-Saint-Martin; sur la rive gauche, les ruisseaux du Cocon et de la Grenouillière.

Sol accidenté, très montagneux. Altitude comprise entre 330 et 744 mètres.

Terrain léger et sablonneux, sur un sol rocheux produisant de la vigne, des céréales, des arbres fruitiers, des prairies, etc.

Industries : tissage de la soie; broderie; scierie hydraulique.

Foire : 26 décembre. Marché le samedi.

Commune assise : sur la ligne de Lozanne à Paray-le-Monial, qui y possède une gare; sur les chemins de grande communication N° 7 bis et d'intérêt commun N°s 32, 48, 66.

CHÂTILLON-D'AZERGUES

Bourg à 8 kilomètres du Bois-d'Oingt, 16 de Villefranche et 24 de Lyon, 1.018 habitants, 1.073 hectares.

Commune bornée : au nord, par celle de Bagnols; à l'est, par celles de Charnay, Belmont et Lozanne; au sud, par celle de Fleurieux; à l'ouest, par celles de Nuelles, Saint-Germain-sur-L'Arbresle et Chessy.

Autrefois paroisse, châtellenie et baronnie dans le Lyonnais, archiprêtré d'Anse, élection et du ressort de la sénéchaussée de Lyon; le Chapitre de Saint-Paul de Lyon nommait à la cure. Le seigneur baron était, au moment de la Révolution, M. Durand.

Les ruines de l'ancien château sont remarquables. La seigneurie de ce bourg a appartenu successivement aux familles d'Oingt, Jossard, de Varey, d'Albon, de Balzac, Camus et Dufournel.

Jean d'Inguimbert de Pramiral en devint seigneur par son mariage avec Marie Dufournel en 1682. Sa petite-fille, baronne de Châtillon et de Bayère, épousa Augustin de Foudras. M. Durand, trésorier de France, secrétaire du roi, en devint seigneur en 1753, et sa petite-fille l'apporta en dot à M. de Chaponnay.

La chapelle du château, morceau d'architecture remarquable du XIIe siècle, a été classée parmi les monuments historiques.

Amancey, ancienne chapelle, ayant appartenu à l'abbaye de Savigny, a été démolie il y a une quinzaine d'années.

Par décision ministérielle du 17 novembre 1888, Châtillon a été constitué gîte d'étape.

Commune située dans la vallée de l'Azergues ; altitude comprise entre 215 et 382 mètres.

Le sol produit du vin, des céréales, etc.

Industries : carrières ; tissage de la soie.

Foires : 5 février, 20 novembre, 16 décembre. Marché le samedi.

Commune vivifiée : par la ligne de Lozanne à Paray-le-Monial, qui y possède une gare, et par les chemins de grande communication N°s 3 *bis*, 7 *bis*, et d'intérêt commun N°s 26, 57 et 68.

CHESSY

Bourg sur l'Azergues, à 6 kilomètres du Bois-d'Oingt, 16 de Villefranche et 26 de Lyon, 773 habitants, 454 hectares.

Limites : au nord, Bagnols ; à l'est, Châtillon ; au sud, Saint-Germain ; à l'ouest, Le Breuil.

Jadis bourg clos de murailles, paroisse et seigneurie dans le Lyonnais, archiprêtré de L'Arbresle, du ressort de la sénéchaussée de Lyon ; l'abbé de Savigny nommait à la cure et était seigneur de la paroisse.

La seigneurie de Chessy fut donnée à l'abbaye de Savigny l'an XXXe du règne de Conrad (981), par Arod et Angèle sa femme. Du château de l'abbé, subsiste encore une fort belle tour cylindrique.

L'église, de style ogival, fut bâtie en 1485.

Il y avait autrefois deux fiefs, celui de Baronnat et celui de Courbeville.

C'est près du château de Baronnat que se trouvait une des mines de cuivre les plus considérables de France. Son exploitation date du temps des Romains. Elle fut possédée par Jacques Cœur.

Dans la concession actuelle des mines de Chessy, les travaux sont encore exclusivement des travaux de recherches.

A cent pas de l'ancienne mine on trouve une voûte souterraine qui a été creusée horizontalement de plus de 56 mètres de profondeur pour tirer des filons de cuivre, et l'on y remarque une source d'eau froide et vitriolique qui changeait, dit-on, jadis, le fer en cuivre. Le fait est que les sels vitrioliques de cette eau rongent seulement la superficie du fer qu'on y jette, précipitent les particules cuivreuses qui s'attachent à la surface du fer, et lui donnent la couleur et l'apparence du cuivre.

Patrie d'Alphonse Dupasquier, médecin et chimiste, mort à Lyon le 13 mai 1848.

Commune arrosée par l'Azergues et ses affluents ; altitude 284 mètres.

Productions : vin, céréales.

Foires : 25 janvier, 25 novembre, 4 décembre.

Marché le mercredi.

La voie ferrée de Lozanne à Paray-le-Monial possède une gare et traverse la commune, ainsi que les chemins de grande communication N°s 3, 7 bis et 19.

FRONTENAS

Village à 4 kilomètres du Bois-d'Oingt, 12 de Villefranche et 31 de Lyon, 311 habitants, 342 hectares.

Commune limitée : au nord, par Theizé ; à l'est, par Alix et Charnay ; au sud-ouest, par Bagnols, et à l'ouest, par Moiré.

Avant 1790, paroisse et baronnie dans le Lyonnais, élection et du ressort de la sénéchaussée de Lyon ; le seigneur Croppet de Varissan nommait à la cure. La justice s'exerçait au Bois-d'Oingt.

Climat tempéré. Ruisseau de Charbonne, sous-affluent de l'Azergues. Sol trois quarts argileux, et le reste siliceux ou pierreux, produisant du vin et des céréales.

Altitude 357 mètres.

Les chemins de grande communication N°s 6 *bis* et 19, ainsi que celui d'intérêt commun N° 30, vivifient le territoire de la commune.

JARNIOUX

Village à 11 kilomètres du Bois-d'Oingt autant de Villefranche, et 36 de Lyon, 610 habitants, 417 hectares.

Jarnioux est limité : au nord, par Cogny et Lacenas ; à l'est, par Liergues ; au sud-est, par Pouilly et Theizé, et à l'ouest, par Ville-sur-Jarnioux.

Cette commune a été distraite de celle de Ville-sur-Jarnioux par l'arrêté préfectoral du 25 janvier 1869.

Le château, dit Château de Jarnioux, est un vaste manoir de style gothique. Les tourelles datent de 1422, mais le château est plus ancien. Il était possédé en 1309 par Louis de Gletteins, ses armoiries sont dans l'église. Plus tard, ce château fut possédé par les Henry, puis il passa aux Menardeau de Bretagne, aux Lostange de la Balmondière. En 1782, le seigneur était M. de Planchal, qui le transmit par alliance à M. de Clavière. A la même époque, Jarnioux était seigneurie et bourg en Lyonnais, dans la paroisse de Ville-sur-Jarnioux. L'église et la prébende étaient à la nomination du seigneur.

La justice s'étendait sur la plus grande partie de la paroisse de Ville-sur-Jarnioux, sur le canton de Graves et sur la paroisse de Pouilly-le-Monial.

Le bourg renferme une église construite en 1888-89, dans le style du xiiie siècle. Sa flèche a 53 mètres.

Les ruisseaux de la commune sont tributaires du Morgon. Altitude extrême 390 mètres.

Climat tempéré.

Terrain siliceux et calcaire absolument viticole.

Quelques carrières de fossiles.

Commune traversée par les chemins de grande communication N°s 19 et 31.

LÉGNY

Village à 2 kilomètres du Bois-d'Oingt, 16 de Villefranche et 31 de Lyon, 424 habitants, 397 hectares.

Communes limitrophes : au nord et à l'est, Le Bois-d'Oingt ; au sud, Le Breuil ; à l'ouest, Sarcey.

Autrefois annexe de la paroisse du Bois-d'Oingt en Lyonnais et du ressort de la sénéchaussée de Lyon. Le seigneur haut justicier était M. Croppet de Varissan, baron de Bagnols.

Commune située dans la charmante vallée de l'Azergues. Altitude 227 mètres.

Industrie : tuileries.

Productions : vin, céréales.

Commune traversée par les chemins de grande communication N°s 6 *bis*, 7 *bis* et 13, et par celui d'intérêt commun N.° 75.

LÉTRA

Village à 9 kilomètres du Bois-d'Oingt, 22 de Villefranche et 39 de Lyon, 813 habitants, 1.462 hectares.

Létra est limité : au nord-est, par Chambost-Allières ; à l'est, par Sainte-Paule ; au sud, par Ternand ; à l'ouest, par Dième, et au nord-ouest, par Chamelet.

Sous l'ancien régime, paroisse dans le Beaujolais, archiprêtré de L'Arbresle; le chapelain de Saint-Just de Lyon nommait à la cure, et le seigneur était, en 1790, M. Burtin de Chamelet.

En 1408, les habitants de Létra fortifièrent leur église pour s'y défendre en cas d'invasion.

On remarque dans cette commune un hospice fondé par M. Combet et un château moderne d'où l'on jouit d'un beau point de vue.

Climat tempéré. Sol très accidenté. Altitude comprise entre 400 et 601 mètres.

Territoire arrosé par l'Azergues et ses affluents les ruisseaux la Grenouillière, le Peterand, le Lichaussetet, etc.

Terrain schisteux produisant du vin et des céréales.

Industrie : pierre à bâtir.

La ligne ferrée de Lozanne à Paray-le-Monial y possède une station. La commune est en outre traversée par les chemins de grande communication N°s 7 bis et 31, et par celui d'intérêt commun N° 66.

MOIRÉ

Village à 2 kilomètres du Bois-d'Oingt, 14 de Villefranche et 32 de Lyon, 208 habitants, 203 hectares.

Borné : au nord, par Theizé ; à l'est, par Frontenas ; au sud-est, par Bagnols ; à l'ouest, par Le Bois-d'Oingt.

Sous le régime féodal, annexe de la paroisse de Saint-Laurent-d'Oingt, en Lyonnais, du ressort de la sénéchaussée de Lyon. En 1780, le seigneur du clocher et d'une partie de la paroisse était M. de Nervo; le seigneur d'une autre partie était M. Croppet de Varissan, et le surplus de la paroisse était à l'archevêque de Lyon.

Commune située sur le versant de l'Azergues, à une altitude de 520 mètres.

Productions : vin, céréales.

La seule grande artère de la commune est le chemin de grande communication N° 19.

OINGT

Bourg à 3 kilomètres du Bois-d'Oingt, 14 de Villefranche et 36 de Lyon, 414 habitants, 392 hectares.

Les bornes de cette commune sont : au nord-est, Ville-sur-Jarnioux ; à l'est, Theizé ; au sud, Le Bois-d'Oingt ; à l'ouest, Saint-Laurent-d'Oingt.

Avant la Révolution, petite ville murée sur le sommet d'une montagne, avec le titre de vicomté, réunie à la seigneurie de Theizé, en Lyonnais, archiprêtré de L'Arbresle, élection et du ressort de la sénéchaussée de Lyon ; le vicomte d'Oingt nommait à la cure. Le seigneur était, avant 1789, M. de Nervo. La seigneurie de la vicomté d'Oingt s'étendait aussi sur les paroisses de Theizé, Sainte-Paule, Moiré et Pouilly-le-Monial.

Oingt, plus anciennement Yoingt, est appelé dans les anciens titres latins Iconium, nom de la capitale de la Pisidie, dans l'Asie Mineure. M. l'abbé Jolibois voit dans cette dénomination et dans quelques autres semblables des traces du séjour des Phocéens dans nos contrées.

Ce bourg a été le berceau d'une puissante famille chevaleresque qui possédait au XIII° siècle Bagnols et Châtillon-d'Azergues.

En 1069, Falque d'Oingt donna l'église à l'abbaye de Savigny.

La terre d'Oingt fut donnée en 1382 par Marguerite d'Oingt, dernière héritière de ce nom, à Antoine de Fougères, fils d'Alix d'Oingt, sa sœur.

Les anciens seigneurs de cette petite ville, qu'on prétend avoir été bâtie par les Romains, avaient pris le titre de vicomtes depuis le XIV° siècle.

Charles de Fougères, baron d'Oingt, fut tué à la bataille de Cérisoles (1544).

En 1562, le baron des Adrets pilla et ruina ce château, ainsi qu'une partie de la ville, et renversa l'église paroissiale.

Le dimanche 26 juin 1757, la foudre tomba sur le clocher que le curé avait fait reconstruire en 1745, elle tua six personnes et en terrassa deux cents, dont cinquante furent blessées. La tradition rapporte que le curé seul ne fut pas atteint.

Le fief de Prosny, situé dans cette commune et qui appartient à M. Bedin, conseiller général du Rhône, a fait l'objet d'une monographie intéressante en 1862.

Commune située à une altitude comprise entre 552 et 650 mètres, dans la vallée de l'Azergues.

Climat tempéré.

Le sol produit du vin, des céréales, etc.

Commune vivifiée par les chemins d'intérêt commun Nos 46 et 70.

SAINT-JUST-D'AVRAY

Village à 20 kilomètres du Bois-d'Oingt, 33 de Villefranche et 50 de Lyon, population 1.396 habitants, superficie 1.752 hectares.

Au siècle dernier, paroisse dans le Beaujolais, archiprêtré de L'Arbresle, élection de Villefranche. Les justices de Bessey et de Saint-Just étaient les mêmes. Cette justice embrassait toute la paroisse et s'exerçait au bourg de Saint-Just, et était du ressort du bailliage de Villefranche. Le Chapitre de Saint-Just de Lyon nommait à la cure, et le seigneur était le marquis de Sarron.

Il y avait deux fiefs dans la paroisse, l'un, appelé Saint-Maurice, appartenait à M. Dumontet, et l'autre, appelé La Versonnière, était en la possession de M. Sargnon, procureur fiscal.

Le Bessey était château et seigneurie en Beaujolais, possédé par le marquis de Sarron.

Commune arrosée par les ruisseaux du Vernay, de Lorme, de Saint-Maurice, affluents de l'Azergues.

Climat moyen. Altitudes extrêmes 481 et 774 mètres.

Productions : blé, vignes, pommes de terre, beaucoup de fruits.

Industrie : fabrication d'étoffes de soie.

Foires : jeudi avant le dimanche de la Passion, 4 juin, 15 octobre. Marché le vendredi.

Les chemins d'intérêt commun Nos 12 et 48 traversent la commune.

SAINT-LAURENT-D'OINGT

Village à 4 kilomètres du Bois-d'Oingt, 16 de Villefranche, 37 de Lyon, 795 habitants, 904 hectares.

Limité : au nord et à l'est, par Oingt ; au sud-est, par Le Bois-d'Oingt ; au sud-ouest, par Saint-Vérand ; à l'ouest, par Ternand et Sainte-Paule.

Avant la Révolution, prieuré et paroisse dans le Lyonnais, archiprêtré de L'Arbresle, du ressort de la sénéchaussée de Lyon ; le prieur était le grand prieur de Savigny qui nommait à la cure. La dame était Mme Gervais de Saint-Laurent, à cause de son château de Combefort. Le reste de la paroisse dépendait de la vicomté d'Oingt.

L'église de ce village fut donnée à l'abbaye de Savigny par Gancerand de Semur, au commencement du xiie siècle.

Patrie du médecin Chervin, né en 1783, mort à Bourbonne-les-Bains en 1843.

Commune produisant du blé et du vin, arrosée par l'Azergues et ses affluents. Altitude moyenne 420 mètres.

Le chemin de grande communication N° 7 *bis* ainsi que ceux d'intérêt commun Nos 42, 46 et 70 vivifient le territoire de la commune.

SAINTE-PAULE

Village à 6 kilomètres du Bois-d'Oingt, 16 de Villefranche et 40 de Lyon, 420 habitants, 750 hectares.

Ses limites sont : au nord, Rivollet; à l'est, Cogny et Ville-sur-Jarnioux; au sud-est, Saint-Laurent-d'Oingt; à l'ouest, Ternand et Létra.

Anciennement annexe de la paroisse de Saint-Laurent-d'Oingt, en Lyonnais, du ressort de la sénéchaussée de Lyon. Le seigneur était, en 1789, M. Rique, seigneur de la vicomté d'Oingt.

Cette commune est essentiellement agricole. On y remarque cependant une mine de houille.

Elle est arrosée à l'ouest par le Richaussetet, et à l'est par le Vernay, affluents de l'Azergues.

L'altitude la plus élevée atteint 776 mètres.

Commune desservie par le chemin de grande communication N° 31 et par le chemin d'intérêt commun N° 66.

SAINT-VÉRAND

Village à 7 kilomètres du Bois-d'Oingt, 22 de Villefranche et 36 de Lyon, 1.163 habitants, 1.750 hectares.

Saint-Vérand est borné : au nord-est, par Ternand et Saint-Laurent-d'Oingt; à l'est, par Le Bois-d'Oingt et Légny; au sud, par Sarcey, Les Olmes, Dareizé; à l'ouest, par Saint-Clément-sur-Valsonne et Dième.

Jadis paroisse et seigneurie en Lyonnais, archiprêtré de L'Arbresle, élection de Roanne, du ressort de la sénéchaussée de Lyon, justice du lieu; le prieur de Thizy nommait à la cure. Le château du seigneur portait le nom de la Garde et était possédé, en 1790, par Margaron de Saint-Vérand. Il est aujourd'hui en la possession de M. Jacquier.

On remarque dans le cimetière de ce village le tombeau de Marie Vacheron, décédée le 28 février 1860. Les armoiries de sa famille y sont sculptées.

On admire dans la commune le beau château de la Flachère, bâti par M. le comte de Chaponnay sur les plans de M. Viollet-le-Duc.

L'abbé Maillavin, ancien curé de ce village, mort en 1850, après avoir fait une étude très approfondie des remèdes propres à guérir la surdité, aurait rendu l'ouïe à un grand nombre de personnes.

Cette commune est arrosée par le Soannan et ses affluents : Botte, Faye, etc., dont les eaux sont toutes tributaires de l'Azergues.

Sol accidenté et rocheux produisant du vin et des céréales.

Altitude comprise entre 340 et 675 mètres.

Foires : 16 février, 16 mai, 16 août, 16 novembre.

Commune traversée par le chemin de grande communication N° 13 et par ceux d'intérêt commun N°s 42 et 56.

TERNAND

Bourg à 8 kilomètres du Bois-d'Oingt, 21 de Villefranche et 38 de Lyon, 614 habitants, 1.066 hectares.

Commune limitée : au nord, par Létra ; au nord-est, par Sainte-Paule et Saint-Laurent ; au sud-ouest, par Saint-Vérand, et à l'ouest, par Dième.

Anciennement bourg muré, prieuré, paroisse et seigneurie dans le Lyonnais, archiprêtré de L'Arbresle, élection et du ressort de la sénéchaussée de Lyon. L'archevêque de Lyon et le prieur qui résidait dans la paroisse étaient seigneurs du clocher par indivis. L'archevêque avait la justice, qui comprenait la paroisse de Ternand et une partie de celles de Sainte-Paule et du Bois-d'Oingt. Le prieur nommait à la cure.

Ternand était, au xe siècle, le chef-lieu d'une circonscription territoriale importante (Ager ou Vicaria Tarnantensis).

Dans cette ancienne seigneurie des archevêques de Lyon on remarque le château des Ronzières qu'a possédé la veuve du célèbre chanteur Elleviou, qui en avait fait sa résidence en 1813, époque à laquelle il s'était retiré de la scène. Son corps, rapporté de Paris, où il mourut le 6 mai 1842, repose dans cette villa. En octobre 1832, il y reçut la visite de Mgr d'Amasie et lui adressa des vers qui ont été insérés dans le tome II des nouvelles archives du Rhône. Mme Elleviou est décédée dans ce château le 6 juillet 1871, à l'âge de 102 ans. M. Durieu de la Carelle possède aujourd'hui son ancienne résidence.

Un des plus célèbres mathématiciens du xviie siècle, l'abbé Claude Comiers, fut prévôt de Ternand. Il était né à Embrun et mourut à Paris, aux Quinze-Vingts, en octobre 1693. Il fut un des collaborateurs du *Mercure galant* que la librairie Thomas Amaulry publiait alors à Lyon.

L'Azergues partage cette commune en deux parties inégales.

Climat tempéré. Altitudes extrêmes 428 et 710 mètres.

Productions agricoles : vin, céréales.

Les chemins de grande communication N°s 7 *bis* et 31, et celui d'intérêt commun N° 42, portent la vie dans cette commune. La ligne de Lozanne à Paray-le-Monial y possède une station.

THEIZÉ

Village à 5 kilomètres du Bois-d'Oingt, 11 de Villefranche et 33 de Lyon, 1.138 habitants, 1.191 hectares.

Ses bornes sont : au nord, Ville-sur-Jarnioux, Pouilly-le-Monial ; à l'est, Anse et Lachassagne ; au sud, Alix, Frontenas et Moiré ; à l'ouest, Oingt.

Sous l'ancienne monarchie, paroisse et beau château dans le Lyonnais, archiprêtré de L'Arbresle, élection de Lyon, justice d'Oingt; l'abbé de Savigny nommait à la cure. M. de Nervo en était seigneur au moment de la Révolution.

Il y a une chapelle rurale sous le titre de Saint-Hippolyte, qui dépendait de la vicomté d'Oingt.

En 1363, le Chapitre de Saint-Jean de Lyon fit ruiner le château de Theizé de crainte qu'il ne tombât au pouvoir des Tard-Venus.

Le château pittoresque de Rappetour, situé sur cette commune, fut possédé pendant de longues années par les Varenne et les Viego. L'avocat, Claude Brossette, ami et commentateur de Boileau, né à Theizé en 1671, en était possesseur au commencement du siècle dernier.

Le marquis de Rochebonne commandant en Lyonnais en l'absence du duc de Villars y avait aussi sa maison de campagne.

Commune arrosée par le Merloux, affluent du Morgon.

Climat tempéré. Altitudes extrêmes 309 et 540 mètres.

Theizé est essentiellement vinicole. La production annuelle est de 10 à 12.000 hectolitres de vin.

Cette commune a pour artères principales les chemins de grande communication Nos 6 bis et 19, et ceux d'intérêt commun Nos 30 et 46.

VILLE-SUR-JARNIOUX

Village à 9 kilomètres du Bois-d'Oingt, 10 de Villefranche et 36 de Lyon, 809 habitants, 1.014 hectares.

Commune bornée : au nord, par Cogny ; à l'est, par Jarnioux ; au sud, par Theizé ; à l'ouest, par Oingt et Sainte-Paule.

En 1780, paroisse dans le Lyonnais, archiprêtré d'Anse, justice de Jarnioux et de Marzé, élection et du ressort de la sénéchaussée de Lyon ; l'abbé d'Ainay nommait à la cure, et le seigneur était

M. de Planchol. Il y avait dans cette paroisse les fiefs de la Place, de la Garde et de Morgon. Les deux premiers appartenaient à M. de Planchol, et le dernier à Mme veuve Croiset. Le fief de la Place a appartenu à la famille Riverieulx de Varax.

Commune située sur le versant du Morgon.

Altitude moyenne 525 mètres. Climat doux.

Production principale : vin.

Industrie : carrière de pierre de taille.

Ce territoire est vivifié par les chemins de grande communication N°s 19 et 31, et par ceux d'intérêt commun N°s 65 et 70.

CANTON DU BOIS-D'OINGT

COMMUNES.	POPULATION MUNICIPALE.			POPULATION comptée à part.	POPULATION totale.	SUPERFICIE.	RECETTES ordinaires.	DÉPENSES ordinaires.	PRODUIT des centimes.	VALEUR du centime.	CENTIMES pour DÉPENSES ordinaires et extraordinaires.			MONTANT de la dette.	REVENUS du bureau de bienfaisance.	PERCEPTIONS.	POSTES ET TÉLÉGRAPHES.	ÉLECTEURS.
	Agglomérée.	Éparse.	Totale.								Nombre total.	Dont extraordinaires.	Durée des impositions extraordinaires.					
Bagnols.........	176	417	593		593	735	6.013	5.011	1.226	55,27	23			20.200		Bagnols.	B.-d'l'Oingt.	240
Bois-d'Oingt (Le)	924	492	1.416	5	1.421	513	9.681	5.119	115,17	45	18	1919	29.755	1.591	B.-d'Oingt.	P.-T.	460
Breuil (Le).....	128	275	403		403	563	3.272	3.269	2.094	36,68	56	13	1899	3.924		Bagnols.	B.-d'Oingt.	130
Chamelet.......	376	350	726		726	1.443	4.833	4.861	3.873	43,89	87	27	1917	12.587	578	Chamelet.	id.	266
Châtillon......	493	525	1.018		1.018	1.073	6.260	6.260	4.072	113,02	41	4	1921	6.100		Bagnols.	Chessy.	330
Chessy.........	537	215	752	21	773	454	5.214	3.911	3.030	69,30	50				618	id.	P.-T.	220
Frontenas......	173	138	311		311	342	2.625	2.618	2.221	26,63	82	14	1915	3.484		id.	B.-d'Oingt.	190
Jarnioux.......	328	282	610		610	417	5.413	5.410	3.127	52,65	58	8	1910	8.849	401	B.-d'Oingt.	P.-T.	190
Légny..........	152	272	424		424	397	3.706	3.696	3.281	37,61	86	20	1910	4.049		id.	B.-d'Oingt.	190
Létra..........	184	614	798	15	813	1.462	4.248	4.181	3.323	54,52	56	8	1921	5.692	2.412	Chamelet.	id.	300
Moiré..........	65	143	208		208	203	1.753	1.736	1.241	22,12	55	5	1887	850		B.-d'Oingt.	id.	75
Oingt..........	265	149	414		414	392	3.675	3.675	3.161	42,06	74	15	1911	8.058	203	id.	id.	150
St-Just-d'Avray.	416	973	1.389	7	1.396	1.752	4.823	4.817	2.665	60,91	44	21	1919	17.169	163	Chamelet.	Grandris.	440
St-Laurent-d'Oingt	144	640	784	11	795	904	5.490	5.499	4.059	73,70	62	18	1925	11.087	470	B.-d'Oingt.	B.-d'Oingt.	270
Sainte-Paule....	116	304	420		420	750	2.556	2.550	1.761	24,96	69	10	1910	3.217		Chamelet.	id.	140
Saint-Vérand....	264	872	1.136	27	1.163	1.750	3.759	5.761	3.888	74,12	52	16	1920	30.368	523	id.	id.	380
Ternand........	105	509	614		614	1.068	3.781	3.772	3.199	40,73	77	28	1915	11.755	420	id.	id.	200
Theizé.........	361	777	1.138		1.138	1.191	8.056	8.055	5.720	120,49	47	4	1916		1.021	Bagnols.	F.-R.-T.	360
Ville-sur-Jarnioux	198	611	809		809	1.014	6.718	6.718	3.220	90,28	35	7	1918	16.459	570	B.-d'Oingt.	T. Jarnioux	260
	5.405	8.558	13.963	86	14.049	16.421	93.472	93.200	61.935	1.147,40	1.108	281		193.710	8.978			

| COMMUNES. | Distances. | | FÊTES PATRONALES. | Notaires. | PERSONNEL médical. | | | | État civil. | Caisse des écoles. | Fondation de la bibliothèque. | ÉCOLES publiques. | | | | ÉCOLES privées. | | Personnel ecclésiastique. |
	du Bois d'Oingt.	de Villefranche.	de Lyon.			Médecins.	Pharmaciens.	Sages-Femmes.	Vétérinaires.				Garçons (classes).	Filles (classes).	Mixtes.	Maternelles (classes).	Garçons.	Filles.	
Le Bois-d'Oingt		16	33	Saint-Martin.	2	1	2	1		1659	1	1884	2	2			1	1	✠ 2
Bagnols	8	10	31	Saint-Blaise.						1588	1	1884	1	1					1
Le Breuil	4	18	30	Saint-Pancrace.						1621		1882	1						1
Chamelet	12	25	42	Saint-Barthélemy.	1					1670	1	1880	1	1				1	1
Châtillon-d'Azergues	8	16	24	id.					1	1621	1	1865	1	2					2
Chassy	6	16	26	Nativité Notre-Dame.	1	1	1			1590	1	1880	1	2					2
Frontenas	4	12	31	Saint-Autrille.					1	1700	1	1882			1				1
Jarnioux	11	11	36	Sainte-Catherine.					1		1	1883	1	2					1
Légny	2	16	31	Invention rel. St.-Étienne.						1573		1882	1	1					2
Létra	9	22	39	Saint-Martin.						1636	1	1882	1	1				1	2
Moiré	9	14	32	Saint-Pierre.						1687	1	1882			1				1
Oingt	3	14	36	Saint-Mathieu.						1655	1	1880	1	1					1
Saint-Just-d'Avray	20	33	50	Saint-Just.			2			1660	1	1865	2	2					1
Saint-Laurent-d'Oingt	4	16	37	Saint-Laurent.			1			1582	1	1864	1	1				1	1
Sainte-Paule	7	16	40	Sainte-Paule.						1621	1	1864	1	1					1
Saint-Vérand	7	22	36	Saint-Vérand.					1	1642	1	1864	2	2					1
Ternand	8	21	38	Nativité St-Jean-Baptiste.						1609	1	1881	1	1				1	2
Theizé	5	11	38	Saint-Antoine.	1					1700	1	1863	1	2					2
Ville-sur-Jarnioux	9	10	36	Saint-Martin.					1	1667	1	1863	1	1				1	2

CANTON DE TARARE

La justice de paix de ce canton comprend les communes de : Tarare, Affoux, Ancy, Dareizé, Dième, Joux, Les Olmes, Pontcharra, Saint-Appolinaire, Saint-Clément, Saint-Forgeux, Saint-Loup, Saint-Marcel, Saint-Romain, Les Sauvages et Valsonne.

Cette circonscription a une population de 24.967 habitants et une superficie de 19.635 hectares.

Elle a été formée entièrement du Lyonnais, à l'exception des communes de Affoux, Joux, Les Sauvages, qui étaient en Beaujolais, et des communes de Saint-Appolinaire et Saint-Forgeux, qui étaient partie en Lyonnais et partie en Beaujolais.

Au point de vue religieux, les 17 paroisses de ce canton forment l'archiprêtré de Tarare. Avant la Révolution, la paroisse d'Affoux faisait partie de l'archiprêtré de Néronde; celles d'Ancy et de Saint-Romain-de-Popey, de celui de Courzieu; Les Sauvages, de celui de Roanne. Toutes les autres paroisses ressortissaient à l'archiprêtré de L'Arbresle.

En 1790, au moment de la création des cantons, toutes les communes de ce territoire furent rattachées à la justice de paix de Tarare, à l'exception de Saint-Appolinaire, qui ressortissait à celle d'Amplepuis, et de Pontcharra, qui n'existait pas.

Le canton de Tarare est borné : au nord-est, par celui du Bois-d'Oingt; au sud-est, par celui de L'Arbresle; au sud, par celui de Saint-Laurent-de-Chamousset; au sud-ouest, par celui de Néronde (Loire); à l'ouest, par celui de Saint-Symphorien-de-Lay (Loire), et au nord-ouest, par celui d'Amplepuis.

Cette région est essentiellement montagneuse; elle est assise sur le massif de Tarare, aussi son altitude est-elle généralement élevée : la partie la plus basse est déjà à 310 mètres, et le point culminant, dans la commune d'Affoux, atteint 935 mètres.

Elle est arrosée par la Turdine, les affluents de l'Azergues et un ou deux ruisselets tributaires de la Brevenne.

Productions : vin, céréales, fourrages, pommes de terre, fruits, etc. Élevage de bestiaux.

Industries : fabrication de mousseline et de velours, à Tarare, Saint-Forgeux, Valsonne, etc.; fabriques d'étoffes de soie, à Dareizé, Dième, Les Olmes, Pontcharra, Saint-Appolinaire, Saint-Clément, Saint-Loup, Saint-Romain, Les Sauvages, etc.; commerce de mousseline, plumetis, à Joux.

Ce canton ressortit au tribunal de commerce de Tarare, au 7e corps d'armée.

Il fait partie du comice agricole de Tarare, de la 2e circonscription électorale de l'arrondissement, et de l'inspection primaire des écoles de Tarare.

Les armes de Tarare sont : D'or à la croix ancrée de gueules, cantonnée de quatre losanges de sable.

Le canton de Tarare est l'un des plus froids et l'un des moins fertiles du département; l'industrie seule porte la vie dans cette contrée montagneuse.

TARARE

Ville essentiellement commerçante et manufacturière dans une vallée sur la Turdine, au pied de montagnes élevées, 12.028 habitants, 1.384 hectares.

Elle est limitée : au nord-est, par Valsonne, Saint-Clément ; à l'est, par Dareizé et Saint-Loup ; au sud, par Saint-Marcell'Éclairé ; à l'ouest, par Joux et Les Sauvages.

Au siècle dernier, petite ville et prieuré sur la route nationale N° 7, dans le Lyonnais, archiprêtré de L'Arbresle, élection et du ressort de la sénéchaussée de Lyon. La seigneurie de Tarare appartenait au prieur et comprenait la plus grande partie de la paroisse ; le reste formait la seigneurie d'Ausserre, dont M. Gayot de la Bussière était propriétaire. Le prieuré dépendait de l'abbaye de Savigny, qui nommait à la cure. Il y avait, et il y a encore, une église succursale sous le titre de Sainte-Madeleine et une chapelle sous celui de la Sainte Vierge.

Les prébendes étaient celles : 1° des Martins ; 2° des Fabriciens ; 3° des Hayes ; 4° de Rochefort ; 5° des Tardifs.

Le curé était recteur-né de l'Hôpital.

Il y avait à Tarare une brigade de maréchaussée composée d'un brigadier et de quatre cavaliers.

La justice du fief et seigneurie d'Ausserre, situés dans la paroisse, s'exerçait au hameau du Serroux.

Par lettres patentes du 6 septembre 1523, messire Jean Brinon, premier président au Parlement de Rouen, fut commis par François Ier pour interroger Antoine de Cabanes, évêque du Puy, et autres complices de la conspiration du connétable de Bourbon, détenus à Tarare.

Le 3 mai 1623, le prince de Condé revenant de l'Italie s'arrêta à Tarare, où il dîna à l'hôtel de Saint-Sébastien.

Marie Leczinska y coucha la nuit du 3 au 4 septembre 1732.

Mme de Sévigné s'y arrêta plusieurs fois.

L'auteur du *Voyage sentimental*, Laurent Sterne, y fit une halte en 1767.

Cette ville n'était sur la fin du xviii° siècle qu'un bourg peu considérable connu seulement par ses tanneries et par quelques fabriques de toile de fil assez grossières. Peu à peu ses industrieux habitants perfectionnèrent leurs produits, et déjà en 1806, ils se distinguèrent dans leurs mousselines fines et claires imitant celles de l'Inde. L'époque de la grande prospérité de la fabrique de cette ville eut lieu de 1818 à 1827; elle occupa environ 40.000 ouvriers, et la somme totale du produit des tissus était alors estimée à 15 millions.

La fabrique de Tarare imite et remplace les mousselines de Suisse, les organdis souples et fermes d'Angleterre et d'Écosse, et peut rivaliser avec toutes les fabriques de l'univers. On y fabrique aussi beaucoup d'étoffes de soie et de mérinos.

C'est la patrie d'Andrieux, négociant-littérateur, qui a laissé quelques souvenirs; de Georges-Antoine Simonet, créateur de la fabrique de mousseline, né le 28 novembre 1710, mort à Charbonnières le 15 août 1778; de Pierre-Louis Cœur, évêque de Troyes, et du représentant du peuple Pelletier.

L'ancien canton de Tarare, créé par la loi de 1790, comprenait les communes de : Tarare, Saint-Marcel-l'Éclairé, Affoux-et-Roserette, Saint-Loup, Saint-Forgeux, Saint-Romain-de-Popey, Saint-Vérand, Dareizé, Les Olmes, Valsonne et Dième, Les Sauvages, Joux-sur-Tarare, Saint-Clément-sur-Valsonne et Ancy.

Tarare est constitué gîte d'étape.

Cette commune est arrosée par la Turdine et la Chardeyron, qui ont leur confluent dans la ville.

Altitude comprise entre 400 et 700 mètres.

Foires : 1er lundi de janvier, février, mars, mai, août, septembre, octobre et novembre, 1er jeudi d'avril, 26 juin, avant-dernier jeudi de septembre, 1er décembre.

Marché le lundi, et aux bestiaux le jeudi.

Commune traversée : par la ligne de Lyon à Roanne, qui y possède une gare ; par la route nationale N° 7 ; par les chemins de grande communication N°s 6 *bis*, 8 *bis*, 14, et par ceux d'intérêt commun N°s 12, 29, 42 et 85.

AFFOUX

Village à 10 kilomètres de Tarare, 37 de Villefranche et 48 de Lyon, 460 habitants, 1.064 hectares.

Limité : au nord, par Saint-Marcel ; à l'est, par Saint-Forgeux ; au sud, par Villechenève ; à l'ouest, par Violay (Loire).

Au siècle dernier, baronnie en Beaujolais, sur les limites de cette province, annexe de la paroisse de Violay, archiprêtré de Néronde, élection de Villefranche, justice de la baronnie de Joux, et du ressort de la sénéchaussée de Lyon. La dame était Mme la comtesse de Villeneuve de Joux, qui a été la fondatrice du Bureau de bienfaisance de la commune.

Climat froid ; sol montagneux, pierreux et peu fertile, produisant des céréales et des pommes de terre.

Altitudes très différentes : le voisinage du village est à 300 mètres, tandis que le mont du Crépier atteint 935 mètres.

Les chemins de grande communication N°s 4, 6 *bis* et 27 vivifient le territoire d'Affoux.

ANCY

Village à 12 kilomètres de Tarare, 33 de Villefranche et autant de Lyon, 724 habitants, 1.185 hectares.

Communes limitrophes : au nord-est, Saint-Romain-de-Popey ; au sud, Savigny et Saint-Julien-sur-Bibost ; à l'ouest, Saint-Forgeux.

Sous l'ancien régime, annexe de la paroisse de Saint-Romain-de-Popey, en Lyonnais, archiprêtré de Courzieu, du ressort de la sénéchaussée de Lyon. Le chapelain de Saint-Paul de Lyon était seigneur du clocher et d'une partie de la paroisse ; le surplus du territoire dépendait de la justice de Pontcharra, de La Roullière, de celle de l'abbé, de celle du communier de Savigny, et des doyens de Lasnay et de Teylan, dans la paroisse de Savigny.

Climat froid. Altitude 750 mètres.

Ruisseau le Tresongle, affluent de la Brevenne.

Foires : 25 mai, 12 septembre, 15 décembre.

Productions : céréales et fruits abondants.

Les chemins de grande communication Nos 7 et 33 desservent cette commune.

DAREIZÉ

Village à 8 kilomètres de Tarare, 25 de Villefranche et 39 de Lyon, 375 habitants, 671 hectares.

Commune limitée : au nord, par Saint-Clément et Saint-Vérand ; à l'est et au sud, par Saint-Loup, et à l'ouest, sur un point, par Tarare.

Au siècle dernier, annexe de la paroisse de Saint-Loup, en Lyonnais, archiprêtré de L'Arbresle, du ressort de la sénéchaussée de Lyon. La justice appartenait à la prieure d'Alix.

On remarque dans la commune le château de Chanzé, ancienne possession des Laurencin.

Climat un peu froid. Altitudes extrêmes 418-617 mètres.

Terrain assez bon, un peu pierreux, produisant du vin et du blé.

Commune arrosée par le Soannan et ses affluents Goutte Vale, etc.

Industrie : fabrique d'étoffes de soie.

Grandes artères : chemins de grande communication N° 13 et d'intérêt commun Nos 42 et 85.

DIÈME

Village à 14 kilomètres de Tarare, 30 de Villefranche et 44 de Lyon, 301 habitants, 911 hectares.

Limité : au nord, par Saint-Just-d'Avray ; à l'est, par Chamelet, Létra, Ternand et Saint-Vérand ; au sud-ouest, par Saint-Clément et Valsonne ; à l'ouest, par Saint-Appolinaire.

En 1790, annexe en Lyonnais de la paroisse de Valsonne, archiprêtré de L'Arbresle, sénéchaussée et élection de Villefranche, justice de Chamelet. Le seigneur était Burtin de Chamelet. Il y avait dans ce village un ancien fief sans justice appelé Souzy.

Climat froid. Altitude variant entre 600 et 854 mètres.

Sol accidenté, divisé en deux petites collines resserrées.

Productions agricoles : vin, blé, légumes, pommes de terre, fourrage, etc.

Fabrique d'étoffes de soie et de mousseline.

Commune desservie par les chemins d'intérêt commun N°s 36 et 56.

JOUX

Village à 5 kilomètres de Tarare, 37 de Villefranche et 48 de Lyon, 1.011 habitants, 2.479 hectares.

Les communes limitrophes sont : au nord, Les Sauvages ; à l'est, Tarare et Saint-Marcel ; au sud-ouest, Violay (Loire) ; à l'ouest, Saint-Cyr-de-Valorges et Machézal (Loire).

Joux était, au siècle dernier, paroisse, châtellenie et baronnie dans le Beaujolais, archiprêtré de L'Arbresle, élection et du ressort du bailliage de Villefranche. Sa juridiction comprenait la paroisse de Joux, celles de Saint-Marcel-l'Éclairé et Affoux, avec partie de celle de Saint-Forgeux et toute la partie en Beaujolais de Violay. L'hôtelier de Savigny nommait à la cure. Il y avait dans la paroisse le fief de Gautier appartenant à M. de la Barrière.

La baronnie longtemps possédée par la branche cadette des sires de Beaujeu passa au commencement du xvie siècle à la famille des Villeneuve de Lyon.

Les mines de plomb sulfuré exploitées au xve siècle par Jacques Cœur furent reprises et abandonnées successivement en 1748, 1813 et 1819.

Commune montagneuse dont l'altitude moyenne dépasse 700 mètres.

Ruisseaux : le Charmeyron et le Roussinet, affluents de la Turdine.

Sol pierreux, produisant du seigle, du blé, des pommes de terre, du fourrage et du bois.

Commerce de mousseline, plumetis.

Foires : 5 février, 25 avril, jeudi après la Pentecôte, 9 septembre, 18 octobre, 17 décembre.

Commune vivifiée par le chemin de grande communication N° 14 et par celui d'intérêt commun N° 29.

LES OLMES

Village à 8 kilomètres de Tarare, 24 de Villefranche et 36 de Lyon, 578 habitants, 277 hectares.

Commune limitée : au nord, par Saint-Loup ; à l'est, par Sarcey ; au sud, par Saint-Romain-de-Popey ; à l'ouest, par Pontcharra.

Sous l'ancienne monarchie, paroisse dans le Lyonnais, archiprêtré de L'Arbresle, élection et du ressort de la sénéchaussée de Lyon, justice de Saint-Forgeux ; le cellérier de Saint-Laurent-d'Oingt nommait à la cure, et le seigneur était le marquis d'Albon.

Napoléon Ier passa à La Croisette à son retour de l'Ile d'Elbe, en 1815.

Climat tempéré. Altitude 402 mètres.

Air un peu insalubre, à cause du voisinage des marécages.

Commune située sur le versant de la Turdine, ruisseau de Goutte-Pouilly.

Terrain argilo-siliceux produisant des céréales et du vin.

Industrie : tissage de la soie.

Foires : 6 janvier, 6 juin, et le jeudi après le 20 août.

Commune assise sur la route nationale N° 7, le chemin de grande communication N° 6 *bis* et celui d'intérêt commun N° 68.

PONTCHARRA-SUR-TURDINE

Village à 5 kilomètres de Tarare, 27 de Villefranche et 38 de Lyon, 1.789 habitants, 480 hectares.

Limites : au nord, Saint-Loup ; au nord-est, Les Olmes ; au sud-est, Saint-Romain ; au sud-ouest, Saint-Forgeux.

Au siècle dernier, bourg considérable de la partie de Saint-Loup en Lyonnais où s'exerçait la justice du marquisat de Saint-Forgeux, et qui comprenait les paroisses de Saint-Loup, Saint-Romain-de-Popey, Ancy, Les Olmes, Sarcey, Nuelles-le-Château-de-la-Grange, Persanges, Ladvieu, dans la seigneurie de Savigny et partie de Tarare. Le seigneur était le marquis d'Albon.

Il y avait une chapelle et une commanderie de l'ordre de Malte.

Le territoire de cette commune a été pris sur celui de la commune de Saint-Loup, en vertu d'une ordonnance du 7 septembre 1840.

D'après un travail de M. Vincent Durand (1874), membre de la Société de la Diana, le hameau de Miolan serait le Mediolanum de la carte de Peutinger. Ce qu'il y a de certain, c'est que le calcul des distances entre cette station et la ville de Lyon correspond parfaitement à celles qui sont indiquées sur cette carte.

On remarque, sur le territoire de cette commune, le Pré-Armée, nom donné en 1815 à un camp d'Autrichiens.

Commune montagneuse; le village est dans une colline. Cours d'eau la Turdine et son affluent le Torrenchin.

Climat assez doux. Altitude 500 mètres.

Productions : prairies, vignes, blé, fruits.

Industrie : tissage de la soie.

Foires : 17 janvier, 22 mars, 6 mai, 26 juillet, 31 août, 18 septembre, 28 octobre. Marché le samedi.

Commune vivifiée : par la voie ferrée de Lyon à Roanne, qui y possède une station; par la route nationale N° 7; par les chemins de grande communications N°s 6 bis, 27 et 33, et par celui d'intérêt commun N° 42.

SAINT-APPOLINAIRE

Village à 13 kilomètres de Tarare, 35 de Villefranche et 49 de Lyon, 379 habitants, 572 hectares.

Saint-Just-d'Avray au nord-est, Dième au sud-est, Valsonne au sud et Ronno à l'ouest sont les communes qui limitent Saint-Appolinaire.

Avant la Révolution, paroisse, partie en Lyonnais et partie en Beaujolais, archiprêtré de L'Arbresle, élection de Lyon, pour ce qui est en Lyonnais, et élection de Villefranche, pour la partie beaujolaise. La justice dépendait de la baronnie de Saint-Clément-sur-Valsonne, pour la partie lyonnaise; la partie beaujolaise dépendait de la justice de Chamelet et de la sénéchaussée de Lyon. Le Chapitre de Saint-Just de Lyon nommait à la cure et était seigneur de la partie en Lyonnais, tandis que M. Burtin de Chamelet était seigneur de la partie en Beaujolais.

Commune arrosée par le Soannan, qui y prend sa source.

Altitude moyenne 850 mètres. Climat froid.

Productions : blé, maïs, pommes de terre.

Industrie : tissage de la soie.

Foires : 1er lundi après le 23 avril et après le 23 juillet.

Les artères principales de la commune sont le chemin de grande communication N° 13 et le chemin d'intérêt commun N° 12.

SAINT-CLÉMENT-SUR-VALSONNE

Village à 5 kilomètres de Tarare, 27 de Villefranche, 41 de Lyon, 907 habitants, 1.452 hectares.

Limité : au nord, par Dième; à l'est, par Saint-Vérand; au sud, par Dareizé, Saint-Loup et Tarare; à l'ouest, par Valsonne.

Au moment de la Révolution, paroisse et baronnie, dans le Lyonnais, archiprêtré de L'Arbresle, élection et du ressort de la sénéchaussée de Lyon. Les chanoines-barons de Saint-Just étaient seigneurs de la paroisse et nommaient à la cure. La justice comprenait la paroisse de Valsonne et une partie de Saint-Appolinaire.

Relief du sol très varié. Altitudes extrêmes 470 et 719 mètres.

Ruisseau le Soannan et ses affluents.

Productions : blé, vin, pommes de terre, etc.

Industrie : soieries façonnées et unies.

Foires : lundi de carnaval, lundi de Pentecôte, 23 novembre. Marché le mercredi.

Commune vivifiée par le chemin de grande communication N° 13, et ceux d'intérêt commun Nos 12, 56 et 85.

SAINT-FORGEUX

Bourg à 7 kilomètres de Tarare, 29 de Villefranche et 40 de Lyon, 1.837 habitants, 2.224 hectares.

Limité : au nord-est, par Saint-Loup et Pontcharra; au sud-est, par Saint-Romain et Ancy; au sud, par Saint-Julien; au sud-ouest, par Montrottier et Affoux ; au nord-ouest, par Saint-Marcel-l'Éclairé.

Anciennement paroisse, château et marquisat, dont la plus grande partie était en Lyonnais, et l'autre partie en Beaujolais, archiprêtré de L'Arbresle, du ressort de la sénéchaussée de Lyon ; le Chapitre de Saint-Just de Lyon nommait à la cure. Le seigneur du clocher et de la plus grande partie de la paroisse était le marquis d'Albon, prince d'Yvetot. La justice s'exerçait au bourg de Pontcharra. La moyenne et basse justice du hameau de Fontgarnoud appartenait au communier de Savigny.

On remarque à Saint-Forgeux le superbe tombeau avec chapelle de la famille d'Albon.

C'est du lieu de Talaru, hameau de cette commune, que l'illustre famille de Talaru tirait son nom.

Climat froid. Altitudes extrêmes 380-718 mètres.

Sol granitique, produisant des céréales, des fruits, de la vigne, des prairies et du bois.

Industrie : tissage de la soie et fabrication de mousseline.

Foire : 3 février. Marché le samedi.

Commune traversée par la ligne ferrée de Lyon à Roanne, par les chemins de grande communication Nos 7 et 27, et par celui d'intérêt commun N° 61.

SAINT-LOUP

Village à 7 kilomètres de Tarare, 26 de Villefranche et 39 de Lyon, 635 habitants, 973 hectares.

Limites : au nord, Saint-Clément, Dareizé et Saint-Vérand ; à l'est, Sarcey ; au sud, Les Olmes, Pontcharra, Saint-Marcel ; à l'ouest, Tarare.

Sous l'ancien régime, paroisse dans le Lyonnais, archiprêtré de L'Arbresle, élection de Lyon, justice de Saint-Forgeux et de Chanzé ; l'abbé de Savigny nommait à la cure. Le seigneur était le marquis d'Albon, prince d'Yvetot, qui possédait dans la paroisse l'ancienne maison forte de Vindry.

Commune située sur le versant de la Turdine, à une altitude moyenne de 400 mètres.

Productions agricoles : vin et céréales.

Industrie : tissage de la soie, articles légers et extra-légers.

Foires : 17 janvier, 22 mars, 6 mai, 26 juillet, 31 août, 18 septembre et 28 octobre.

Commune vivifiée par les chemins de grande communication N° 6 *bis* et d'intérêt commun N°s 42 et 85.

SAINT-MARCEL-L'ÉCLAIRÉ

Village à 4 kilomètres de Tarare, 35 de Villefranche et 46 de Lyon, 619 habitants, 1.188 hectares.

Les communes de Tarare et Saint-Loup au nord, Saint-Forgeux au sud-est, Affoux au sud, Violay (Loire) et Joux à l'ouest délimitent Saint-Marcel.

Ce village, qui tire son nom de Saint-Marcel et du hameau voisin L'Éclairé, était jadis une annexe de la paroisse de Tarare, en Lyonnais, archiprêtré de L'Arbresle, justice de Joux, élection et sénéchaussée de Villefranche. La dame était la comtesse de Villeneuve.

Le château de la Bussière, qui a appartenu à la famille Gayot de Mascranny, est situé dans cette commune.

Territoire arrosé par le Tulin, affluent de la Turdine.

Altitude très élevée : de 700 à 824 mètres.

Productions : céréales, pâturages, pommes de terre, etc.

Foire : 11 novembre.

La seule artère importante de la commune est le chemin de grande communication N° 6 *bis*.

SAINT-ROMAIN-DE-POPEY

Village à 10 kilomètres de Tarare, 29 de Villefranche et 32 de Lyon, 1.424 habitants, 1.702 hectares.

Cette commune est limitée : par Les Olmes, au nord ; par Sarcey et Bully, à l'est ; par Savigny, au sud-est ; par Ancy, au sud-ouest ; par Saint-Forgeux et Pontcharra, au nord-ouest.

Sous l'ancienne monarchie, paroisse dans le Lyonnais, archiprêtré de Courzieu, élection de Lyon, justice de Saint-Forgeux, de l'abbé, du chamarier, du communier de Savigny et du doyen de Teilan, du ressort de la sénéchaussée de Lyon ; l'abbé de Savigny nommait à la cure, et le marquis d'Albon était seigneur de la terre.

On remarque dans cette commune la montagne de Popey, avec les restes d'un château bâti au commencement du XIIIe siècle par Guichard IV de Beaujeu, qui en avait obtenu la cession de Richard, abbé de Savigny. A signaler encore le lieu des Varennes, avec une tour datant, dit-on, des Romains ; le château d'Avauges bâti en 1659 : il appartient encore à la famille d'Albon ; la chapelle gothique de Clévis. L'église a été bâtie dans le même style, en 1840.

Clévy

Saint-Romain serait la patrie de Jacques d'Albon, maréchal de Saint-André ; d'Antoine d'Albon, né en 1507, qui fut archevêque d'Arles, puis de Lyon.

C'est sur ce territoire que furent massacrés, en octobre 1793, plusieurs soldats de l'armée de Précy.

Climat froid. Altitude moyenne 500 mètres.

Sol argileux, produisant du vin, du froment, des fruits, etc.

Territoire arrosé par la Turdine et son affluent le Batailly.

Industrie : fabrication de soieries et de velours.

Foires : 1er janvier, lundi de Pâques, dernier mardi de mai.

Commune vivifiée : par la voie ferrée de Lyon à Roanne, qui y a une gare; par la route nationale N° 7; par les chemins de grande communication N°s 7 et 33, et par ceux d'intérêt commun N°s 68 et 75.

LES SAUVAGES

Village à 8 kilomètres de Tarare, 40 de Villefranche et 51 de Lyon, 682 habitants, 1.248 hectares.

Commune limitée : au nord, par Amplepuis; à l'est, par Valsonne et Tarare; au sud, par Joux, et à l'ouest, par Machézal (Loire).

Au moment de la Révolution, paroisse dans le Beaujolais, archiprêtré de Roanne, élection de Villefranche, justice de la baronnie de Rochefort, pour la plus grande partie de la paroisse; le hameau de Rochagny dépendait seul de la justice de Joux. L'archevêque de Lyon était collateur de la cure.

C'est en partie sur le territoire de cette commune que se trouve le hameau de la Chapelle de Sienne, où eut lieu en 1537 une entrevue entre François Ier et Jacques V, roi d'Écosse, qui venait lui demander la main de Madeleine de France, sa fille aînée.

Près du village est le pèlerinage de N.-D. de la Roche.

Le tunnel des Sauvages a près de 3 kilomètres de longueur.

Commune dont l'altitude moyenne dépasse 700 mètres; elle est arrosée par le Petreselay, affluent de la Turdine.

Productions : céréales, tubercules, fourrages.

Industrie : tissage de la soierie; beaucoup de métiers dits à la Jacquard, faisant de riches articles de façonnés et dorures.

Foires : 30 juin, 6 août.

Le chemin de grande communication N° 8 *bis* traverse la commune.

VALSONNE

Bourg à 9 kilomètres de Tarare, 31 de Villefranche et 45 de Lyon, 1.218 habitants, 1.825 hectares.

Limites : au nord, Saint-Appolinaire ; au nord-est, Dième ; au sud-est, Saint-Clément ; au sud-ouest, Tarare et Les Sauvages ; au nord-ouest, Amplepuis et Ronno.

Au siècle dernier, paroisse dans le Lyonnais, archiprêtré de L'Arbresle, justice de Saint-Clément et de Valsonne, élection et du ressort de la sénéchaussée de Lyon ; le Chapitre de Saint-Just de Lyon nommait à la cure. Il y avait une prébende.

Le château et la seigneurie de Valsonne furent donnés en 1252 par le pape Innocent IV aux chanoines de Saint-Just.

Climat tempéré, mais déjà froid.

L'altitude moyenne de cette commune dépasse 650 mètres.

Sol argileux et pierreux produisant beaucoup de fruits et de céréales.

Ruisseau le Soannan et son affluent le Petresselay.

Industrie : tissage mécanique.

Foires : lendemain de l'Ascension, 26 mars, 1er octobre, 9 décembre.

Marché le mercredi.

Les grandes voies de communication de la commune sont le chemin de grande voirie N° 13, et les chemins d'intérêt commun Nos 10, 12 et 32.

CANTON DE TARARE

COMMUNES.	POPULATION MUNICIPALE.			POPULATION comptée à part.	POPULATION totale.	SUPERFICIE.	RECETTES ordinaires.	DÉPENSES ordinaires.	PRODUIT des centimes.	VALEUR du centime.	CENTIMES pour DÉPENSES ordinaires et extraordinaires.			MONTANT de la dette.	REVENUS du bureau de bienfaisance.	PERCEPTIONS.	POSTES ET TÉLÉGRAPHES.	ÉLECTEURS.
	Agglomérée.	Éparse.	Totale.								Nombre total.	Dont extraordinaires.	Durée des impositions extraordinaires.					
Affoux	103	357	460		460	1.064	2.655	2.637	1.736	80,70	57	4	1213	1.999	968	St-Forgeux	Tarare.	130
Ancy	213	511	724		724	1.185	4.286	4.281	2.687	56,28	45				233	id.	Pontcharra	240
Darcisé	148	227	375		375	671	2.920	2.851	2.862	29,90	94	29	1918	880		id.	id.	130
Dième	74	227	301		301	911	1.078	1.672	1.264	14,52	85	20	1912	4.858	355	Valsonne.	Tarare.	115
Joux	244	757	1.001		1.001	2.470	4.006	4.876	3.002	66,81	44				1.042	id.	id.	360
Olmes (Les)	313	265	578		578	277	2.526	2.524	2.212	28,73	76	17	1918	6.777		St-Forgeux	Pontcharra	215
Pontcharra-sur-Turdine	1.377	386	1.763	26	1.789	480	8.074	8.079	6.460	104,36	62	19	1914	16.767	802	id.	P.-T.	850
St-Appolinaire	95	284	379		379	572	1.888	1.790	1.247	13,85	88				776	Valsonne.	Tarare.T	115
St-Clément-sur-Valsonne	397	510	907		907	1.452	3.380	3.205	3.187	40,38	60	26	1916	13.520	42	id.	id.	280
Saint-Forgeux	732	1.105	1.837		1.837	2.224	8.581	8.560	7.340	105,27	68	16	1919	7.925	540	St-Forgeux	Pontcharra	650
Saint-Loup	119	516	635		635	973	4.005	4.063	2.898	50,36	55				81	Tarare.	id.	200
Saint-Marcel-l'Éclairé	154	462	616	3	619	1.186	2.043	2.941	2.565	28,85	87	20	1924	9.097	1.167	id.	Tarare.	170
Saint-Romain-de-Popey	388	1.030	1.424		1.424	1.702	8.033	8.020	6.873	101,42	67	14	1918	12.497	564	St-Forgeux	Pontcharra	470
Sauvages (Les)	174	461	635	47	682	1.248	3.551	3.551	1.977	31,61	62	6	1909	2.701	554	Valsonne.	Tarare.T	310
Tarare (O) 88.000	11.166	651	11.817	211	12.028	1.384	154.884	154.734	69.175	1.094,01	64	41	1934	803.036	9.439	Tarare.	P.-T.	3.990
Valsonne	522	696	1.218		1.218	1.850	4.566	4.567	3.105	62,82	49	10	1920	4.684	923	Valsonne.	Tarare.	420
	16.229	8.481	24.670	297	24.967	19.685	216.890	216.464	118.533	1.871,25	1.066	215		975.526	17.506			

| COMMUNES. | Distance | | | FÊTES patronales. | Notaires. | PERSONNEL médical. | | | | État civil. | Caisses des écoles. | Fondation de la bibliothèque. | ÉCOLES publiques. | | | | ÉCOLES privées[1]. | | Personnel ecclésiastique. |
	de Tarare.	de Villefranche.	de Lyon.			Médecins.	Pharmaciens.	Sages-Femmes.	Vétérinaires.				Garçons (classes).	Filles (classes).	Mixtes.	Maternelles.	Garçons.	Filles.	
Tarare (Serroux, Château, etc.),........		32	43	Saint-André.						1528		1886	3	3			1	4	✠1
id. { Madeleine.. { Courtelle..				Sainte-Madeleine.	3	5	6	4	2				4	3		1	1	2	4
id. Gare													3						
Affoux..............	10	37	48	Saint-Barthélemy.						1692	1	1864			1				1
Ancy................	12	33	33	Saint-Pierre.						1689	1	1881	1	1					1
Dareizé.............	8	25	39	id.						1689	1	1874			1				1
Dième...............	14	30	44	Saint-François-de-Sales.						1717	1	1880			1				1
Joux................	5	37	48	Assomption.						1608	1	1883	1	1					2
Les Olmes..........	8	24	36	Saint-Philibert.						1634	1	1885	1	1			1		1
Pontcharra-sur-Turdine.	5	27	38	Saint-Antoine.	1	1	1	1			1	1884	2	2					2
Saint-Appolinaire.....	13	35	49	Saint-Appolinaire.						1642	1				1				1
St-Clément-sur-Valsonne	5	27	41	Saint-Clément.						1650		1862	2	2			1		2
Saint-Forgeux........	7	20	40	Saints-Ferréol-et-Forgeux.				1		1543	1	1864	1	3			1		2
Saint-Loup..........	7	26	39	Saint-Loup, évêque.				1		1648	1	1882	1	1					2
Saint-Marcel-l'Éclairé...	4	35	46	Saint-Marcel.						1700	1	1886	1	1					1
Saint-Romain-de-Popey.	10	29	32	Saint-Romain.						1588	1	1892	1	1			1	1	2
Les Sauvages	8	40	51	Saint-Pierre.						1667	1	1888	1	2			1		1
Valsonne............	9	31	45	Saint-Romain.					1		1	1867	1	2			1		2

1. Il existe 1 école maternelle privée à Pontcharra.

CANTON D'AMPLEPUIS

Le canton d'Amplepuis comprend les communes de : Amplepuis, Cublize, Meaux, Ronno et Saint-Vincent-de-Reins.

Cette circonscription a été créée par la loi du 8 mai 1869 et a été formée de la façon suivante : les communes d'Amplepluis et Cublize ont été distraites du canton de Thizy ; celles de Meaux et de Saint-Vincent-de-Reins, de celui de Lamure, et celle de Ronno, de celui de Tarare.

L'ancien canton d'Amplepuis, créé en 1790 et supprimé au commencement du siècle, comprenait les communes de : Amplepuis et Bourg d'Amplepluis, Cublize, Ronno, Saint-Appolinaire, Saint-Jean-la-Bussière et Saint-Just-d'Avray.

La commune de Meaux n'existait pas encore et celle de Saint-Vincent-de-Reins était alors rattachée au canton de Thizy.

Cette division territoriale a été formée entièrement du Beaujolais.

Population 12.976 habitants, superficie 9.984 hectares.

Le canton d'Amplepuis est borné : au nord et au nord-est, par celui de Lamure ; à l'est, par celui du Bois-d'Oingt ; au sud-est, par celui de Tarare ; au sud-ouest, par celui de Saint-Symphorien-de-Lay (Loire) ; à l'ouest, par ceux du Perreux (Loire) et Thizy (Rhône).

Les six paroisses de ce canton forment l'archiprêtré d'Amplepluis. Avant la Révolution, Amplepuis faisait partie de celui de Roanne, diocèse de Lyon, et les autres paroisses, de celui de Beaujeu, diocèse de Mâcon.

Le territoire de ce canton est compris entièrement dans le bassin de la Loire : le Reins et ses affluents.

Le canton d'Amplepuis est situé entièrement dans le massif de Tarare, à une altitude comprise entre 480 et 920 mètres. La ligne de partage des eaux le traverse dans sa partie orientale.

Industries : tissage mécanique de cotonnades, à Amplepuis, à Cublize et à Meaux ; fabrique de couvertures, de foulards, de lisses et de peignes à tisser, à Amplepuis ; fabrique de mousseline, dans cette dernière commune et à Ronno ; fabrique de navettes ; filature de schappes et de cordonnets, à Amplepuis ; fabrique de soieries à Cublize ; tissage à la main et tissage mécanique, à Saint-Vincent-de-Reins.

Productions agricoles : céréales, foin, pommes de terre, maïs, bois de chauffage et de construction.

Élevage et engrais du bétail.

Les armoiries d'Amplepuis sont : D'or, au lion de sable, armé et lampassé de gueules, au lambel de cinq pendants de gueules brochant, à la bordure engrêlée d'azur.

Le canton d'Amplepuis ressortit au 7e corps d'armée et au tribunal de commerce de Tarare.

Il fait partie du comice agricole d'Amplepuis, de l'inspection des écoles de Tarare, de la 2e circonscription électorale de l'arrondissement.

Le canton d'Amplepuis comme celui de Tarare est très pauvre et très montagneux, mais comme là l'industrie et l'activité de ses habitants ont suppléé à la mauvaise nature du sol.

AMPLEPUIS

Bourg à 46 kilomètres de Villefranche et à 59 de Lyon, chef-lieu de canton, 6.960 habitants, 3.844 hectares.

Communes limitrophes : au nord, Saint-Victor-sur-Reins (Loire) et Saint-Jean-la-Bussière (Rhône) ; à l'est, Ronno et Valsonne ; au sud, Les Sauvages ; au sud-ouest, Marchézal, Fourneaux, Lay et Régny ; ces quatre dernières communes sont situées dans le département de la Loire.

Hospice, conseil des prud'hommes, etc.

Autrefois gros bourg et paroisse dans le Beaujolais, archiprêtré de Roanne, élection de Villefranche, justice du marquisat de Sauzey, plus anciennement de Rébé, du ressort du bailliage de Villefranche. Le cellérier de Savigny nommait à la cure. Il y avait un écolâtre ou directeur des écoles et un bureau pour la marque des toiles. Le seigneur était le marquis de Sauzey.

La châtellenie d'Amplepuis fut donnée en 1331 par apanage avec Thel, Ranchal et Chevagny-le-Lombard, à Guillaume, second fils de Guichard VI, sire de Beaujeu. Jacques d'Amplepuis, fils de Guillaume, fut père de Philibert, qui épousa Catherine d'Amboise et qui fit avec elle une donation mutuelle. Il mourut en 1540, et Catherine d'Amboise épousa en secondes noces Louis de Clèves, duc de Nevers. En vertu de lettres patentes de Charles IX, du 1er mars 1566, les seigneurs de Clèves et de Gonzague vendirent, en 1578, la châtellenie d'Amplepuis à Claude de Rébé.

Le 15 décembre 1557, Claude de Rébé, fils de Claude, baron d'Amplepuis, chanoine comte de Lyon et archevêque de Narbonne, fit dans ce bourg la fondation d'une école et d'une aumône publique.

La famille de Rébé a possédé Amplepuis jusqu'au milieu du siècle dernier, époque où il fut vendu à M. le marquis de Sauzey qui le possédait encore en 1789.

On comptait six fiefs à Amplepuis : Rébé, Rochefort, Brégades, Montagny, Mont-Chervet et la Goutte.

Le sceau d'Amplepuis du xive siècle, en caractères gothiques, a été découvert en 1891 et décrit par M. Matagrin, de Saint-Laurent-de-Chamousset. Il porte l'inscription de « S. Borgii de Amploputeu » et représente la Vierge Marie assise et portant l'Enfant-Jésus dans ses bras.

Amplepuis est la patrie d'Eugène Vietty, statuaire et écrivain, mort à Tarare le 10 février 1842, et de l'abbé Christophe, auteur d'une histoire de la papauté pendant les xive et xve siècles.

Thimonnier, inventeur de la machine à coudre, a habité Amplepuis.

Par décision ministérielle du 17 novembre 1888, Amplepuis est devenu gîte d'étape.

Cette commune, tributaire de la Loire par le Reins, est à une altitude moyenne de 500 mètres.

Industries : tissage mécanique de cotonnades ; fabrique de couvertures, de foulards, de lisses et de peignes à tisser, de mousseline, de navettes, de schappes et cordonnets.

Culture du blé, de l'orge, du maïs, des pommes de terre, etc.

Foires : 22 janvier, mardi-gras, samedi avant la mi-carême, mardi après Pâques, mardi après la Pentecôte, mardi avant l'Assomption, dernier mardi de septembre, Toussaint, premier mardi de décembre. Marché le mardi.

Commune traversée : par le chemin de fer de Lyon à Roanne, qui y possède une gare ; par les chemins de grande communication N°s 5 *bis*, 8 *bis*, 10 et 13, et par celui d'intérêt commun N° 40.

CUBLIZE

Bourg à 7 kilomètres d'Amplepuis, 42 de Villefranche et à 60 de Lyon, 2.018 habitants, 1.553 hectares.

Limites : au nord, Saint-Vincent-de-Reins ; au nord-est, Meaux, et Grandris ; au sud, Saint-Just et Ronno ; à l'ouest, Saint-Jean-la-Bussière, Marnand et la Chapelle-de-Mardore.

Avant la Révolution, paroisse dans le Beaujolais, diocèse de Mâcon, archiprêtré de Beaujeu, élection et bailliage de Villefranche ; le prieur de Charlieu nommait à la cure ; dame, la marquise de Vauban.

Il y avait dans cette paroisse quatre fiefs : Meyré, Ambatailly, la Raffinière et le Montet.

Au commencement du xviiie siècle, la maison de la Rochefoucault vendit la seigneurie de Cublize à M. Le Prêtre de Vauban, frère du maréchal. Ses descendants en jouissaient encore en 1789.

Le château de la Raffinière, autrefois fief avec rente noble, que la famille d'Ars possédait depuis plusieurs siècles, et qui n'offrait que des ruines en 1760, fut acquis à cette époque par M. Truchet, notaire à Pontcharra. C'est dans ce château que naquit le vaillant Louis d'Ars Berruyer, l'émule et le digne ami du chevalier Bayard.

Le château d'Amblatigny, ancien fief, a été le berceau de la famille chevaleresque de ce nom, qui le possédait au xive et au xve siècle. En 1780, il appartenait à M. Boujot. Le même propriétaire était possesseur du château de Meyré, fief avec rente noble.

Le Montet, fief et château en ruines. Ses domaines furent vendus en détail avant 1780.

Ces quatre fiefs relevaient du marquisat de Sauzey, dont la justice s'exerçait à Amplepuis.

Commune arrosée par le Reins, à une altitude de 600 mètres. (Le bourg est à 511 mètres).

Industrie : fabrique de cotonnade et de soierie.

Productions : blé, seigle, avoine, etc.

Foires : jeudi-gras, samedi après Pâques, 11 juin, 16 août, 11 novembre, 21 décembre. Marché le samedi.

Commune vivifiée par les chemins de grande communication N°s 5 bis et 10, et par celui d'intérêt commun N° 6.

MEAUX

Village à 13 kilomètres d'Amplepuis, 37 de Villefranche et à 59 de Lyon. Population, 602 habitants ; superficie, 908 hectares.

Commune limitée : au nord, par Saint-Bonnet-le-Troncy et Saint-Nizier-d'Azergues ; au sud-est, par Grandris ; au sud-ouest, par Cublize, et à l'ouest, par Saint-Vincent-de-Reins.

Cette commune a été créée par une ordonnance royale du 19 juillet 1844. Son territoire est formé d'une fraction de ceux des communes de : Cublize, Saint-Bonnet-le-Troncy, Grandris et Saint-Vincent-de-Reins.

L'église, sans caractère architectural, a été construite en 1822, date de la création de la paroisse.

Meaux est à une altitude de 660 mètres.

Cette commune est arrosée par le Guèdre et le Ronson, affluents du Reins. Climat brumeux et tempéré.

Sol sablonneux et terrain de bruyères, produisant des céréales et des bois résineux où domine le pin.

Industrie : tissage et filage du coton.

Foires : 10 mars, 2e lundi d'avril, 3e lundi de juin, 3e lundi d'octobre, 8 décembre.

Commune assise sur les chemins de grande communication N° 5 *bis* et d'intérêt commun N° 44.

RONNO

Village à 6 kilomètres d'Amplepuis, 41 de Villefranche, 55 de Lyon, 1.400 habitants, 2.287 hectares.

Ronno est limité : au nord, par Cublize ; à l'est, par Saint-Just-d'Avray, Saint-Appolinaire et Valsonne ; au sud-ouest, par Amplepuis et Saint-Jean-la-Bussière.

Sous l'ancienne monarchie, annexe de la paroisse d'Amplepuis, en Beaujolais, archiprêtré de Beaujeu, élection et du ressort du bailliage de Villefranche; le seigneur était, avant 1790, le marquis de Sauzey.

Le château de Ronno, fief proche de l'église, appartenait au siècle dernier à M. Bissuel de Thizy, aujourd'hui à M. de Saint-Victor.

Ronno est arrosé par le Basset, affluent du Reins.

Pays accidenté dont l'altitude dépasse 600 mètres; le point culminant atteint 898 mètres.

Productions : blé, pommes de terre, avoine, etc.

Industrie : fabrique de mousseline.

Foires : 22 avril, 22 septembre.

Les chemins de grande communication N°s 5 *bis* et 13, et ceux d'intérêt commun N°s 6, 10 et 48 desservent la commune de Ronno.

SAINT-VINCENT-DE-REINS

Village à 14 kilomètres d'Amplepuis, 42 de Villefranche et 64 de Lyon, 1.996 habitants, 1.392 hectares.

Communes limitrophes : au nord, Thel et Ranchal; à l'est, Saint-Bonnet-le-Troncy; au sud-est, Cublize; à l'ouest, La Chapelle, Mardore et Cours.

Avant l'ère de la Liberté, paroisse dans le Beaujolais, diocèse de Mâcon, archiprêtré de Beaujeu, élection de Villefranche, justice du Magny, de Beaujeu et de Chamelet; le prieur de Charlieu nommait à la cure. La dame du clocher était la marquise de Vauban, et M. Burtin de Chamelet était seigneur du canton de Boutouge.

Le château avec fief de Montout appartenait à M. Valeme de la Mignardière.

Pendant la Révolution, cette commune faisait partie du canton de Thizy.

Saint-Vincent a sur son territoire le point culminant du canton (920 mètres); l'altitude la plus basse dépasse encore 600 mètres.

Commune arrosée par le Reins et quelques-uns de ses affluents.

Productions : céréales, prairies.

Industries : tissage à la main et tissage mécanique, filage des déchets de coton et laine, en petites quantités.

Foires : le dernier mardi de mars, mai, juillet, septembre et octobre. Marché le mardi.

Grandes voies vicinales : chemins de grande communication Nos 9 et 10, et d'intérêt commun Nos 44 et 58.

| COMMUNES. | POPULATION MUNICIPALE. | | | POPULATION comptée à part. | POPULATION totale. | SUPERFICIE. | RECETTES ordinaires. | DÉPENSES ordinaires. | PRODUIT des centimes. | VALEUR du centime. | CENTIMES pour DÉPENSES ordinaires et extraordinaires. | | | MONTANT de la dette. | REVENUS du bureau de bienfaisance. | PERCEPTIONS. | POSTES ET TÉLÉGRAPHES. | ÉLECTEURS. |
	Agglomérée.	Éparse.	Totale.								Nombre total.	Dont extraordinaires.	Durée des impositions extraordinaires.					
Amplepuis.....	4.413	2.371	6.784	176	6.960	3.844	54.521	54.520	53.833	416,05	78	22	1926	162.606	2.084	Amplepuis.	P.-T.	2.130
Cublize.......	860	1.148	2.008	10	2.018	1.553	7.281	7.271	5.838	93,55	67	13	1910	7.253	2.064	id.	P.-T.	580
Meaux........	141	453	594	8	602	908	2.580	2.568	1.349	22,09	59					S¹-Vincent.	Cublize.	200
Ronno.......	127	1.252	1.379	21	1.400	2.287	5.320	5.325	2.097	57,77	36				813	Amplepuis.	Amplep.	410
Saint-Vincent-de-Reins....	342	1.650	1.992	4	1.996	1.302	6.167	5.966	3.907	82,14	48	4	1913	4.615	2.208	S¹-Vincent.	P.-T.	500
	5.883	6.874	12.757	210	12.976	9.964	55.875	55.650	45.024	672,20	278	30		174.477	7.229			

COMMUNES.	Distance			FÊTES patronales.	Notaires.	PERSONNEL médical.				État civil.	Caisse des écoles.	Fondation de la bibliothèque.	ÉCOLES publiques.				ÉCOLES privées.[2]		Personnel ecclésiastique.
	d'Amplepuis.	de Villefranche.	de Lyon.			Médecins.	Pharmaciens.	Sage-Femmes.	Vétérinaires.				Garçons (classes).	Filles (classes).	Mixtes.	Maternelles.	Garçons.	Filles.	
Amplepuis............		46	59	Saint-Philibert.	1	2	3	2		1580	1	1882	5	1-4		2		1	✠ 5
id. (Huissel).....				Saint-Claude.									2					1	1
Cublize............	7	42	60	Saint-Martin.	1		1	2		1594	1	1882	2	2				1	3
Meaux...............	13	37	59	Saint-Joseph.							1	1878	1	2					2
Ronno	6	41	55	Saint-Martin.						1626		1889	1	2					2
id. (Les Mollières)..															1				
Saint-Vincent-de-Reins..	14	42	64	Saint-Vincent.		1		1		1692	1	1880	2	3					2

1. Il existe 2 écoles maternelles privées à Amplepuis, 1 à Cublize.

CANTON DE THIZY

La justice de paix de ce canton comprend les communes de : Thizy, Bourg-de-Thizy, La Chapelle-de-Mardore, Cours, Mardore, Marnand, Pont-Trambouze, Saint-Jean-la-Bussière et La Ville.

Sa population est de 21.279 habitants et sa superficie est de 8.900 hectares.

Ce canton est limité : au nord et à l'ouest, par celui de Belmont (Loire); au sud-ouest, par celui de Perreux (Loire); à l'est, par celui de Lamure; au sud-est et au sud, par celui d'Amplepuis.

Cette circonscription a été formée entièrement du Beaujolais, à l'exception de Saint-Jean-la-Bussière, qui était en Lyonnais.

Au point de vue religieux, les neuf paroisses de ce canton forment l'archiprêtré de Thizy.

Avant la Révolution, elles faisaient toutes partie du diocèse de Mâcon, archiprêtré de Beaujeu. Pont-Trambouze et La Ville n'existaient pas encore.

Au moment de la création des justices de paix, toutes les communes de ce canton ressortissaient à l'actuel canton de Thizy, à l'exception de Saint-Jean-la-Bussière, qui dépendait de celui d'Amplepuis. Il ne pouvait alors être question de Pont-Trambouze et de La Ville.

Ce canton occupe la partie montagneuse, à l'ouest de l'arrondissement de Villefranche. Son altitude varie entre 377 et 840 mètres.

Il est arrosé par la Trambouze et ses affluents dont les eaux sont tributaires du Reins.

Industrie : fabrication mécanique et à la main des tissus de laine et de coton, soies et bourrette, étoffes d'ameublement; teinture, apprêts, filature de déchets de soie, battage d'or et d'argent, cardes, etc.

Productions : céréales, foin, bois.

Le canton de Thizy ressortit au tribunal de commerce de Tarare, et au 7ᵉ corps d'armée.

Il fait partie du comice agricole de Tarare, de la 2ᵉ circonscription électorale de l'arrondissement, de l'inspection primaire des écoles de Tarare, etc.

Les armes de Thizy sont : D'or au chevron d'azur chargé en chef d'une macle d'argent.

Ce canton est plutôt industriel qu'agricole, cependant on rencontre quelques vallées assez fertiles dans les montagnes.

THIZY

Petite ville à 53 kilomètres de Villefranche et à 66 de Lyon, 4.892 habitants, 182 hectares.

Thizy est limité : au nord et au sud-est, par Marnand ; au sud, par Saint-Victor-sur-Reins (Loire) ; à l'ouest, par Bourg-de-Thizy.

Avant 1789, châtellenie du Beaujolais, diocèse de Mâcon,

archiprêtré de Beaujeu, élection de Villefranche. Cette paroisse était divisée en deux parties, la ville et le bourg (de Thizy).

Dans la ville, il y avait deux églises où l'on faisait les fonctions curiales, mais qui n'étaient que des annexes : Saint-Georges-du-Château, cette église était l'annexe de celle de Saint-Pierre, située au Bourg ; Notre-Dame, annexe de Marnand, était aussi desservie par un curé.

Il y avait à Thizy une communauté de Sœurs de la Charité et une confrérie de Pénitents du Saint-Sacrement.

La châtellenie de Thizy comprenait Saint-Pierre-du-Bourg, Saint-Georges-du-Château, Marnand, Notre-Dame-de-Thizy, Saint-Victor-sur-Reins et Combre. Le seigneur était M. Bissuel de Thizy.

Le nom de Thizy, aussi bien que celui du village de Theizé, rappelle, suivant l'abbé Jolibois, le nom grec de Thésée. Suivant Malte-Brun, au contraire, ce nom de même que celui de Theizé ferait supposer une colonie sarrasine, car la racine de ces deux noms veut dire en kabyle col. Or, Thizy aussi bien que Theizé se trouve bâti sur une éminence qui domine un col.

Thizy fut assiégé et pris par les Ligueurs en 1590.

Le château fut démoli sous le règne de Louis XIV.

La prospérité de Thizy remonte au commencement du XVIIIe siècle. Vers 1720, M. Étienne Mulsant y introduisit le tissage du coton. Ce fut une révolution complète dans le commerce des montagnes, où le haut prix des fils réduisait considérablement les bénéfices.

C'est à Thizy que fut exilé Lamoignon, à l'époque de la querelle des Parlements. Il y occupa la maison de la Platière, berceau de la famille Roland.

Jean-Marie Roland de la Platière naquit à Thizy le 19 janvier 1734 d'une famille distinguée mais sans fortune. Pour ne point embrasser l'état ecclésiastique, il abandonna la maison paternelle à 19 ans. Puis il vint à Rouen où il entra dans l'administration des manufactures et obtint la place d'inspecteur général à Amiens et ensuite à Lyon.

Après avoir fait plusieurs voyages, au commencement de la Révolution, il devint membre de la municipalité de Lyon, où il fonda un club affilié avec celui des Jacobins de Paris. En mars 1792, il fut porté au ministère de l'intérieur, mais n'ayant pu s'entendre avec Louis XVI celui-ci le renvoya.

Rappelé au ministère après le 10 août, il se lia avec les Girondins qui s'étaient séparés des Jacobins. Au 2 septembre il chercha à arrêter le sang et réclama avec énergie la destitution de la commune.

Bien qu'ayant signé, le 20 janvier 1793, l'ordre d'exécuter Louis XVI, son crédit diminuait à mesure que celui de la Montagne s'élevait. Le 31 mai, il fut proscrit avec ses amis politiques. Ayant appris à Rouen, où il s'était réfugié, la mort de sa femme, il se suicida dans cette ville le 16 novembre 1793 afin de ne pas survivre à sa compagne.

L'ancien canton de Thizy comprenait les communes de : Thizy, Bourg-de-Thizy, Chapelle-de-Mardore, Mardore, Cours, Marnand, Ranchal, Saint-Bonnet-le-Troncy, Saint-Vincent-de-Reins et Thel.

Aux termes de la loi du 22 juillet 1843, la superficie de cette commune a été augmentée de 165 hectares pris sur la commune de Marnand.

Climat tempéré, presque froid.

Terrain maigre. Il n'y a pas d'autre culture que les prairies.

Commune comprise dans le bassin de la Loire. Altitude 530 mètres.

L'industrie porte principalement sur la fabrication mécanique et à la main des tissus de coton, laine, soie et bourrettes, étoffes d'ameublement. Teintures, apprêts, filature de déchets de soie, battage d'or et d'argent faux.

Foires : 1er mercredi de chaque mois. Marché les mercrdi et samedi.

Chemins de grande communication N° 5 *bis* et d'intérêt commun N° 8.

BOURG-DE-THIZY

Bourg à 1 kilomètre de Thizy, 54 de Villefranche et 68 de Lyon, 4.405 habitants, 1.428 hectares.

Borné : au nord-est, par Pont-Trambouze ; à l'est, par Mardore, Marnand et Thizy ; au sud, par Saint-Victor-de-Reins ; à l'ouest, par Combre et Montagny ; au nord, par La Gresle. Ces quatre dernières communes sont dans le département de la Loire.

Avant la Révolution, prieuré et paroisse à 800 pas de la ville de Thizy, dans le Beaujolais. Le prieuré dépendait de l'abbaye de Cluny, et la justice de la châtellenie de Thizy ; le prieur nommait à la cure de Saint-Pierre et à celle de Marnand.

Il existait jadis dans ce bourg une confrérie du Saint-Esprit composée d'environ deux cents personnes dont les réunions avaient lieu dans un local appelé le Cénacle.

L'église, dont la fondation remonte au XIe siècle, appartenait à l'ancien prieuré de bénédictins.

On remarque encore sur le territoire de cette commune les anciens châteaux de la Traizette et de la Forêt.

Climat tempéré. Bassin de la Loire. Rivière de Trambouze.

Sol accidenté sans être montagneux. Altitude moyenne 480 mètres.

Terrain calcaire et argileux produisant des céréales et du foin.

Industrie : filature de soie ; cotonnades ; four à chaux.

Foires : 3e mardi d'avril et de juin.

Chemins de grande communication Nos 5 *bis*, 8 *bis* et 9, et d'intérêt commun N° 8.

LA CHAPELLE-DE-MARDORE

Village à 6 kilomètres de Thizy, 50 de Villefranche et 64 de Lyon, 533 habitants, 579 hectares.

Commune limitée : à l'est, par Saint-Vincent-de-Reins ; au sud-est, par Cublize ; au sud, par Marnand ; au nord-ouest, par Mardore.

Jadis annexe de la paroisse de Mardore, en Beaujolais, diocèse de Mâcon, archiprêtré de Beaujeu, dépendant de la justice de Courcenay.

Commune arrosée par la Trambouze.

Climat tempéré, un peu froid, 650 mètres d'altitude.

Commune vivifiée par les chemins d'intérêt commun N°s 6 et 44.

COURS

Bourg sur la Trambouze, à 10 kilomètres de Thizy, 60 de Villefranche et 74 de Lyon, 5.755 habitants, 1.921 hectares.

Communes limitrophes : au nord-est, La Ville, Thel et Saint-Vincent-de-Reins ; au sud, Mardore et Pont-Trambouze ; à l'ouest, deux communes de la Loire : Sevelinges et Le Cergne.

Avant la Révolution, village et paroisse dans le Beaujolais, diocèse de Mâcon, archiprêtré de Beaujeu, élection et du bailliage de Villefranche. Le prieur de Charlieu nommait à la cure. Le seigneur était, en 1789, le marquis de Chamron-Vichy.

Le cardinal Fesch vint se cacher à Cours à l'époque de l'invasion.

On remarque à Cours le vieux château d'Étiengues.

Le commerce du coton fut importé à Cours vers 1820 par Chapon aîné.

Commune arrosée par la Trambouze.

Altitude comprise entre 377 et 512 mètres.

Halte sur la ligne de Thizy.

Fabrique de couvertures, cotonnades, cardes, étoffes pour ameublements.

Foires : 1er lundi de chaque mois.

Marché hebdomadaire le lundi.

Outre la halte, la commune est encore vivifiée par le chemin de grande communication N° 8 *bis* et par les chemins d'intérêt commun Nos 6, 14 et 58.

MARDORE

Village à 7 kilomètres de Thizy, 54 de Villefranche et 68 de Lyon, 1.445 habitants, 1.331 hectares.

Commune limitée : au nord, par Cours ; à l'est, par Saint-Vincent-de-Reins ; au sud-est, par La Chapelle-de-Mardore ; au sud-ouest, par Marnand et Bourg-de-Thizy ; à l'ouest, par Pont-Trambouze.

Autrefois, paroisse dans le Beaujolais, diocèse de Mâcon, archiprêtré de Beaujeu, élection de Villefranche, justice du lieu et de Courcenay. Le chapelain de Saint-Vincent de Mâcon nommait à la cure, et le seigneur était le marquis de Foudras-Courcenay.

Il y avait dans la paroisse le fief de Chalatofrey, ancien fief avec rente noble ayant appartenu à Montrogier de Mardore, et l'ancien château en ruines de Courcenay ayant appartenu au marquis de Foudras-Courcenay.

Climat tempéré. Sol accidenté. Altitude 590 mètres.

Industrie : beaucoup de filatures de cotonnades.

Foires : 6 mai, 25 juin, 14 septembre.

Commune traversée par le chemin de grande communication N° 9, et par celui d'intérêt commun N° 6.

MARNAND

Village à 3 kilomètres de Thizy, 54 de Villefranche et 67 de Lyon, 1.163 habitants, 877 hectares.

Limites : au nord, Mardore ; au nord-est, La Chapelle-de-Mardore ; à l'est, Cublize ; au sud-est, Saint-Jean-la-Bussière ; à l'ouest, Saint-Victor-de-Reins (Loire), Thizy et Bourg-de-Thizy.

Sous l'ancienne monarchie, paroisse dans le Beaujolais, diocèse de Mâcon, archiprêtré de Beaujeu, élection de Villefranche, justice de Thizy. Le prieur de Thizy nommait à la cure, et le seigneur était l'écuyer M. Bissuel de Thizy.

Commune arrosée par la Drioule.

Climat tempéré. Altitude 600 mètres.

Sol granitique.

Industrie : fabrication de couvertures.

Foires : 25 mai, 25 octobre.

Commune desservie par les chemins de grande communication Nos 5 bis et 9, et par ceux d'intérêt commun Nos 6 et 44.

PONT-TRAMBOUZE

Village à 6 kilomètres de Thizy, 58 de Villefranche et 72 de Lyon, 789 habitants, 405 hectares.

Pont-Trambouze est limité : au nord, par Cours ; à l'est et au sud-est, par Mardore ; au sud, par Bourg-de-Thizy, et à l'ouest, par La Gresle (Loire).

Cette commune a été créée par la loi du 15 avril 1886, et formée d'une partie de celle de Bourg-de-Thizy, de celle de Mardore et de celle de Cours.

Climat tempéré. Collines dont l'altitude moyenne est de 500 mètres. Commune arrosée par la Trambouze.

Le sol produit des céréales et du bois.

Industries : carrières de pierres pour engravage et construction; fabrique de cotonnes, de couvertures et de molletons.

Station sur la ligne de Saint-Victor à Cours.

La seule artère importante de la commune est le chemin d'intérêt commun N° 8 *bis*.

SAINT-JEAN-LA-BUSSIÈRE

Bourg à 5 kilomètres de Thizy, 48 de Villefranche et 62 de Lyon, 1.284 habitants, 1553 hectares.

Commune limitée : au nord, par Marnand ; à l'est, par Cublize et Ronno ; au sud-est et au sud, par Amplepuis ; à l'ouest, par Saint-Victor-sur-Reins (Loire).

Jadis, paroisse en Lyonnais, diocèse de Mâcon, archiprêtré de Beaujeu, élection de Villefranche, justice de Sauzey. Le Chapitre de Saint-Vincent de Mâcon nommait à la cure, et le seigneur était, en 1790, le marquis de Sauzey.

Il est peu probable qu'il existe d'autre rapport que celui du nom entre cette commune et le jésuite Jean de Bussière, assez bon poète latin, qui naquit à Lyon en 1607 et non à Beaujeu ou à Villefranche, comme l'ont prétendu quelques biographes.

Il y avait dans cette paroisse, au siècle dernier, le château et fief avec rente noble et dîmes de Bostgrand, qui en 1790 appartenait à M. de Chavannes.

L'ancien fief de Chameyré a été le berceau d'une famille chevaleresque dont l'un des membres, Geoffroy de Chameyré, suivit Philippe-Auguste à la croisade de 1191.

Au moment de la création des justices de paix, Saint-Jean dépendait de celle d'Amplepuis.

Climat tempéré. Altitude 530 mètres.

Commune située sur le versant du Reins.

Le sol produit des céréales et du foin.

Industrie : cotonnade mécanique, oxfords, bourrettes, lainettes, mousseline grossière dite gara, à la main.

Foires : jeudi avant le 24 juin, 29 août.

Commune vivifiée par les chemins de grande communication N°s 5 *bis* et 13, et par celui d'intérêt commun N° 6.

LA VILLE

Ancien bourg de la commune de Cours, à 12 kilomètres de Thizy, 52 de Villefranche et 75 de Lyon, 1.013 habitants, 624 hectares.

Commune limitée : à l'est, par celle de Thel ; au sud, par celle de Cours ; à l'ouest, par celles de Le Cergne et d'Écoche (Loire), et au nord, par celle de Belmont (Loire.

Cette nouvelle circonscription a été érigée par une loi du 17 mai 1865, qui a partagé le territoire de la commune de Cours en deux parties égales dans le sens de l'est à l'ouest.

Les habitants de La Ville sont presque exclusivement adonnés à l'agriculture, tandis que Cours n'a qu'une population industrielle.

Climat tempéré. Le sol produit du seigle, des pommes de terre, de l'avoine, etc.

La Trambouze prend sa source sur le territoire de cette commune.

Industrie : fabrique de tissus de coton, couvertures.

Commune traversée par le chemin de grande communication N° 8 *bis*, et par celui d'intérêt commun N° 58.

COMMUNES.	POPULATION MUNICIPALE.			POPULATION comptée à part.	POPULATION totale.	SUPERFICIE.	RECETTES ordinaires.	DÉPENSES ordinaires.	PRODUIT des centimes.	VALEUR du centime.	CENTIMES pour DÉPENSES ordinaires et extraordinaires.			MONTANT de la dette.	REVENUS du Bureau de bienfaisance.	PERCEPTIONS.	POSTES ET TÉLÉGRAPHES.	ÉLECTEURS.
	Agglomérée.	Éparse.	Totale.								Nombre total.	Dont extraordinair	Durée des impositions extraordinair.					
Bourg-de-Thizy.......	2.160	2.241	4.401	4	4.405	1.428	16.243	16.242	19.238	212,82	101	33	1920	61.293	836	Thizy.	P.-T.	1.060
Chapelle-de-Mardore...	81	433	514	19	533	679	1.962	1.962	1.444	21,14	67	15	1917	13.470	310	id.	Thizy.	160
Cours.......	3.842	1.858	5.700	55	5.755	1.921	31.541	31.540	37.240	254,10	145	62	1920	251.217	1.005	id.	P.-T.	1.700
Mardore.....	163	1.242	1.405	40	1.445	1.381	5.264	5.206	4.177	51,05	72	10	1915	9.712	558	id.	Thizy.	470
Marnand....	116	1.032	1.148	15	1.163	877	3.528	3.528	2.877	46,32	62	6	1911	3.492	1.540	id.	id.	330
Pont-Trambouze.....	305	484	789		789	405	2.455	2.453	2.620	33,17	79	22	1920	29.006		id.	id.	248
Saint-Jean-la-Bussière...	239	1.043	1.282	2	1.284	1.553	4.840	4.840	2.758	91,90	31				341	Amplepuis.	Amplepuis.	465
Thizy.......	4.803		4.803	89	4.892	182	41.518	41.521	35.787	372,56	96	28	1919	103.310	2.592	Thizy.	P.-T.	1.330
Ville (La)...	258	732	990	23	1.013	624	2.887	2.886	2.554	27,84	90	19	1725	26.596	465	id.	Cours.	300
	11.967	9.065	21.032	247	21.279	8.990	110.238	110.179	108.640	111,08	750	195		500.162	7.715			

COMMUNES.	Distance de Thizy.	de Villefranche.	de Lyon.	FÊTES patronales.	Notaires.	PERSONNEL médical. Médecins.	Pharmaciens.	Sages-Femmes.	Vétérinaires.	État civil.	Caisse des écoles.	Fondation de la bibliothèque.	ÉCOLES publiques. Garçons (classes).	Filles (classes).	Mixtes.	Maternelles (classes).	ÉCOLES privées.[1] Garçons.	Filles.	Personnel ecclésiastique.
Thizy		53	66	Assomption.	2	3	2	2	1	1570	1	1882	4	3		1	1	1	✠ 3
Bourg-de-Thizy	1	54	68	id.					1	1617	1	1884	2	3		1		1	3
id. (Le Ronzy)										1890					1			1	
id. (Lafond)										1890					1				
La Chapelle-de-Mardore	6	50	64	Saint-Blaise.						1892		1885	1	2					2
Cours	10	60	74	Saint-Étienne.	1	1	3	4		1600	1	1887	5 4	5		1	1	1	4
Mardore	7	54	68	Saint-Laurent.					1	1689	1	1886	1	2			1		2
Marnand	3	54	67	Saint-André.						1892	1	1885	2	2					2
Pont-Trambouze	6	58	72	Saint-Vincent-de-Paul.						1886		1883	2	1					1
Saint-Jean-la-Bussière	5	48	62	Nativité St-Jean-Baptiste.					1	1599	1	1883	2	2					2
La Ville	12	59	75	Assomption.							1	1885	2	2				1	2

1. Il existe une école maternelle privée à Thizy et à Cours.

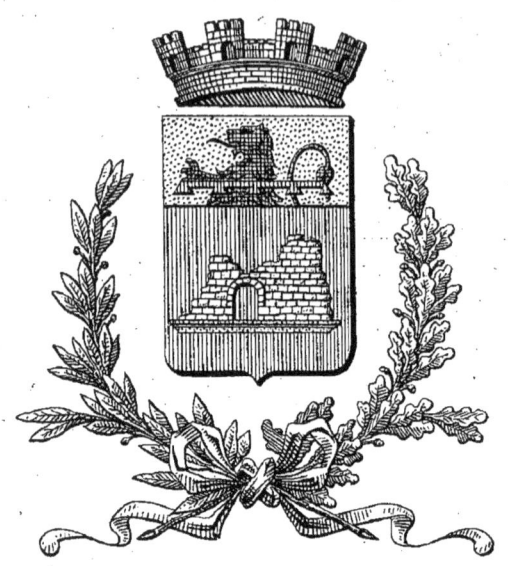

CANTON DE LAMURE-SUR-AZERGUES

Le canton de Lamure comprend les communes de : Lamure-sur-Azergues, Chambost-Allières, Chenelette, Claveisolles, Grandris, Poule, Ranchal, Saint-Bonnet-le-Troncy, Saint-Nizier-d'Azergues et Thel.

Sa population est de 13.432 habitants et sa superficie de 18.134 hectares.

Ce canton est borné : au nord, par celui de Monsols ; à l'est, par ceux de Beaujeu et de Villefranche ; au sud, par celui du Bois-d'Oingt ; au sud-ouest, par celui d'Amplepuis ; à l'ouest, par ceux de Thizy (Rhône) et de Belmont (Loire).

Toutes les communes de cette circonscription faisaient autrefois partie du Beaujolais.

En 1790, celles de Lamure, Chambost-Allières, Grandris et Saint-Nizier-d'Azergues ressortissaient à la justice de paix de Chamelet ; celles de Chenelette, Claveisolles et Poule du canton de Beaujeu, et celles de Ranchal, Saint-Bonnet-le-Troncy et Thel, de celui de Thizy.

L'archiprêtré de Saint-Nizier-d'Azergues comprend les douze paroisses du canton de Lamure. Avant la Révolution, à l'exception de Chambost-Allières, qui faisait partie de l'archiprêtré de l'Arbresle, toutes les autres ressortissaient à l'archiprêtré de Beaujeu, diocèse de Mâcon.

Le canton de Lamure appartient presque en entier au bassin du Rhône, par l'Azergues ; les seules communes de Ranchal, Thel, Saint-Bonnet-le-Troncy et une partie de celle de Grandris appartiennent au bassin de la Loire par le Reins.

Ce territoire est à une altitude élevée, comprise entre 540 et 973 mètres (Mont Arjoux).

Ce canton est essentiellement agricole. Il produit des céréales, des tubercules, du bois, de l'excellent fourrage, mais peu de vin.

Les principales industries sont : les fabriques de tissus et soieries, à Grandris, à Poule, à Ranchal, à Saint-Nizier-d'Azergues ; les broderies, à Grandris et à Saint-Nizier-d'Azergues, etc. A Poule, il y a une ancienne mine de plomb argentifère.

Ce canton ressortit au 7e corps d'armée, au tribunal de commerce de Tarare.

Il fait partie de la 2e circonscription électorale de l'arrondissement, du comice agricole du Haut-Beaujolais, et de l'inspection primaire des écoles de Villefranche.

Les armes de Lamure sont : De gueules à la mure d'argent maçonnée de sable, soutenue d'or au chef de Beaujeu.

Le canton de Lamure est montagneux et froid, peu adonné à l'industrie.

LAMURE-SUR-AZERGUES

Bourg à 30 kilomètres de Villefranche et à 52 de Lyon, 1.329 habitants, 1570 hectares.

Limites : au nord, Claveisolles ; à l'est, Vaux ; au sud, Saint-

Cyr-le-Chatoux et Chambost-Allières; à l'ouest, Grandris et Saint-Nizier-d'Azergues.

Avant la Révolution, annexe de la paroisse de Claveisolles, en Beaujolais, archiprêtré de Beaujeu, justice de Pramenoux, du ressort de la sénéchaussée de Villefranche; le seigneur du clocher et de Pramenoux était le marquis de Langhac.

Aux Arnauds est une chapelle dédiée à Saint-Roch, dont la construction remonte à l'année 1550.

Cette commune a donné son nom à une ancienne famille, qui s'établit dans le Forez et de laquelle était issu l'historien Jean de Lamure, auteur de l'*Histoire des ducs de Bourbon et des comtes de Forez*.

Lamure, qui a été constituée gîte d'étape par décision ministérielle du 17 novembre 1888, fit autrefois partie de l'éphémère canton de Chamelet.

Climat tempéré. Altitude comprise entre 500 et 780 mètres.

Commune arrosée par l'Azergues et son affluent la Boconne.

Station sur la ligne de Givors à Paray-le-Monial.

Productions : céréales, bois.

Foires : 12 janvier, 5 février, 5 mars, 25 avril, 22 juillet, 23 novembre, mardi avant Noël. Marché hebdomadaire le samedi.

Commune vivifiée par : la voie ferrée Givors-Paray; les chemins de grande communication N°s 5 *bis*, 7 *bis*, 9 et 23, et par ceux d'intérêt commun N°s 12 et 62.

CHAMBOST-ALLIÈRES

Village à 6 kilomètres de Lamure, 25 de Villefranche et 47 de Lyon, 821 habitants, 1.409 hectares.

Communes limitrophes : au nord, Lamure et Saint-Cyr-le-Chatoux; à l'est, Rivollet; au sud, Létra, Chamelet et Saint-Just-d'Avray; à l'ouest, Grandris.

Anciennement paroisse, château et seigneurie dans le Beaujolais, archiprêtré de L'Arbresle, élection et bailliage de Villefranche. L'archevêque de Lyon était collateur de la cure. Seigneur, M. de Tris, seigneur de Montbellet.

Allières était un gros hameau avec chapelle succursale de Chambost-sur-Azergues, en Beaujolais.

En 1790, Chambost ressortissait au canton de Chamelet.

Commune arrosée par l'Azergues et quelques-uns de ses petits affluents.

Altitude moyenne 500 mètres.

Foires : 4 janvier, 22 février, veille des Rameaux, 12 mai, 29 juin, 1er août, 10 septembre, 9 octobre, 15 novembre, 12 décembre. Marché le samedi.

Commune vivifiée par : la ligne de Givors-Paray, les chemins de grande communication Nos 5 bis et 7 bis, et celui d'intérêt commun No 66.

CHENELETTE

Village à 13 kilomètres de Lamure, 35 de Villefranche et 66 de Lyon, 587 habitants, 1.107 hectares.

Commune limitée : à l'est, par celle des Ardillats, du Vernay et de Saint-Didier-sur-Beaujeu ; au sud-ouest, par celle de Poule ; à l'ouest et au nord, par celle de Propières.

Sous le régime féodal, bourg, paroisse, château et seigneurie dans le Beaujolais, diocèse de Mâcon, archiprêtré de Beaujeu, élection de Villefranche. Le sacristain de Cluny nommait à la cure. Au siècle dernier, le seigneur était Jean-Baptiste Agniel de Chenelette, qui se distingua au siège de Lyon en qualité de lieutenant-colonel d'artillerie sous les ordres de Précy.

Sur le sommet de la montagne nommée Tourvéon ou Torvéon, en patois Tourvayon, nom qu'on a voulu faire dériver de Turrens vehens ou Turres validæ, mais dont l'origine est plus probablement celtique, car Thor était le nom d'un des principaux dieux gaulois. D'après la légende, sur cette montagne s'élevait une forteresse nommée le château de Ganelon dont les seigneurs s'étaient déclarés les ennemis du royaume et répandaient l'effroi dans les contrées environnantes. D'un immense bâtiment flanqué de deux énormes tours dont ce château était composé, on ne distingue plus que des portions de voûtes, de caveaux et un puits dans le fossé.

Le prince Ganelon, le dernier seigneur de cette maison, s'étant notamment rendu le fléau de la contrée, fut pris au retour d'une de ses excursions de pillage. La chronique dit qu'on le conduisit pieds et poings liés aux murs de Tourvéon; là, on l'enferma dans un tonneau dont on avait garni les parois de pointes aiguës et de lames tranchantes et on laissa rouler le tonneau sur le flanc de la montagne jusque dans la vallée. Ce fut, dit-on, une application de la loi du talion. Ganelon aurait souvent traité de cette manière ses prisonniers.

Le château de Chenelette appartient encore aux descendants de l'ancien seigneur.

Cette commune fit un moment partie du canton de Beaujeu.

Climat froid et humide. Pays arrosé par l'Azergue et l'Ardières. Altitude comprise entre 500 et 853 mètres.

Sol argileux renfermant des mines de plomb et de soufre inexploitées.

Productions : céréales, foin et bois.

Foires : 16 janvier, 16 février, 24 mars, 17 avril, 16 mai, 1er et 16 juin, 16 et 29 juillet, 14 août, 21 septembre, 4 et 27 octobre, 11 et 25 novembre, 16 décembre.

Commune assise sur les chemins de grande communication Nos 4 bis et 23.

CLAVEISOLLES

Bourg à 5 kilomètres de Lamure, à 35 de Villefranche et à 57 de Lyon, 1.181 habitants, 2.834 hectares.

Orientation de ses limites : au nord et au nord-ouest, Poule ;

à l'est, Saint-Didier-sur-Beaujeu, Marchampt et Le Perréon ; au sud, Lamure ; à l'ouest, Saint-Nizier-d'Azergues.

Jadis paroisse dans le Beaujolais, diocèse de Mâcon, archiprêtré de Beaujeu, bailliage de Villefranche, justice de Beaujeu. Le prieur de Saint-Nizier-d'Azergues nommait à la cure, et le duc d'Orléans était seigneur du pays.

Le nom primitif de Claveisolles était Clauveyson. Les familles de Thy et de Viry en sont originaires.

En 1790, Claveisolles ressortissait à la justice de paix de Beaujeu.

Climat relativememt froid, pays montagneux, arrosé par la rivière de Claveisolles, affluent de l'Azergues. Altitude comprise entre 400 et 690 mètres, mais il y a des hauteurs, telles que le Soubran, qui atteignent près de 900 mètres.

Terrain siliceux et argileux.

Commune essentiellement agricole. On y fait beaucoup d'élevage de bestiaux. Il n'y a pas d'industrie.

Foires : 20 mai, 11 août.

Commune traversée par la voie ferrée de Givors à Paray, et par les chemins de grande communication N°s 9 et 23 et par celui d'intérêt commun N° 38.

GRANDRIS

Village à 4 kilomètres de Lamure, 28 de Villefranche et 51 de Lyon, 2.030 habitants, 1.558 hectares.

Grandris est limité : au nord, par Saint-Nizier-d'Azergues ; au nord-est, par Lamure ; au sud-est, par Chambost-Allières ; au sud, par Saint-Just-d'Avray ; au sud-ouest, par Cublize, et à l'ouest, par Meaux.

Sous l'ancien régime, paroisse dans le Beaujolais, diocèse de Mâcon, archiprêtré de Beaujeu, justice de Chamelet, et de Magny, pour le canton de Gondras, élection et du ressort de la sénéchaussée de Villefranche ; l'abbé de Cluny nommait à la cure. Le seigneur était Burtin de Chamelet.

Il y avait deux fiefs sur son territoire : La Gardette, ancien château, qui dépendait de la seigneurie de Pramenoux et qui appartenait au marquis de Langhac, et celui de Nuizière, qui appartenait à M. Lièvre.

Au moment de la Révolution, Grandris fut rattaché au canton de Chamelet.

Commune arrosée par l'Azergues. Altitude moyenne 500 mètres.

Productions agricoles : vin, céréales, bois.

Industrie : fabrique de tissus et soieries, corsets, broderies.

Foires : 6 juin, 7 décembre. Marché le jeudi.

Grandes voies : chemins de grande communication N°s 5 *bis* et 7 *bis*, et chemin d'intérêt commun N° 12.

POULE

Bourg à 12 kilomètres de Lamure, 41 de Villefranche et 64 de Lyon, 1.928 habitants, 3.123 hectares.

Commune limitée : à l'est, par Chenelette et Saint-Didier-sur-Beaujeu ; au sud, par Claveisolles et Saint-Nizier-d'Azergues ; à l'ouest, par Ranchal (Rhône) et Belleroche (Loire) ; au nord-ouest, par Propières.

Avant la Révolution, château et seigneurie en Beaujolais, diocèse de Mâcon, archiprêtré de Beaujeu, élection de Villefranche et du ressort de la prévôté de Beaujeu. Le prieur de Charlieu nommait à la cure et le seigneur était le duc d'Orléans.

Le château de Fougère, construit au XIIIe siècle, était un fief sans justice.

Il y avait autrefois à Poule un prieuré de bénédictins qui fut mis en 954, par saint Mayeul, abbé de Cluny, sous la protection de Humbert de Beaujeu.

Il y avait aussi un château-fort considérable, aujourd'hui converti en ferme.

C'est au hameau de la Nuisière, près la branche orientale de l'Azergues, que se trouvait le château d'hiver du prince de Ganelon dont les ruines ont été mises à découvert par une coupe qui s'est faite dans la forêt de sapin où il est situé.

Poule fit un moment partie du canton de Beaujeu.

Territoire arrosé par l'Azergues. Altitude moyenne 600 mètres. Vers le Bois d'Ajoux, elle est de 973 mètres.

Productions : céréales et bois de construction.

Ancienne mine de plomb argentifère.

Foires : le dernier jeudi de chaque mois.

Station sur la ligne ferrée Givors-Paray.

Grandes artères : chemins de grande communication N°s 4 bis, 7 bis, 10 et 23.

RANCHAL

Village à 14 kilomètres de Lamure, 44 de Villefranche et 66 de Lyon, 1.156 habitants, 1.510 hectares.

Limité : au nord, par Belmont et Belleroche (Loire) ; à l'est, par Poule, Saint-Nizier-d'Azergues ; au sud, par Saint-Bonnet-le-Troncy et Saint-Vincent-de-Reins ; à l'ouest, par Thel et La Ville.

Au moment de la Révolution, paroisse dans le Beaujolais, diocèse de Mâcon, archiprêtré de Beaujeu, élection de Villefranche, justice de Cublize et de Magny. Le prieur de Thizy nommait à la cure. La dame était la marquise de Vauban.

Il y avait dans la paroisse le fief de Montpinet appartenant à M. Gonet, dont la justice comprenait une partie de Ranchal.

En 1790, Ranchal fut rattaché au canton de Thizy.

Commune arrosée par un affluent du Reins.

Altitude comprise entre 600 et 820 mètres.

Industrie : tissage et filage de coton.

Foires : mardi après le dimanche de la Passion, 29 avril, mardi de la Pentecôte, dernier samedi de juin, d'août et d'octobre.

Commune desservie par le chemin de grande communication N° 10, et par ceux d'intérêt commun N°s 14 et 54.

SAINT-BONNET-LE-TRONCY

Village à 10 kilomètres de Lamure, 39 de Villefranche et 62 de Lyon, 992 habitants, 1.565 hectares.

Les communes de Saint-Vincent-de-Reins au nord et à l'ouest, de Meaux au sud et de Saint-Nizier-d'Azergues à l'est, délimitent Saint-Bonnet-le-Troncy.

Autrefois paroisse dans le Beaujolais, diocèse de Mâcon, archiprêtré de Beaujeu, élection de Villefranche, justice de Beaujeu, et pour quelques cantons de Magny et Chamelet, du ressort du bailliage de Villefranche ; le prévôt de Mâcon nommait à la cure. Les seigneurs étaient le duc d'Orléans, la marquise de Vauban et Burtin de Chamelet.

La famille de Benoît Troncy ou du Troncy, secrétaire de la ville de Lyon vers la fin du XVIe siècle et auteur du *Formulaire récréatif*, était peut-être originaire de cette commune.

Au moment de la création des cantons, Saint-Bonnet-le-Troncy fit partie du canton de Thizy.

Altitude élevée variant entre 651 et 800 mètres.

Territoire arrosé par la rivière de Bonson, affluent du Reins.

Foires : le 2e mardi de mars, avril, mai, juin, septembre et octobre.

Commune traversée par les chemins de grande communication N°s 9 et 10, et par ceux d'intérêt commun N°s 44 et 54.

SAINT-NIZIER-D'AZERGUES

Bourg à 5 kilomètres de Lamure, 34 de Villefranche et 57 de Lyon, 2.563 habitants, 2.423 hectares.

Limité : au nord, par Poule ; au sud, par Grandris et Lamure ; à l'est, par Claveisolles, et à l'ouest, par Saint-Bonnet-le-Troncy et Ranchal.

Sous le régime féodal, prieuré et paroisse dans le Beaujolais, diocèse de Mâcon, archiprêtré de Beaujeu, élection de Villefranche. Le prieur du lieu nommait à la cure ainsi qu'à celle de Claveisolles, et le seigneur était le comte de la Porte, qui fit construire, au siècle dernier, l'église succursale dans le voisinage de son château de la Porte.

L'ancien fief de Fougère est aujourd'hui sur la commune de Poule, et celui de Pramenoux, qui était sur la paroisse de Lamure, est aujourd'hui sur la commune de Saint-Nizier. Sa justice comprenait une partie de cette paroisse et de celle de Lamure.

Ce château a appartenu dans ce siècle au vicomte de Secleau, qui fut sénateur, et il est aujourd'hui en la possession de M. Baure.

Saint-Nizier ressortissait en 1790 au canton de Chamelet.

Climat froid. Commune arrosée par l'Azergues, qui reçoit sur son territoire le ruisseau d'Orvel, au nord, le Cury qui passe au bourg, la Cascade et le Lyzeran, au sud.

Sol granitique et surtout calcaire. Altitude moyenne 500 mètres. (Le bourg est à 560).

Productions : céréales, bois de sapin surtout.

Industrie : tissage en boutique de la cotonne par environ 200 ouvriers tisseurs à la main. Broderies à la main (300 ouvrières).

Foires : 20 mars, 20 avril, 20 mai, 20 juin, 20 octobre, 22 novembre. Marché le samedi.

Commune vivifiée par les chemins de grande communication Nos 7 bis et 9, et par ceux d'intérêt commun Nos 12 et 54.

THEL

Village à 18 kilomètres de Lamure, 47 de Villefranche et 69 de Lyon, 855 habitants, 1.035 hectares.

Ses limites sont : au nord et à l'est, Ranchal; au sud-est, Saint-Vincent-de-Reins ; à l'ouest, Cours et La Ville.

Autrefois paroisse dans le Beaujolais, diocèse de Mâcon, archiprêtré de Beaujeu, élection de Villefranche, justice du Magny et de Beaujeu ; le prieur de Charlieu nommait à la cure. Les seigneurs étaient pour partie le duc d'Orléans et la marquise de Vauban.

Au siècle dernier, Thel fit partie du canton de Thizy.

Climat froid. Altitude comprise entre 720 et 907 mètres. Bassin de la Loire, ruisseau le Reins.

Terrain argileux produisant principalement le seigle, le froment et les pommes de terre.

Le chemin de grande communication N° 10 et ceux d'intérêt commun Nos 14 et 58 desservent cette commune.

| COMMUNES | POPULATION MUNICIPALE | | | POPULATION comptée à part. | POPULATION totale. | SUPERFICIE | RECETTES ordinaires. | DÉPENSES ordinaires. | PRODUIT des centimes. | VALEUR du centime. | CENTIMES pour DÉPENSES ordinaires et extraordinaires. | | | MONTANT de la Dette. | REVENUS du Bureau de Bienfaisance. | PERCEPTIONS | POSTES ET TÉLÉGRAPHES | ÉLECTEURS |
	Agglomérée.	Éparse.	Totale.								Nombre total.	Dont extraordinaires.	Durée des impositions extraordinaires.					
Chambost-Allières..	270	548	818	3	821	1.400	3.776	3.772	3.880	44,50	53	16	1918	8.011	189	Lamure.	Grandris.	250
Chenelette..	175	412	587		587	1.107	1.803	1.804	941	37,71	25	15	1912	1.710	903	id.	Échermeaux (Poule)	210
Claveisolles.	254	856	1.110	71	1.181	2.684	3.278	3.282	1.796	57,96	30	1	1916	845	755	id.	Lamure.	300
Grandris ...	1.009	986	1.995	25	2.020	1.558	5.506	5.499	4.870	68,25	71	28	1920	54.281	1.383	id.	P.-T.	600
Lamure-sur-Azergues.	628	606	1.234	95	1.329	1.670	6.662	6.661	4.542	61,01	74	10	1904	3.689	405	id.	P.-T.	380
Poule......	359	1.564	1.923	5	1.928	3.123	8.886	8.890	4.681	104,23	45	2	1928	5.454	515	id.	Échermoaux	510
Ranchal....	262	863	1.125	31	1.156	1.510	2.358	2.359	1.733	40,46	42				780		id.	880
St-Bonnet-le-Troncy.	351	641	992		992	1.565	3.426	3.869	2.246	43,94	51	13	1909	7.685	83	St-Vincent-de-Reins. id.	Lamure.	840
Saint-Nizier-d'Azergues	230	1.278	1.508	1.055	2.563	2.423	4.651	4.646	2.721	59,85	45				714	Lamure.	id.	450
Thel.......	792	59	851	4	855	1.035	3.196	3.191	2.996	31,91	90	24	1918	30.484	206	St-Vincent.	Cours.	290
	4.330	7.813	12.143	1.289	13.432	18.184	43.632	43.563	29.896	549,92	526	100		114.109	5.933			

COMMUNES	Distance.			FÊTES PATRONALES.	Notaires.	PERSONNEL médical.				État civil.	Caisse des Écoles.	Fondation de la bibliothèque.	ÉCOLES publiques.				ÉCOLES privées.		Personnel ecclésiastique.
	de Lamure	de Villefranche	de Lyon			Médecins.	Pharmaciens.	Sages-Femmes.	Vétérinaires.				Garçons (classes).	Filles (classes).	Mixtes.	Maternelles (classes).	Garçons.	Filles.	
Lamure-sur-Azergues		30	52	Saint-Martin.	1	1	1	1		1650	1	1892	2	2			1		2
Chambost-Allières	6	25	47	Saints-Pierre et Paul.						1685	1		1	1					1
id. (Allières)				id.											1				1
Chenelette	13	35	66	Sainte-Madeleine.						1650	1	1884	1	1			1	1	1
Clavoisolles	5	35	57	Saint-Laurent.						1651	1	1891	2	2				1	2
Grandris	4	28	51	Assomption.		1	1	1				1864	2	3			1	2	2
Poule	12	41	64	Saint-Martin	1			1		1605	1	1865	3	3					2
id. (Lafond)				Saint-Isidore.															1
Ranchal	14	44	66	Saint-Martin.				1		1687	1		1	2			1		2
Saint-Bonnet-le-Troncy	10	39	62	Saint-Bonnet.	1			1		1654			1	1				1	2
Saint-Nizier-d'Azergues	5	34	57	Saint-Nizier.				1		1670	1	1891	2	2					✠ 2
Thel	18	47	69	Saint-Pierre.				1		1680		1891	1	2			1		2

CANTON DE MONSOLS

La justice de paix du canton de Monsols comprend les communes de : Monsols, Aigueperse, Azolette, Cenves, Ouroux, Propières, Saint-Bonnet-des-Bruyères, Saint-Christophe, Saint-Clément-de-Vers, Saint-Igny-de-Vers, Saint-Jacques-des-Arrêts, Saint-Mamert et Trades.

Ce canton, situé à l'extrémité septentrionale du département, est limitrophe : au nord, avec ceux de Matour et de Tramayes, dans le département de Saône-et-Loire ; à l'est, avec ceux de Mâcon et de La Chapelle-de-Guinchay, même département; au sud-est, avec ceux de Lamure et de Beaujeu (Rhône) ; à l'ouest, avec ceux de Belmont (Loire), de Chauffailles et de La Clayette (Saône-et-Loire).

Il a été formé entièrement du Beaujolais, moins une partie de Saint-Igny-de-Vers, qui était en Bourgogne.

En 1793, Aigueperse, Azolette, Propières, Saint-Bonnet-des-Bruyères et Saint-Igny-de-Vers formèrent le canton de Saint-Bonnet-des-Bruyères. Ouroux dépendait de celui de Beaujeu, les autres communes ressortissaient à la justice de paix de Monsols. La commune de Saint-Clément-de-Vers n'existait pas encore.

Les quatorze paroisses de ce canton forment l'archiprêtré de Monsols. Au siècle dernier, Aigueperse, Monsols, Propières, Saint-Bonnet-des-Bruyères, Saint-Christophe, Saint-Igny-de-Vers, Saint-Mamert et Trades ressortissaient à l'archiprêtré de Bois-Sainte-Marie, diocèse d'Autun ; Cenves, Ouroux, Saint-Jacques-des-Arrêts à celui de Vauxrenard, diocèse de Mâcon ; Azolette dépendait du même diocèse, mais de l'archiprêtré de Beaujeu. Il ne pouvait encore être question de Saint-Clément-de-Vers.

Population 10.029 habitants, superficie 18.973 hectares.

Ce canton appartient au bassin de la Loire par le Sornin et, par la Grosne, à celui du Rhône.

Le roi des sommets des montagnes du département, le Mont Saint-Rigaud (1.012 mètres), appartient au canton de Monsols. L'altitude la plus basse de ce territoire dépasse encore 500 mètres.

Le canton de Monsols produit peu de vin, mais il abonde en productions agricoles telles que le blé, le seigle, les pommes de terre, les noix, les châtaignes, etc. Bois de chauffage et de construction, etc. Élevage du porc.

Le tissage du coton et de la soie est pratiqué à Propières et à Saint-Igny. L'industrie cantonale comporte encore la fabrication des échelles, des râteliers, des cuviers, etc.

Le canton de Monsols peut s'enorgueillir à juste titre d'avoir été pendant bien longtemps l'unique pépinière pour le recrutement des instituteurs du département et, parmi eux, un certain nombre se sont fait une place honorable dans les annales de l'Enseignement.

Cette division territoriale ressortit au tribunal de commerce de Villefranche et au 7e corps d'armée.

Elle fait partie du comice agricole du Haut-Beaujolais, de la 1re circonscription électorale de l'arrondissement et de l'inspection primaire des écoles de Villefranche.

Les armes de Monsols sont : D'azur à la montagne d'argent accostée d'un soleil d'or mouvant de dextre, au chef de Beaujeu.

Le canton de Monsols a un climat rigoureux. Ses habitants sont généralement sobres et très laborieux.

MONSOLS

Bourg, chef-lieu de canton, à 38 kilomètres de Villefranche et à 67 de Lyon, 1.045 habitants, 1.952 hectares.

Limité : à l'est, par Ouroux; au sud, par Les Ardillats; à l'ouest, par Propières et Saint-Igny-de-Vers ; au nord, par Saint-Bonnet-des-Bruyères et Saint-Christophe.

Avant la Révolution, paroisse dans le Beaujolais, diocèse d'Autun, archiprêtré de Bois-Sainte-Marie, élection de Villefranche, justice de Beaujeu et de Chevagny-le-Lombard ; le sacristain de Cluny nommait à la cure.

On remarque dans cette commune la montagne de Saint-Rigaud, l'une des plus hautes de la contrée (1.012 mètres). Son nom lui vient d'un ancien prieuré[1] de moines, dépendant de Cluny, qui était situé sur son sommet et dont les substructions sont encore visibles. On y trouve une fontaine célèbre du temps des moines par les fréquents pèlerinages qu'y faisaient les femmes stériles, qui voulaient être fécondes.

L'ancien canton de Monsols comprenait les communes de : Monsols, Saint-Pierre-le-Vieux, Trades, Gremolles, Saint-Christophe, Saint-Mamert, Saint-Jacques-des-Arrêts, Cenves et Burnezay.

Le sol sablonneux produit des céréales.

Pays arrosé par la Groche ; bassin du Rhône.

1. Ce prieuré était complètement distinct de l'importante abbaye de Saint-Rigaud, située en Brionnais sur le territoire actuel de la commune de Ligny.

Foires : lundi avant la Purification, 2ᵉ mardi de mai et août, lundi avant la Toussaint. Marché le samedi.

Commune vivifiée par les chemins de grande communication Nᵒˢ 5, 15 bis, 18, 22 et 23.

AIGUEPERSE

Bourg à 14 kilomètres de Monsols, 52 de Villefranche et 81 de Lyon, 915 habitants, 1.277 hectares.

Commune bornée : au nord, par celles de Gibles et de Matour (Saône-et-Loire) ; à l'est, par cette dernière et celle de Saint-Bonnet-des-Bruyères ; au sud, par celle-ci et celles de Saint-Igny-de-Vers et de Saint-Clément ; à l'ouest, par celles de Saint-Racho et de Chatenay (Saône-et-Loire).

Au siècle dernier, seigneurie, chapitre et annexe de la paroisse de Saint-Bonnet-des-Bruyères, diocèse d'Autun, archiprêtré de Bois-Sainte-Marie, élection de Villefranche. Le bourg seulement était de la justice du Chapitre. L'église collégiale où l'on faisait les fonctions curiales était sous le titre de Notre-Dame. Le Chapitre élisait le doyen, et l'évêque d'Autun avait le droit de confirmer ou d'infirmer l'élection. Tous les autres canonicats étaient à la nomination du Chapitre, excepté le canonicat-cure de Dun-le-Roi, auquel l'évêque d'Autun avait droit de nommer. Le Chapitre était composé de 12 chanoines. Il y avait trois juridictions seigneuriales en toute justice dans l'enceinte de la paroisse : Aigueperse, Chevagny-le-Lombard et Musery. Seul le bourg était de la juridiction du Chapitre, le surplus de la paroisse était de Chevagny-le-Lombard.

Un hôpital fut fondé à Aigueperse en l'année 1100 par Archimbault le Blanc. En 1672, la chapelle de Saint-Arnulfe, dans l'ancien hôpital d'Aigueperse, étant tombée en ruines, le tombeau du saint fut transporté dans l'église paroissiale, à côté de l'autel Sainte-Madeleine. Cette église avait été érigée en collégiale au mois de décembre 1288 par Hugues d'Arcy, évêque d'Autun, pendant la vacance du siège de Lyon.

Près de ce bourg est situé l'ancien château de Chevagny-le-Lombard, ancien fief des sires de Beaujeu, donné en 1331 en apanage avec Thel, Ranchal et Amplepuis à Guillaume d'Amplepuis, second fils de Guichard VI, sire de Beaujeu. Ce château était possédé au xviie siècle par la famille de Rébé.

En 1790, cette commune fut rattachée au canton de Saint-Bonnet-des-Bruyères.

Elle est arrosée par le ruisseau de Croix et quelques-uns de ses affluents.

Altitude moyenne 500 mètres.

Foires : 16 janvier, 1er mars, 26 avril, 17 mai, 11 juin, 23 juillet, 2 septembre, 3 octobre, 28 novembre, 23 décembre.

Commune assise sur les chemins de grande communication N°s 5 et 15 bis, et celui d'intérêt commun N° 16.

AZOLETTE

Village à 15 kilomètres de Monsols, 44 de Villefranche et 70 de Lyon, 366 habitants, 417 hectares.

Communes limitrophes : au nord et à l'ouest, Saint-Germain-la-Montagne (Loire); au sud, Belleroche; à l'ouest, Propières.

Avant 1789, paroisse et seigneurie avec haute justice dans le Beaujolais, archiprêtré de Beaujeu; l'abbé de Saint-Rigaud nommait à la cure. Le seigneur était M. de la Croix d'Azolette.

Sous la Révolution, cette commune était du canton de Saint-Bonnet-des-Bruyères.

Patrie de Nicolas-Augustin de Lacroix d'Azolette, d'abord évêque de Gap, puis archevêque d'Auch et enfin chanoine titulaire de premier ordre au chapitre de Saint-Denis; il était né le 15 juillet 1779, et est décédé à Lyon chez les Missionnaires des Chartreux, le 12 juin 1861.

Bassin de la Loire. Altitude 590 mètres.

Sol granitique et siliceux produisant des céréales.

Territoire traversé par le chemin de grande communication N° 10.

CENVES

Village à 16 kilomètres de Monsols, 40 de Villefranche et 70 de Lyon, 957 habitants, 2.629 hectares.

Cette commune est limitée : au nord, par Serrières (Saône-et-Loire) ; à l'est, par Vergisson, Solutré et Chasselas (Saône-et-Loire) ; au sud, par Saint-Vérand, Pruzilly (Saône-et-Loire), Juliénas et Jullié (Rhône) ; au sud-ouest, par Saint-Jacques-des-Arrêts, et à l'ouest, par Germolles et Tramayes (Saône-et-Loire).

Au moment de la Révolution, paroisse, chatellenie et seigneurie dans le Beaujolais, diocèse de Mâcon, archiprêtré de Vauxrenard, élection de Villefranche. La dame était Mme Charrier de la Roche.

Au commencement du XIIIe siècle, la terre de Cenves, qui dépendait du Mâconnais, fut cédée par Guillaume, comte de Mâcon, au sire de Beaujeu pour se libérer de 500 sols qu'il tenait en fief de lui.

Commune aux trois quarts couverte de bois, arrosée par la petite Grosne.

Altitude variant entre 600 et 700 mètres.

Foires : 25 janvier, mardi après Pâques et la Pentecôte, 12 et 30 juin, 22 juillet, 29 août, 7 octobre.

Cenves est desservi par le chemin de grande communication N° 17, et par ceux d'intérêt commun N°s 22 et 24.

OUROUX

Village à 8 kilomètres de Monsols, 36 de Villefranche et 65 de Lyon, 841 habitants, 2.071 hectares.

Son territoire est limité : au nord, par celui de Saint-Jacques-des-Arrêts et celui de Saint-Mamert ; à l'ouest, par ceux de Saint-Christophe et de Monsols ; au sud, par ceux des Ardillats et d'Avenas ; à l'est, par celui de Vauxrenard.

Sous l'ancien régime, paroisse dans le Beaujolais, diocèse de Mâcon, archiprêtré de Vauxrenard, élection de Villefranche, justice de Beaujeu pour les deux tiers de la paroisse, et, pour le reste, de celle d'Arcisse. Le prévôt de Saint-Pierre-lès-Mâcon nommait à la cure.

Situé sur l'ancienne route de Luna (Belleville) à Autun. Ouroux a dû avoir, à l'époque gallo-romaine, une certaine importance, attestée par les restes de constructions et de poteries romaines retrouvées chaque jour dans les terrains avoisinant le village.

C'est dans cette commune que se trouvait le château des Nagu, illustre maison du pays. Il en existe encore une tour. Un membre de cette famille, Henri de Nagu, se rendit à la croisade de 1240.

Les anciens fiefs d'Arcisse, de Grosbois, de la Carelle et de Montolieu se trouvaient aussi sur son territoire.

Ouroux fit un moment partie du canton de Beaujeu.

Commune arrosée par la petite Grosne, la Carelle, le ruisseau du Thel, etc.

Altitude variant entre 670 et 780 mètres.

Foires : 17 janvier, 29 avril, 20 juin, 25 août, 7 novembre.

Les chemins de grande communication N°s 18, 23 et 32 traversent cette commune.

PROPIÈRES

Bourg à 14 kilomètres de Monsols, 43 de Villefranche et 69 de Lyon, 1100 habitants, 1600 hectares.

Commune bornée au nord par Saint-Clément-de-Vers et Saint-Igny-de-Vers ; à l'est, par Monsols, les Ardillats et Chenelette ; au sud, par Poule (Rhône) et Belleroche (Loire) ; à l'ouest, par Azolette (Rhône) et Saint-Germain-la-Montagne (Loire).

Autrefois paroisse, chatellenie et seigneurie dans le Beaujolais, diocèse d'Autun, archiprêtré de Bois-Sainte-Marie, élection de Villefranche. Le chapelain d'Aigueperse nommait à la cure, à laquelle un des canonicats d'Aigueperse était uni. Le seigneur était, en 1790, le comte de la Poype.

C'est sur la limite des communes de Poule et de Propières qu'est située la fameuse roche d'Ajoux dont on fait dériver le nom d'ara jovis (autel de Jupiter). La surface de son sommet est horizontale et assez spacieuse pour permettre d'y danser une contredanse, plaisir que les habitants s'y procurent en été les jours de grandes fêtes.

En 1790, la commune de Propières fut rattachée au canton de Saint-Bonnet-des-Bruyères.

Sol siliceux produisant des céréales.

Élevage de bétail.

Bassin de la Loire. Territoire arrosé par le Sornin qui prend sa source à la roche d'Ajoux.

Altitude moyenne 600 mètres, mais le bois d'Ajoux atteint 1000 mètres au Mont-Monet.

Foires : lundi de Pâques, lundi de la Pentecôte, 8 septembre

Les chemins de grande communication N°s 4 bis et 10 traversent le territoire de cette commune, ainsi que celui d'intérêt commun N° 2.

SAINT-BONNET-DES-BRUYÈRES

Village à 10 kilomètres de Monsols, 48 de Villefranche et 77 de Lyon, 1076 habitants, 2103 hectares.

Ses limites sont : au nord, Matour (Saône-et-Loire) ; à l'est, Saint-Pierre-le-Vieux (Saône-et-Loire) et Monsols ; au sud, Monsols et Saint-Igny-de-Vers ; à l'ouest, Aigueperse.

Autrefois paroisse sur les confins du Beaujolais, diocèse d'Autun, archiprêtré de Bois-Sainte-Marie, élection de Villefranche, justice de Chevagny-le-Lombard, excepté les hameaux de Thelai et de Flacillière qui étaient de celle de la Bussière.

La cure était unie au doyenné d'Aigueperse.

En 1790, Saint-Bonnet était un chef-lieu de canton comprenant les communes de Saint-Bonnet-des-Bruyères, Saint-Igny-de-Vers, Propières, Aigueperse, Azolette, il prit sous la Révolution le nom de Bonnet-des-Bruyères.

Sol montagneux de nature argileuse, produisant des pommes de terre, du blé, du sarrasin, etc.

Altitude moyenne 600 mètres.

Industrie : Tissage du coton et de la soie.

Foires : 21 février, 30 avril, 20 août, 20 octobre.

Grandes voies : chemins de grande communication N°s 5 et 15 *bis*, et chemin d'intérêt commun N° 2.

SAINT-CHRISTOPHE-LA-MONTAGNE

Village à 6 kilomètres de Monsols, 44 de Villefranche et 73 de Lyon, 712 habitants, 1450 hectares.

Orientation de ses limites : au nord, Saint-Pierre-le-Vieux (Saône-et-Loire) et Trades (Rhône) ; à l'est, cette dernière commune, Saint-Mamert et Ouroux ; au sud, Monsols ; à l'ouest, Saint-Bonnet-des-Bruyères.

Au siècle dernier, paroisse dans le Beaujolais, diocèse d'Autun, archiprêtré de Bois-Sainte-Marie, élection de Villefranche, justice de Bacot ; l'abbé de Cluny nommait à la cure.

Climat froid. Territoire arrosé par la Grosne occidentale. Altitude moyenne 600 mètres.

Sol pierreux produisant du blé, des pommes de terre, des châtaignes, des céréales et du fourrage.

Élevage de porcs.

Foires : 20 janvier, 5 mars, 2 mai, 13 novembre.

Les seules voies importantes de communication de cette commune sont le chemin de grande communication N° 22, et le chemin d'intérêt commun N° 2.

SAINT-CLÉMENT-DE-VERS

Village à 14 kilomètres de Monsols, 49 de Villefranche et 75 de Lyon, 473 habitants, 881 hectares.

Cette commune, limitée au nord-ouest par celle de Saint-Racho (Saône-et-Loire) ; à l'ouest, par celle d'Anglure-sous-Dun et Chauffailles (Saône-et-Loire) ; au sud, par celles de Saint-Germain-la-Montagne (Loire) et Propières (Rhône) ; à l'est, par Saint-Igny-de-Vers.

A la Garde, on remarque un ancien château qui remonte au XVe siècle.

Sol montagneux en partie pierreux. Altitude 600 mètres.

Bassin de la Loire par le Sornin.

Productions : Seigle, froment, sarrasin, pommes de terre, un peu de chanvre.

Élevage de porcs et de moutons.

Foires : jeudi-gras, 19 mars, samedi après quasimodo, 12 mai, 7 septembre, 31 octobre, 23 novembre.

Chemin de grande communication N° 10, et chemin d'intérêt commun N° 16.

SAINT-IGNY-DE-VERS

Village à 10 kilomètres de Monsols, 48 de Villefranche et 77 de Lyon, 1714 habitants, 2731 hectares.

La commune est limitée : au nord, par Aigueperse; à l'est, par Saint-Bonnet-des-Bruyères et Monsols ; au sud, par Propières ; à l'ouest, par Saint-Clément-de-Vers.

Jadis, paroisse partie en Beaujolais, élection de Villefranche, partie en Bourgogne, diocèse d'Autun, archiprêtré de Bois-Sainte-Marie. Le chapitre d'Aigueperse nommait à la cure. En 1789, le seigneur était M. Desbrosses.

Le nom de Saint-Igny viendrait des feux de joie que les habitants font de temps immémorial, le 24 juin, jour de la Saint-Jean, patron du pays. Ces feux étaient appelés saints (sanctis ignis) d'où, par corruption, l'on aurait tiré le nom de Saint-Igny. Le complément « de Vers » vient de la chapelle très ancienne bâtie vers le xiie siècle par le Chapitre du prieuré de Saint-Rigaud, située sur le territoire de la commune. Cette chapelle était dédiée à N.-D. de Vers, ainsi appelée par les habitants des environs qui y venaient — et viennent encore — demander la guérison de leurs petits enfants fatigués par les vers. A côté de la chapelle, les moines avaient une maison de campagne. Elle appartient aujourd'hui à M. du Sordet, qui a fait réparer la chapelle et transformer la maison en un beau château.

On croit, suivant une vieille tradition populaire, que les premiers habitants de ce pays commencèrent vers le viiie siècle à y fixer leur demeure. En effet, les Arabes envahirent la France à cette époque et ravagèrent l'Aquitaine, c'est-à-dire la partie qui s'étend de la Loire aux Pyrénées. Les gens de cette contrée, épouvantés, vinrent en grand nombre se réfugier dans les Cévennes.

En 1793, Saint-Igny prit le nom de Vers et était rattaché au canton de Saint-Bonnet-des-Bruyères.

Altitude moyenne 700 mètres. Le Saint-Rigaud, la plus haute montagne du département, atteint 1012 mètres.

Les deux tiers de la commune sont cultivés en prés et en terres, l'autre tiers est en bois.

Les productions industrielles sont les échelles, les râteliers, les bennes, les beurrières et les cuviers. Il existe sur le territoire une fabrique de tissage qui occupe environ 150 ouvriers.

Foires : 15 février, 1er lundi de mai, 24 juin, 15 septembre, 1er lundi de novembre. Marché le mardi.

Commune traversée par les chemins de grande communication N°s 10 et 15 bis, et par les chemins d'intérêt commun N°s 2 et 16.

SAINT-JACQUES-DES-ARRÊTS

Village à 10 kilomètres de Monsols, 40 de Villefranche et 69 de Lyon, 372 habitants, 748 hectares.

Cette commune est limitée : au nord, par Germolles (Saône-et-Loire) ; à l'est, par Cenves ; au sud, par Ouroux, et à l'ouest, par Saint-Mamert et Trades.

Au siècle dernier, paroisse dans le Beaujolais, diocèse de Mâcon, archiprêtré de Vauxrenard, justice de la Roche-Jullié. Le prieur de Saint-Pierre de Mâcon nommait à la cure.

Altitude moyenne 800 mètres.

Commune arrosée par la Grosne.

Foires : jeudi après Pâques, 6 mai, 25 juin, 7 septembre.

Chemins de grande communication N°s 17 et 18, et chemin d'intérêt commun N° 24.

SAINT-MAMERT

Village à 9 kilomètres de Monsols, 39 de Villefranche et 68 de Lyon, 176 habitants, 321 hectares.

Trades au nord, Saint-Jacques à l'est, Ouroux au sud, Saint-Christophe à l'ouest, sont les communes limitrophes de Saint-Mamert.

Autrefois, paroisse dans le Beaujolais, diocèse d'Autun, archiprêtré de Bois-Sainte-Marie, élection de Villefranche, justice de Saint-Julien. L'abbé de Cluny nommait à la cure. Le seigneur était au siècle dernier le marquis de Valadoux.

Sur le territoire de cette commune, on remarquait les anciens châteaux de Sain-Julien et d'Aloignet. Ce dernier, dont le nom apparaît fréquemment dans l'histoire du Beaujolais, était au XVIe siècle chef-lieu de chatellenie. Il n'existe plus aujourd'hui.

L'église de style gothique a été construite par l'abbaye de Cluny.

Climat tempéré. Ruisseau la Grosne.

Pays montagneux. Altitude 700 mètres.

Terrain argileux produisant du blé.

Élevage de bétail.

Commune vivifiée par les chemins de grande communication N°s 18 et 23, et par celui d'intérêt commun N° 24.

TRADES

Village à 9 kilomètres de Monsols, 47 de Villefranche et 67 de Lyon, 282 habitants, 793 hectares.

Limité : au nord, par Saint-Léger (Saône-et-Loire) ; à l'est, par Germolles (Saône-et-Loire) et Saint-Jacques-des-Arrêts ; au sud, par Saint-Mamert et Saint-Christophe ; à l'ouest, par Saint-Pierre-le-Vieux (Saône-et-Loire).

Sous l'ancienne monarchie, paroisse, chatellenie et seigneurie, sur les confins du Beaujolais, diocèse d'Autun, archiprêtré de Bois-Sainte-Marie, élection de Villefranche, excepté un hameau qui était en Brionnais, élection de Semur. L'abbé de Cluny nommait à la cure. En 1780, le seigneur était M. Quané de Champigny. La justice de Trades comprenait toute la paroisse, excepté le petit hameau qui était en Brionnais et qui dépendait de la justice de Cluny.

Climat froid. Rivière de Trades.

Sol montagneux, d'une nature calcaire et argileuse, produisant du blé, du seigle et de la vigne.

Altitude 600 mètres.

La seule voie importante de la commune est le chemin de grande communication N° 22.

CANTON DE MONSOLS

COMMUNES.	POPULATION MUNICIPALE			POPULATION COMPTÉE A PART.	POPULATION TOTALE	SUPERFICIE.	RECETTES ordinaires	DÉPENSES ordinaires	PRODUIT des centimes.	VALEUR du centime.	CENTIMES pour DÉPENSES ordinaires et extraordinaires			MONTANT de la dette.	REVENUS du bureau de bienfaisance.	PERCEPTIONS.	POSTES ET TÉLÉGRAPHIES.	ÉLECTEURS
	Agglomérée.	Éparse.	Totale.								Nombre total.	Dont extraordinaires.	Durée des impositions.					
Aigueperse	198	717	915		915	1.277	3.138	3.151	2.019	36,68	54	9	1919	1.432	220	St-Igny-de-Vers	Monsols	280
Azolette	43	323	366		366	417	1.241	1.228	782	17,02	61	2	1897			id.	Echarmeaux (Poule)	110
Cenves	119	815	934	23	957	2.629	5.676	5.673	4.296	50,66	83	20	1917	18.019	260	Monsols	Jullié	220
Monsols	302	702	1.009	40	1.045	1.952	4.761	4.755	3.441	57,89	59	15	1922	41.885	719	id.	P-T	310
Ouroux	336	483	821	20	841	2.071	4.343	4.343	2.628	51,84	50	4	1919	8.154	1.230	id.	Monsols	260
Propières	333	767	1.100		1.100	1.000	4.815	4.865	2.743	40,57	67				741	Saint-Igny-de-Vers	Echarmeaux	320
St-Bonnet-des-Bruyères	121	952	1.073	3	1.076	2.103	4.124	4.095	2.769	44,47	61	20	1897	9.435	292	id.	Monsols	350
Saint-Christophe	156	556	712		712	1.450	3.311	3.310	2.420	37,83	68	18	1918	10.683		Monsols	id.	280
St-Clément-de-Vers	48	425	473		473	881	1.791	1.786	1.458	18,80	75	26	1917	14.919	197	Saint-Igny-de-Vers	Saint-Igny-de-Vers	140
Saint-Igny-de-Vers	302	1.412	1.714		1.714	2.731	6.844	6.794	3.323	72,01	46	1	1906	673	1.119	id.	P-T	60
St-Jacques-d.-Arrêts	129	243	372		372	748	2.075	2.075	1.332	21,85	60				313	Monsols	Monsols	95
Saint-Mamert	21	155	176		176	321	1.240	1.168	726	11,07	65					id.	id.	50
Trades	16	266	282		282	799	1.544	1.544	937	14,58	63	10	1923	13.428		id.	id.	75
	2.126	7.817	9.943	86	10.029	18.973	45.006	44.784	28.874	471,15	807	125		111.556	5.100			

395

COMMUNES.	DISTANCES de Monsols.	de Villefranche.	de Lyon.	FÊTES patronales.	PERSONNEL médical. Notaires.	Médecins.	Pharmaciens.	Sages-Femmes.	Vétérinaires.	État civil.	Caisse des Écoles.	Fondation de la Bibliothèque.	ÉCOLES publiques. Garçons (classes).	Filles (classes).	Mixtes	Maternelles (classes).	ÉCOLES privées. Garçons.	Filles.	Personnel ecclésiastique.
Monsols		36	67	Saint-Sulpice.	2	1		1		1658	1		1	2			1	1	✠2
Aigueperse	14	52	81	Sainte-Madeleine.	1					1610	1	1887	2	2					1
Azolette	15	44	70	Saints-Pierre et Paul.						1635	1				1				1
Cenves	16	40	70	Sainte-Foy.						1640			2	2					1
id. (Vieux Château)				Saints-Joseph et Jean.												1			1
Ouroux	8	36	65	Saint-Antoine.	1			2		1676		1868	2	2					2
Propriéras	14	43	69	Saint-Georges.				1		1718	1	1864	3	3					2
Saint-Bonnet	10	48	77	Saint-Bonnet.				1		1611			2	3					2
Saint-Christophe	6	44	73	Saint-Christophe.						1639	1	1890	2	2				1	1
Saint-Clément	14	49	75	Saint-Clément.				1				1886	1	1					1
Saint-Igny	10	48	77	Nat.-St-Jean-Baptiste.	1			1		1632			2	3			1		2
Saint-Jacques	10	40	69	Sts-Philippa et Jacques						1692	1		1					1	1
Saint-Mamert	9	39	68	Saint-Mamert.						1673						1			1
Trades	9	47	67	Saint-Éloi.						1626			1					1	1

CANTON DE BEAUJEU

Le canton de Beaujeu comprend les communes de Beaujeu, Les Ardillats, Avenas, Chénas, Chiroubles, Durette, Émeringes, Fleurie, Juliénas, Jullié, Lantignié, Marchampt, Quincié, Régnié, Saint-Didier-sur-Beaujeu, Vauxrenard, Le Vernay et Villié-Morgon.

Toutes ces communes ont une population totale de 19.014 habitants et une superficie de 21.671 hectares.

Cette circonscription est bornée : au nord, par le canton de Monsols ; à l'est, par ceux de La Chapelle-de-Guinchay (Saône-et-Loire) et de Belleville (Rhône) ; au sud, par celui de Villefranche et à l'ouest par celui de Lamure.

A l'exception de Fleurie qui avait un tiers de son territoire en Mâconnais, toutes les communes du canton de Beaujeu étaient en Beaujolais.

Au moment de la création des justices de paix en 1790, l'actuel canton de Beaujeu en formait deux : celui de Beaujeu et celui de Villié-Morgon. Cette division subsista jusqu'au Consulat.

Au point de vue ecclésiastique, le canton de Beaujeu forme deux archiprêtrés : celui de Beaujeu comprenant les paroisses de Beaujeu, Saint-Nicolas, Beaujeu-Saint-Martin, les Ardillats, Avenas, Lantignié, Marchampt, N.-D.-du-Vernay, Quincié, Régnié (commune co par. Durette), Saint-Didier-sur-Beaujeu et Saint-Joseph. Les autres paroisses forment l'archiprêtré de Villié-Morgon.

Avant la Révolution, les anciennes paroisses de Beaujeu, les Ardillats, Saint-Didier et Vernay ressortissaient à l'archiprêtré de Beaujeu, diocèse de Mâcon ; celles de Vauxrenard, Avenas, Chénas, Chiroubles, Durette, Émeringes, Fleurie, Juliénas, Jullié, Lantignié, Régnié et Villié-Morgon dépendaient de celui de Vauxrenard, diocèse de Mâcon, et celles de Marchampt et Quincié de l'archiprêtré d'Anse, diocèse de Lyon.

Ce canton appartient presque en entier au bassin du Rhône, par l'Ardières, le Morgon et quelques autres petits affluents de la Saône.

L'altitude de ce territoire est assez variable ; elle ne dépasse guère 200 mètres dans la partie orientale, tandis que, dans la partie occidentale, plusieurs points dépassent 800 mètres (Le Tourvéon atteint même 953 mètres).

Les communes avoisinant les cantons de Belleville et de La Chapelle-de-Guinchay produisent presque exclusivement du vin — le vin connu dans le monde entier sous le nom de vin du Beaujolais ; au contraire, dans les communes limitrophes avec les cantons de Villefranche, Monsols et Lamure, ce sont les productions agricoles proprement dites et l'élevage des bestiaux qui sont le plus en faveur.

Quant à l'industrie, autre que celle du vin, à Beaujeu, il y a une tannerie ; aux Ardillats, une fabrique de papier ; à Vauxrenard, une pépinière départementale.

Le canton de Beaujeu ressortit au Tribunal de commerce de Villefranche et au 7e corps d'armée.

Il fait partie du Comice agricole du Haut-Beaujolais, de la 1re circonscription électorale de l'arrondissement et de l'Inspection primaire des écoles de Villefranche.

Les armes de Beaujeu sont : D'or, au lion de sable armé et lampassé de gueules ; au lambel de cinq pendants de gueules brochant.

La viticulture fait la prospérité et la fortune de ce beau canton qui renferme les vignobles renommés tels que Fleurie, Villié, Chénas, etc.

BEAUJEU

Petite ville fort ancienne sur l'Ardières, à 25 kilomètres de Villefranche et à 55 de Lyon, 3.387 habitants, 1.750 hectares. Hospice (57 lits), fondé dans le xviie siècle et desservi par les sœurs Sainte-Marthe.

Cette commune est bornée : au nord, par celle d'Avenas ; à l'est, par celles de Lantignié et de Quincié ; au sud, par celle de Marchampt ; à l'ouest, par celles de Saint-Didier-sur-Beaujeu et Les Ardillats.

Beaujeu est situé au pied d'une montagne couronnée par les ruines du célèbre château de ses seigneurs. Cette ville a donné son nom au pays qu'elle occupe, appelé encore aujourd'hui le Beaujolais, dont elle était la capitale.

La résidence qu'y faisaient les seigneurs de ce petit État, qui était une des plus anciennes siries et baronnies du royaume, lui donnait une très grande importance.

On connaît ce viel adage historique : « Au royaume de France, il n'y a que deux baronnies : Beaujeu et Coucy. » Ce qui prouve la haute origine de la noblesse des sires de Beaujeu, ce sont les alliances qu'ils contractèrent : Guichard II épousa Lucienne de Rochefort, dame de Monthléry, fiancée à Louis-le-Gros qui ne put s'unir à elle par empêchement de parenté, et

Guichard III eut pour femme Sibille de Hainaut, belle-sœur de Philippe-Auguste.

Cette maison fonda son illustration sur les plus hautes dignités occupées par ses membres : Guichard II fut, à ce qu'on croit, ambassadeur près du pape Innocent III ; Humbert V fut connétable de France ; Guichard IV, ambassadeur en Angleterre ; Édouard Ier, maréchal de France et Louis de Beaujeu, connétable.

Les sires de Beaujeu reconnaissaient les rois de France, pour seigneurs suzerains ; ils habitaient un château extrêmement fortifié, entouré de fossés et flanqué de cinq grosses tours, que sa position rendait inexpugnable. Il fut démoli en 1633 par suite d'une mesure générale prise par le cardinal de Richelieu. Il n'en reste plus que des ruines.

Avant la Révolution, on voyait, près des ruines de ce château l'église d'un chapitre de chanoines et les maisons de ces derniers qui entouraient une petite place au milieu de laquelle était une fontaine dont les eaux limpides ont été depuis amenées à Beaujeu.

Le Chapitre de Beaujeu nommait aux cures de : Charentay, Saint-Didier-sur-Beaujeu, Les Ardillats et Lantignié.

L'église collégiale, desservie par quinze chanoines, démolie après 800 ans d'existence, était digne de curiosité par ses beaux morceaux de peinture et de sculpture. Au-dessus de la porte principale était un bas-relief antique de marbre blanc représentant un des sacrifices en usage chez les Romains, composé de figures très saillantes. Il fut détaché avec soin et placé au musée de Lyon.

Beaujeu a pour armes celles de ses anciens seigneurs, désignées dans les vers suivants :

> Un lion nai en champ d'ora
> Les ongles roges et la quoüa reverpa
> Un lambey roge sur la joüa
> Y sont les armes de Béjoüa.

Au moyen âge, Beaujeu avait pour devise : « A tout venant beau jeu. »

Le roi Louis XII visita cette ville en 1482.

En 1573, une maladie contagieuse, suite de la famine, enleva à Beaujeu plus des deux tiers de la population. Le Journal que nous a laissé Guillaume Paradin renferme un tableau désolant de ces deux fléaux.

L'église Saint-Nicolas de Beaujeu fut érigée en 1064 en bas du château de Pierre aiguë (Petra acuta); elle est sur l'emplacement d'un étang où s'était noyé le fils du sire de Beaujeu. Cette église ne fut dédiée qu'en 1129 par le pape Innocent II. Depuis cette époque, l'église paroissiale de Saint-Martin-des-Étoux fut sous la dépendance de Saint-Nicolas.

Beaujeu était la première prévôté du Beaujolais, élection de Villefranche et de la sénéchaussée de Lyon.

L'archiprêtré de Beaujeu, diocèse de Mâcon, comprenait 37 paroisses : Aiguilly, Arcinges, Les Ardillats, Azolette, Beaujeu, Belleroche, Belmont, Saint-Bonnet-le-Troncy, Chenelette, Claveisolles, Combre, Cours, Coutouvres, Cublize, Quinzié, Saint-Didier-sur-Beaujeu, Écoches, Les Étoux, Grandris, Saint-Jean-la-Bussière, La Gresle, Mardore, Marnand, Saint-Nizier-d'Azergues, N.-D.-de-Boisset, Perreux, Poule, Pradine, Ranchal, Régny, Servelinges, Thel, Thizy, Vernay, Saint-Victor-sur-Reins, Saint-Vincent-de-Boissey, Saint-Vincent-de-Reins et sept annexes : La Chapelle-de-Mardore, Lamure, Naconne, Ronno, etc., le tout en Beaujolais.

Un monastère de Picpus avait été fondé à Beaujeu par les habitants en 1611. Il existait aussi, avant la Révolution, une confrérie du Saint-Sacrement. A cette époque la ville était administrée par un gouverneur, deux échevins, deux conseillers, trois notables, un secrétaire. La milice bourgeoise était répartie en quatre quartiers.

Le collège prenait des pensionnaires, il était sous la haute direction du Chapitre et du Corps Municipal. Il avait trois professeurs à la nomination du principal, ainsi qu'un maître de musique vocale et instrumentale, au choix de la ville et du principal.

Il y avait encore à Beaujeu un bureau pour la marque des

toiles, ainsi qu'un bureau de poste. Le messager pour Belleville partait et arrivait les lundi, mardi, jeudi et samedi.

Notre historien lyonnais, le bon Paradin, était doyen du Chapitre de Beaujeu, où il mourut en 1590.

Jacques Severt, auteur de plusieurs ouvrages historiques et théologiques, est né à Beaujeu vers 1657.

L'ancienne annexe des Étoux, du ressort de la justice de Beaujeu, après avoir été commune, a été réunie définitivement à cette ville vers 1835. La fête de ce quartier, qui a lieu le dernier dimanche d'août, remonte à 1574.

La juridiction de l'ancienne justice de paix de Beaujeu s'étendait sur les communes de : Beaujeu, Ouroux, Avenas, Vauxrenard, La Chaise-en-Bussy, Les Ardillats, Le Vernay, Saint-Didier, Les Étoux, Lantignié, Durette, Régnié, Quincié, Marchampt, Claveisolles, Chenelette et Poule.

Beaujeu est un gîte d'étape.

Climat froid. Altitude moyenne 450 mètres.

Commune arrosée par l'Ardières et quelques-uns de ses petits affluents.

Industries : tannerie, tonnellerie, grand commerce de vin.

Foires : mercredi des Cendres, mercredi de la mi-carême, veille de l'Ascension, veille de la Fête-Dieu, mercredi avant la Toussaint, mercredi avant la Saint-Nicolas. Marché le mercredi.

Station terminus, sur la ligne Belleville-Beaujeu, inaugurée le 25 décembre 1869.

Outre la voie ferrée, Beaujeu est traversé par les chemins de grande communication N°s 4 bis et 26, et par celui d'intérêt commun N° 28.

LES ARDILLATS

Village à 5 kilomètres de Beaujeu, 30 de Villefranche et 61 de Lyon, 944 habitants, 2.325 hectares.

Communes limitrophes : au nord, Monsols; au nord-est,

Ouroux; à l'est, Avenas et Beaujeu; au sud, Saint-Didier-sur-Beaujeu et Le Vernay; à l'ouest, Chenelette et Propières.

Autrefois paroisse dans le Beaujolais, diocèse de Mâcon, archiprêtré de Beaujeu, élection de Villefranche, justice des Prés. Le Chapitre de Beaujeu nommait à la cure.

Sur son territoire on remarquait le château des Prés qui appartenait au moment de la Révolution à M. de la Roche-Toulon.

Climat froid; altitude comprise entre 480 et 1.000 mètres (Mont-Monet).

Commune arrosée par l'Ardières et quelques autres petits ruisselets, ses affluents.

Industrie : fabrique de papier.

Ce territoire est assis sur les chemins de grande communication N°s 4 *bis*, 15 *bis*, 18 et 23.

AVENAS

Village à 13 kilomètres de Beaujeu, 31 de Villefranche et 60 de Lyon, 258 habitants, 948 hectares.

Avenas est limité : au nord-est, par Vauxrenard, au sud-est, par Chiroubles, Villié-Morgon et Regnié; au sud, par Lantignié et Beaujeu; au sud-ouest, par les Ardillats et au nord-ouest, par Ouroux.

Avant la Révolution, paroisse dans le Beaujolais, diocèse de Mâcon, archiprêtré de Vauxrenard, élection de Villefranche, du ressort du bailliage du Beaujolais. Le Chapitre de Saint-Vincent de Mâcon, nommait à la cure. Le seigneur était, en 1780, Guillin de Pougelon, la justice était unie à la châtellenie du Sauzey, fief et seigneurie situés dans la paroisse et qui appartenait au même seigneur.

La route de Lyon pour aller à Autun passait près d'Avenas du temps des Romains. Une grande partie de cette route subsiste encore près de Saint-Jean-d'Ardières.

Cette ancienne route, connue sous le nom de chemin ferré ou de chemin des Romains, traverse les communes de Villié, Avenas et Ouroux, d'où elle se dirige, par Saint-Jacques-des-Arrêts, sur Cluny et de là sur Autun.

Au sommet de la montagne, au hameau actuel du Fût, on voit les ruines d'un ancien monastère dont l'origine remonterait au berceau du christianisme.

En 952, le comte de Mâcon donna à l'église de cette ville différents biens parmi lesquels se trouvait l'église de Sainte-Marie-in-Monasterio-Pelagii, à Avenas.

Il existe dans l'église paroissiale un autel du style du XIIe siècle qui a été le sujet d'une dissertation insérée dans l'Album du Lyonnais de 1844.

L'ancien château d'Avenas, situé au-dessous du village, dans le fond d'une profonde vallée, appartenait, au siècle dernier, à une branche de la famille Laurencin.

Les eaux de cette commune se déversent dans la Grosne.

Altitude comprise entre 600 et 850 mètres.

Foires : 6 juin, 16 août.

Cette commune n'est vivifiée que par une seule voie importante : le chemin de grande communication N° 18.

CHÉNAS

Village à 18 kilomètres de Beaujeu, 27 de Villefranche et 57 de Lyon, 681 habitants, 817 hectares.

Cette commune a pour limites : au nord, Emeringes et Juliénas ; à l'est, La Chapelle-de-Guinchay et Romanèche (deux communes dans Saône-et-Loire) ; au sud, Fleurie ; à l'ouest, Vauxrenard.

Sous l'ancien régime, paroisse dans le Beaujolais, diocèse de Mâcon, archiprêtré de Vauxrenard, élection de Villefranche, justice de la Roche-Jullié, seigneurie située dans la paroisse qui eut pour propriétaire le président Charrier. Le Chapitre de Saint-Vincent de Mâcon nommait à la cure.

Le nom de cette commune semble désigner un lieu planté de chênes, Baluze rapporte le Capitulaire de Charlemagne par lequel ce prince ordonna d'arracher une partie des bois qui couvraient ce pays.

C'est sans doute de cette époque que date le défrichement d'une grande partie du sol du Beaujolais et notamment de Chénas.

En 1790, cette commune fit partie de l'éphémère canton de Villié. Altitude moyenne 400 mètres.

Commune arrosée par un petit affluent de la Saône.

Productions agricoles : vin.

Chemin de grande communication N° 26 et celui d'intérêt commun N° 18.

CHIROUBLES

Village à 11 kilomètres de Beaujeu, 25 de Villefranche et 55 de Lyon, 708 habitants, 732 hectares.

Communes limitrophes : au nord, Vauxrenard ; à l'est, Fleurie ; au sud, Villié-Morgon ; au nord-ouest, Avenas.

Sous l'ancienne monarchie, paroisse dans le Beaujolais, diocèse de Mâcon, archiprêtré de Vauxrenard, élection de Villefranche. Le prévôt de l'église de Saint-Pierre de Mâcon nommait à la cure, élection et du ressort de la sénéchaussée de Villefranche. Le seigneur était le duc d'Orléans.

L'église a été bâtie, dit-on, au XIIIe siècle, par les libéralités d'un nommé Antoine Blondel, riche habitant du pays à l'époque d'une peste qui désolait les montagnes du Beaujolais.

Il existe au hameau de Saint-Roch une chapelle érigée en 1785.

Commune arrosée par le Douby, affluent de la Saône. Son territoire fit autrefois partie du canton de Villié.

Altitude variant entre 400 et 760 mètres.
Terrain argilo-calcaire et sablonneux.
Les chemins de grande communication N°s 18 et 26, et ceux d'intérêt commun N°s 36 et 69 traversent la commune.

DURETTE

Village à 6 kilomètres de Beaujeu, 21 de Villefranche et 51 de Lyon, 198 habitants, 257 hectares.
Limites : au nord et à l'est, Regnié ; au sud-est, Cercié ; au sud-ouest, Quincié ; au nord-ouest, Lantignié.
Avant la Révolution, paroisse dans le Beaujolais, diocèse de Mâcon, archiprêtré de Vauxrenard, élection de Villefranche ; l'abbé de Cluny nommait à la cure, le seigneur haut justicier était, en 1780, M. Dulac.
Ancien château de la Pierre qui, suivant la tradition, résista aux attaques du baron des Adrets. Ce château était possédé à cette époque par Antoine de Nagu.
Durette est arrosée par l'Ardières et est traversée par la ligne Belleville-Beaujeu.
Altitude 300 mètres.
Production : vin.
Commune vivifiée par le chemin de grande communication N° 9 et par celui d'intérêt commun N° 28.

EMERINGES

Village à 16 kilomètres de Beaujeu, 31 de Villefranche et 60 de Lyon. Population 421 habitants, superficie 300 hectares.
Commune limitée : au nord, par celle de Jullié ; à l'est, par celle de Juliénas ; au sud-est, par celle de Chénas ; au sud-ouest, par celle de Vauxrenard.

Au siècle dernier, paroisse dans le Beaujolais, diocèse de Mâcon, archiprêtré de Vauxrenard, élection de Villefranche, justice de Thil. L'abbé de Cluny nommait à la cure.

Patrie du célèbre mécanicien Philibert Jambon, né en 1744, mort à Lyon le 10 juin 1809.

En 1790, cette commune fut rattachée au canton de Villié. Elle est arrosée par le ruisseau de Changis, sous-affluent de la Saône.

Altitude 500 mètres.

Chemins de grande communication N°s 17, 26 et 32.

FLEURIE

Bourg à 14 kilomètres de Beaujeu, 26 de Villefranche et 55 de Lyon, 2039 habitants, 1382 hectares.

Cette commune est limitée : au nord-est, par Chénas ; à l'est, par Romanèche (Saône-et-Loire) ; au sud, par Lancié et Villié ; à l'ouest, par Chiroubles et Vauxrenard.

Fleurie était autrefois une paroisse dont les 2/3 étaient en Beaujolais et l'autre tiers en Mâconnais, diocèse de Mâcon, archiprêtré de Vauxrenard, élection de Villefranche pour le Beaujolais, et de Mâcon, pour le Mâconnais, justice de Corcelles de Poncié et de Grand-Pré pour le Beaujolais et des Tours au hameau de Vivier pour le Mâconnais ; de la sénéchaussée de Villefranche pour le Beaujolais et du bailliage de Mâcon pour le Mâconnais. L'évêque et le Chapitre de Saint-Vincent de Mâcon, prétendaient réciproquement avoir le droit de nommer à la cure. Le seigneur du clocher était, en 1790, De Tirecuy de Corcelles.

Dans cette paroisse étaient les trois fiefs de : 1° Poncié, beau château qui appartenait, au siècle dernier, à Mme de Granou ; 2° Grand-Pré ou Vert-Pré, seigneurie appartenant, à la même époque, à M. Agnel de Chenelette ; 3° Les Tours, seigneurie au hameau du Vivier dans la partie mâconnaise de la paroisse, était à la même époque en la possession du prévôt d'Ainay, de Lyon.

Il existait encore à Fleurie, dans la partie beaujolaise, l'ancien prieuré d'Arpayé, de l'ordre de Saint-Benoît, dont il ne reste que des ruines et qui fut mis, en 954, sous la protection de Humbert de Beaujeu, par saint Mayeul, abbé de Cluny.

Au siècle dernier, Fleurie ressortissait à la justice de paix de Villié·

Cette commune est arrosée par le bief de Reclaine, affluent de la Saône.

Altitude 450 mètres.

Productions agricoles : vin.

Foires : 1er samedi de janvier, 1er samedi de novembre. Marché hebdomadaire le samedi.

Commune vivifiée par les chemins de grande communication N°s 26 et 32, et par ceux d'intérêt commun N°s 18 et 69.

JULIÉNAS

Village à 18 kilomètres de Beaujeu, 32 de Villefranche et 62 de Lyon, 1.175 habitants, 756 hectares.

Limité : au nord, par Cenves; au nord-est, par Pruzilly, Saint-Vérand, Saint-Amour, communes appartenant au département de Saône-et-Loire; au sud, par La Chapelle-de-Guinchay (Saône-et-Loire) et Chénas (Rhône); au sud-ouest, par Émeringes et Jullié.

Sous l'ancien régime, paroisse, château et seigneurie dans le Beaujolais, diocèse de Mâcon, archiprêtré de Vauxrenard, élection de Villefranche. Le Chapitre de Saint-Vincent de Mâcon nommait à la cure. Le seigneur était, au siècle dernier, de Colabeau de Juliénas.

Le château est remarquable, on y voit une cuve d'une contenance extraordinaire.

L'église, d'une architecture moderne, est très jolie.

Il existait à Juliénas un prieuré de style composite, nommé Bois de la Salle, fondé en 1660 par Mathieu Gayot, trésorier de France, qui le dota de fonds et de domaines estimés à cette époque 30.000 livres. Il le permuta peu après contre l'obéancerie de Saint-Just que possédait un Charrier.

Aimé de Charrier était le sixième fils de Guillaume, ancien prévôt des marchands de Lyon, mort presque centenaire en 1618.

Jean-Baptiste Charrier, petit-fils d'Aimé, fut prieur de la Salle et chanoine d'Ainay.

Ce prieuré dépendait de l'abbaye d'Ainay.

Au siècle dernier, Juliénas faisait partie du canton de Villié.

Climat tempéré et doux.

Territoire arrosé par la Mauvaise, affluent de la Saône et par le sous-affluent, le Cotoyans.

Pays entouré de collines au nord-ouest, qui l'abritent des vents du nord et de l'ouest.

Terrain argilo-calcaire au nord-ouest et argileux à l'est, produisant des vins rouges renommés.

Foires : 22 mars, 26 juin, 10 octobre, 31 décembre. Marché le lundi.

Chemins de grande communication N°s 17 et 26, et chemin d'intérêt commun N° 18.

JULLIÉ

Bourg à 18 kilomètres de Beaujeu, 33 de Villefranche et 63 de Lyon, 884 habitants 987 hectares.

Cette commune est limitée : au nord, par Cenves ; à l'est, par Juliénas ; au sud, par Chénas et Émeringes ; à l'ouest, par Vauxrenard et Saint-Jacques-des-Arrêts.

Au siècle dernier, paroisse dans le Beaujolais, diocèse de Mâcon, archiprêtré de Vauxrenard, élection de Villefranche, justice de la Roche-Jullié. L'abbé de Cluny nommait à la cure.

Jullié se trouve mentionné dans une charte de l'an 913, rapportée par Paradin.

Le château de la Roche, situé dans cette commune, est l'un des plus beaux du Beaujolais; il a été construit par Aimé Charrier qui y est mort en 1676.

La famille Charrier de la Roche, qui a possédé ce château pendant deux siècles, a donné trois prévôts des marchands à la ville de Lyon : Jean Charrier (1636), Gaspard Charrier (1664) et Jean Charrier (1671). Deux autres membres de la même famille ont été aussi échevins dans la ville de Lyon.

Commune arrosée par le ruisseau de Jullié, sous-affluent de la Saône.

Au siècle dernier, Jullié ressortissait à la justice de paix de Villié.

Altitude 380 mètres.

Foires : 10 janvier, 3 février, 10 mars, 25 avril, 12 mai, 10 juin, 26 juillet, 18 août, 6 septembre, 17 et 18 octobre, 9 novembre, 16 décembre.

Les chemins de grande communication N°s 17 et 26, et celui d'intérêt commun N° 22 traversent le territoire de cette commune.

LANTIGNIÉ

Village à 4 kilomètres de Beaujeu, 24 de Villefranche et 53 de Lyon, 775 habitants, 740 hectares.

Communes limitrophes : au nord, Avenas; à l'est, Régnié; au sud, Durette et Quincié; à l'ouest, Beaujeu.

Avant la Révolution, paroisse dans le Beaujolais, diocèse de Mâcon, archiprêtré de Vauxrenard, élection de Villefranche, justice de Beaujeu. Le Chapitre de Beaujeu nommait à la cure.

L'ancien château de Thulon, qui appartenait, en 1770, au

marquis de la Roche-Thulon, lieutenant-colonel au régiment de Picardie, a conservé une partie de ses anciens fossés.

Altitude variant entre 380 et 850 mètres.

L'Ardières, affluent de la Saône, traverse cette commune, ainsi que les chemins de grande communication N° 26 et d'intérêt commun N° 28.

MARCHAMPT

Village à 10 kilomètres de Beaujeu, 26 de Villefranche et 55 de Lyon, 887 habitants, 1.774 hectares.

Marchampt est limité : au nord, par Beaujeu ; à l'est, par Quincié ; au sud, par Le Perréon ; à l'ouest, par Claveisolles ; au nord-ouest, par Saint-Didier-sur-Beaujeu.

Cette commune était jadis une annexe de la paroisse de Quincié, en Beaujolais, archiprêtré d'Anse. L'écuyer Giraud en était seigneur au moment de la Révolution.

Berceau d'une famille chevaleresque, célèbre an moyen âge et éteinte au milieu du xve siècle.

Pays arrosé par le Sainsons, affluent de l'Ardières.

Climat modéré. Altitude moyenne 650 mètres.

Relief très accidenté : le point culminant atteint 889 mètres.

Productions : vignes, céréales, forêts.

Beaucoup de bétail : vaches, chèvres, moutons, etc.

Foires : lundi de Pâques, 24 juin.

Marchampt est assis sur le chemin de grande communication N° 9 et celui d'intérêt commun N° 77.

QUINCIÉ

Village à 6 kilomètres de Beaujeu, 22 de Villefranche et 51 de de Lyon, 1601 habitants, 2.198 hectares.

Cette commune est limitée : au nord-est, par celles de Lantignié et Durette ; à l'est, par celle de Saint-Lager ; au sud-est, par celles d'Odenas et de Saint-Étienne-la-Varenne ; au sud, par celle du Perréon ; à l'ouest, par celle de Marchampt et au nord-ouest, par celle de Beaujeu.

Au moment de la Révolution, paroisse dans le Beaujolais, archiprêtré d'Anse, élection de Villefranche, justice de la Pallud et de Varenne. Le prieur de Charlieu nommait à la cure et le seigneur était l'écuyer Giraud.

Le château de la Pallud, situé dans cette commune, appartint à la famille Barjot, qui le vendit, au commencement du XVIIIe siècle, aux dames religieuses de Chazeaux, lesquelles en jouirent jusqu'en 1790. Il est aujourd'hui en la possession de M. Crozy.

L'ancien château de la Varenne était autrefois marquisat. Il existait déjà au XIe siècle. Durand de la Varenne en était seigneur en 1078. Il passa, à la fin du XIVe siècle, à la famille Nagu qui le possédait encore au XVIIIe siècle. En 1780, il appartenait à l'écuyer Giraud et, aujourd'hui, M. Charvériat en est propriétaire.

C'est à un Nagu de Varenne que l'on doit l'ouverture de la route de Belleville à la Loire, en passant par Beaujeu.

Climat tempéré. Altitude 500 mètres.

Cours d'eau : L'Ardières et son affluent le ruisseau de Sainsons.

Foires : 2e mardi de mars et d'octobre.

Saint-Didier est traversé par les chemins de grande communication N°s 4 bis et 15 bis.

VAUXRENARD

Village à 13 kilomètres de Beaujeu, 30 de Villefranche et 60 de Lyon, 834 habitants, 1924 hectares.

Vauxrenard est limité : au nord, par Saint-Jacques-des-Arrêts ; à l'est, par Jullié, Émeringes, Chénas et Fleurie ; au sud, par Chiroubles ; à l'ouest, par Avenas et Ouroux.

Avant 1789, paroisse dans le Beaujolais, diocèse de Mâcon, élection de Villefranche, justice de la vicomté de Thil.

L'archiprêtré de Vauxrenard comprenait 38 cures et une annexe, la plupart en Bourgogne. Voici celles qui étaient en Beaujolais : Cenves, Chénas, Chiroubles, Vauxrenard, Durette, Émeringes, Fleurie, Saint-Jacques-des-Arrêts, Jullié, Juliénas, Lancieu, Lantignié, Ouroux, Régnié, Villié.

Le prévôt de Saint-Pierre de Mâcon nommait à la cure.

Le seigneur était le marquis de Chevrier, seigneur de la vicomté de Thil, Émeringes et Saint-Maurice.

L'église, datant du xie siècle, a été bâtie par les religieux de Cluny.

L'ancien château de Thil appartient actuellement au comte de Saint-Pol.

La tradition rapporte que l'ancien fief de Salagny était primitivement un monastère de religieuses.

Sol montagneux. Climat tempéré, néanmoins les hivers sont rigoureux.

Altitude de 600 mètres. Le mont des Aiguillettes atteint 847 mètres.

Terrain argilo-granitique produisant des vignes, du bois et des céréales.

Pépinière départementale.

Foires : 25 février, 4 mai, 20 août, 5 novembre.

Chemins de grande communication N°s 26 et 32, et chemin d'intérêt commun N° 36.

LE VERNAY

Village à 6 kilomètres de Beaujeu, 31 de Villefranche et 61 de Lyon, 138 habitants, 559 hectares.

Communes limitrophes : au nord, Les Ardillats ; à l'est et au sud, Saint-Didier-sur-Beaujeu ; à l'ouest, Chenelette.

Sol schisteux, argileux et sablonneux produisant des vignes, des prairies et du bois.

Foire : le dimanche avant le 25 mars.

Quincié est traversé par la ligne Belleville-Beaujeu, et par les chemins de grande communication N°s 4 *bis*, 9 et 15 *bis*.

RÉGNIÉ

Village à 6 kilomètres de Beaujeu, à 22 de Villefranche et à 51 de Lyon, 1105 habitants, 910 hectares.

Cette commune est limitée : au nord, par Avenas; à l'est, par Villié-Morgon; au sud, par Cercié; à l'ouest, par Durette et Lantignié.

Autrefois village et paroisse dans le Beaujolais, diocèse de Mâcon, archiprêtré de Vauxrenard, élection de Villefranche, justice de la Terrière. Le Chapitre de Saint-Vincent de Mâcon nommait à la cure, et le seigneur était M. de Millière au moment où éclata la Révolution.

Sol granitique produisant exclusivement du vin.

Altitude variant entre 325 et 850 mètres.

Ruisseau le Vernay, affluent de l'Ardières.

Chemins de grande communication N°s 9 et 26, et chemin d'intérêt commun N° 28.

SAINT-DIDIER-SUR-BEAUJEU

Village à 4 kilomètres de Beaujeu, 30 de Villefranche et 59 de Lyon, 703 habitants, 1462 hectares.

Limites : au nord, Le Vernay et Les Ardillats; à l'est, Beaujeu et Marchampt; au sud-ouest, Claveisolles et Poule; à l'ouest, Chenelette.

Sous l'ancien régime, grande paroisse dans le Beaujolais, diocèse de Mâcon, archiprêtré de Beaujeu, élection de Villefranche, justice de Beaujeu. Le duc d'Orléans en était seigneur. Le prieur de Charlieu nommait à la cure.

L'histoire inédite du Beaujolais (attribuée à Pierre Louvet) rapporte, sans y porter foi, que Michel Nostradamus, fameux astrologue, a habité longtemps cette commune et qu'il allait souvent sur la montagne de Tourvéon contempler les astres, pour en tirer des horoscopes.

En 1793, Saint-Didier prit le nom de Montclair-la-Montagne.

Le ruisseau de Saint-Didier, affluent de l'Ardières, arrose le territoire de cette commune.

Sol montagneux ; altitude comprise entre 400 et 1.000 mètres.

Productions agricoles : vin, sarrasin, bois.

Climat froid. Altitude moyenne 800 mètres.

Ruisseau du Vernay, affluent de l'Ardières.

Il n'y a ni foire, ni chemin de grande voirie dans cette commune.

VILLIÉ-MORGON

Bourg à 10 kilomètres de Beaujeu, 22 de Villefranche et 51 de Lyon, 2276 habitants, 1850 hectares.

Villié est borné : au nord, par Avenas, Chiroubles et Fleurie ; à l'est, par Lancié, Corcelles et Saint-Jean-d'Ardières ; au sud, par Cercié ; à l'ouest, par Régnié.

Autrefois paroisse dans le Beaujolais, diocèse de Mâcon, archiprêtré de Vauxrenard, élection de Villefranche, justice de Fontcrenne, l'abbé d'Ainay nommait à la cure. En 1780, le seigneur était M. Planhof, trésorier de France.

L'ancien château de Fontcrenne appartenait au marquis de Saint-Amour, au moment de la Révolution.

On remarque sur le territoire de cette commune, et surtout au hameau des Verseaux, quelques parties bien conservées de l'ancienne voie romaine qui conduisait de Belleville (Lunna) à Autun.

Au moment de la création des justices de paix, Villié fut chef-lieu d'un canton comprenant les communes de Villié-Morgon, Émeringes, Jullié, Juliénas, Fleurie, Chénas et Chiroubles.

Altitude 250 mètres.

Productions : vin renommé.

Ruisseaux : Le Douby, la Moreille.

Foires : 3° lundi de juin et d'octobre, 11 novembre. Marché le jeudi.

Chemins de grande communication Nos 9, 18, 26, et d'intérêt commun Nos 18, 28, 36 et 76.

COMMUNES.	POPULATION MUNICIPALE.			POPULATION comptée à part.	POPULATION totale.	SUPERFICIE.	RECETTES ordinaires.	DÉPENSES ordinaires.	PRODUIT des centimes.	VALEUR du centime.	CENTIMES pour DÉPENSES ordinaires et extraordinaires.			MONTANT de la dette.	REVENUS du bureau de bienfaisance.	PERCEPTIONS.	POSTES ET TÉLÉGRAPHES.	ÉLECTEURS
	Agglomérée.	Éparse.	Totale.								Nombre total.	Dont extraordinaires.	Durée des impositions extraordinaires.					
Ardillats (Les)...	71	873	944		944	2.826	4.971	4.970	2.552	60,33	42			11.007	239	Beaujeu.	Beaujeu.	260
Avenas.........	57	201	258		258	948	1.707	1.712	1.126	14,75	75	13	1918			Villié-Mor.	id.	60
Beaujeu........	2.273	971	3.244	143	3.387	1.750	28.004	28.075	20.977	279,50	75	17	1913	51.738	3.028	Beaujeu.	P.-T.	920
Chénas.........	107	568	675	6	681	817	7.119	7.108	8.372	79,93	109	35	1922	34.036		Fleurie.	P.-T.	240
Chiroubles.....	238	470	708		708	732	3.467	3.467	2.260	87,28	60	10	1915	1.864	582	Villié-Mor.	Romanèche	200
Durette........	22	176	198		198	257	2.297	2.288	1.610	31,02	51	4	1908	1.696		id.	S.-et-L. Quincié.	70
Emeringes.....	87	334	421		421	300	4.065	4.065	2.912	31,21	91					Fleurie.	Juilié.	135
Fleurie........	1.044	977	2.021	18	2.039	1.382	13.975	13.977	12.346	183,44	66	22	1929	67.671	2.057	id.	P.-T.	590
Juliénas.......	313	862	1.175		1.175	756	9.101	9.100	5.831	133,40	64	20	1924	41.213	1.984	id.	P.-T.	360
Jullié..........	510	374	884		884	987	6.696	6.604	5.603	54,07	95	20	1912	14.522	1.192	id.	P.-T.	300
Lantignié......	124	639	763	19	776	740	6.531	6.534	8.883	60,72	95	22	1919	44.326		Villié-Mor.	Beaujeu.	240
Marchampt.....	304	583	887		887	1.774	5.719	5.719	4.938	48,81	104	28	1926	13.706	968	Beaujeu.	id.	300
Quincié........	311	1.290	1.601		1.601	2.198	10.301	10.807	10.032	147,73	77	25	1926	68.283	562	id.	P.-T.	490
Régnié.........	327	708	1.105		1.105	910	7.180	7.171	4.742	77,24	60	8	1918	2.710	1.930	Villié-Mor.	Beaujeu.	330
Saint-Didier-sur-Beaujeu.	245	458	703		703	1.462	3.367	3.326	1.734	47,03	37					Beaujeu.	id.	215
Vauxrenard.....	244	587	831	3	834	1.924	7.191	7.191	5.496	61,41	27	7	1912	6.430	65	Fleurie.	id.	186
Vernay (Le)....	39	99	138		138	950	1.360	1.369	894	11,82	74					Beaujeu.	Beaujeu.	45
Villié-Morgon...	910	1.366	2.276		2.276	1.850	11.493	11.490	7.321	201,75	46	18	1918	80.279	1.181	Villié-Mor.	P.-T.	770
	7.236	11.596	18.832	182	19.014	21.071	135.170	135.079	100.419	1.580,44	1.281	344		440.072	13.088			

COMMUNES.	Distance.			FÊTES PATRONALES.	Notaires.	PERSONNEL médical.				État civil.	Caisse des écoles.	Fondation de la bibliothèque.	ÉCOLES publiques.				ÉCOLES privées.		Personnel ecclésiastique.
	de Beaujeu.	de Villefranche.	de Lyon.			Médecins.	Pharmaciens.	Sages-Femmes.	Vétérinaires.				Garçons (classes).	Filles (classes).	Mixtes.	Maternelles (classes).	Garçons.	Filles.	
Beaujeu (Collège)......		25	55	Saint-Nicolas.	3	2	2	4		1574		1863	3	3			1	3	✠ 2
id. (Faubourg)....				Saint-Martin.						1670			2						2
Ardillats (Les)........	5	30	64	Saints-Pierre et Paul.				1		1622		1866	2	2					2
Avenas............	13	31	60	Assomption.								1895			1		1	1	1
Chénas............	18	27	57	Saint-Clair.				1		1672		1863	1	1					1
Chiroubles........	11	25	55	Saint-Germain.						1584		1863	1	2					2
Durette...........	6	21	51																
Emeringes........	16	31	60	Immaculée-Conception.				1		1619	1	1862	1				1	1	1
Fleurie...........	14	26	55	Saint-Martin.		2	1	1		1612	1	1863	3	4			1	1	✠ 3
Juliénas..........	18	32	62	Assomption.	1	1				1681	1	1865	2	2				1	2
Jullié............	18	33	63	Saints-Pierre et Paul.				1		1648	1	1867	2	1				1	2
Lantignié.........	4	24	53	Saint-Étienne.						1684	1	1865	1	1				1	1
Marchampt........	10	26	55	Nativité St-Jean-Baptiste.				1		1627	1	1868	2	2					2
Quincié...........	6	22	51	Saint-Pierre.				1		1602	1	1868	2	2				1	2
Régnié[1]..........	6	22	51	Saint-Jean évangéliste.		1		1		1649	1	1864	2	2					2
Saint-Didier-sur-Beaujeu	4	30	59	Saint-Didier.						1612	1	1864	1	2					1
Vauxrenard........	12	30	60	Saint-Martin.				1		1682	1		2	2					2
Le Vernay.........	6	31	61	Assomption.						1695					1				1
Villié-Morgon.....	10	22	51	Saint-Vincent.	1		1	2		1813	1	1864	3	3	1		2	2	3
id. (Saint-Joseph)...				Saint-Joseph.															

1. Commune co-paroisse Durette.

CANTON DE BELLEVILLE

Le canton de Belleville comprend les communes de Belleville Cercié, Charentay, Corcelles, Dracé, Lancié, Odenas, Saint-Étienne-des-Oullières, Saint-Étienne-la-Varenne, Saint-Georges-de-Reneins, Saint-Jean-d'Ardières, Saint-Lager et Taponas.

Population 14.348 habitants. Superficie 13.944 hectares.

Toutes ces communes faisaient autrefois partie du Beaujolais, à l'exception d'une partie de Lancié qui était en Mâconnais. Saint-Étienne-des-Oullières n'existait pas encore.

Ce territoire est borné : au nord, par le canton de La Chapelle-de-Guinchay (Saône-et-Loire) ; à l'est, par la Saône, qui sépare le canton de Belleville de ceux de Thoissey et de Saint-Trivier-sur-Moignans situés dans le département de l'Ain ; au sud, le canton de Villefranche et à l'ouest celui de Beaujeu.

Cette circonscription dépendait en 1790 de la justice de paix de Belleville, à l'exception de la commune de Saint-Georges-de-Reneins, qui ressortissait à celle de Villefranche.

L'archiprêtré de Belleville comprend les treize paroisses du canton. Avant la Révolution, à l'exception de Saint-Étienne-des-Oullières qui n'était pas encore constituée, et de Lancié qui dépendait de l'archiprêtré de Vauxrenard, toutes les autres paroisses étaient comprises dans l'archiprêtré d'Anse.

Le canton de Belleville est baigné : à l'est, par la Saône, qui sépare le département du Rhône de celui de l'Ain, et par les affluents de cette rivière : le Douby, le Torbay, l'Ardières, le Mazerine, le Sancillon, la Vauxonne, etc.

Certains points de ce territoire atteignent, dans la partie occidentale, une altitude dépassant 700 mètres, puis le terrain s'abaisse petit à petit. Sur les bords de la Saône, dans la partie orientale, l'altitude atteint à peine 170 mètres.

Productions agricoles : vin, blé, fourrages.

Industrie : commerce de vin du Beaujolais dans tout le canton. Fabrique de sulfure, scierie à vapeur, minoterie, à Belleville.

Ce canton ressortit au 7e corps d'armée et au tribunal de commerce de Villefranche. Il fait partie du Comice agricole du Haut-Beaujolais, de la 1re circonscription électorale de l'arrondissement et de l'inspection primaire des écoles de Villefranche.

Les armes de Belleville sont : D'azur à la salamandre d'argent, sur un feu de gueules, la tête retournée.

Ce canton est situé partie sur des collines, partie dans la plaine de la Saône. Il est surtout riche en vins, en céréales et en fourrages.

L'industrie proprement dite est presque nulle.

BELLEVILLE-SUR-SAÔNE

Petite ville, chef-lieu de canton, à 14 kilomètres de Villefranche et à 43 de Lyon, 2.922 habitants, 1.040 hectares, près de la Saône sur laquelle se trouve un pont suspendu.

Communes limitrophes : au nord, Saint-Jean-d'Ardières et

Taponas ; à l'est, deux communes du département de l'Ain, Guérins et Montmerle, séparées de Belleville par la Saône ; au sud, Saint-Georges-de-Reneins et Charentay ; à l'ouest, Saint-Lager.

Belleville occupe l'emplacement d'une ancienne ville romaine nommée Lunna, station intermédiaire entre Anse et Mâcon. Ce point de géographie, resté longtemps douteux, est aujourd'hui établi d'une manière positive par le calcul des distances. En effet, l'itinéraire d'Antonin place Lunna à 15 milles romains d'Anse et de Mâcon, ce qui ne peut convenir qu'à Belleville. Cette vérité est en outre confirmée par les antiquités romaines trouvées à Belleville et près de son enceinte septentrionale.

Il paraît prouvé que la ville romaine à laquelle Belleville a succédé était beaucoup plus considérable et s'étendait surtout au nord et au midi, le long de la voie romaine qui la traversait.

Cette ville avait autrefois une enceinte ; elle était la seconde prévôté du Beaujolais et se divisait en quatre quartiers qui étaient : le premier, quartier de l'Église ; le second, quartier de Pierre Prost ; le troisième, quartier des Potissières ; le quatrième, quartier du Moulin. Ils avaient chacun à leur tête un capitaine, un lieutenant et un sergent. Les drapeaux étaient verts, parsemés de fleurs de lis d'or : au milieu était une salamandre dans le feu avec ce mot : « Durabo. »

La justice se rendait au nom du duc d'Orléans.

Le corps municipal comprenait un gouverneur de la ville, deux échevins et un secrétaire-greffier.

Belleville était de l'élection de Villefranche et de l'archiprêtré d'Anse.

L'église du Chapitre était collégiale et paroisse. Elle fut unie en 1769 avec tous ses droits à la congrégation des chanoines réguliers de France. L'abbé portait le titre d'abbé commendataire de l'abbaye royale de Notre-Dame et avait avec lui dix chanoines.

Il y avait dans l'église de Belleville deux chapelles, dont l'une était sous le titre de Saint-Denis et à la nomination du duc d'Orléans ; l'autre était sous le titre de Saint-Nicolas et était à la nomination du seigneur de l'Écluse.

Cette abbaye, de l'ordre des Augustins, avait été fondée en 1158 par Humbert III, sire de Beaujeu. Dans l'église se trouvaient les tombeaux de plusieurs princes de cette maison, entre autres ceux de Guichard IV, connétable de France, mort le 12 mai 1265; de Louis de Beaujeu, également connétable, décédé le 23 août 1295 et d'Édouard Ier, sire de Beaujeu et maréchal de France, mort en 1352.

Le dernier prieur de cette abbaye, Michel-Anselme de Blanchardon, né au Mans en 1735, périt le 4 mai 1794.

L'église abbatiale subsiste encore, c'est aujourd'hui celle de la paroisse, elle est fort ancienne et est remarquable par son architecture. Sa création remonte à la fondation de l'abbaye.

En 1760, la route de Paris à Lyon traversait encore Belleville, mais, quelques années plus tard, on la reporta à un kilomètre environ à l'ouest, au grand détriment de cette petite ville, qui néanmoins est aujourd'hui en voie de prospérité, grâce au commerce des vins du Beaujolais qui tend à s'y porter depuis l'ouverture du canal de Bourgogne.

Par son testament du 29 mars 1701, un riche négociant de Lyon, David Combys, natif de Belleville, laissa tous ses biens aux deux grands hôpitaux de Lyon, à condition d'y recevoir douze pauvres orphelins nés à Belleville et de les élever jusqu'à l'âge où ils pourront être mis en apprentissage, voulant qu'à la sortie ou à la mort de l'un deux, il soit remplacé par un autre afin que le nombre de douze fût toujours complet.

Belleville est la patrie de la demoiselle Guyet, dite Chassagne, fameuse danseuse de l'opéra, née vers 1750.

Le 1er mai 1269, un concile provincial tenu à Belleville et présidé par Girard, évêque d'Autun, jeta l'interdit sur la ville de Lyon où les habitants s'étaient insurgés et avaient chassé de leur cloître les chanoines de Saint-Just.

Le vendredi 14 novembre 1567 « l'église, couvent, cloches et clochier de la ville de Belleville furent démolies et brûlées par ceus qui se disoit estre de la nouvelle religion des huguenaulx, et par le commandement de mons^r Ponsenas, leur chef et coronar. »

Au siècle dernier, l'hospice (48 lits) existait déjà. Son administration intérieure en était confiée à des religieuses de Sainte-Marthe.

Il y avait aussi un maître principal des écoles.

Le château de l'Écluse, après avoir appartenu à la famille Mogniat de l'Écluse, appartient aujourd'hui à la comtesse d'Aubigny. Racine, le fils, y a habité et l'on y montre encore la chambre où il a composé son poème de « La Religion. »

En 1817, il y eut à Belleville une provocation à la révolte qui n'aboutit pas.

L'abbé Chambeyron a publié en 1845, sous le titre de *Premier essai sur Belleville*, une notice fort intéressante sur cette ville.

Cette commune est gîte d'étapes.

Pays de plaine d'une altitude moyenne de 170 mètres.

Commune située sur la rive droite de la Saône, produisant du vin, du blé et du fourrage.

Industrie : commerce des vins du Beaujolais ; fabrique de sulfure ; scierie à vapeur ; minoterie.

Foires : 12 mars, 15 mai, mardi après la Pentecôte, 6 août, 20 octobre, 1er décembre. Marché le mardi et le vendredi.

C'est à Belleville que le chemin de fer de Beaujeu vient se raccorder avec la grande ligne de Paris à Lyon par la Bourgogne.

Outre ces deux voies ferrées, Belleville est encore vivifiée par la route nationale N° 6, les chemins de grande communication Nos 4 bis et 18, et ceux d'intérêt commun Nos 64 et 74.

CERCIÉ

Village à 6 kilomètres de Belleville, 19 de Villefranche et 48 de Lyon, 650 habitants, 496 hectares.

Commune limitée : au nord, par Régnié ; à l'est, par Saint-Jean-d'Ardières ; au sud, par Quincié et Saint-Lager ; à l'ouest, par Durette.

Autrefois paroisse dans le Beaujolais, archiprêtré d'Anse, élection de Villefranche, justice de Saint-Lager, Pizay et la Terrière. Le sacristain de Cluny nommait à la cure.

La Terrière, château du xive siècle dont la justice comprenait la paroisse de Cercié et une partie de celles de Quincié et de Saint-Lager. M. de Mollière en fut seigneur.

A Saint-Ennemond, on remarque une chapelle du xiie siècle.

Sol plat, côteaux peu élevés au sud et au nord. Terrain argileux, généralement bon, produisant des vignes, des céréales et des prairies.

Bassin du Rhône, rivière de l'Ardières, affluent de la Saône.

Altitude moyenne 200 mètres. (La gare est à 222).

Foires : 10 mars, 18 mai, 10 octobre, 20 novembre.

Commune traversée par le chemin de fer de Belleville à Beaujeu, par le chemin de grande communication N° 4 *bis*, et par celui d'intérêt commun N° 18.

CHARENTAY

Village à 7 kilomètres de Belleville, 14 de Villefranche et 43 de Lyon, 922 habitants, 1.378 hectares.

Charentay est limité : au nord, par Saint-Lager et Belleville ; au sud-est, par Saint-Georges-de-Reneins ; à l'ouest, par Saint-Étienne-des-Oullières et Odenas.

Avant la Révolution, paroisse dans le Beaujolais, archiprêtré d'Anse, élection de Villefranche, justice d'Arcigny. Le Chapitre de Beaujeu nommait à la cure. Le seigneur était, en 1780, le marquis de Monspey.

On remarque dans cette commune plusieurs châteaux bien situés.

Arcigny, château et terre érigée en comté par Louis XIII. Sa justice comprenait toute la paroisse de Charentay et la partie de celle de Saint-Georges-de-Reneins où sont compris les hameaux de Delphingue, de Bussi, de Cunil, de Chaffray et de Gandoger. Le seigneur était le marquis de Monspey. Cette seigneurie appartenait, au XVIe siècle, au cardinal de Tournon.

Le château de Sermezy a appartenu à Mme Noyel de Sermezy, célèbre par ses talents dans l'art de la sculpture et qui figura parmi les membres associés de l'Académie de Lyon. Elle est décédée dans cette commune. Son château, qui appartient à M. Germain de Montauzun, est un véritable musée de sculpture et de peinture; il est souvent visité par les touristes.

Commune arrosée par le Sancillon et son affluent le Nervers. Altitude 250 mètres.

Les chemins d'intérêt commun N°s 64 et 74 vivifient ce territoire.

CORCELLES

Village à 7 kilomètres de Belleville, 20 de Villefranche et 49 de Lyon, 627 habitants, 918 hectares.

Limites : au nord, Lancié ; à l'est, Dracé ; au sud, Saint-Jean-d'Ardières ; à l'ouest, Villié-Morgon.

Sous le régime féodal, château et seigneurie dans le Beaujolais, archiprêtré d'Anse, élection et du ressort du bailliage de Villefranche. Sa justice comprenait toute cette paroisse et une partie de celles de Fleurie et de Lancié. L'archevêque de Lyon était collateur de la cure et le seigneur était, en 1789, M. de Tirecuy de Corcelles.

On lit dans les *Mazures de l'Ile-Barbe*, tome II, page 322, que du temps de la Ligue, le capitaine Tirecuy ayant donné le moyen de prendre et arrêter le baron de Sennecey en eut une bonne somme d'argent, de laquelle il acheta la terre de Corcelles. Un membre de cette famille, député du Rhône, sous la Restauration, se distingua par les traits mordants et satiriques qu'il lançait de sa place pendant le cours des discussions à ses adversaires politiques.

Territoire arrosé par le Butenot.

Commune assise sur la route nationale N° 6 et le chemin de grande communication N° 9. La grande ligne Paris-Lyon traverse aussi la commune de Corcelles.

DRACÉ

Village à 6 kilomètres de Belleville, 20 de Villefranche et 49 de Lyon, 642 habitants, 1.480 hectares.

Communes limitrophes : au nord, Lancié (Rhône), Romanèche et Saint-Romain-des-Iles (Saône-et-Loire) ; à l'est, la Saône qui sépare Dracé des communes de Thoissey et de Mogneneins situées dans le département de l'Ain ; au sud, Taponas ; à l'ouest, Saint-Jean-d'Ardières et Corcelles.

Sous l'ancienne monarchie, paroisse dans le Beaujolais, archiprêtré d'Anse, justice de l'Écluse, élection et du ressort de la sénéchaussée de Villefranche. Le prieur d'Arnas nommait à la cure et le seigneur était, au siècle dernier, Mognat de l'Écluse.

Dracé est arrosé par les ruisseaux de Torbay et de Douby.

Cette commune est située dans la plaine formée par la vallée de la Saône.

Les seules voies importantes de la commune sont le chemin de grande communication N° 9, qui traverse la Saône sur un pont et qui relie Thoissey à Dracé ; autre voie, le chemin d'intérêt commun N° 4.

LANCIÉ

Village à 9 kilomètres de Belleville, 22 de Villefranche et 51 de Lyon, 725 habitants, 660 hectares.

La commune de Lancié est bornée : au nord, par celles de Fleurie (Rhône) et Romanèche (Saône-et-Loire) ; à l'est, par

Dracé; au sud, par cette dernière commune et celle de Corcelles; au sud-ouest, par celle de Villié-Morgon.

Anciennement paroisse, partie en Beaujolais, partie en Mâconnais, archiprêtré de Vauxrenard, élection de Villefranche pour la partie du Beaujolais, et de Mâcon pour la partie du Mâconnais; justice de Corcelles pour la partie du Beaujolais et de celle de l'abbé de Tournus pour la partie du Mâconnais. L'abbé de Tournus nommait à la cure. Le seigneur du clocher et de la partie du Mâconnais était l'abbé de Tournus, et le seigneur de la partie du Beaujolais était M. Tirecuy de Corcelles.

Altitude 180 mètres. Ruisseau des Buyats.

Commune traversée par la grande voie Paris-Lyon, par la route nationale N° 6, par les chemins de grande communication N°s 9 et 32, et par ceux d'intérêt commun N°s 4 et 69.

ODENAS

Village à 10 kilomètres de Belleville, 17 de Villefranche et 46 de Lyon, 839 habitants, 904 hectares.

Odenas est limité : au nord, par Saint-Lager; à l'est, par Charentay; au sud, par Saint-Étienne-des-Oullières et Saint-Étienne-la-Varenne; à l'ouest, par Quincié.

Avant la Révolution, paroisse dans le Beaujolais, archiprêtré d'Anse, élection de Villefranche, justice de La Chaise. Le Chapitre de Saint-Paul de Lyon et l'abbé de Belleville nommaient à la cure en concurrence.

On remarque dans la commune le château de La Chaise. Ce château, un des plus beaux du Beaujolais et qui portait primitivement le nom de la Douze, fut bâti en 1680 par François d'Aix, neveu du P. La Chaise. Guichard de la Douze en était possesseur en 1260. Il fut érigé en comté en 1718. Il appartient aujourd'hui à M. de Montaigu.

On doit citer encore le château de Pierreux, qui, de la famille de La Salle, est passé par héritage dans celle de M. Artaud de la Ferrière, puis dans celle de M. le baron du Soulié.

L'altitude d'Odenas varie entre 650 et 270 mètres.

Le ruisseau de Nervers prend sa source dans le territoire de cette commune, qui est en outre arrosée par le Sancillon, affluent de la Saône.

Productions agricoles : vin très estimé sous le nom de Brouilly. Marché le vendredi.

Le chemin de grande communication N° 15 *bis* et ceux d'intérêt commun N°s 18 et 74 vivifient le territoire de cette commune.

SAINT-ÉTIENNE-DES-OULLIÈRES

Village à 10 kilomètres de Belleville, 11 de Villefranche et 39 de Lyon, 1.162 habitants, 966 hectares.

Orientation de ses limites : au nord, Odenas ; à l'est, Charentay ; au sud-est, Saint-Georges-de-Reneins ; au sud, Blacé et Salles ; à l'ouest, Arbuissonnas, Le Perréon et Saint-Étienne-la-Varenne.

La commune de Saint-Étienne-des-Oullières a été distraite de celle de Saint-Étienne-la-Varenne par l'arrêté préfectoral du 27 septembre 1867.

Entre le Trève et Blaceret se livra, en 1815, un combat entre les Français et les Autrichiens.

On doit la création du bourg de cette commune à M. Durieu de la Carelle.

Mlles Orcel ont fait don de 5.000 francs au Bureau de bienfaisance.

Néty, village, prieuré et fief dans le Beaujolais, archiprêtré d'Anse, élection de Villefranche. Le prieur de Saint-Irénée nommait à ce prieuré. Le seigneur était le comte de Montaigu. Ce château appartient aujourd'hui à M. Charrin.

Sol argilo-granitique produisant du vin et du foin.

Plaine dont l'altitude atteint 274 mètres.

Ruisseaux la Vauxonne et le Folcon.

Marché le vendredi.

Chemins de grande communication N°ˢ 15 *bis*, 19 et 20, et d'intérêt commun N° 64.

SAINT-ÉTIENNE-LA-VARENNE

Village à 12 kilomètres de Belleville, 16 de Villefranche et 46 de Lyon, 688 habitants, 645 hectares.

Communes limitrophes : au nord-ouest, Quincié ; au nord-est, Odenas ; au sud-est, Saint-Étienne-des-Ouillières ; au sud-ouest, Le Perréon.

Autrefois paroisse en Beaujolais dépendant du prieuré de Néty, justice du comté de La Chaise. Le seigneur était M. Montaigu de La Chaise.

Sol légèrement siliceux produisant des vignes et un peu de céréales.

Commune située dans la partie montagneuse du canton ; son point culminant atteint 730 mètres.

Elle est arrosée par le Tircon, le Folcon, affluents de la Vauxonne.

Foire : 27 décembre.

Commune assise sur les chemins de grande communication N°ˢ 15 *bis* et 19.

SAINT-GEORGES-DE-RENEINS

Bourg à 6 kilomètres de Belleville, 9 de Villefranche et 39 de Lyon, 2.620 habitants, 2.692 hectares.

Saint-Georges est limité : au nord, par Belleville ; à l'est, par la Saône, qui le sépare des communes de Montmerle, Lurcy,

Messimy et Fareins, situées dans le département de l'Ain ; au sud, par Arnas et Saint-Julien ; à l'ouest, par Blacé, Saint-Étienne-des-Oullières et Charentay.

Avant 1793, paroisse dans le Beaujolais, archiprêtré d'Anse, élection de Villefranche, du ressort de la sénéchaussée de Lyon ; l'abbé de Cluny nommait à la cure.

La juridiction était divisée en trois parties : la principale, dans laquelle était placé le clocher, était en litige entre le duc d'Orléans et M. de Monspey, comte de la Valière.

La seconde, qui comprenait les mas de Bussi, Chaffray, Gandoyer, etc., dépendait du comté d'Arcigny et M. de Monspey en était seigneur. Marsangue, qui formait la troisième partie, avait pour seigneur M. Despinay de Laye.

L'église paroissiale est fort ancienne (XIII° siècle), ce que l'on y voit encore n'est pas sans intérêt : la tour est une masse d'un travail grave et sévère. Le toit primitif, dont l'inclinaison formait une espèce de voûte visible à l'intérieur de l'église, venait se reposer sur une corniche en pierres à modillons qu'on y peut remarquer. Le duc d'Orléans y avait un banc près du sanctuaire.

Il y a une chapelle, dédiée à N.-D. des eaux, qui attire un grand concours dans les temps de sécheresse.

On remarque dans cette commune quatre châteaux :

1° Celui de Boistrait, ancien fief ayant appartenu au comte Colbert ;

2° Celui de Laye-Espinay, qui servait jadis aux Templiers établis dans ce bourg. En 1363, les comtes chanoines de Lyon le firent ruiner de peur que les Anglais ne vinssent à s'en saisir.

Au moment de la Révolution, c'était une terre et château, seigneurie, village et église sous le titre de Saint-Denis-d'Espinay, annexe de Saint-Georges-de-Reneins, en Beaujolais, en toute justice à laquelle furent réunies celles de Blacé-le-Bas, Salles, Marsangues et Buyon, ainsi que la terre et seigneurie de Saint-Albin et les fiefs de Brameloup, des Bois-Barons, de Cepey et de Chamgobert. Ces justices dépendaient, avant la Révolution, des baronnies de Thizy et des Tours, et elles s'étendaient dans les paroisses de Salles, Blacé, Arnas, Saint-Étienne-la-Varenne et Saint-Georges-de-Reneins. Elles s'exerçaient au château de Marsangues où étaient l'auditoire et les prisons. Le dernier seigneur fut d'Espinay de Laye. Ce château appartient aujourd'hui à M. de Fleurieu;

3° Ceux de Montchervet et de la Valière qui appartenaient, au siècle dernier, à M. de Monspey ;

4° L'ancien château de Marsangue dépendait de Laye-Espinay ; il contenait les auditoires et les prisons des justices de Laye-Espinay et de Champrenard et dépendances.

Guillaume François du Pasquier, qui fut le dernier bibliothécaire des Génovefains de Lyon, mourut à Saint-Georges, le 28 octobre 1808.

C'est près de Saint-Georges, au lieu des Tournelles, que, le 18 avril 1814, eut lieu entre les troupes françaises, commandées par le maréchal Augereau, duc de Castiglione et les Autrichiens, commandés par le prince de Hesse-Hambourg, un combat désespéré. Les Français s'y battirent avec tant de courage qu'ils y perdirent 500 hommes. Leur retraite sur Lyon fut glorieuse et coûta cher à l'ennemi.

En 1853, près du même lieu les travaux du chemin de fer du P.-L.-M. ont amené la découverte d'une ancienne ville gallo-romaine que l'on crut être celle de Lunna, station sur la voie romaine de Lyon à Mâcon, mais il est établi que cette ville occupait l'actuel emplacement de Belleville. Quoi qu'il en soit, les médailles trouvées dans ces mines témoignent que cette petite ville fut détruite l'an 250 de notre ère.

Au moment de la Révolution, Saint-Georges prit le nom de Reneins-les-Sables et fut rattaché au canton de Villefranche.

Climat tempéré; pays arrosé par la Vauxonne, affluent de la Saône. Altitude 190 mètres.

Sol sablonneux et argileux produisant du vin et des céréales.

Foires : premier samedi d'avril et après le 11 novembre. Marché le samedi.

Commune assise sur la grande ligne Paris-Lyon, la route nationale N° 6, et les chemins de grande communication N°s 15 *bis* et 20.

SAINT-JEAN-D'ARDIÈRES

Village à 2 kilomètres de Belleville, à 15 de Villefranche et à 45 de Lyon, 1226 habitants, 1227 hectares.

Saint-Jean a pour limites : au nord, Corcelles ; à l'est, Dracé et Taponas ; au sud, Belleville ; à l'ouest, Saint-Lager, Cercié et Villié-Morgon.

Anciennement paroisse dans le Beaujolais, archiprêtré d'Anse, élection de Villefranche, justice de Pizay, de l'Écluse et de Belleville. L'archevêque de Lyon était collateur de la cure. Le dernier seigneur fut Mognat de l'Écluse.

Ancien château de Pizay-Sugny possédé, dès le XIIIe siècle, par la famille de ce nom et plus tard par les Sainte-Colombe. Sa justice comprenait une partie de Saint-Jean-d'Ardières et le mas de Saint-Ennemond, dans la paroisse de Cercié. En 1780, le seigneur était Sabat de Sugny.

Ancien fief de l'Écluse, seigneurie en Beaujolais, appartenant, au XVIIe siècle, à la famille de Presles à laquelle était allié Louis Racine. Sa justice s'étendait sur la plus grande partie des paroisses de Saint-Jean-d'Ardières, de Taponas et sur toute la paroisse de Dracé. Il fut vendu, au siècle dernier à M. Mognat de l'Écluse et il appartient aujourd'hui à M. le comte d'Aubigny.

Saint-Jean est arrosé par l'Ardières, affluent de la Saône. Altitude 190 mètres.

Foire : 23 avril.

Commune vivifiée par la grande voie Paris-Lyon, celle de Belleville-Beaujeu, la route nationale N° 6, par les chemins de grande communication N°s 4 *bis* et 18, ainsi que par les chemins d'intérêt commun N°s 18 et 76.

SAINT-LAGER

Village à 7 kilomètres de Belleville, 20 de Villefranche et 49 de Lyon, 1054 habitants, 768 hectares.

Cette commune a pour limites : au nord, Cercié; à l'est, Saint-Jean-d'Ardières et Belleville; au sud, Charentay et Odenas; à l'ouest, Quincié.

Au siècle dernier, bourg, paroisse et seigneurie dans le Beaujolais, archiprêtré d'Anse, élection de Villefranche. Le Chapitre de Saint-Paul de Lyon nommait à la cure. La dame était, au moment de la Révolution, Mme Jourdain Mignot de la Martizière.

On remarque, dans la commune, l'ancien fief de la Pilonière qui, après avoir appartenu à la famille des Charezieu, est aujourd'hui en la possession de celle des Brac de la Perrière.

Saint-Lager fut affligé de la peste en 1584.

La famille Severt, à laquelle appartenait l'historien des archevêques de Lyon, fut seigneur de Saint-Lager, mais cet historien n'y est pas né.

En 1793, Saint-Lager prit le nom de Mont-Brouilly.

Cette commune a une altitude variant entre 300 et 400 mètres.

Ruisseaux peu importants dont les eaux se dirigent dans la Saône.

Productions : vin de Brouilly, renommé. Un propriétaire de la commune, M. Paquier-Desvignes, fait depuis quelque temps, avec la vendange du Beaujolais, du vin blanc mousseux imitant parfaitement le champagne mousseux.

Foires : 1er mai, 29 juin. Marché le jeudi.

La ligne Belleville-Beaujeu traverse la partie septentrionale de la commune.

Autres voies : Chemins de grande communication N° 4 *bis* et chemin d'intérêt commun N° 18.

TAPONAS

Village à 2 kilomètres de Belleville, 16 de Villefranche et 45 de Lyon, 271 habitants, 770 hectares.

Taponas longe la Saône dans sa plus grande longueur à l'est. Cette rivière le sépare des communes de Pézieux, de Genouilleux et de Guéreins, situées dans le département de l'Ain. Taponas est encore limité : au sud, par Belleville; à l'ouest, par Saint-Jean-d'Ardières et au nord, par Corcelles et Dracé.

Autrefois annexe de la paroisse de Saint-Jean-d'Ardières, en Beaujolais, justice de l'Écluse pour la plus grande partie et de la prévôté de Belleville, élection et du ressort de la sénéchaussée de Villefranche. Le seigneur du clocher était en 1789, Mognat de l'Écluse.

L'ancien domaine de Laye a été acquis par l'hospice de Villefranche.

Commune arrosée par la Saône et son affluent l'Ardières.

Son sol plat est à l'altitude de la Saône ; 170 mètres.

Productions agricoles : céréales et foin principalement.

La seule voie importante de cette commune est le chemin de grande communication N° 18.

CANTON DE BELLEVILLE

COMMUNES	POPULATION MUNICIPALE.			POPULATION comptée à part.	POPULATION totale.	SUPERFICIE.	RECETTES ordinaires.	DÉPENSES ordinaires.	PRODUIT des centimes.	VALEUR du centime.	CENTIMES pour DÉPENSES ordinaires et extraordinaires.			MONTANT de la dette.	REVENUS du bureau de bienfaisance.	PERCEPTIONS.	POSTES ET TÉLÉGRAPHES.	ÉLECTEURS.
	Agglomérée.	Éparse.	Totale.								Nombre total.	Dont extraordinaires.	Durée des impositions extraordinaires.					
Belleville......	2.272	572	2.844	78	2.922	1.040	30.855	30.242	20.303	273,26	74	9	1921	41.160	3.689	Belleville.	P.-T.	810
Cercié.........	351	299	650		650	498	4.014	4.021	5.398	68,29	78	19	1902	3.636	149	id.	F.-R.-T.	190
Charantay.....	252	670	922		922	1.378	7.261	7.247	5.812	136,21	42	6	1918	7.061	626	S-Georges-de-Ren.	Belleville.	270
Corcelles......	250	377	627		627	918	5.275	5.273	3.201	65,30	48		1900		863	Lancié.	Romanèche S.-et-L.	200
Drucé.........	156	486	642		642	1.480	6.842	6.620	5.051	89,53	56	14	1919	13.829	211	id.	bl.	210
Lancié........	584	141	725		725	660	6.684	6.679	4.464	73,04	60	14	1921	17.239	716	id.	T. id.	290
Odenas........	245	594	839		839	904	5.330	5.273	5.004	81,25	60	24	1917	37.017	486	St-Georges	Belleville.	260
Saint-Étienne-des-Ouillères	220	936	1.152		1.152	966	9.695	9.694	9.148	107,65	83	20	1914	21.675	840	id.	F.-R.-T.	375
Saint-Étienne-la-Varenne......	88	600	688		688	645	5.000	5.000	3.262	48,54	66	3	1921	7.097	853	id.	St-Étienne-des-Oul.	215
Saint-Georges-de-Reneins.....	1.049	1.571	2.620		2.620	2.692	14.405	14.371	8.700	283,81	31	7	1914	34.952	1.978	id.	P.-T.	843
Saint-Jean-d'Ardières........	232	994	1.226		1.226	1.227	7.889	7.887	5.176	109,40	47	2	1915	18.850		Belleville.	Belleville.	380
Saint-Lager.....	305	749	1.054		1.054	768	9.081	9.030	6.538	114,12	78	24	1925	59.081	1.278	id.	F.-R.	330
Taponas........	107	164	271		271	770	3.274	3.193	2.927	40,88	36	4	1910	2.448		id.	Belleville.	36
	6.117	8.153	14.270	78	14.348	13.944	115.909	115.372	86.284	1.486,44	768	158		264.829	11.191			

COMMUNES.	Distance de Belleville.	de Villefranche.	de Lyon.	FÊTES patronales.	Notaires.	Médecins.	Pharmaciens.	Sages-Femmes.	Vétérinaires.	État civil.	Caisses des écoles.	Fondation de la bibliothèque.	Garçons (classes).	Filles (classes).	Mixtes.	Maternelles.	Garçons.	Filles.	Personnel ecclésiastique.
Belleville........		14	43	Assomption.	2	2	2	2	1	1556	1	1882	2	2		1	2	3	✠ 3
Cercié...........	6	19	48	Saint-Joseph.			1	1		1655	1	1885	1	1			1	1	1
Charentay.......	7	14	43	Saint-Martin.						1613	1	1864	1	1			1	2	
Corcelles........	7	20	49	Saints-Pierre et Paul.						1644	1	1866	1	1				1	
Dracé...........	6	20	49	Saint-Pierre.						1665	1	1876	1	2				1	
Lancié..........	9	22	51	Saint-Julien.	1						1	1895	1	2			1	1	
Odenas..........	10	17	46	Saints-Pierre et Paul.	1					1590	1	1878	1	1				1	2
St-Étienne-des-Ouillières.	10	11	39	Invention reliques St-Étienne.			1	1				1890	2	2					
St-Étienne-la-Varenne...	12	16	46	id.						1613	1	1879	1	1				1	2
St-Georges-de-Reneins..	6	9	38	Saint-Georges.	1	2	1	1		1570	1	1863	2	3		1	2	✠ 3
Saint-Jean-d'Ardières...	2	15	45	Nativité Saint-Jean-Baptiste.					1	1646	1	1868	2	1			1	1	2
Saint-Lager.......	7	20	49	Saint-Léger.						1601	1		2	2				1	2
Taponas.........	2	16	45	Saint-Isidore.						1654	1	1874			1				1

TABLE RÉCAPITULATIVE

COMMUNES	ARRONDISSEMENT	CANTON	POPULATION	SUPERFICIE	Distance de Lyon	Distance du ch.-l. de can.	PAGE
Affoux.	V	Tarare.	460	1.064	48	10	331
Aigueperse.	V	Monsols.	915	1.277	81	14	384
Albigny.	L	Neuville.	1.205	257	16	2	71
Alix.	V	Anse.	401	361	27	6	294
Ambérieux.	V	Id.	148	455	22	2	292
Amplepuis (canton d').	V		12.976	9.984			345
Amplepuis.	V	Amplepuis.	6.960	3.844	59		347
Ampuis.	L	Condrieu.	1.808	1.571	40	5	246
Ancy.	V	Tarare.	724	1.185	33	12	331
Andéol-le-Château (St.).	L	Givors.	566	995	25	7	235
André-la-Côte (St.).	L	Mornant.	266	477	32	8	214
Anse (canton d').	V		10.019	8.499			287
Anse.	V	Anse.	2.051	1.523	23		288
Appolinaire (St.).	V	Tarare.	379	572	49	13	336
Arbresle (canton de l').	L		18.484	15.597			105
Arbresle (l').	L	L'Arbresle.	3.577	338	25		107
Arbuissonnas.	V	Villefranche.	210	223	41	12	270
Ardillats (Les).	V	Beaujeu.	944	2.325	64	5	402
Arnas.	V	Villefranche.	950	1.691	34	5	271
Aveize.	L	St.-Symphorien.	1.234	1.664	40	7	149
Avenas.	V	Beaujeu.	258	948	60	13	403
Azolette.	V	Monsols.	366	417	70	15	385
Bagnols.	V	Bois-d'Oingt.	593	735	31	3	308
Beaujeu (canton de).	V		19.014	21.671			397
Beaujeu.	V	Beaujeu.	3.387	4.750	55		399
Belleville (canton de).	V		14.348	13.944			419
Belleville.	V	Belleville.	2.922	1.040	43		420
Belmont.	V	Anse.	140	151	22	10	293
Bessenay.	L	L'Arbresle.	2.039	1.404	29	10	409
Bibost.	L	Id.	491	523	29	9	110

COMMUNES	ARRONDISSEMENT	CANTON	POPULATION	SUPERFICIE	Distance de Lyon	Distance du ch.-l. de cant.	PAGE
Blacé.	V	Villefranche.	1.178	1.100	38	9	272
Bois-d'Oingt (canton du).	V		14.049	16.421			305
Bois-d'Oingt (Le).	V	Bois-d'Oingt.	1.421	513	33		307
Bonnet-d.-Bruyères (St.).	V	Monsols.	1.076	2.103	77	10	389
Bonnet-le-Troncy (St.).	V	Lamure.	992	1.565	62	10	375
Bourg-de-Thizy.	V	Thizy.	4.405	1.428	68	1	359
Breuil (Le).	V	Bois-d'Oingt.	403	563	30	4	309
Brignais.	L	St.-Genis-Laval.	1.992	1.038	12	4	185
Brindas.	L	Vaugneray.	1.210	1.128	14	5	164
Bron.	L	Villeurbanne.	2.665	1.014	8	4	59
Brullioles.	L	Saint-Laurent.	924	1.223	34	7	130
Brussieu.	L	Id.	737	673	34	7	131
Bully.	L	L'Arbresle.	1.455	1.259	29	4	111
Cailloux-sur-Fontaines.	L	Neuville.	728	826	14	8	72
Caluire-et-Cuire.	L	Id.	10.053	1.083	6	10	73
Catherine-s-Riverie(Ste.)	L	Mornant.	813	1.359	35	13	215
Cenves.	V	Monsols.	957	2.629	70	16	386
Cercié.	V	Belleville.	650	496	48	6	423
Chambost-Allières.	V	Lamure.	821	1.409	47	6	369
Chambost-Longessaigne.	L	Saint-Laurent.	1.715	1.539	48	11	131
Chamelet.	V	Bois-d'Oingt.	726	1.443	42	12	309
Chapelle-de-Mardore (La)	V	Thizy.	533	579	64	6	360
Chapelle-sur-Coise (La).	L	St.-Symphorien.	392	657	40	5	150
Chaponost.	L	St.-Genis-Laval.	1.907	1.626	12	5	188
Charbonnières.	L	Vaugneray.	931	409	9	12	165
Charentay.	V	Belleville.	922	1.378	43	7	424
Charly.	L	St.-Genis-Laval.	973	510	15	6	189
Charnay.	V	Anse.	731	706	24	7	293
Chassagny.	L	Givors.	373	934	23	6	229
Chasselay.	L	Limonest.	1.250	1.278	17	6	90
Châtillon d'Azergues.	V	Bois-d'Oingt.	1.018	1.073	24	8	311
Chaussan.	L	Mornant.	553	789	28	4	210
Chazay-d'Azergues.	V	Anse.	923	577	19	7	294
Chénas.	V	Beaujeu.	681	817	57	18	404
Chenelette.	V	Lamure.	587	1.107	66	13	370
Chères (Les).	L	Limonest.	599	546	17	7	91
Chessy.	V	Bois-d'Oingt.	773	454	26	6	312
Chevinay.	L	Vaugneray.	504	880	24	9	166

TABLE RÉCAPITULATIVE

COMMUNES	ARRONDISSEMENT	CANTON	POPULATION	SUPERFICIE	Distance de Lyon	du ch.-l. de cant.	PAGE
Chiroubles.	V	Beaujeu.	708	732	55	11	405
Christophe (St.).	V	Monsols.	712	1.450	73	6	389
Civrieux-d'Azergues.	L	Limonest.	424	491	16	7	92
Claveisolles.	V	Lamure.	1.181	2.834	57	5	371
Clément-de-Vers (St.).	V	Monsols.	473	881	75	14	390
Clément-les-Places (St.).	L	Saint-Laurent.	780	1.224	45	4	137
Clément-s-Valsonne (St.).	V	Tarare.	907	1.452	41	5	337
Cogny.	V	Villefranche.	872	584	37	8	273
Coise.	L	St.-Symphorien.	680	896	45	3	151
Collonges-au-Mont-d'Or.	L	Limonest.	1.459	381	10	8	92
Colombe (Ste).	L	Condrieu.	1.192	165	33	11	250
Condrieu (canton de).	L		9.171	11.977			241
Condrieu.	L	Condrieu.	2.149	943	44		242
Consorce (Ste.).	L	Vaugneray.	442	586	13	9	173
Corcelles.	V	Belleville.	627	918	49	7	425
Cours.	V	Thizy.	5.755	1.921	74	10	360
Courzieu.	L	Vaugneray.	1.535	2.704	28	11	166
Couzon-au-Mont-d'Or.	L	Neuville.	980	324	14	4	74
Craponne.	L	Vaugneray.	1.910	464	11	7	168
Cublize.	V	Amplepuis.	2.048	1.553	60	7	348
Curis.	L	Neuville.	393	304	19	2	76
Cyr-au-Mont-d'Or (St.).	L	Limonest.	1.802	847	8	6	97
Cyr-le-Chatoux (St.).	V	Villefranche.	141	628	45	15	284
Cyr-sur-Rhône (St.).	L	Condrieu.	245	611	35	10	252
Dardilly.	L	Limonest.	1.108	1.399	9	5	93
Dareizé.	V	Tarare.	375	671	39	8	332
Denicé.	V	Villefranche.	1.258	953	35	6	274
Didier-au-Mont-d'Or (St.)	L	Limonest.	2.566	1.099	7	5	98
Didier-sur-Beaujeu (St.).	V	Beaujeu.	703	1.462	59	4	414
Didier-sous-Riverie (St.).	L	Mornant.	1.227	1.402	31	9	216
Dième.	V	Tarare.	301	911	44	14	333
Dommartin.	L	L'Arbresle.	502	723	16	12	112
Dracé.	V	Belleville.	642	1.480	49	6	426
Duerne.	L	St.-Symphorien.	665	1.140	36	9	152
Durette.	V	Beaujeu.	198	257	51	6	406
Echalas.	L	Givors.	768	2.195	30	8	229
Ecully.	L	Limonest.	2.964	792	5	8	94
Émeringes.	V	Beaujeu.	421	300	60	16	406

COMMUNES	ARRONDISSEMENT	CANTON	POPULATION	SUPERFICIE	Distance de Lyon	Distance du ch.-l. de cant.	PAGE
Étienne-d.-Oullières (St.)	V	Belleville.	1.162	966	39	10	428
Étienne-la-Varenne (St.).	V	Id.	688	645	46	12	429
Éveux.	L	L'Arbresle.	228	332	24	1	113
Fleurie.	V	Beaujeu.	2.039	1.382	55	14	407
Fleurieu-sur-Saône.	L	Neuville.	452	291	16	2	76
Fleurieux-sur l'Arbresle.	L	L'Arbresle.	740	949	21	4	113
Fons (St.).	L	Villeurbanne.	4.160	628	7	8	60
Fontaines-St.-Martin.	L	Neuville.	708	260	13	6	77
Fontaines-sur-Saône.	L	Id.	1.348	246	12	5	77
Forgeux (St.).	V	Tarare.	1.837	2.224	40	7	337
Foy-lès-Lyon (Ste).	L	St.-Genis-Laval.	2.914	681	4	5	200
Foy-l'Argentière (Ste.).	L	Saint-Laurent.	1.224	154	40	5	138
Francheville.	L	Vaugneray.	1.912	817	7	11	169
Frontenas.	V	Bois-d'Oingt.	311	342	31	4	313
Genis-l'Argentière (St.).	L	Saint-Laurent.	978	1.065	40	6	140
Genis-Laval (cant. de St.)	L		31.562	9.896			181
Genis-Laval (St.).	L	St.-Genis-Laval.	3.435	1.287	8		183
Genis-les-Ollières (St.).	L	Vaugneray.	874	374	10	7	174
Georges-de-Rencins (St.)	V	Belleville.	2.620	2.692	38	6	429
Germain-au-Mt.-d'Or(St.)	L	Neuville.	890	531	20	3	81
Germain-sur-l'Arbr. (St.)	L	L'Arbresle.	776	650	27	2	117
Givors (canton de).	L			17.380	9.075		225
Givors.	L	Givors.	11.035	1.330	23		226
Gleizé.	V	Villefranche.	1.736	1.071	31	2	275
Grandris.	V	Lamure.	2.020	1.558	51	4	372
Grézieu-la-Varenne.	L	Vaugneray.	1.071	744	14	3	170
Grézieu-le-Marché.	L	St.-Symphorien.	867	1.149	44	7	153
Grigny.	L	Givors.	2.227	583	19	4	230
Halles (Les).	L	Saint-Laurent.	309	309	44	5	132
Haute-Rivoire.	L	Id.	1.557	2.029	48	7	133
Haies (Les).	L	Condrieu.	431	1.605	34	7	247
Igny-de-Vers (St.).	V	Monsols.	1.714	2.731	77	10	391
Irigny.	L	St.-Genis-Laval.	1.451	1.062	11	4	192
Jacques-des-Arrêts (St.).	V	Monsols.	372	748	69	10	392
Jarnioux.	V	Bois-d'Oingt.	610	417	36	11	314
Jean-d'Ardières (St.).	V	Belleville.	1.226	1.227	45	2	432
Jean-des-Vignes (St.).	V	Anse.	197	257	22	8	302
Jean-de-Touslas (St.)	L	Givors.	416	556	27	11	236

TABLE RÉCAPITULATIVE 441

COMMUNES	ARRONDISSEMENT	CANTONS	POPULATION	SUPERFICIE	Distance de Lyon	du ch.-l. de cant.	PAGE
Jean-la-Bussière (St.).	V	Thizy.	1.284	1.553	62	5	363
Joux.	V	Tarare.	1.011	2.479	48	5	333
Julien (St.).	V	Villefranche.	666	690	32	8	282
Julien-sur-Bibost (St.).	L	L'Arbresle.	662	1.328	27	8	118
Juliénas.	V	Beaujeu.	1.175	756	62	18	408
Jullié.	V	Id.	884	987	63	18	409
Just-d'Avray (St.).	V	Bois-d'Oingt.	1.396	1.752	50	20	318
Lacenas.	V	Villefranche.	569	335	35	6	277
Lachassagne.	V	Anse.	439	354	26	3	295
Lager (St.).	V	Belleville.	1.054	768	49	7	433
Lamure-sur-Az. (cant. de)	V		13.432	18.134			367
Lamure-sur-Azergues.	V	Lamure.	1.329	1.570	52		368
Lancié.	V	Belleville.	725	660	51	9	426
Lantignié.	V	Beaujeu.	775	740	53	4	410
Larajasse.	L	St.-Symphorien.	2.298	3.321	41	5	154
Laurent-d'Agny (St.).	L	Mornant.	1.022	1.054	22	3	217
Laurent-de-Chamousset (St.) (canton de).	L		15.073	16.445			127
Laurent-de-Cham. (St.).	L	Saint-Laurent.	1.642	1.723	41		129
Laurent-d'Oingt (St.).	V	Bois-d'Oingt.	795	904	37	4	319
Laurent-de-Vaux (St.).	L	Vaugneray.	107	264	19	4	175
Légny.	V	Bois-d'Oingt.	424	397	31	2	315
Lentilly.	L	L'Arbresle.	1.248	1.838	19	8	114
Létra.	V	Bois-d'Oingt.	813	1.462	39	9	315
Liergues.	V	Anse.	726	530	31	7	296
Limas.	L	Villefranche.	660	615	28	2	278
Limonest (canton de).	L		16.349	8.926			87
Limonest.	L	Limonest.	946	897	11		89
Lissieu.	L	Id.	546	565	16	5	96
Loire.	L	Condrieu.	1.135	1.636	26	18	248
Longes.	L	Id.	776	2.461	38	12	249
Longessaigne.	L	Saint-Laurent.	881	1.198	43	8	134
Loup (St.).	V	Tarare.	635	973	39	7	338
Lozanne.	V	Anse.	717	550	21	10	297
Lucenay.	V	Id.	840	627	23	3	298
Lyon (arrond. de).			673.600	134.036			29
Lyon.	L	Lyon 8 cantons.	466.028	4.384			35
Mamert (St.).	V	Monsols.	176	321	68	9	393

COMMUNES	ARRONDISSEMENT	CANTON	POPULATION	SUPERFICIE	Distance de Lyon	du ch.-l. de cant.	PAGE
Marcel-l'Éclairé (St.).	V	Tarare.	619	1.188	46	4	339
Marchampt.	V	Beaujeu.	887	1.774	55	10	411
Marcilly-d'Azergues.	L	Limonest.	432	422	17	6	96
Marcy-l'Étoile.	L	Vaugneray.	310	532	12	7	171
Marcy-sur-Anse.	V	Anse.	314	332	26	4	298
Mardore.	V	Thizy.	1.445	1.334	68	7	361
Marnand.	V	Id.	1.163	877	67	3	362
Martin-de-Cornas (St.).	L	Givors.	107	355	27	5	237
Martin-en-Haut (St.).	L	St.-Symphorien.	2.851	3.867	31	12	157
Maurice-s/-Dargoire (St.)	L	Mornant.	1.185	1.598	28	7	218
Meaux.	V	Amplepuis.	602	908	59	13	350
Messimy.	L	Vaugneray.	1.242	1.098	18	7	172
Meys.	L	St.-Symphorien.	1.020	1.460	50	10	155
Millery.	L	Givors.	1.153	898	17	7	231
Moiré.	V	Bois-d'Oingt.	208	203	32	2	316
Monsols (canton de).	V		10.029	18.973			381
Monsols.	V	Monsols.	1.045	1.952	67		383
Montagny.	L	Givors.	409	829	20	7	234
Montmelas-Saint-Sorlin.	V	Villefranche.	406	424	39	10	279
Montromand.	L	Saint-Laurent.	517	1.099	36	10	135
Montrottier.	L	Id.	1.642	2.317	38	10	136
Morancé.	V	Anse.	816	919	22	5	299
Mornant (canton de).	L		10.365	11.867			207
Mornant.	L	Mornant.	2.053	1.573	24		208
Mulatière (La).	L	St.-Genis-Laval.	3.420	194	4	5	194
Neuville-sur-Saône (canton de).			21.905	7.441			65
Neuville-sur-Saône.	L	Neuville.	3.214	540	17		70
Nizier-d'Azergues (St.).	V	Lamure.	2.563	2.423	57	5	376
Nuelles.	L	L'Arbresle.	242	202	26	2	116
Odenas.	V	Belleville.	839	904	46	10	427
Oingt.	V	Bois-d'Oingt.	414	392	36	3	317
Olmes (Les).	V	Tarare.	578	277	36	8	334
Orliénas.	L	Mornant.	929	1.043	18	7	211
Oullins.	L	St.-Genis-Laval.	9.085	674	6	2	197
Ouroux.	V	Monsols.	841	2.071	65	8	387
Paule (Ste).	V	Bois-d'Oingt.	420	750	40	7	320
Perréon (Le).	V	Villefranche.	1.243	1.470	44	15	280

TABLE RÉCAPITULATIVE 443

COMMUNES	ARRONDISSEMENT	CANTON	POPULATION	SUPERFICIE	Distance de Lyon	ch.-l. de cant.	PAGE
Pierre-Bénite.	L	St.-Genis-Laval.	2.742	355	8	3	199
Pierre-La-Palud (St.).	L	L'Arbresle.	940	704	23	7	119
Poleymieux.	L	Neuville.	397	618	14	5	78
Pollionnay.	L	Vaugneray.	702	1.580	16	5	173
Pomeys.	L	St.-Symphorien.	781	1.311	45	3	156
Pommiers.	V	Anse.	1.058	776	27	4	300
Pontcharra-sur-Turdine.	V	Tarare.	1.789	480	38	5	335
Pont-Trambouze.	V	Thizy.	789	405	72	6	362
Pouilly-le-Monial.	V	Anse.	518	381	31	7	301
Poule.	V	Lamure.	1.928	3.123	64	12	373
Propières.	V	Monsols.	1.100	1.600	69	14	388
Quincié.	V	Beaujeu.	1.601	2.198	54	6	411
Quincieux.	L	Neuville.	959	1.772	23	6	79
Rambert-l'Ile-Barbe (St.)	L	Limonest.	2.283	209	7	8	99
Ranchal.	V	Lamure.	1.156	1.510	66	14	374
Régnié.	V	Beaujeu.	1.105	910	54	6	414
Riverie.	L	Mornant.	320	41	33	11	212
Rivollet.	V	Villefranche.	542	1.629	39	9	281
Rochetaillée.	L	Neuville.	346	128	13	4	80
Romain-au-Mt.-d'Or (St.)	L	Id.	232	261	11	5	82
Romain-de-Popey (St.).	V	Tarare.	1.424	1.702	32	10	340
Romain-en-Gal (St.).	L	Condrieu.	752	1.409	32	13	252
Romain-en-Gier (St.).	L	Givors.	326	400	29	7	238
Ronno.	V	Amplepuis.	1.400	2.287	55	6	350
Rontalon.	L	Mornant.	802	1.252	24	7	213
Sain-Bel.	L	L'Arbresle.	1.819	358	23	3	116
Salles.	V	Villefranche.	400	212	40	11	283
Sarcey.	L	L'Arbresle.	804	995	32	9	119
Sauvages (Les).	V	Tarare.	682	1.248	51	8	341
Savigny.	L	L'Arbresle.	1.343	2.117	25	5	120
Sorlin (St.).	L	Mornant.	508	470	27	3	219
Soucieu-en-Jarez.	L	St.-Genis-Laval.	1.665	1.423	18	9	201
Sourcieux-sur-l'Arbresle.	L	L'Arbresle.	1.008	982	21	5	123
Souzy-l'Argentière.	L	Saint-Laurent.	817	509	42	6	141
Symphorien-sur-Coise (canton de St.).	L		13.247	15.868			145
Symphorien-sur-Coise. (St.)	L	St.-Symphorien.	2.459	403	43		147

COMMUNES	ARRONDISSEMENT	CANTON	POPULATION	SUPERFICIE	Distance de Lyon	du ch.-l. de cant.	PAGE
Taluyers.	L	Mornant.	687	809	19	5	219
Taponas.	V	Belleville.	271	770	45	2	434
Tarare (canton de).	V		24.967	19.635			327
Tarare.	V	Tarare.	12.028	1.384		43	329
Tassin-la-Demi-Lune.	L	Vaugneray.	3.518	737	8	10	176
Ternand.	V	Bois-d'Oingt.	614	1.066	38	8	321
Theizé.	V	Id.	1.138	1.191	33	5	322
Thel.	V	Lamure.	855	1.035	69	18	377
Thizy (canton de).	V		21.279	8.900			355
Thizy.	V	Thizy.	4.892	182	66		356
Thurins.	L	Vaugneray.	1.833	1.946	21	11	177
Tour-de-Salvagny (La).	L	L'Arbresle.	610	842	14	11	124
Trades.	V	Monsols.	282	793	67	9	393
Trèves.	L	Condrieu.	324	736	36	14	253
Tupins-et-Semons.	L	Id.	359	840	43	3	254
Valsonne.	V	Tarare.	1.218	1.825	45	9	342
Vaugneray (canton de).	L		20.589	17.562			161
Vaugneray.	L	Vaugneray.	1.961	2.249	16		163
Vaux-en-Velin.	L	Villeurbanne.	1.314	2.160	9	5	61
Vaux.	V	Villefranche.	1.158	1.781	44	15	284
Vauxrenard.	V	Beaujeu.	834	1.924	60	13	412
Vénissieux.	L	Villeurbanne.	3.394	1.547	9	7	62
Vérand (St.).	V	Bois-d'Oingt.	1.163	1.750	36	7	320
Vernaison.	L	St.-Genis-Laval.	1.183	481	14	7	202
Vernay (Le).	V	Beaujeu.	138	559	61	6	413
Ville (La).	V	Thizy.	1.013	624	75	12	364
Villechenève.	L	Saint-Laurent.	1.353	1.386	45	13	141
Ville-sur-Jarnioux.	V	Bois-d'Oingt.	809	1.014	36	9	323
Villefranche (arrond. de).	V		165.729	145.003			257
Villefranche (canton de).	V		25.616	14.315			263
Villefranche-sur-Saône.	V	Villefranche.	13.627	909	29		265
Villeurbanne (canton de).	V		33.247	6.801			55
Villeurbanne.	L	Villeurbanne.	21.714	1.452	5		58
Villié-Morgon.	V	Beaujeu.	2.276	1.850	51	10	415
Vincent-de-Reins (St.).	V	Amplepuis.	1996	1.392	64	14	350
Vourles.	L	St.-Genis-Laval.	795	565	13	5	203
Yzeron.	L	Vaugneray.	727	1.050	27	12	178

TABLE DES MATIÈRES

	PAGES
Extrait du procès-verbal de la séance du Conseil Général du 30 avril 1897	I
Extrait du procès-verbal de la Conférence pédagogique des Instituteurs de Lyon (22 novembre 1894)	II
Préface	III
Avant-propos	V
Ancienne province du Lyonnais	1
Limites	1
Départements formés	1
Situation du département du Rhône	1
Limites	1
Dimensions. — Population	1
Relief du sol	2
Climat	2
Hydrographie	4
Voies de communication	6
Chemins de fer	11
Tramways	12
Cadastre	13
Productions	13
Industrie	14
Commerce	14
Race	15
Mœurs	15
Langue	15
Division administrative	15
Diocèse de Lyon	16
Services divers	21
Instruction publique	21
Justice	23
Villes	23

446   GÉOGRAPHIE DU RHÔNE

Bourgs 23
Histoire 23
Arrondissement de Lyon 29
Arrondissement de Villefranche 257
Tableau alphabétique récapitulatif des Communes 437

CARTES DANS LE TEXTE

Carte physique du Rhône 3
Département de Rhône et Loire 29
Arrondissement de Lyon 30
Arrondissement de Villefranche 258

CARTES DES CANTONS au 80.0000e

Ville de Lyon et canton de Villeurbanne	Pl.	I
Cantons de Neuville et de Limonest	Pl.	II
Canton de l'Arbresle	Pl.	III
Canton de Saint-Laurent-de-Chamousset	Pl.	IV
Canton de Saint-Symphorien-sur-Coise	Pl.	V
Canton de Vaugneray	Pl.	VI
Canton de Saint-Genis-Laval	Pl.	VII
Canton de Mornant	Pl.	VIII
Canton de Givors	Pl.	IX
Canton de Condrieu	Pl.	X
Canton de Villefranche	Pl.	XI
Canton d'Anse	Pl.	XII
Canton du Bois-d'Oingt	Pl.	XIII
Canton de Tarare	Pl.	XIV
Cantons d'Amplepuis et de Thizy	Pl.	XV
Canton de Lamure-sur-Azergues	Pl.	XVI
Canton de Monsols	Pl.	XVII
Canton de Beaujeu	Pl.	XVIII
Canton de Belleville	Pl.	XIX

NOTA. — L'échelle au 80.000e est tracée sur la Planche I (Lyon et Villeurbanne.)

MACON, PROTAT FRÈRES, IMPRIMEURS

VILLE DE LYON ET CANTON DE VILLEURBANNE

Pl. I

Extrait de la carte de France au 80.000ᵉ publiée par le Service géographique de l'armée.

Echelle des 19 Cartes au 80.000ᵉ

ARROND' DE LYON

CANTON DE L'ARBRESLE   PL. III

trait de la carte de France au 80.000° publiée par le Service géographique de l'armée.   ARROND¹ DE LYON

CANTON DE SAINT-LAURENT-DE-CHAMOUSSET

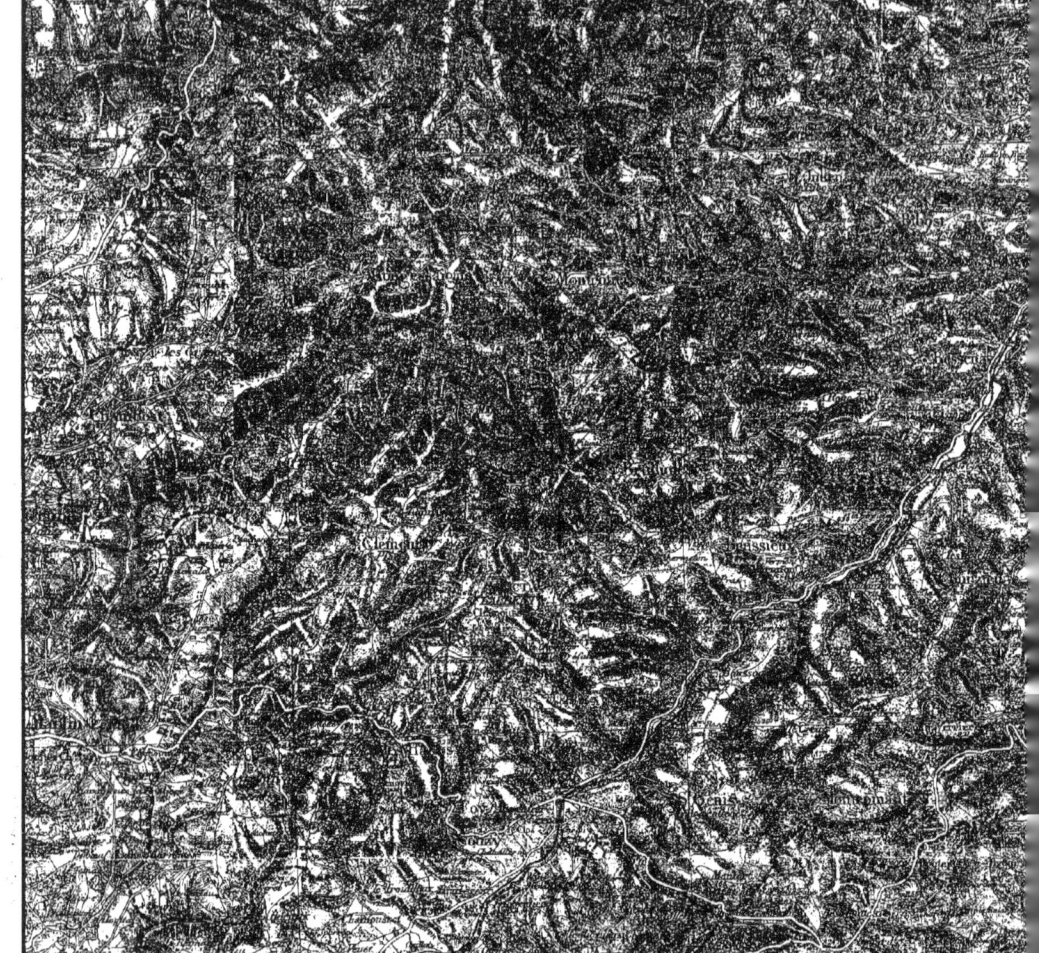

Extrait de la carte de France au 80.000ᵉ publiée par le Service géographique de l'armée.

ARROND¹ DE LYON

Pl. IV

CANTON DE SAINT-SYMPHORIEN-SUR-COISE PL. V

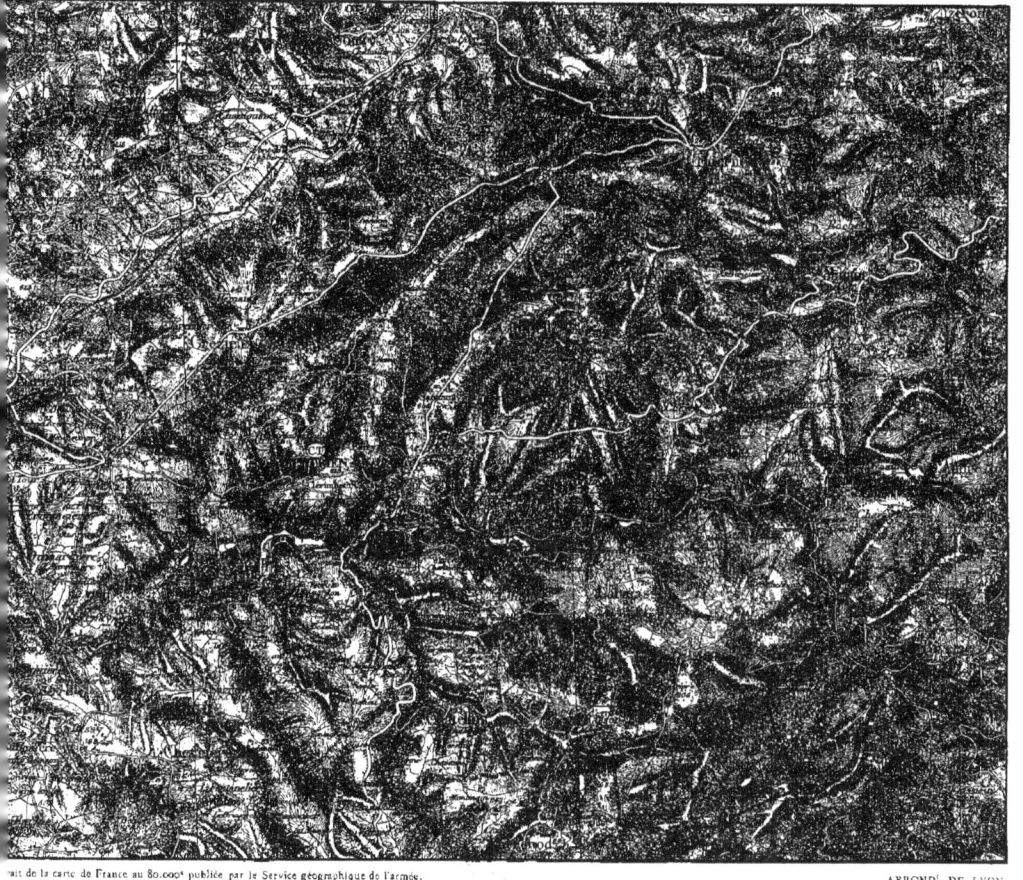

ait de la carte de France au 80.000ᵉ publiée par le Service géographique de l'armée.

ARROND' DE LYON

CANTON DE VAUGNERAY Pl. V

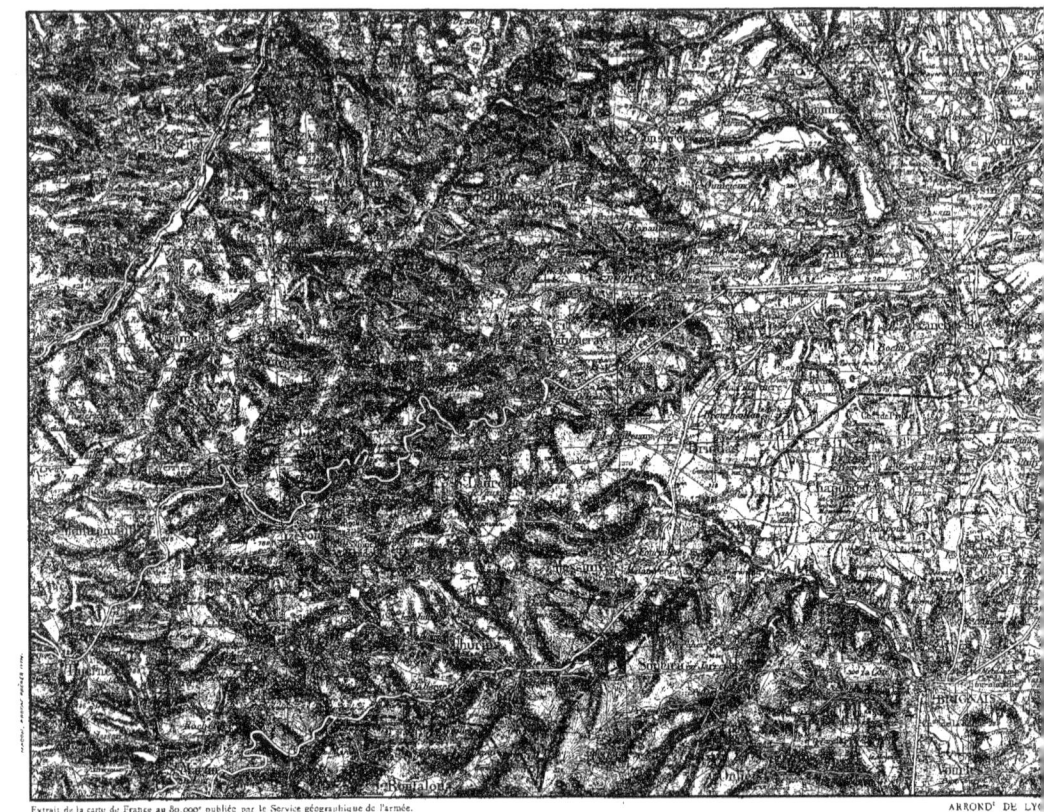

Extrait de la carte de France au 80.000e publiée par le Service géographique de l'armée. ARROND^t DE LYO

CANTON DE SAINT-GENIS-LAVAL — Pl. VII

trait de la carte de France au 80.000° publiée par le Service géographique de l'armée.

ARROND' DE LYON

CANTON DE MORNANT — Pl. VIII

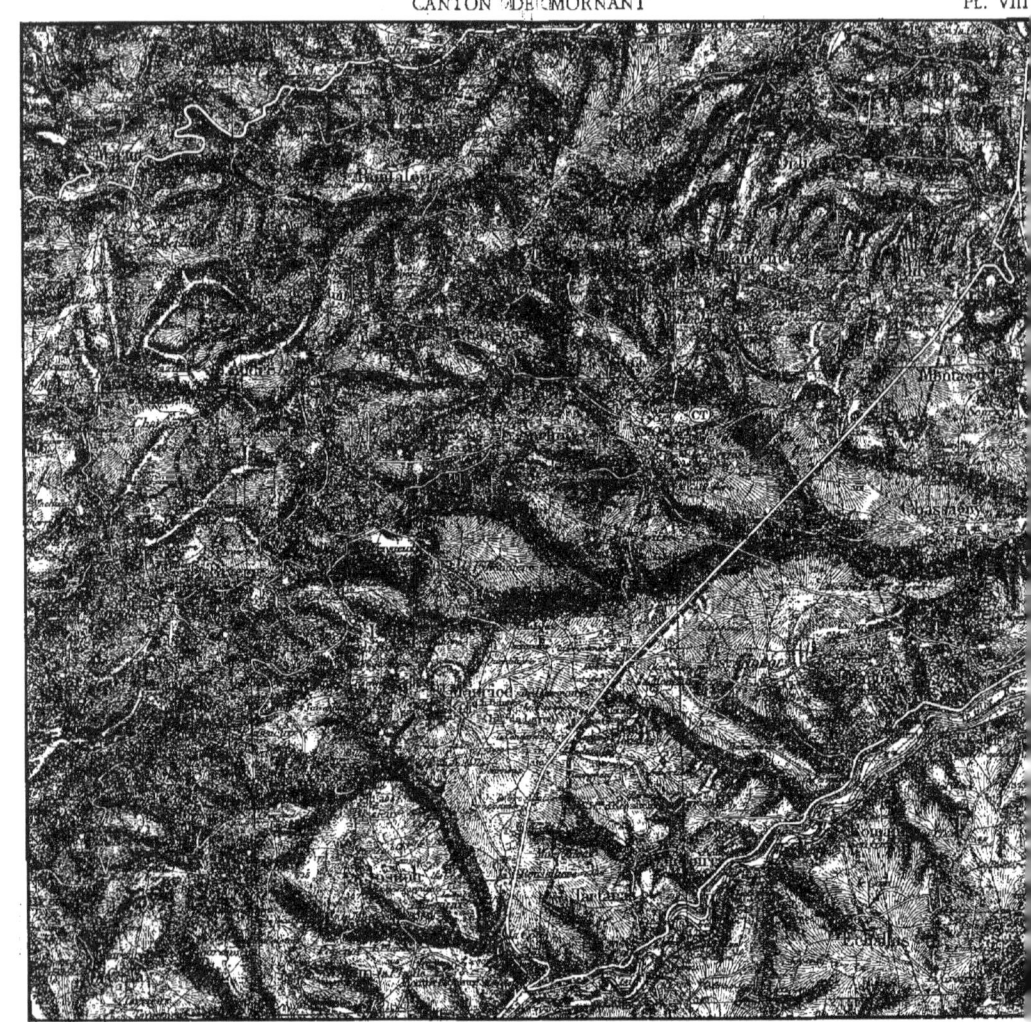

Extrait de la carte de France au 80.000ᵉ publiée par le Service géographique de l'armée.

ARROND' DE LYON

CANTON DE GIVORS

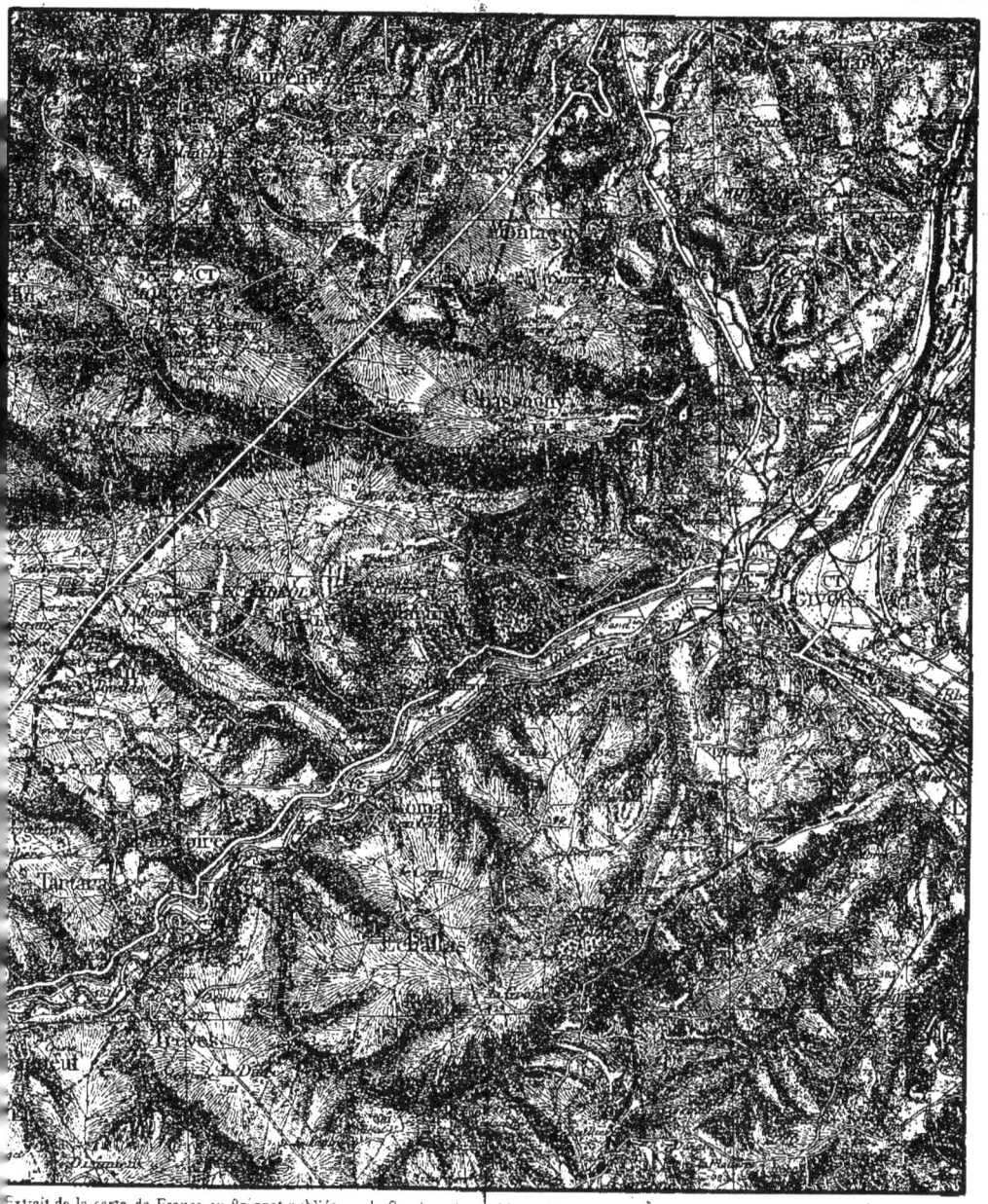

Extrait de la carte de France au 80.000ᵉ publiée par le Service géographique de l'armée.

ARROND' DE LYON

PL. IX

CANTON DE CONDRIEU

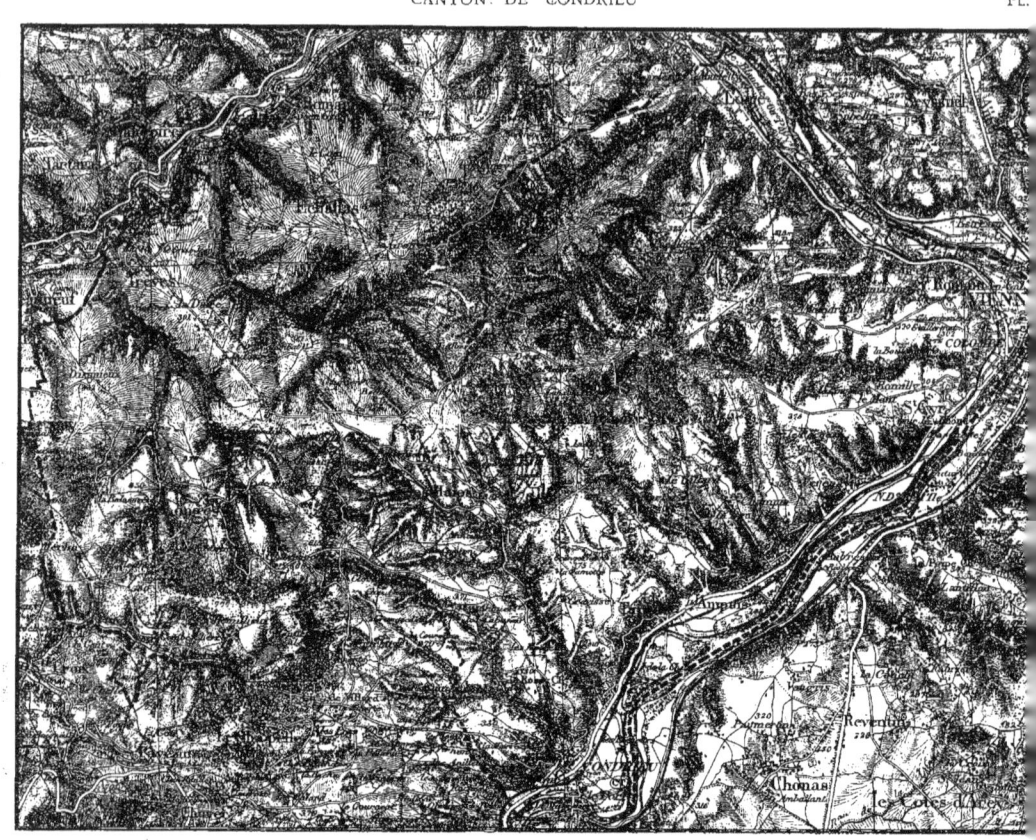

L'extrait de la carte de France au 80.000ᵉ publiée par le Service géographique de l'armée.

CANTON DE VILLEFRANCHE-SUR-SAONE   Pl. XI

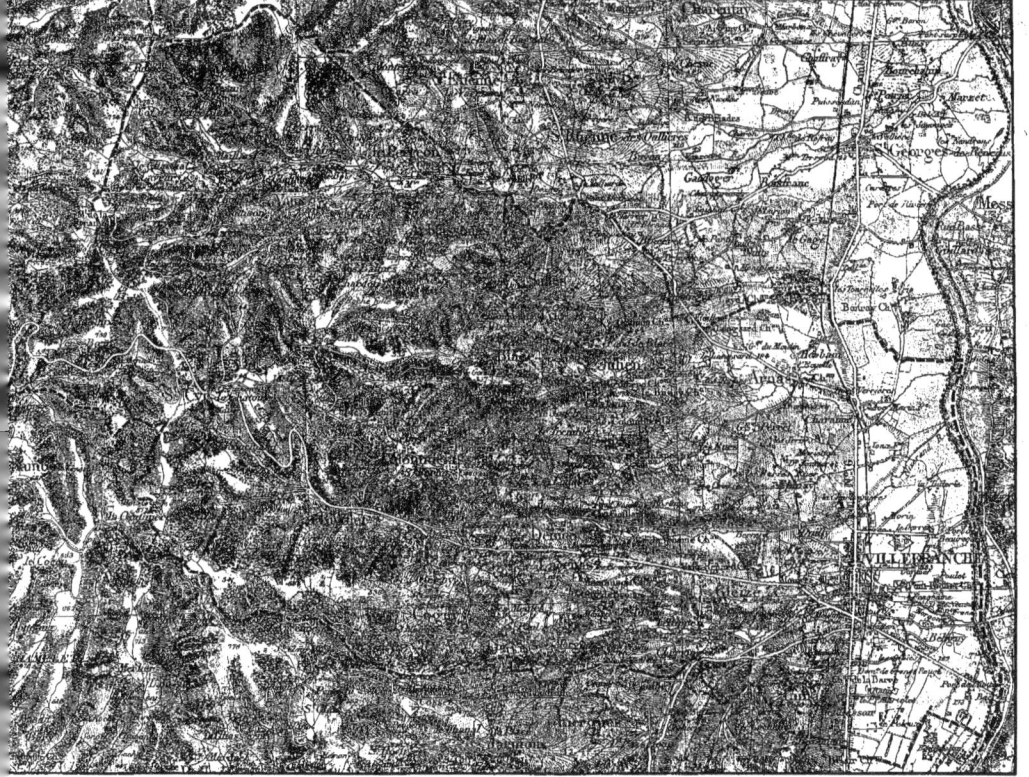

Extrait de la carte de France au 80.000e publiée par le Service géographique de l'armée.   ARROND^t DE VILLEFRANCHE

CANTON D'ANSE

Pl. XII

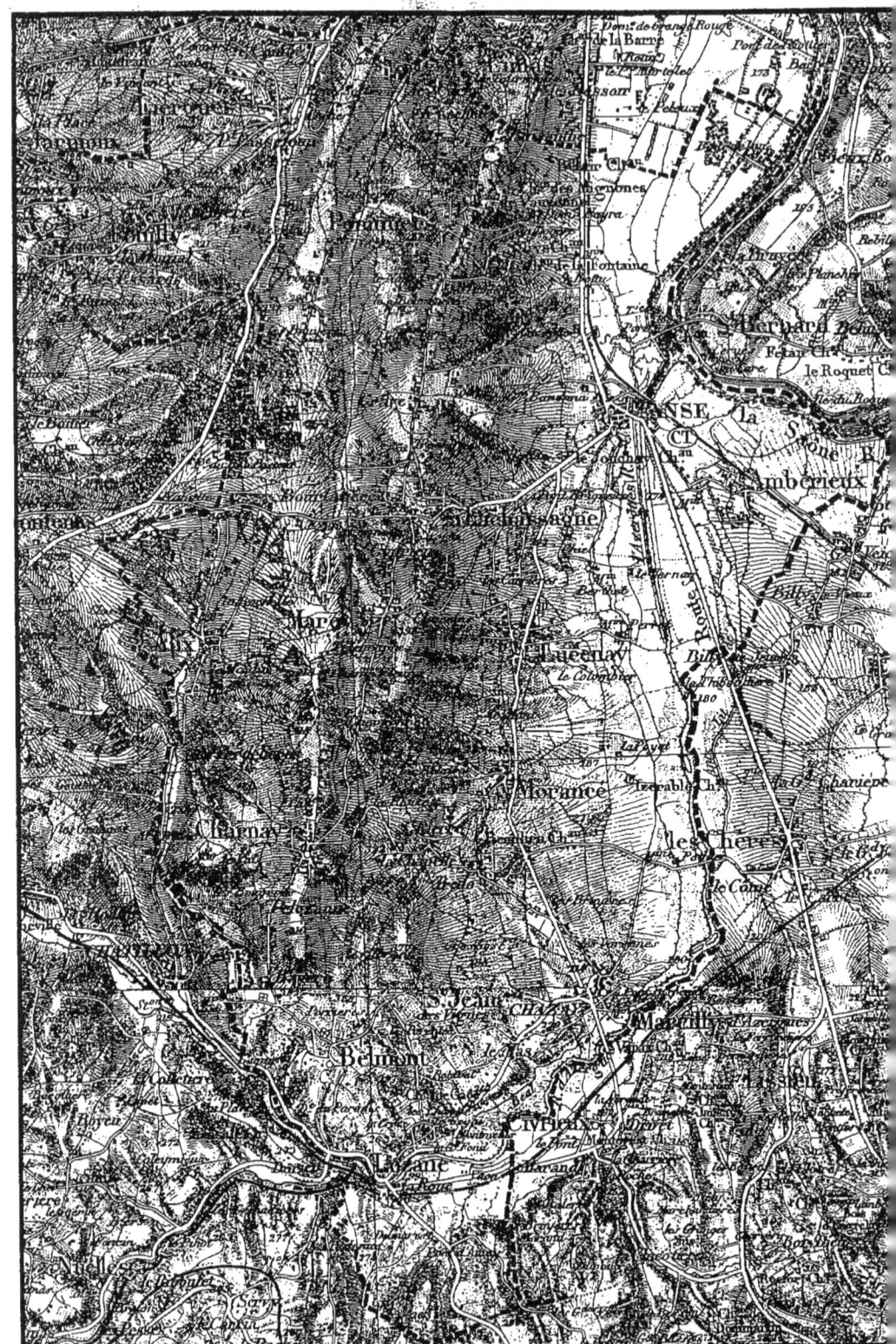

Extrait de la carte de France au 80.000ᵉ publiée par le Service géographique de l'armée.
ARROND^t DE VILLEFRANCHE

CANTON DU BOIS-D'OINGT Pl. XIII

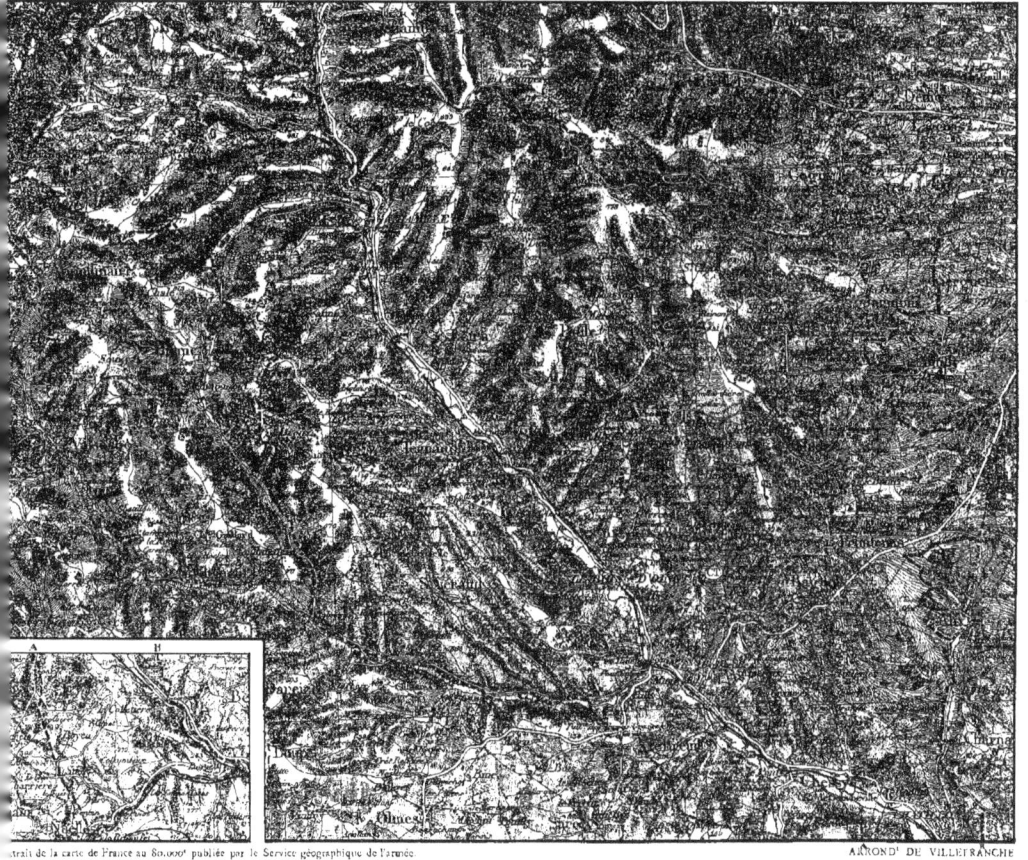

ARROND' DE VILLEFRANCHE

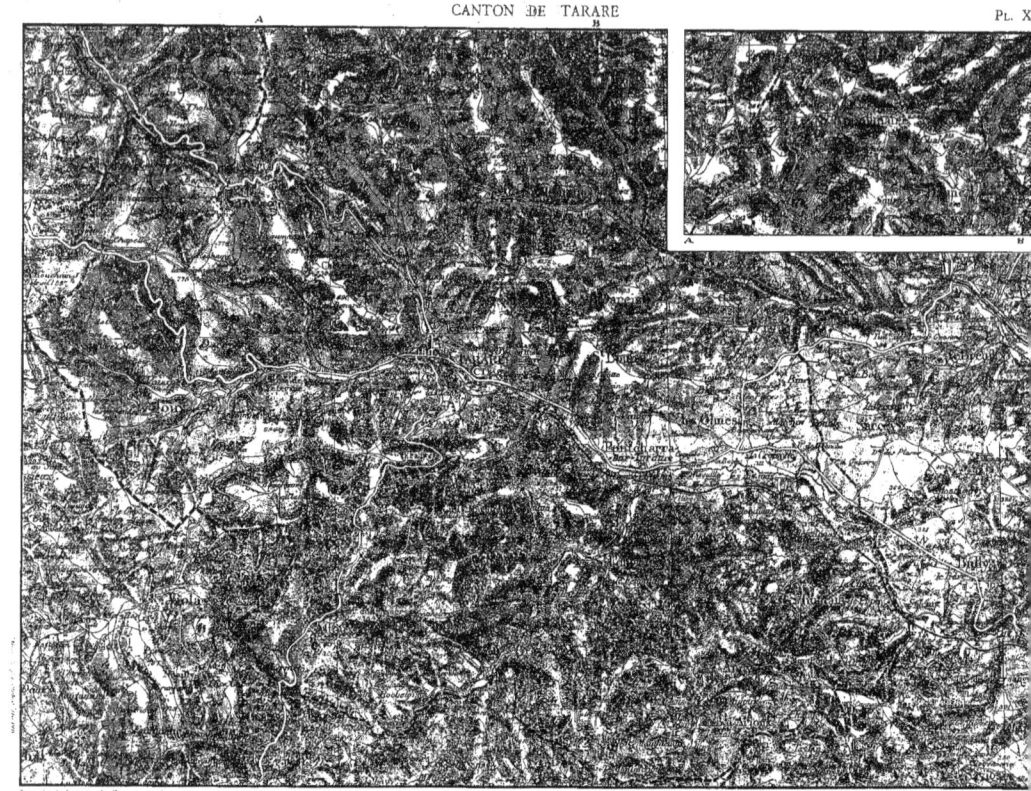

CANTON DE TARARE — Pl. X

Extrait de la carte de France au 80 000ᵉ publiée par le Service géographique de l'armée.   ARRONDᵗ DE VILLEFRANC

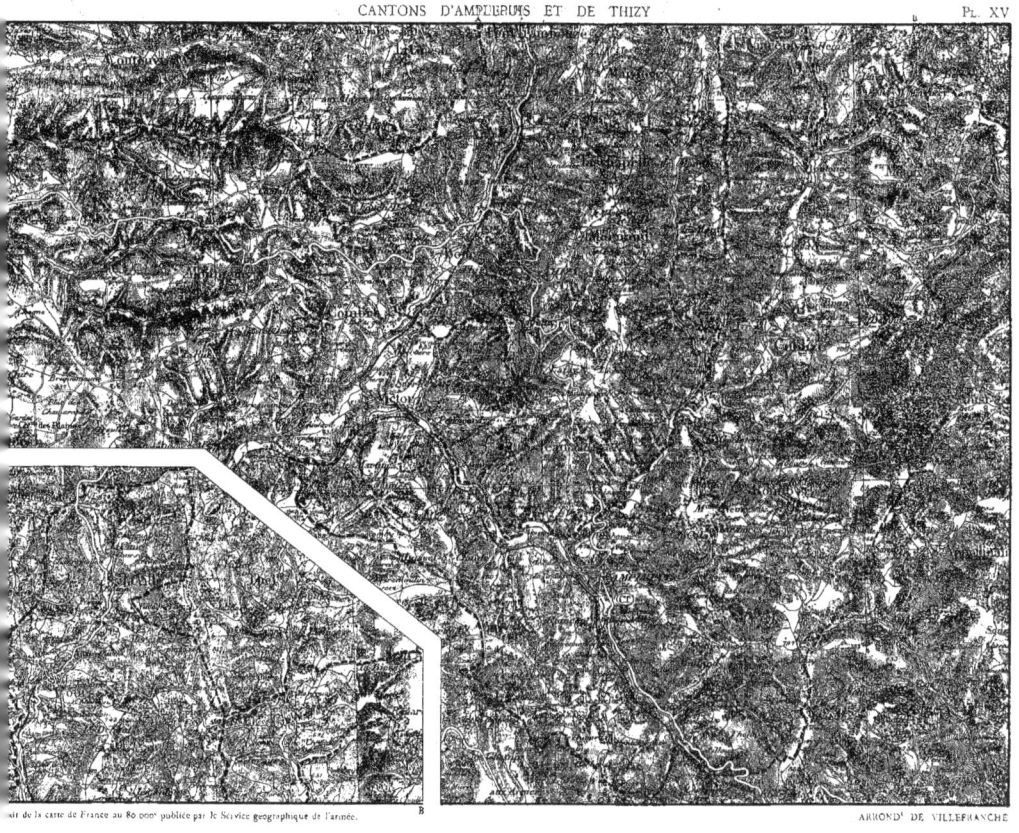

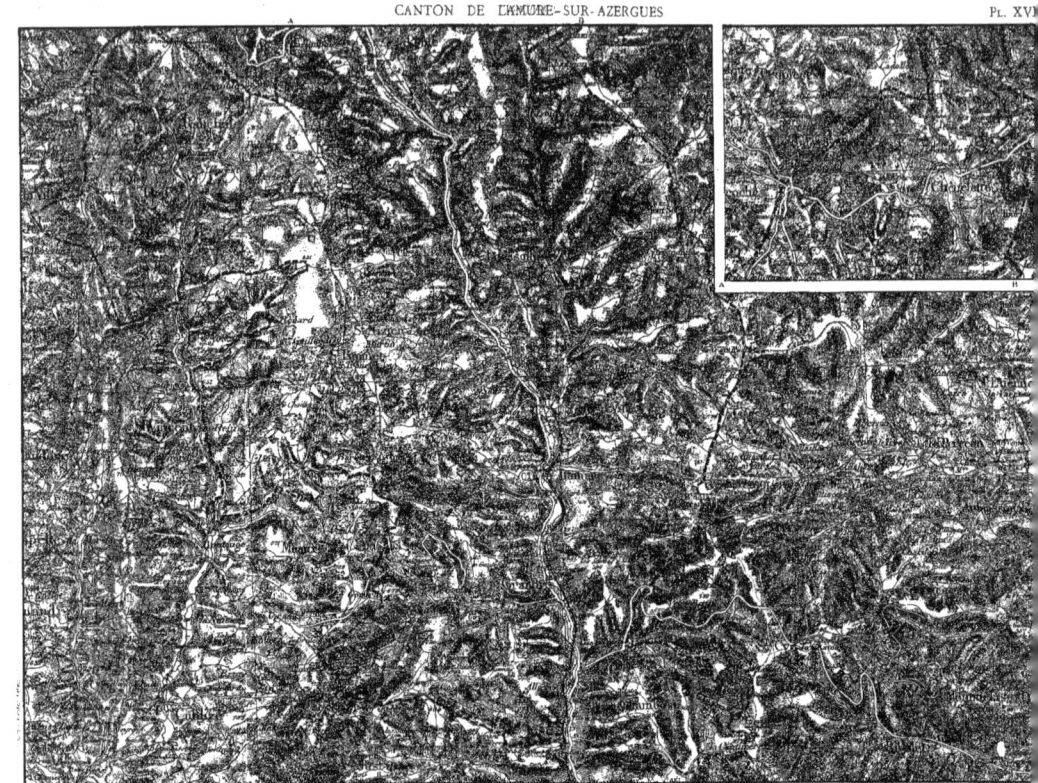

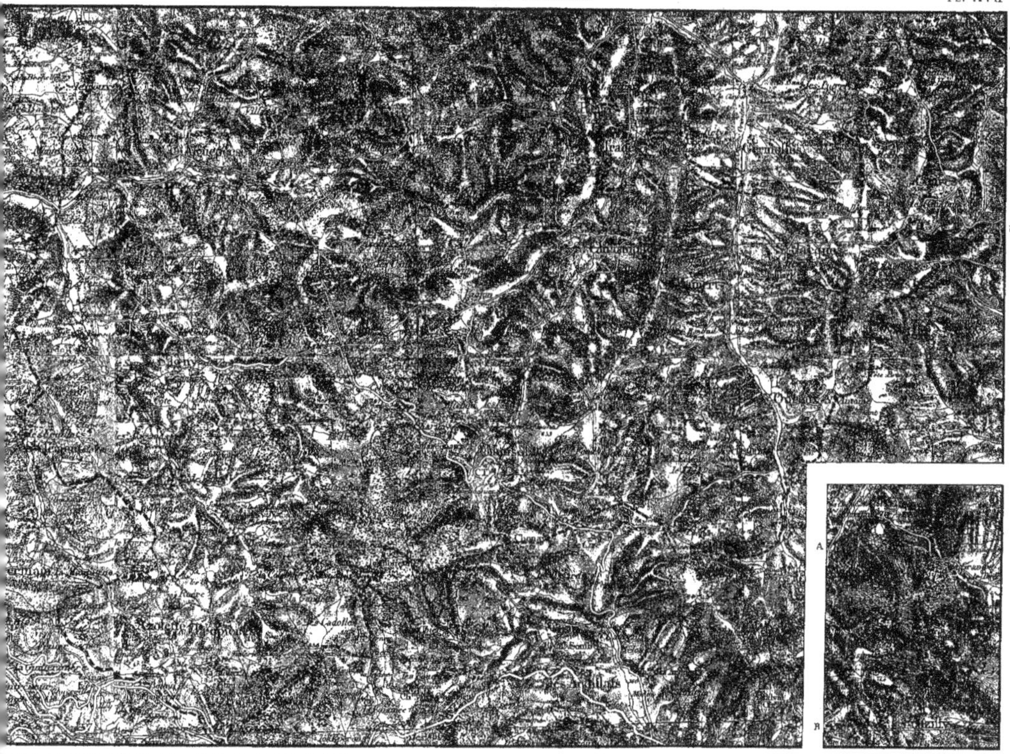

CANTON DE MONSOLS

Pl. XVII

ARROND' DE VILLEFRANCHE

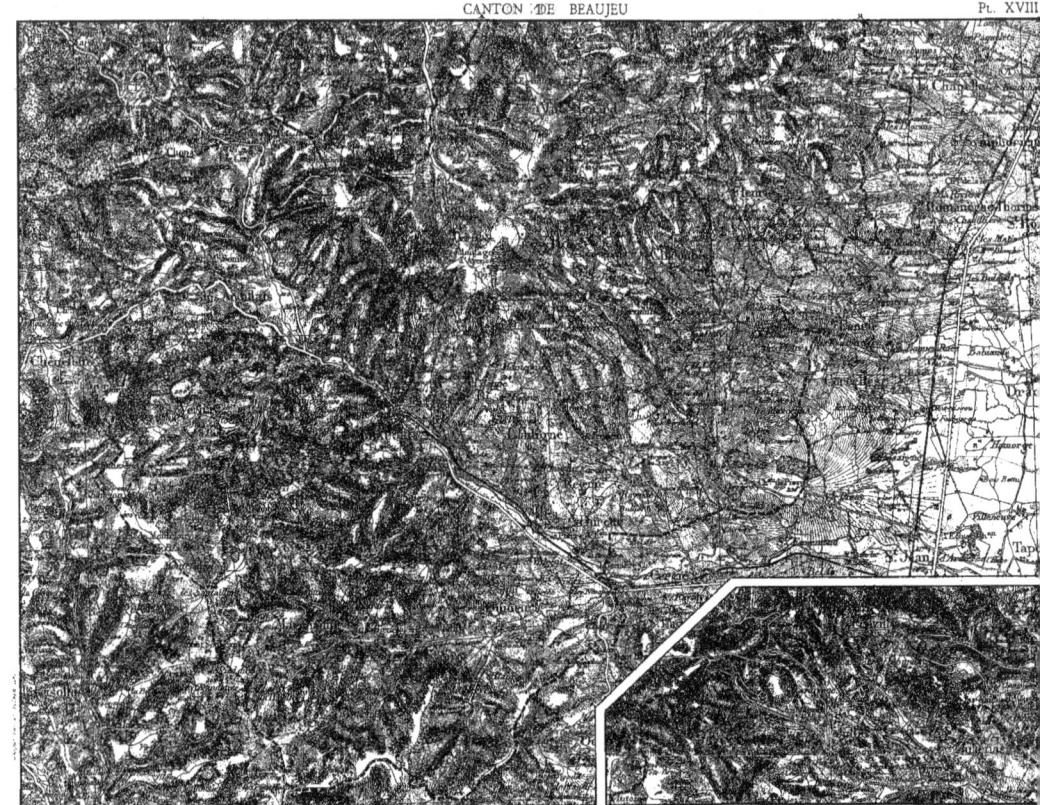

Pl. XIX

CANTON DE BELLEVILLE

www.ingramcontent.com/pod-product-compliance
Lightning Source LLC
Chambersburg PA
CBHW051130230426
43670CB00007B/754